共享创新

Sharing Innovation

张玉明 著

科学出版社

北京

内 容 简 介

共享创新是数字经济时代新的创新模式,是利用互联网信息技术全时空、全过程、低成本、高效率共享和使用各类创新资源、提升创新效率的创新活动。其产生与发展的原理、本质、理论和规律如何?又如何应用?首先,本书探索新时代共享创新出现的必然性,梳理创新模式演化变迁的重要过程,明确各阶段创新模式的内涵、特征与应用;其次,对共享创新的理念、内涵、特征、模型构建等进行界定分析并构建由权变重用、认知盈余、协同消费、零边际成本、非人格化交易、零工经济组成的理论体系;共享创新目标是提高创新效率,核心是优化创新资源配置,本质是降低创新成本;再次,界定共享创新的主要构成要素,对其作用机理、盈利模式、实现方式、运作流程、产权属性、收益与分配及由参与、合作、交易、驱动、组织协调、收益与分配构成的运行机制进行详尽探讨;最后,深入剖析共享创新在不同领域的成功案例实践,揭示共享创新模式在不同行业、不同规模、不同地域、不同类型企业的创新价值体现和应用。

本书既适用于创新学、管理学、经济学、社会学等人文社会科学的高校、科研机构理论研究者及研究生、本科生等,也为各级政府、主管部门制定相应政策提供理论依据,同时为广大创新创业者、中小微企业及传统产业企业创新与转型升级提供重要参考。

图书在版编目(CIP)数据

共享创新 / 张玉明著. —北京:科学出版社,2021.4
ISBN 978-7-03-066483-9

Ⅰ. ①共⋯ Ⅱ. ①张⋯ Ⅲ. ①信息经济-研究 Ⅳ. ①F49

中国版本图书馆 CIP 数据核字(2020)第 205278 号

责任编辑:邓 娴 / 责任校对:王晓茜
责任印制:张 伟 / 封面设计:无极书装

科 学 出 版 社 出版
北京东黄城根北街 16 号
邮政编码:100717
http://www.sciencep.com

北京虎彩文化传播有限公司 印刷
科学出版社发行 各地新华书店经销

*

2021 年 4 月第 一 版   开本:720×1000 B5
2021 年 4 月第一次印刷   印张:20 1/4 插页:4
字数:408 000
定价:198.00 元
(如有印装质量问题,我社负责调换)

2019年2月,张玉明教授及其团队成员与海尔开放创新平台(Haier Open Partnership Ecosystem,HOPE)主要成员就关于"共享经济与共享创新"进行深入沟通与交流。

本书是国家社会科学基金重大项目"科技型中小企业融资征信平台和数据库建设研究"(15ZDB157)的阶段性研究成果。

作者简介

张玉明：1962年出生，山东济南人，复旦大学经济学本硕博、管理学博士后；现为山东大学中小企业研究所所长、山东大学管理学院教授，会计学专业、管理科学与工程专业博士生导师；兼任清华大学技术创新研究中心（教育部重点研究基地）学术委员等。研究领域：财务会计与金融证券、共享经济与共享创新、科技创新与管理、中小微企业发展。主持国家社会科学基金重大、重点和一般项目四项，省部级课题十余项；出版学术专著22部，其中《共享经济学》（科学出版社，2017年6月出版）入选2018年国家社科基金中华学术外译项目；在《科研管理》《会计研究》等发表论文150余篇；获教育部第七届高等学校科学研究（管理学）优秀成果奖、山东省社会科学优秀成果重大成果奖（2013）并获一等奖等；具有多年企业管理和金融证券、投资银行从业经历，指导、参与三十余家企业改制、购并重组、发行股票等项目；先后担任徐州维维食品饮料有限公司、潍柴重机股份有限公司等十余家企业独立董事；等等。

序

创造新一代创新理论的成功探索

创新已成为经济社会发展的主要驱动力，创新能力已成为国家或地区竞争力的核心要素，各国纷纷将实现创新驱动发展作为战略选择，并将之列为国家发展战略。党的十九大报告提出，创新是引领发展的第一动力，是建设现代化经济体系的战略支撑[①]。因此，为加快建设科技强国，需要创新的理论工作者提出新理论新方法。

我国自20世纪80年代初引入技术创新理论以来，不断借鉴、引进国外先进的创新理论与应用成果。在消化、学习和吸收之后，针对中国情景和实践问题进行本土化研究，近二十多年来逐步形成了具有原创性的创新理论研究成果，如浙江大学许庆瑞院士具有原创性的全面创新管理等，这些具有原创性的创新理论，不仅提升了创新政策设计的高度，也为提升企业技术创新能力起到了显著的作用。

在新的万物互联时代，以共创、分享、开放为特色的创新现象不断涌现，催生着共享式创新平台或生态系统的不断涌现。大数据、云计算、人工智能和区块链及现代通信技术使得技术创新呈现新的模式。

山东大学张玉明教授在长期倡导共享经济的基础上，进一步提炼出共享创新这一崭新的创新模式，并结合青岛海尔等案例进行了系统挖掘，结合理论思考，对共享创新的理论框架、模式构建、构成要素、盈利模式、运作流程等进行了科学的概括，其思想体系已经超越2003年美国学者切萨布鲁夫提出的开放式创新模式，成为中国学者原创的新一代的创新理论，必将对世界创新经济与创新管理知识体系有深远影响。

任何学派和理论成果都是历史和时代发展的产物，是对重大发展问题的思考、对具体实践的理论探索。绵延的中华文化、绝佳的时代机会，都为创新理论研究

---

① http://cpc.people.com.cn/19th/GB/414745/414754/index.html[2020-03-05]。

创造了绝佳的历史条件并深深影响着理论研究的建构过程，因此，在"创新驱动发展"大道施行的时代，也会是展示中国创新学派气派与风格的时代。张玉明和他的团队正是基于齐鲁文化的优势，儒道思想并重，将中华文化中共享的精神实质，结合优秀创新企业的案例，完成了这一里程碑式的理论创新。

展望未来，中国将进一步发展数字经济，推动人工智能、区块链技术的深度应用，以进一步引领数字科技的高速发展。党的十九大报告明确提出，从2020年到2035年，在全面建成小康社会的基础上，再奋斗十五年，基本实现社会主义现代化。到那时，现代社会治理格局基本形成，社会充满活力又和谐有序。[①]因此，从基础设施到治理环境，中国有着发展共享经济的绝好场景，中国企业运用共享创新将取得卓越的成效。

陈　劲

2020年3月1日

---

① http://cpc.people.com.cn/19th/GB/414745/414754/index.html[2020-03-05]。

前　言

　　我们何以走到今天？人类进步的历史是一部创新的历史，创新一向被视为人类本质的最高表现，是推动人类历史进步的不竭动力。历次科技革命以来，科技创新的影响日益深远，世界发展格局发生深刻变化，知识和科技成为大国博弈的关键。在新一轮技术革命和产业变革的时代背景下，全球科技创新进入空前密集活跃的时期，颠覆性技术不断涌现、市场格局加速转变，推动新产业、新业态、新模式迭代加快。多变的市场需求和日趋激烈的市场竞争使创新成为一个国家、一个民族、一个企业持续发展的原动力。

　　创新是国之"利器"、企业的"命门"所在。与外部快节奏的市场变化形成鲜明对比的是企业内部导向式的、迟滞僵化的或者难以深度融合的合作、协同创新方式。由于物质世界和虚拟世界的融合越来越快，科学技术不断向跨界融合化发展，企业间的竞争逐渐被"迭代创新"取代，拥有有限及同质化资源的企业仅依赖自身的力量已难以应对日趋复杂的环境变化，即使是技术实力雄厚的大企业在资源、时间和效率上也无法完全满足市场需求和竞争需要，以内部研发和简约协同为主的传统创新模式日益受到严重的挑战。企业如何全要素、低成本、高效率有效利用和共享外部创意、技术、信息、智慧、设施等外部创新资源并与内部创新能力、需求、资源有机融合成为影响企业创新效率和成败的重要因素之一。

　　以互联网为核心的信息技术以其交互性、开放性、自由性等特点使创新空前活跃，极大地拓展了创新的可能性和边界性；信息、技术和知识的传递与交流渠道越来越多样化，互联网构建的网络空间推动了创新民主化。创新主体的范围由企业内部的研发人员扩展到更广泛的大众，大众开始发挥"长尾"效应，全员创新成为可能；信息不对称正在被打破，消费者注意力成为稀缺资源，如何精准地挖取消费者"痛点"成为创新的重点；共享经济成为一种新的经济形态和新的资源配置方式，"万物皆可共享"的发展理念深入人心，网络化、平台化的新型创新方式迅猛发展。在此基础上，具有全开放、全要素、全领域、全方位、全时空、全过程、全嵌入、全参与、全共享等特征的共享创新模式应运而生。

共享创新的产生与发展源于移动互联和通信技术的成熟，数字经济和共享经济的兴起与快速发展。在当今时代，共享创新已然成为企业获取竞争优势的关键。创新主体利用现代通信、网络技术和计算技术，重新梳理和定价创新资源，使创新资源具有可复制性、迅速扩散性、低成本搜寻性、容易获取性，交易成本变得极小甚至为零；共享创新以信任机制为前提，以万众参与为条件，以共享平台为基础，以互联网技术为支撑，以优化资源配置为核心，以共享创新资源、共同参与创新过程、共享创新收益为路径，以提高效率为目标。作为把握商业机会、降低研发风险的有效模式，共享创新有助于突破创新资源的约束、优化创新资源配置、促进创新资源有效利用；实现低成本、高效率，低投入、高产出，低风险、高收益的创新；为悖论"不创新等死，创新找死"提供了值得借鉴的解决方法。

根据前瞻产业研究院《2018年中美独角兽研究报告》数据，截至2018年12月31日，中国共有205家独角兽企业，占全球总量的48%；全球超级独角兽排名前10的都是共享经济性质企业，均采用不同的方式，低成本、高效率共享各类外部资源；其中，中国大疆的无人机也是通过建立共享内外部创意、技术等资源平台，实现快速发展的。即使是在非数字时代诞生的传统家电企业海尔，通过其开放创新平台①建成全球最大的"共创共赢共享"的创新生态系统和全流程创新交互社区，高效率共享全球专家、客户、粉丝、创业合伙人等资源，持续为海尔输出全球首创、用户欢迎的颠覆性的黑科技产品，如干湿分储冰箱、空气魔方等，有力支撑了海尔智慧家庭在全球的领先。

共享创新作为以共享经济为代表的新经济时代下的创新模式，目前尚未有统一界定，如何认识和利用它成为研究创新的新课题。对共享创新的研究不能仅停留在对现象的描述上，还需要对其进行理论框架构建和发展规律的深层次探索，并结合相关案例使其真正服务于实践。基于以上思路，本书从共享创新的内涵、范畴、理论体系、模式构建、构成要素、盈利模式、运作流程及应用案例等角度进行全面深入的挖掘剖析。同时本团队还多次调研了海尔、众研网等共享创新平台企业，旨在通过了解其创新体系和运作流程，为共享创新的理论构建与推广应用提供经验指导，促进其进一步发展。

《共享创新》一书是张玉明教授及其团队在基于互联网的"共享、开放、平等、民主"理念的学术专著《云创新理论与应用》（经济科学出版社，2013年出版）、《共享经济学》（科学出版社，2017年出版）、《从私有到公用：分享经济实质与绿色发展之路》（人民出版社，2017年出版）、《共享金融学》（科学出版社，2019年出版）之后的又一创新性成果。同时，借此机会向在写作过程中提供帮助

---

① 海尔开放创新平台是一个创新者聚集的生态社区、全球范围的庞大资源网络，也是支持产品创新的一站式服务平台，于2013年10月上线。

的个人和单位表示感谢。

特别感谢清华大学技术创新中心主任陈劲教授、清华大学经济管理学院李纪珍副院长、中国科学院原党组副书记方新教授、美国宾夕法尼亚大学特聘讲座教授李华先生、美国宾夕法尼亚布鲁斯堡大学商学院与浙江大学创业研究所所长斯晓夫教授、复旦大学企业研究所所长张晖明教授、上海交通大学陈宏民教授、浙江工业大学中国中小企业研究院池仁勇院长及海尔开放创新平台滕东晖总监、众研网柳宏伟总经理等的指导！尤其感谢的是在海尔集团的调研过程中得到滕东晖总监及平台各位人员的大力支持！非常感谢科学出版社经管分社马跃社长和李嘉编辑的帮助与支持！写作过程中还参考了相关学者的研究成果，并从中得到了重要的启示，已尽量将所有贡献在书中注明，在此一并致谢。

张玉明

2020 年 3 月 18 日

目　　录

开篇案例：海尔的空气魔方告诉我们什么？ ……………………………… 1

第 1 章　新时代需要共享创新 ……………………………………………… 3
  1.1　创新面临资源约束 ……………………………………………… 3
  1.2　一切资源皆可共享 ……………………………………………… 10
  1.3　新时代呼唤共享创新 …………………………………………… 16

第 2 章　创新模式的演化变迁 …………………………………………… 22
  2.1　"点"式内部创新 ……………………………………………… 23
  2.2　"一对一"合作创新 …………………………………………… 27
  2.3　"一对多"开放式创新 ………………………………………… 32
  2.4　"多对多"共享创新 …………………………………………… 37

第 3 章　共享创新理念与内涵 …………………………………………… 43
  3.1　共享创新的理念 ………………………………………………… 43
  3.2　共享创新的内涵 ………………………………………………… 51

第 4 章　共享创新的理论体系 …………………………………………… 60
  4.1　权变重用理论 …………………………………………………… 60
  4.2　认知盈余理论 …………………………………………………… 63
  4.3　协同消费理论 …………………………………………………… 65
  4.4　零边际成本理论 ………………………………………………… 68
  4.5　非人格化交易理论 ……………………………………………… 70
  4.6　多边平台理论 …………………………………………………… 72
  4.7　零工经济理论 …………………………………………………… 75

第 5 章　共享创新模型构建 ……………………………………………… 79
  5.1　寻求者 …………………………………………………………… 79
  5.2　解答者 …………………………………………………………… 82
  5.3　匹配模式 ………………………………………………………… 86

5.4 共享创新理论模型 …… 91

第6章 共享创新的特征 …… 96
6.1 海量资源 …… 96
6.2 多主体性 …… 99
6.3 分布式协作 …… 103
6.4 全球网络 …… 107
6.5 节俭式创新 …… 110
6.6 按需服务 …… 113

第7章 共享创新的目标与本质 …… 116
7.1 目标：提高创新效率 …… 116
7.2 核心：优化创新资源配置 …… 120
7.3 本质：降低创新成本 …… 126

第8章 共享创新的构成要素 …… 133
8.1 各类创新资源 …… 134
8.2 资源供需双方 …… 137
8.3 共享创新平台 …… 141
8.4 其他参与方 …… 145

第9章 共享创新的运行机制 …… 150
9.1 参与机制 …… 150
9.2 合作机制 …… 153
9.3 交易机制 …… 155
9.4 驱动机制 …… 157
9.5 组织协调机制 …… 159
9.6 利益机制 …… 162
9.7 评估机制 …… 164

第10章 共享使资源不再短缺 …… 167
10.1 可复制性降低资源成本 …… 167
10.2 非排他性扩大资源规模 …… 170
10.3 非占有性提升资源效率 …… 174
10.4 即时匹配提升配置效率 …… 178
10.5 平台公地性汇聚海量资源 …… 181

第11章 共享创新的盈利模式 …… 185
11.1 抽成模式 …… 185
11.2 收取服务费模式 …… 187
11.3 第三方收费模式 …… 189

11.4	产品增值模式	190
11.5	数据及挖掘模式	192
11.6	流量模式	194
11.7	接口模式	196
11.8	延伸服务模式	198
11.9	广告模式	200
11.10	竞价排名模式	202
11.11	创新资源模式	204
11.12	产品收益模式	205
11.13	技术服务模式	207
11.14	产权收益模式	209

第12章 共享创新的实现方式 212

12.1	众创	212
12.2	众包	214
12.3	众设	217
12.4	众筹	219
12.5	众扶	221
12.6	租借	223
12.7	共享产能	226

第13章 共享创新的运作流程 229

13.1	整体流程设计	229
13.2	创意与需求分析阶段	232
13.3	信息收集与处理阶段	234
13.4	问题界定与分析阶段	236
13.5	项目立项与拆解阶段	237
13.6	方案设计与平台选择阶段	239
13.7	发布任务与征集方案阶段	241
13.8	交互优化与方案评价阶段	243
13.9	方案筛选与确定阶段	244
13.10	方案实施阶段	246

第14章 共享创新的产权属性 248

14.1	私有公用	248
14.2	使用权交易	250
14.3	产权碎片化	251
14.4	产权瞬时化	252

14.5 多主体性 ……………………………………………………………………… 254
14.6 多阶段性 ……………………………………………………………………… 255
14.7 多元属性 ……………………………………………………………………… 256
14.8 非完全性 ……………………………………………………………………… 258
14.9 产权模糊化 …………………………………………………………………… 259

第 15 章 共享创新的收益与分配 …………………………………………………… 262
15.1 货币收益 ……………………………………………………………………… 262
15.2 产品与服务收益 ……………………………………………………………… 265
15.3 非货币收益 …………………………………………………………………… 266
15.4 数据收益 ……………………………………………………………………… 268
15.5 声誉收益 ……………………………………………………………………… 270
15.6 体验收益 ……………………………………………………………………… 272
15.7 机会与入口 …………………………………………………………………… 273
15.8 情感收益 ……………………………………………………………………… 275
15.9 其他收益 ……………………………………………………………………… 276
15.10 按需求分配 …………………………………………………………………… 277
15.11 按价值分配 …………………………………………………………………… 279

第 16 章 共享创新的应用案例 ……………………………………………………… 283
16.1 全流程、全参与开源创新：Linux 软件开发 ……………………………… 283
16.2 全开放共享全球创新资源：美的美创平台 ………………………………… 286
16.3 分布式共享创新生态系统：乐高产品开发 ………………………………… 290
16.4 共享群体智慧资源创新：Kaggle 数据社区 ………………………………… 293
16.5 创意与知识技能众包服务：一品威客平台 ………………………………… 297
16.6 智能硬件创新创业共享平台：硬蛋科技 …………………………………… 300

参考文献 ………………………………………………………………………………… 304
后记 ……………………………………………………………………………………… 312

开篇案例：海尔的空气魔方告诉我们什么？

近年来，随着现代工业高消耗、高污染、大规模生产和交通运输业的快速发展，雾霾、粉尘等空气污染问题日趋严重，环境的急剧变化使传统空气净化产品难以满足消费者日益高端化、个性化的需求，为用户打造专属健康空气解决方案的产品成为重大的市场机遇。

2014年9月，海尔集团推出了全球首款模块化、组合式智能空气产品——空气魔方，该产品实现一机多用、自由组合、多模块合一、完美契合人体呼吸等多项关键技术应用，将加湿、净化、香薰和除湿模块相结合，用户可以根据季节和自身需要选择单独或叠加购买，成为海尔智慧空气生态圈的重要组成部分。空气魔方一经问世便直击了用户所面临的产品种类繁多、功能单一等"痛点"，被业内称为传统空气净化类产品的终结者。

与传统产品的研发模式不同的是，空气魔方并不是海尔内部实验室基于其自身能力开发的产品，而是得益于海尔开放创新平台聚集的来自8个国家的128位内外部专家和学者团队，用时6个月与全球超过980万用户不断交互意见，再利用大数据分析，最终筛出81万粉丝最关注的122个具体的产品"痛点"需求而研发的。

作为支持产品创新的一站式服务平台，海尔开放创新平台为创新者打造了一个以社群为主体的生态系统，全球范围内一流的技术、资源和创意都通过该平台实现了整合，大数据分析技术的应用也为海量用户产品需求的快速响应奠定了创新的基础。这打破了过去传统创新模式下，不论是从项目创意产生、设计，还是到产品成果交付都由企业自己完成，进而使企业面临内部创新资源有限、创新成本高效率低的问题。

现如今，仅仅依靠企业自身能力已经无法支撑市场上现有和潜在客户的需求，越来越多的企业开始转向利用外部资源进行创新。在互联网时代，时空和距离都不会成为问题，企业能否取得成功的关键在于其是否有能力将全世界范围内的优质资源变成企业自己的创新发展要素。海尔已经探索并搭建出一种以共享全球优质资源为基础的新型创新模式，这种模式不断吸引更多的创新者参与进来并帮助企业持续产出更具颠覆性的创新成果。

海尔的空气魔方告诉我们：世界就是我的研发部！共享创新时代即将到来！

第1章　新时代需要共享创新

创新是民族进步的灵魂，是国家兴旺发达的不竭动力，是实施创新驱动和高质量发展的重要保障。作为企业获取竞争优势的支撑，创新也是其形成核心竞争力和保持持久生命力的源泉。进入以互联网和数字经济为代表的新时代，创新的复杂性、系统性、时效性和高投入性等特征对创新主体产生了巨大的影响。尤其是伴随着技术迭代加速，需求瞬息万变，人工智能大规模应用及香农定理、摩尔定律接近临界点，创新实现的速度、难度、复杂性及投入要素的多样性等都面临着极大的挑战。实际上，几乎没有任何一个创新主体可以具备所有的创新要素，仅仅依靠单一主体内部资源和力量实现颠覆性创新的可能性越来越低，创新面临着越来越严重的资源约束。近年来，以移动互联、云计算、大数据为基础而快速发展起来的共享经济为创新带来极大的便利，借此而产生的共享创新模式可以低成本、高效率地获取创新资源，全方位、全过程、全要素、全嵌入地参与创新过程，有效化解创新的资源约束，提高创新的成功率。

1.1　创新面临资源约束

创新是指为了发展需要，充分利用已知的信息、知识和条件，发现或产生某种新颖、独特、有价值的新技术、新产品、新流程、新工艺、新模式、新标准、新市场、新结构、新思想、新观念、新文化、新管理、新战略、新结构、新制度等的活动。一般来讲，创新的种类不仅包括技术创新，还包括工艺、产品和商业模式创新等。以技术创新为例，指的是需要技术、知识、信息、人才、智力、技能、思维、创意、资金、设备、装置和生产能力等各种创新资源大量投入的创新活动。在以互联网经济、共享经济、平台经济、数字经济等各种称谓为代表的新经济时代背景下，企业在进行创新活动时对资源的要求普遍提升，但现实中内部资源的有限性、同质化及创新过程复杂性高等问题却为企业创新带来了重大挑战，人才、知识、信息、资金、资本、技术及其分布特征更是对企业开展创新活动产生了关键性的影响。新经济时代背景下，企业等创新主体的创新常常面临如下的创新资源约束。

1.1.1 人才资源制约

"功以才成，业由才广。"人才是创新最重要、最活跃的要素，尤其是在新经济时代背景下，知识更新加快，对人才的需求更加多样化、专业化，人才资源便成为企业获取竞争优势最重要的创新要素。拥有人才才能拥有未来，创新需要人才的支撑和引领，创新的基础是人才，作为实现创新所需的重要资源，人才的数量和质量对企业创新活动的顺利开展起到关键性的作用。

发展的要务在于创新，创新的关键在于人才。人才是建设创新型国家的决定性因素，也是企业实现生存和发展的重要保障。作为创新行为的主体，这里所说的人才主要指包括管理者、技术研发人员、技术工人及普通员工等在内的所有创新活动的参与主体。科学技术为第一生产要素，新经济是以创造性的人才资源为依托的智力经济，进入新经济时代，具有丰富应用型知识的人才越来越成为影响企业成败的核心要素。

在新经济时代背景下，企业所面临的发展环境和运作方式都发生了巨大的变化，作为创新基础性要素的人才资源也表现为以下几个方面的特征：①核心性。新经济是以知识经济和互联网经济为主的经济，技术创新是企业发展的关键和动力，这也使得企业对人才资源具有高度的依赖性。②临时性。新经济时代下，企业所处的发展环境日趋复杂，各种经常性活动的不断发生与演化使企业开始寻找临时的人才资源以备不时之需。③多元性。新兴互联网技术的革新加速了企业的全球化进程，人才资源的多元化特征也愈加明显。不同企业之间、不同地区之间甚至不同国家之间人才优势的差异与碰撞使得人才资源之间具有异质性，进而促使多元性特征的产生与发展。④有限性。现在创新活动所需的知识越来越多学科性，作为单一的创新主体，往往很难具有所需的、多样化的人才资源，常常面临着较为严重的人力资源约束。

从某种意义上来讲，新经济时代的竞争是人才的竞争。现阶段，市场竞争日益激烈，创新已经成为企业发展的关键，面对如今的新形势、新任务与新要求，企业必须从实际出发进行不懈的创新，而人才资源便是重中之重。伫立新经济时代，伴随着新兴互联网技术和数字经济的快速发展，企业创新活动的顺利开展对人才的要求不断提升，素质高、能力强又具备专业性的人才才能真正成为企业发展和创新的主体。然而万宝盛华集团提供的《2018 全球人才短缺报告》显示，2018

年全球人才短缺创 12 年新高，具体地，有 45% 的受访雇主表示他们不能找到用于所需技能的人才，其中大型企业（250 人及以上）更为严重。国家或地区间填补职位空缺的难度也呈现出加剧的趋势，这也验证了新经济时代下具有创造性、多样性和综合性特征人才短缺的强大制约作用。

1.1.2 有效知识短缺

知识是人类在实践过程中认识、探索世界（包括人类自身）所形成的成果，包括事实、信息的描述或在教育和实践中获得的技能，是重要的创新资源。一百多年的实践证明了创新是社会经济事物再发展和再创造不可或缺的元素，作为企业最重要的基础性、战略性资源，知识是企业取得竞争优势的根本。在竞争日益全球化和技术创新逐渐加快的新经济时代背景下，持续不断的新技术和生产方式的转变使企业面临着巨大的挑战，而知识资源的存在却对企业进行创新活动具有重要的促进作用。

企业所拥有的知识资源指的是能够为其带来经济和社会效益的成果和能力，按照大多数学者对知识资源的分类，可将其分为显性知识资源和隐性知识资源两类。同其他资源一样，知识资源作为一种重要的创新资源同样具有选择性、需求性和稀缺性等特征。但从发展的角度来看，知识资源的再生性远远超过自然资源，其自身所特有的不可模仿性也决定着企业的可持续发展能力。事实上，企业所获得的关于如何协调生产技能和创新绩效的知识已经成为提升企业产品和服务附加值的决定性因素，知识资源决定了企业把握和创造未来的能力。

在新经济时代背景下，知识资源表现出新的其他资源所不具备的特殊性：①共享性。新兴技术的不断发展及平台经济、共享经济的涌现为知识在不同实体间的跨时空传播创造了条件，在合理的框架约束下，知识资源可以被多人同时使用却不会出现价值折损。②无限性。随着全球信息网络、无线通信等技术的快速发展，知识资源并不会因为使用而减少，并且使用的人数越多，各种知识就越容易实现渗透、交互、融合与演化，进而有利于形成新的、有用的知识。③价值不确定性。由于知识资源本身存在着投入产出关系不清晰的问题，知识资源的价值会因为时间、地点和环境条件等的变化而出现不同，知识资源的价值在很大程度上会受到企业外部因素的影响。

在新经济时代，知识存量的多少决定了一家企业在遭遇市场不稳定和技术开发风险时的抵御能力，一般而言，企业难以模仿又不可替代的知识积累越丰富，其获得创新竞争优势的能力就越强，在相应的创新活动中效率就越高，花费的成本和时间就越少。现如今，经济全球化的进程逐渐加快，市场环境的不断变化使知识爆炸与有效知识短缺并存，各种知识资源的爆炸性增长看似提高了知识的供给量，但"质增"落后于"量增"的局面使企业已有的知识资源无法满足企业创新发展所需。有效知识短缺并非知识不多，而是能够帮助企业实现创新活动的、有效解决新问题的知识是缺少的，新时代带来的知识爆炸可能根本无法提供有效的知识。企业在创新过程中知识积累的数量和方向不同，使得企业使用和配置相关资源的能力和效率产生了重大差别，这种差别也成为企业创新实践活动完成的制约性要素。

1.1.3 需求信息不清

市场需求信息指的是在特定时期、特定环境下，消费者群体对某种商品或服务愿意并且可能购买数量的信息。市场需求信息是经济活动的纽带和向导，面对激烈的市场竞争环境，企业能否以最快的速度掌握市场的变化趋势及消费者需求信息，是实现企业创新发展的重要手段。在新经济时代背景下，任何企业都不可能是孤立存在的，作为企业不可或缺的重要资源要素，市场需求信息在协调社会经济、市场发展与企业创新中发挥着巨大的作用。

市场需求信息的获取可以提高企业管理者的知识水平和判断能力，为了生产适销对路的产品和服务，企业必须善于捕捉消费者的预期，何时开发及如何开发等问题必须以真正的市场需求为依据才能做出正确的决策。同时，市场需求信息的收集和反馈可以帮助企业及时修正和补充原有创新决策的错误和不足，进而提高了企业的经济效益。由此可见，企业能否挖掘并辨认出其所需的信息资源是将潜在创新能力转变为现实生产力的重要因素。

新经济时代突出的特点表现为信息化和网络化，新兴技术产业的迅猛发展正在改变整个世界的面貌，信息的价值不断增大。在此背景下，市场需求信息就有以下几个方面的特征：①时效性。信息的价值会随着时间而不断下降，市场需求信息的利用必须要在较短的时间范围内才能发挥出应有的作用。②分散性。随着互联网技术的快速发展，市场上需求信息的数量急剧增加，庞杂的信息分布也更加趋于广泛和分散。③灵活性。目前，开放市场上买卖双方的角色不断交替，他们既是信息的发送者又是接收者，传播渠道的多样性也使市场需求信息表现出灵活性的特征。

事实上，互联网信息是海量的，但是精准的市场需求信息却是匮乏的。企业需要与客户、粉丝等不断进行动态交互才能发现精准的用户"痛点"，以适应多样化、瞬息万变的市场需求。顾客的需求多种多样，加上信息增长的速度远比企业理解和掌握的速度要快，这种几何级别的增长也导致企业出现了需求信息不明的问题。当前市场需求错位与企业技术创新的问题已经成为阻碍创新驱动发展的重要因素，企业中广泛存在着技术创新成果无法转化为现实生产力的现象，技术创新活动更是无法实现经济效益，进而导致资源的浪费。

现阶段，经济社会环境的不断变化为企业带来了较多的发展机遇，市场供求信息和相关政策导向已经成为指导企业实施创新活动的基础，若企业因为缺乏外部信息而无法将技术开发与市场需求进行有效的结合，局限于现有知识和能力而生成的产品也就不能应对消费者多样化和个性化的需求，进而导致企业很难从创新活动中获利。顾客掌握的对产品或服务的需求信息与企业掌握的解决方案信息之间存在矛盾，如此一来，市场需求信息的模糊性就降低了企业创新的效率，增加了企业进行创新的难度。

1.1.4 创新资金不足

在企业创新活动开展过程中，资金是指以货币形式表现，用以实现其他创新资源顺利转化的中介工具，主要表现为研发投入。任何活动的顺利开展都需要资金的支持，在企业创新行为的实施过程中，资金是最基本也是最重要的保障。作为一项高风险、高投入、高复杂性的活动，企业技术创新不具有可逆性，因此随着企业创新工作的进行与实施，资金的投入具有单向的特征。尤其在新时代市场竞争环境日益加剧的背景下，研发投入更是影响企业技术创新从立项审批到实践产出的全过程。

资金影响企业技术创新的实效性，高强度的研发投入可以有效促进企业各个层面自主创新能力的提升，进而不断推动其沿着产业价值链上移。一般而言，企业创新筹资渠道主要包括内源和外源融资两部分，其中内源融资主要基于企业的折旧、留存收益和员工集资、入股，由于该类资源的有限性和范围所限，仅仅依靠内源融资往往无法满足资金的需求；影响企业创新绩效的外源融资渠道则包括政府支持、银行贷款、债券及外部企业合作、风险投资和私募股权等，由于成长阶段、资产、盈利能力的不同，通过这些方式获取资金的难易程度也有所不同，往往也很难获得足量的创新资金需求。

现阶段，资金对企业创新成果产出的影响程度会出现不同，主要原因如下：①不同来源渠道的资金利用效率是不同的。通常来讲，内源融资效率较高，但数量有限；风险投资和私募股权效率也较高，但是获得极难；银行等金融机构需要较高的抵押条件；政府的资金支持由于缺乏明显的约束力，产出效率并不高。②创新周期往往会随着国家、行业和企业自身的差异而有所不同，加之每个阶段企业所面临的风险不同。这也影响了企业对资金的需求规模和资金的来源渠道。③由于资金投入和成果显现往往处于不同时期，滞后效应使信息不对称问题更加凸显，外部投资者很难对企业的创新进行精准的评估和掌握较完全的信息，就会影响企业的融资过程。

一般来讲，企业的技术创新活动可以分为研究与开发、中间试验及产业化三个阶段，其资金投入是逐渐递增的。实践证明，这三个阶段在发达国家的比例是 1∶10∶100，增幅非常巨大。技术创新是一个动态过程，为了防止企业由于创新失败而陷入困境，雄厚的资金支持是根本。普华永道发布的《2018 年全球创新企业 1000 强报告》中，分析了全球 1000 家研发投入最高的公司，其中排名第一的企业是 Amazon，全年在创新研发上投入超过 226 亿美元，科技硬件公司三星和苹果在研发上的投入都很高，分别为 153 亿美元和 116 亿美元。

在新的时代背景下，资金来源不足及结构单一等问题对企业的创新影响更加严峻，从麦可思研究院发布的《2018 年中国大学生就业报告》中可以看出，2017 届大学毕业生半年后自主创业的比例为 2.9%，2014 届本科毕业生中有 46.9%的人三年后还在继续自主创业。这表明三年内超过一半创业人群退出创业市场，而创业失败风险中很大一部分就取决于资金获取途径的限制。并且许多实力较弱、规模较小的企业也会因为难以承担巨额的创新成本而无法组织有效的自主创新活动。实际上，伴随着经济发展进入新经济时代，市场国际化、信息全球化、生产智能化及需求差异化等使企业技术创新活动对资金的依赖性远比其他任何时期都表现得更加明显和直接。

1.1.5　社会资本缺失

社会资本是指为了实现某种目的，利用社会网络所集结的资源或能力的总和。从某种意义上来说，社会资本是一种规范、理念和机制，它广泛地存在于社会组织中，具有将其他形式的资源转化为经济优势的能力。具体而言，企业所拥有的社会资本可以分为内部和外部社会资本两类，其中内部社会资本是指能够促进企业内部各部门间进行沟通和协调，进而提升内部凝聚力的人际关系网络；而外部社会资本则是指帮助企业获得各种外部稀缺资源的社会关系网络。

根据社会资本理论，资源和学习的关键来源就是社会资本。在新经济时代，快速发展的科学技术与日益复杂的生存环境使单个企业很难一直保持领先地位，为了更快占有市场并获得竞争优势，企业越来越重视与外部组织或个人的联系与沟通。社会资本的存在对于创新企业而言是极其重要的，那些拥有数量较多及质量较高社会资本的企业将获得更多的社会优势资源，从而减少技术创新风险。换言之，正是社会资本的广泛存在才使企业能够获得更加有价值的信息，进而在激实际上，相较于其他形式的资本，社会资本具有共同性，又存在特殊性。随着新经济时代的到来，社会资本表现出以下几个方面的特征：①共享性。社会资本是一种具有使用价值的资源，其产生于两个或两个以上的个人或组织之间，一旦形成就是公共物品，会因为彼此之间的联系而相互作用。②不可转让性。与社会结构相类似，社会资本不具有可分割性，难以被轻易交换。③可再生性。社会资本的存在不会因为使用次数增多而减少，其是非短缺的，会因为不断的消费和使用而增加其价值。

尽管许多企业已经意识到社会资本对推动企业创新发展的重要性，但现实问题是，由于缺乏理论的指导和方法的指引，企业往往无法全面、系统地分析各种社会关系的质量和可用性，进而增加了创新活动风险。社会关系网络是企业用来获取市场信息的渠道，良好的社会关系网络便于企业发现稀缺信息，作为社会关系网络连接的有效节点，创新者或者企业家的能力和信誉是价值实现的关键。但由于自身条件的限制，许多创新者或科技型企业对社会资本知之甚少，社会资本缺失已经成为企业之间进行平等竞争的重要阻碍。

社会资本存在于社会团体或网络当中，因其并不完全受个人的支配，所以企业若想接近并使用社会资本就要成为网络的成员或建立起连接关系。社会资本的缺失割断了企业进行利益获取和能力发展的渠道，就内部社会资本而言，其缺失的主要原因是企业文化基础薄弱及人才的不足。在一定技术水平下，企业绩效受到人的积极性和创造性的影响，人力资本之间能否实现相互理解和信任对于形成一个较强的社会关系网络具有重要的作用，然而受企业内部文化建设基础薄弱及道德价值观不同的约束，社会资本缺失的问题普遍存在。

1.1.6 创新资源零散

创新资源数量上的约束是阻碍企业实现创新发展的原因之一，尤其是知识、信息、数据、智慧等新创新要素不足更是阻碍企业创新效率提升的重要因素。另外，资源区域分布上的不均衡也制约了许多地区企业创新行为的实现。客观来讲，创新资源的分布状况会直接或间接地影响创新实践的完成质量和效率，其在很大程度上决定着一个企业甚至一个国家或地区科技创新能力的强弱。但现实情况下，全球范围内各种创新资源的分布基本表现为零星、散乱和无序性的状态，这种状态不仅影响创新资源的公平流动，还会在一定程度上制约经济的持续健康发展。

进入新经济时代，互联网技术的飞速发展使企业创新所需的各类资源表现出更加分散的特征。以市场需求信息为例，信息传播渠道的多元性和无序化使企业在获取信息时往往只关注需求信息的及时性而缺乏系统性的整理和应用,进而造成信息杂乱无章的局面。此外,尽管需求信息在经过各种社会传播渠道时会进行一定程度的整合,但该过程仍然无法从根本上改变信息分散化的状态,加上信息本身存在的片面、无序或虚假等现象,使得信息资源呈现出碎片化特征。

现阶段,市场细分程度日益加剧,个性化特征越来越鲜明的市场正在不断形成,面对竞争激烈的市场环境,企业需要学习和掌握的知识资源也更加趋于深度化和广泛化。动态的资源获取方式使包括知识、信息和社会资本等在内的创新资源表现出数量繁多、内容丰富及分布广泛的特征,这些特征的存在导致资源分布状态对企业的技术创新活动产生了巨大的影响。其中,资源分布相对比较集中的区域,区域内企业所实现的创新成果也较为显著,而对于资源分布较为零散的区域,创新行为的实现就比较缓慢。

从创新资源的区域分布状况来看,由于不同地区在经济发展水平、创新文化氛围等方面的不同,创新所需的资源分布也会有所差别。在中国各创新区域中,北京、上海、深圳、广州等经济较发达的城市是开展创新活动的重要区域,因此这些地区创新资源的分布就比以此为中心的其他相邻地区更集中一些。相对而言,由于受到创新资源总体分布较少、企业规模不大及技术层次偏低等问题的限制,中西部地区企业的自主创新能力明显不如其他地区。具体表现在不论是省级排名,还是拥有创新创业热点城市和百强县的数量,东部地区都远超中西部地区,并且,在这些热点城市(50强)中有三分之二都是来自东部地区,百强县更是有超过80%来自东部地区。当然,东部地区内部的创新创业分布并不均匀,长三角地区是当今中国创新创业综合实力最强、集聚程度最高的地区。区域创新资源的不同,会对创新主体的创新效率带来较大的影响。

1.2 一切资源皆可共享

企业的创新活动普遍面临着上述的人才、知识、信息、资金等资源约束,然而新时代背景下经济的可持续发展却迫切需要企业进行创新和转型升级。共享经济时代的来临为企业等创新主体化解资源约束问题提供了新的途径,新兴商业模式的产生和演化正在展现出多种形态以助力企业实现较大的创新。随着移动互联网、大数据等技术的飞速发展,以往需要不断增加投入而刺激经济增长的传统创新方式已经完全被颠覆,企业的创新和成长之路更多地向低成本、高效率转化。在全社会多边合作和跨界创新的积极参与下,一切海量且广泛的资源都可以利用互联网平台实现整合与共享,那么在此基础上对企业创新产生重大影响的人才、智力、知识、技术和生产能力等创新资源则更是如此，可在相当程度上缓解上述创新主体的资源要素约束，几乎所有的创新资源都可共享。

1.2.1 共享人力资源

"以人为本"是企业在创新和发展过程中所遵循的重要理念，人力资源的充分开发与利用是企业创造价值、产生财富的重要来源，对企业的创新与发展具有重要的现实意义。传统的人力资源管理注重使用人现有的才能，以谋求人和事之间的相互适应；而新时代背景下，共享理念的引领和共享经济的发展对传统人力资源管理带来了巨大的影响。共享人力资源是突破"面对面管理"限制的新模式，在信息充分共享的环境下，共享人力资源实现的是对整个劳动力市场和智力资源的再分配，进而使企业可以在便捷的同时利用内部和外部的人才以降低资源的闲置程度。

以互联网为基础的新经济强调利用新兴技术助力社会经济发展。共享人力资源实现的正是对企业管理和劳动者价值最有意义的探索，进而完成最大限度提升创新人才的个人价值目标。事实上，要想以低成本取得竞争优势，企业在人力资源管理上就必须实现由"企业储备"向"社会共用"的转变，共享人力资源便是基于互联网平台进行在线办公、报酬支付，实现人力资本的流动、交换并带来零工经济（gig economy）、众包、分包等众多新型就业形式的创新模式。共享人力资源不仅是对人才企业所有制、所在地区甚至国家等区域分布的挑战，更是一种经济的人才资源配置方式，其体现了从"独有"向"共有"的转变。

共享人力资源揭示了先进的人才配置理念，依靠新兴移动互联技术的飞速发展，散布于各个地点的劳动力资源可以实现相互连接。平台的互联互通为人才的全面流动和再分配创造了有利条件，委托共享、借用共享及项目式共享等方式的产生和发展更为企业实现"集天下优才而用"奠定了坚实的基础。新经济时代，企业要进行创新就需要有更加广泛和多样化的人才资源做保障，然而现实情况下，技术人才可以说是企业最稀缺也是最难取得的资源。由此可见，作为典型的非标准资源的共享，人力资源共享具有非常广阔的市场发展前景。

时代的变迁与格局的变化必将伴随着人力资源的重新布局和流动。新的时代背景下，个人通过互联网平台可以充分挖掘个人价值，共享人力资源模式日渐成熟并逐渐创造出更加多样的就业形式。时间财富网、滴滴出行、58同城、猪八戒网等这些代表性的企业就是借助互联网平台汇集闲散人力资源，进而帮助整个社会降低用工成本。国家信息中心发布的《中国共享经济发展年度报告（2019）》显示，共享用工赋能平台"好活"一直致力于共享人力资源助力企业形成灵活的员工管理模式,该平台自 2015 年 11 月成立以来,截至 2018 年底,平台服务企业数 11 000 多家,覆盖灵活用工人员 216.5 万人,平台交易额超过 10 亿元。人才的共享也使知识、技能和经验等创新资源实现了快速、低成本的传播与流动。这一方面缓解了企业在进行创新过程中所面临的人才资源匮乏困境,另一方面还有助于企业利用社会化协同的方式实现合作创新甚至共享创新。

1.2.2　共享群体智慧

借助于移动互联网等新兴技术,人类的资源利用、信息沟通及智力活动等均可通过共享平台便捷地聚集到一起,在多方参与主体的相互作用下构建起独特而又开放的组织架构。通过这些组织,个体智慧便可以遵循一定规律进行汇合,进而帮助企业创造出颠覆性或突破性的新产品,这就是共享群体智慧模式。一般而言相较于多数人,单一个体由于信息、知识等的限制,所做出的决策往往不够精准,而共享群体智慧则是聚集众人的意见和观点转化为决策的过程,这种从合作和竞争关系中涌现而来的决策模式以多种形式表现出来。

新的时代背景下,共享群体智慧模式的存在与发展对企业创新产生了重大的影响,更为新时期经济的持续健康发展注入了新的生机与活力。具体来讲,在共享群体智慧模式中,由大多数个体所组成的群体可以借助共享平台进一步解决创新所面临的智慧资源短缺的相关问题。与此同时,多边参与者还能通过时实反馈快速合理地进行决策。事实上,正确地实施共享群体智慧模式能够发挥出 1+1>2 的效果,因为一个统一的整体明显比其中某个单一个体及其简单合计更加具有优势。正如费雪(2013)所说:"一个群体可以获得的最重要的涌现特性之一便是群体智能,它可以使群体在某种程度上应对并解决个体成员无法单独处理的问题。"

在一些知名公司中,Facebook、Google 的核心竞争力就是在共享群体智慧的基础上建立起来的,这些企业虽大多依托于互联网,但群体智慧本身为企业从创新走向更多的创新甚至颠覆性的创新奠定了基础。在以互联网为核心的新经济时代,无论是在企业产品创新与研发过程中,还是在日常的经营管理中,共享群体智慧模式利用在线网络和共享平台实现了对群体智慧的聚集与汇合,进而帮助企业获取更加长久的创新资源并解决了企业内部智力资源不足的问题。共享群体智慧模式早期主要是用于帮助企业进行任务众包,从而实现资源的价值,而后随着共享经济的到来及平台的进一步发展,多样化的整合和突破逐渐弱化了各方界限,这也使得企业对创新资源的管理更加有效。

2001年由美国礼来公司创立的InnoCentive[①]就是典型的共享群体智慧模式的代表性平台。在该平台上，企业不再依靠内部研发人员进行创新，而是将科研问题向大众公开。全球各式各样的企业都可以借助该平台进行开放式创新，需要解决现实难题的寻求者与提供解决方案的解答者之间的快速匹配也进一步促进企业实现创新活动。除此之外，仔细分析海尔集团研发制造出的各类智能家居产品，无不是通过共享群体智慧而产生。作为开放式科研平台的代表，海尔开放创新平台自上线以来就一直将整合全球一流资源、智慧和创意作为发展理念，众多用户和创新者的参与也使得各相关方的利益最大化。总的来看，开放式创新及一体化的服务使群体智慧实现了共享，商业价值的不断提升也将促进创新资源的不断共享。

1.2.3 共享知识教育

共享知识与信息资源是以互联网为基础的新经济的重要标志之一。知识共享的本质是为了促进知识在一定范围内的流通和使用，进而打破不同知识拥有者之间的壁垒。实际上，对于社会上的每一个人而言，其在某方面的认知可能就是对另一个人或主体非常有价值的资源，当人们将自身所拥有的知识进行共享时就会降低他人获取知识的成本，进而推动企业的创新和发展。一般而言，只有在被人掌握的时候，知识才能应用到相应的经济和创新活动当中，并且知识掌握者所处的状态和位置决定了知识的使用规模和效率。

共享知识教育模式指的是利用互联网共享平台将分散的知识和技能等智力资源进行聚集，通过不同个人和机构等多边参与者的匹配，实现对全社会知识教育资源最大限度的利用。企业的核心竞争力来自持续不断的创新能力，要应对复杂多变的发展环境，就要充分发挥集体的知识优势以保证与技术发展同步。在过去的一段时间里，知识大多由科研机构和院所进行封闭管理，知识的获取往往需要付出巨大的代价。而如今共享时代来临，受自由、民主、共享等理念的影响，打破了人们之间的知识壁垒，企业等创新主体便可以较低的成本实现专业技能和水平的提高。

从更深层次讲，知识还产生于共享的过程中，知识创造的关键步骤是具有不同背景的人们之间的知识共享。互联网技术的飞速发展助力知识共享模式释放出更大的潜能，这种分布式、协作式的巨大能量将学术界的大量知识资源进行传播。共享知识教育模式消除了企业创新过程中传统学习方式的孤立性。经验和阅历的

---

① InnoCentive是首个使世界一流的科学家和基于科学的公司能在一个全球性科学社区内合作，以便用创新性方案解决挑战的网上论坛。

共享与协作放大了知识的价值,并助力知识拥有者从封闭课堂转向开放的互联网。作为一个知识宝库,新经济时代海量的知识信息及丰富的智力资源可以帮助企业在创新过程中提升组织的知识和技能,零碎时间的发掘和利用也有助于碎片化的知识积累。

共享知识教育模式以分布式协同共享理念为基础,借助实时开放的互联网共享平台,信息、经验和知识资源可以实现亿万倍的传播和使用。共享知识教育模式的出现为企业创新提供了巨大的便利,近几年来该模式也实现了快速发展,《中国共享经济发展年度报告(2019)》提供的数据显示,2018年我国共享经济交易规模29 420亿元,比上年增长41.6%,而从发展速度来看,知识技能领域较上年增长70.3%。2018年我国共享经济领域直接融资规模约1490亿元,其中知识技能领域直接融资规模达464亿元。共享知识教育模式可以打破企业现有的社会网络,丰富其知识获得渠道,进而帮助其以更全面的视角深化对知识的认知和应用。这种方式突破了固有的时间和空间限制,已有的知识资源和技术范式等都可以通过该平台实现高效且动态的融合,并最终构建出全新的企业运行模式。如此一来,资源的充分利用和价值的无限放大满足了企业在创新过程中对智力资源的需求,在这个知识传播与共享的过程中也为用户提供了一个广泛学习和获取新知识的渠道。

1.2.4 共享技术方案

基于新经济时代移动互联网技术的快速发展,企业在面对复杂的竞争环境时首要考虑的因素就是如何高效地利用和整合所需的各类资源。共享技术方案模式的出现正好顺应了科技进步和经济转型的必然要求。共享技术方案指的是依托共享平台,通过整合全部供应链和价值链上的所有资源,将技术和方案这两种战略要素在供需双方之间进行实时匹配的新型商业模式。共享技术方案模式通过共享的方式可以将企业自身所掌握的关键技术和方案与其他企业进行交流和沟通。因此,企业在加强客户关系的同时也能实现自身的大规模生产和运营。

从最初的共享技术方案到后来加入互联网元素,共享技术方案可以分为适用技术共享和开源程序共享两种方式。一般而言,共享技术方案常用于制造业的转型升级过程,其最初的应用形态可被称为代工生产,也就是属于适用技术共享的范畴。此外,另一种开源程序共享则是鼓励产品设计文件即源代码在由硬件设计者、软件开发者、制造者和消费者组成的共享社区内进行开放共享的形式。根植于共享、共创、共赢的开放性文化,三维(three-dimensional,3D)打印技术就是在此基础上发展起来的新兴技术,从原型设计到产品定制,3D打印机可以利用身边的物质或材料制造出想要的物品。与此同时，其技术指令与设计方案还会在共享社区网站上进行公开，进而实现全球性的共享以促进大众生产的顺利完成。

无论属于何种类型的共享技术方案模式，其目标都是实现社会可用资源的整合，进而打造全产业链和价值链的流通格局和提升创新的效率。这种模式的存在为企业实现技术创新奠定了基础，企业不会因为缺乏相应的技术和方案而推迟创新活动；相反地，基于互联网而建立的企业技术研发平台可以帮助企业解决创新过程中所面临的技术难题。在中国最典型的例子就是海尔开放创新平台，在该平台上企业提出创新需求，其他用户便可以根据此需求提交相应的技术方案以帮助企业解决问题。其中海尔空调正是借助海尔开放创新平台提出技术难点需求，随后创新合伙人社群进行了快速、及时的响应，在短短的 6 小时内先后有 139 位专家对该项目进行了浏览，最终经过寻源匹配实现了对产品的制造与测试。

全球共享的开源技术、触手可及的创意、知识、信息和物质材料为共享技术方案模式的实现奠定了坚实的基础。技术的不断革新正在帮助企业向着更高级的资源整合迈进，移动互联网的快速发展也在推动社会向着更先进的生产模式发展。新经济时代加快了用户需求的碎片化，对于企业而言，快速匹配创新资源的能力更是企业发展的重要基础，而共享技术方案模式是有效利用大众智慧，降低创新成本的重要途径，这也进一步提高了企业的创新效率。

1.2.5　共享生产能力

早在 20 世纪 90 年代，企业之间就已经开始流行生产外包，但由于信息传播渠道、范围、传播速度所限和信息不对称问题的存在，可供企业选择的外包生产者并不多，导致需求无法得到满足。而后随着互联网技术的快速发展，共享生产能力的商业模式开始得到快速发展，该模式在共享经济的时代背景下出现，不仅降低了成本更促进了供需双方信息的有效对接。一般意义上来讲，共享生产能力指的是通过互联网平台快速整合不同企业可以利用的生产能力，该模式的核心意义是进行资源的整合，在充分利用生产能力的同时提供更加具有柔性化的产品和服务。

作为一种新型生产模式，共享生产能力可以根据需求方的不同分为众包生产和业务协作两种类型。其中，众包生产指的是以产品的需求方企业为主导，根据相关要求将产品的生产环节进行众包，从而在满足个性化生产的同时节约相应的成本；而业务协作则是指生产型的企业通过协同生产与合作的方式将其生产线中的业务进行外包，进而提高自身运营效率。相较于其他生产模式，共享生产能力模式的特点在于交易对象的多主体性，多对多的生态产业圈的形成还增加了企业与产业链上其他环节参与者的对接和沟通。

目前中国企业在探索共享生产能力模式中比较典型的平台有阿里巴巴的淘工厂和沈阳机床厂等。2012年，沈阳机床厂成功推出了"i5智能化数控系统"，作为世界上第一个具有网络智能功能系统的企业，沈阳机床厂借助互联网平台和大数据技术，完成了对厂内机床闲置时间的利用和共享。随后在2013年，为了将优质工厂的闲置产能向卖家开放，阿里巴巴集团下设淘工厂整合各厂的空档实现多方协作生产，进而打造出贯通整个线上服装供应链的生态体系。与此同时，利用大数据整理和分析，便可以将各工厂的生产能力进行分层，促进参与双方甚至多方主体信息的对接和传递。

借助共享平台，供需双方的信息不对称问题得到了解决，闲置生产能力的共享让企业不再仅仅依靠自己的力量进行生产。共享生产能力模式能够整合所需资源，在提高生产效率的同时降低生产成本，与此同时，企业之间的协作生产也让满足用户需求的个性化产品可以实现更加快速的生产。共享生产能力模式在中国已经实现了快速的发展，《中国共享经济发展年度报告（2019）》的数据显示，2018年中国共享生产能力领域市场交易额为8236亿元，在共享经济市场交易规模中占据第二位，并且其占比从2017年的20.1%上升到28%，提高了近8个百分点。从发展速度来看，生产能力领域增长最快，较上年增长97.5%，同时该领域直接融资规模位居前列，为203亿元。总的来看，共享生产能力模式具有整合创新资源、提高创新效率、降低创新成本的作用，企业通过该模式可以实现对生产能力的充分利用，也使个性化、定制化的产品可以更加便捷、快速地实现生产，缩短新产品的生产周期、提高了创新的效率。

1.3　新时代呼唤共享创新

不同时代造就不同的创新模式。伴随着经济社会的不断发展和互联网技术在实践中的快速应用，创新所占据的地位越来越重要，尤其是在新时代背景下，人们的生产、生活方式及消费方式都在发生转变，企业创新活动对资源的要求也不断提高，对创新的速度、效率等更是提出了更高的要求。在经济社会全面进入互联互通阶段，信息和技术的便利性使企业可以便捷地借助共享平台在全行业甚至全世界范围内寻求和获取创新资源，全方位、全过程、全嵌入地参与创新活动，共享创新模式应运而生。该模式是能有效化解创新的资源约束，实现低成本、高效率创新的新模式。共享创新模式可以在突破资源约束、加速资源流转、优化资源配置、激发创新活力等方面发挥重要的作用。

1.3.1 共享创新突破资源约束

创新资源短缺一直以来都是制约企业创新活动实现的重要因素，然而造成资源要素匮乏的原因却是多种多样，为了解决企业创新所面临的创新资源瓶颈，共享创新拥有极大的便利和高效。资源私人占有是引起社会发展滞后的根本原因，闲置资源所有权被独占的特点也导致企业在进行创新活动时往往会受到内部创新资源有限的约束。新经济时代，企业在开展创新活动时对创新资源的要求更高，共享创新是在共享理念的推动下发展起来的，作为一种更加具有开放性的新型创新模式，共享创新为突破企业创新资源约束提供了新的方法。

共享创新摆脱了传统单一产品和服务创新的封闭性，创新开放程度的不断增强使包括创意、思想、思维、知识、智力、信息、技术等在内的一系列创新资源实现了民主性和复制性，边界的不断模糊也加快了创新活动的实现过程。企业创新结合共享可以打破资源约束。因为互联网平台的出现和发展可以汇集大量企业创新所需的市场信息、客户数据、知识经验和社会资本等创新资源，企业也可以运用该平台整合资源并进行个性化定制以满足用户的需要，进而实现有针对性的生产和供给，促进社会资源的高效利用。在共享创新汇集资源和共享平台高效匹配的作用下，有价值的创新资源被几乎所有的企业创新研发活动使用，这个过程中人力资源也不用仅仅局限于某一固定组织，社会上零散的、公众的资金也可以实现集中并投向有需求的项目。

在新经济时代背景下，共享创新已经成为创新模式发展的新方向。Schumpeter（1912）曾在其所著的书中用"创造性破坏"一词来描述创新对于企业生产方式的颠覆，而共享创新则是通过资源的低成本、大规模复制及将分散的、零星的资源高效汇集并配置和循环利用，助力企业创新活动在市场环境中具有成本更低、效率更高的优势。创新缺乏资金、缺少技术及设备等资源，可以通过构建共享平台解决，针对创新实现时所面临的失败风险，共享设备和共享办公场所等新型商业模式也可以帮助企业降低创新的固定成本，从而避免在失败时付出巨大的沉没成本和有效地分散风险。

事实上，将共享的理念应用于企业创新领域具有重要的意义，究其原因主要是在共享理念的指引下，一切皆可共享就已经在很大程度上缩小了企业实施创新行为起点的差距。创新模式的不断演化是向提高资源整合效率、缓解资源约束的方向发展，简言之，共享创新存在的本质就是整合创新资源，在构建创新平台的基础上，降低创新所需成本，从而助力企业实现创新效率的最大化。这一新经济形态的出现有效地化解了资源约束，全面提升企业实施创新行为的质量，进而推动以创新为驱动的新经济增长方式的发展。

1.3.2 共享创新加速资源流转

在移动互联网、大数据、云计算等新兴技术支撑下发展起来的共享创新模式，借助共享平台汇集和整合了企业创新所需的各种资源。新经济时代，海量资源的匹配与调整为企业创新提供了基础，互联网平台的构建更是在丰富资源总量的同时加快了资源流转速度。在当前的经济发展条件下，创新资源的流转速度不再局限于交通运输状况的好坏等空间因素。实际上，市场上相关组织或个人对创新资源的供给与需求能否实现准确、及时的匹配才是重中之重，而这在一定程度上又取决于共享平台功能的发挥。

一般而言，创新资源在市场上流转一次的时间是等待交易时间与交通运输时间之和，依存于现代互联网技术构建起来的共享平台大规模即时成交模式，有效降低了市场上供需双方相互匹配所需的时间，进而缩短了等待交易时间；而从运输时间方面来看，由于共享平台上交易双方大多自主选择就近交易，运输资源所需的时间也会实现降低。共享创新的运行正是通过使用新的技术手段或模式，将原本未能真正实现其价值的创新资源重新投入新的创新活动或实践当中，在这个过程中互联网平台发挥着重要的作用。

在自由开放的互联网平台上，知识、信息、思维、创意和技术等众多创新资源完成了一次又一次的流通和传递。以物联网、云计算、大数据为代表的媒介技术也为企业创新带来了近乎全领域、无边界、全要素的影响。从信息资源流转的角度来看，传统交易模式中，中间环节的层层叠加及交易成本的不断增加使需求者所面对的产品或服务信息变得冗杂；而共享创新模式下，平台的应用不仅让一切信息都能更加广泛地在参与主体间进行传递和交流，媒介技术所发挥的重要连接匹配功能更是取代了原有的中间环节，进而有助于相关主体之间的快速精准匹配。由此可见，共享平台所发挥的连接性能和匹配性能为创新资源的流转提供了必要的运作环境。

新时代背景下，企业实施创新活动时往往需要更加专业的人才、更加有效的知识、更加准确的信息及更加丰富的资金和资本支持。共享创新是适应新经济时代发展的创新模式，共享理念引领该模式下的人们愿意拿出自己所拥有的资源进行共享，这也帮助企业更加方便、快捷地使用包括设备、资金、人员或知识技能等在内的各种生产要素以满足创新需要。企业通过共享创新模式保证了市场上创新资源的顺利传递，加快了主体之间创新要素的流通速度，更促进了企业创新产品和服务质量的提升。

1.3.3 共享创新优化资源配置

传统经济下，信息不对称的问题导致资源的供给无法与实际需求实现精准匹配，企业在这样的发展环境下处处受限，对人才、知识、技术、资金等资源的需求根本无法得到有效的满足，而供给者也只能根据有限的市场信息将其所拥有的资源注入某个行业或地区，如此便造成了资源的分配不均问题。除此之外，创新资源要素本身存在着分布零星、散乱和无序性等特征，这也使得企业不得不改变原有创新方式以顺应时代的发展。针对企业所需创新资源分布零散的问题，共享创新能够引导创新资源在不同行业和不同地域之间进行合理配置与公平流动，并提高整个社会的资源水平。

在创新与共享经济浪潮的推动下，具有开放、平等、全方位、全时空、全参与等特征的共享创新模式应运而生，这种新型创新方式打破了传统的惯有思维，并淡化了组织边界。结合云计算、大数据等互联网新技术，"不求所有，但求所用""不用即浪费"的重用主义将使用权的共享发挥到了极致，共享创新正是在该理念的基础上发展起来的新兴创新模式，该模式使创新资源能够实现最大限度的利用，进而优化了资源配置。其实，共享的根本在于优化资源配置，将共享的理念与企业创新相结合不仅满足了创新对资源激活与优化配置的需求，还在一定程度上促进了创新的均衡发展。

在共享创新模式下，企业的创新活动是开放的，人才和其他创新资源可以在全社会范围内实现无障碍流通，整个社会的技术水平也会因共享的存在而不断提高。社会公众能够将创意展现，企业可以汇集零散的创意并将其转化为创新项目，或者企业主动提出创新需求，面向公众寻求解决方案，这些行为将逐步成为推动技术进步的主要力量，从而为企业实现创新活动提供更好的基础性条件。除此之外，企业的技术人员所拥有的知识和科研能力也可不必再局限于单一企业内部，而是在法律允许的范围内尽可能多地提供给需要的企业，在这个过程中创新资源得到了最大限度的利用并创造出了应有的价值。

实际上，在新经济时代，全社会创新资源配置的优化会受到诸如劳动、资本及技术等因素的作用，而相较于传统创新模式，共享创新却可以通过共享平台有效地减少上述因素对资源配置过程的影响，进而为创新驱动提供必要的基础条件。在这个过程中，共享平台发挥了整合创新资源、组建交易生态圈与形成价值网络的作用，其体现的是一种平等互惠的开放合作思维，这种思维的实质是为多方主体的互动提供一个直接、便捷的通道，进而实现高效聚集和优化配置创新资源的目标。

1.3.4 共享创新激发创新活力

如果封闭式创新是企业在市场激烈竞争的背景下，为获得竞争的关键优势而存在的模式，那么共享创新就是企业在面临资源的巨大约束时所采取的能够实现社会可持续发展的开放创新范式，该模式是一种颠覆传统的新型开放式创新模式。新时代背景下，共享创新利用现代信息和网络技术搭建起共享平台，平台上可以聚集、整合和匹配更多智慧、技术及信息等创新资源，使人们低价甚至免费使用资源。不仅如此，共享创新模式下灵活的组织关系、新型的商业模式及极具效率的盈利模式为企业开展创新活动提供了新的发展思路。

传统创新模式下，企业作为创新主体只能依据其可以获取的资源要素进行新产品的研发和创新，资源的约束性导致创新实现的门槛普遍较高，这也使得企业的创新效率普遍低下；而共享理念与企业创新的结合却打破了这种资源的利己性和排他性。与此同时，共享理念在激发社会各阶层及群体的创新潜力和动力方面也发挥了重要的作用，正是凭借着共享所独有的特点，企业创新所需资源的开放程度更高，参与主体的积极性更强，方式的多样化和个性化也使企业创新所涉及的边界不断变得模糊。

新经济形态激发市场形成新的创新模式，新时代背景下，人人共享的理念逐渐开始占据主流。该理念指的是基于人与人之间的合作和共享实现参与各方的共赢，在这种协作共享的环境下，共享理念引导企业实现创新资源共享，并帮助多方参与者形成了一种敢于创新和冒险的氛围。由此，企业的创新发展机会不断增加，大众参与创新活动的热情也逐渐高涨。信念的树立不仅提高了企业开展创新活动的活跃度，还在一定程度上加快了企业创新的实现效率，这反过来又进一步激发了创新实践者的积极性和创造性。

共享创新的存在与发展摆脱了传统创新体系的封闭性，创新生态系统的建立也允许参与各方共同进行企业等创新主体的创新实践活动，其中不仅包括创意的提供者也包括创意的需求者。可以说，相较于传统创新方式，共享使创新资源具有了更高的开放程度，同时使创新主体之间保持了更加有效的交流与互动。在共享创新模式下，企业创新活动的边界逐渐变得模糊，创新参与者可以从外界市场获取创新需求并在此基础上进行头脑风暴进而获得最终结果。在知识与智慧的碰撞中创意的火花随之涌现，这也使得创新活动可以向着更加多样化的方向发展。创新具有明显的时代性特征，不同时期、不同环境需要不同类型的创新模式，在人类社会进入以互联网大规模应用为代表的新经济时代后，传统创新模式已表现出某种滞后性，而共享创新便是适应新阶段发展的创新产物（王洪生和张玉明，2015）。如此一来，企业创新便拓展了创新活动边界，降低了由人才、知识、技术等资源所导致的瓶颈，适应了创新活动的流程和需求，进而在一定程度上促进了创新能力的提高，适应了新时代对创新模式的要求。

第 2 章 创新模式的演化变迁

人类历史是不断创新的历史，从工业革命（以蒸汽机应用为标志）、电力革命（以电气化应用为标志）、信息技术革命（以微电子技术运用为标志）到移动互联网革命（以移动智能通信、云计算、大数据应用为标志），每一次重要的时代变革都是由大量创新所驱动的，为更好地适应创新环境的变化，创新模式也随着时代的变迁而不断优化调整。按照获取资源的方式、边界、成本及效率可以将创新的演化变迁过程进行如下划分（图 2-1）：依靠内部资源进行创新的"点"式创新（也可称为内部创新或中央研究院式创新）、开始注重利用外部资源进行创新的"一对一"式合作创新、更加充分利用外部资源进行创新的"一对多"式开放式创新和共享外部资源的"多对多"式共享创新模式。

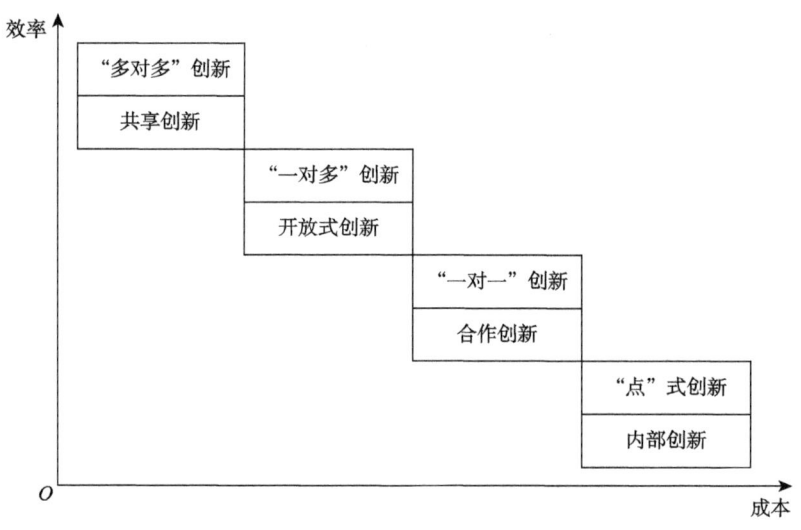

图 2-1 创新模式"成本-效率"图

2.1 "点"式内部创新

在 20 世纪 80 年代以前,大多数企业所采用的创新模式都是内部创新。这种模式以利用内部资源为主,因为内部资源是有限的,该模式下创新资源的获取效率较低,成本较高,因而人们通常将企业的竞争力与其对资源和产品强有力的所有权和控制权相联系。企业要取得创新的成功就不得不依靠自身能力去研发和培育新产品,全过程的售后服务及财务支持也要用企业内部力量来解决(Bae and Chang,2012),这一创新模式在工业化发展时期企业面临创新资源不足的情境下取得了一定的成果,尤其是极少数处于金字塔顶部的大型企业,依靠其庞大的规模和财力支持至今仍采用该模式。内部创新是社会发展到一定阶段时企业所特有的一种创新形式,该模式将企业研发、销售和服务等阶段与外界隔离开来,并在企业内部创造一种良性循环。

2.1.1 内部创新的内涵

"点"式内部创新是指企业自己掌控新产品从创意生成到上市销售全过程的一体化创新。在创新实现过程中,企业内部持续、高强度的技术研发成为其取得优势地位的关键,企业之间具有清晰的边界,封闭的资源供给与有限研发力量的结合主要是为了保证技术垄断和保密。"点"式内部创新模式(图 2-2)将企业内部与外部的创新资源隔绝开来,企业注重应用自己的人才、技术等创新资源开发一系列突破性的新技术和新方法,进而获得企业的竞争优势。图 2-2 及本书中的"组织"的内涵包括企业、科研机构、政府组织等各类营利性和非营利性的组织,主要指作为创新主体的企业。

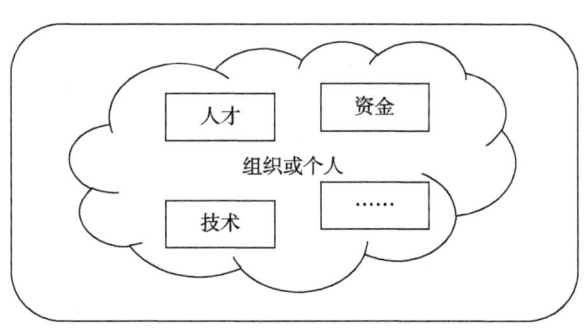

图 2-2 "点"式内部创新模式

实际上，内部创新的本质是企业依靠内部资金供给和研发力量进行创新，此种创新实现方式存在的意义在于其能够保证企业对技术的独享和垄断，一经成功便可获得巨大的边际效益，但该模式的缺点是对企业的研发能力和资金实力要求很高，往往要消耗大量的资源来消除创新过程中的障碍（Ramirez and Arvidsson，2005）。在早期，风险投资的不发达及企业对外部科研力量的不重视使企业大多采用中央实验室的形式进行研发和创新。在此后很长的一段时间内，大多数企业都一直秉承着"成功的创新需要控制"的理念，将内部研发创造出的产品和技术等视为企业的重要战略资产。从该时期创新模式的发展状况来看，企业基本上都是通过建立自己内部的研发中心或实验室来实现创新活动，该模式也符合当时的时代发展背景，并帮助一部分企业获得了市场垄断地位。

总的来看，企业实施"点"式内部创新就是为自身设定一个边界，这个边界的存在使企业在从技术研究与开发到后期产品生产与销售过程中的一切都是保密的，如此便能保证企业自身技术的安全性，进而避免外界的竞争和模仿并帮助企业拓展产品的生命周期。在进行内部创新时，企业创新活动主要是在组织内部完成的，封闭程度相对较高，整个过程需要企业自身投入大量的高精尖的技术设备，包括仪器、实验室、器械等，因此其对组织规模、资源投入及学习能力等的依赖程度非常高（Walker，2014）。那么内部创新缘何能为企业带来成功，究其主要原因，是因为其为企业的发展创造出了一种较为良性的循环状态。这个循环从企业投资于研发项目开始，凭借自身内部资源，企业在创新活动开展过程中开发出极具突破性的新技术和新方法，这些优势技术技能的存在有助于企业在向市场宣传和推广新产品时实现更高的利润，这反过来又会促进企业继续投资于更多更有潜力的研发项目并最终形成良性循环。但值得注意的是，目前该模式主要适用于金字塔顶部的"头部"企业，对于绝大多数金字塔底端的中小微型企业来说，完全依靠自己的内部资源进行创新的适用程度并不太高。

2.1.2　内部创新的特征

为了在创新过程中获取强大的竞争优势，大多数企业都将内部研发活动进行严格的保密，以期实现控制和保护知识产权的目标。因为内部创新最直接的表现就是企业为产品研发和创新进行的所有环节都要在企业内部完成，所以这样至少可以保证在一定时期内帮助企业盈利。如此一来，该模式存在的直接结果便是企业的中央研究机构。技术外溢比较困难、员工流动性较低是企业内部创新模式实现的基础和条件，而工业化时代互联网尚不发达所导致的知识传播缓慢等因素，使得"点"式内部创新形式成为该时期企业创新实践的重要方式。总的来说，"点"

式内部创新模式具有以下几个方面的特征。

1. 资源获取

"点"式内部创新模式的核心是在企业创新过程中，其内部开发出的所有新技术和新技能都要被严格地保密并加以保护。企业通过自身所拥有的资源基础和应用研究能力不断产出新的创意和想法并付诸实践，在企业严格的流程控制下，大规模的内部实验和活动将不断开发出新的技术并以此作为新产品生产的基础，所以曾经进行过创新的公司更有可能继续创新（Antonelli et al., 2013）。由此可以看出，传统企业内部创新活动所使用的知识、经验、信息和技术等资源绝大多数都是由企业内部提供，组织之间强大的界限阻隔了知识等创新资源的传递和流通。然而面对创新成果独占性的不断增强，企业不得不采取多种措施防止核心技术和经验的传播与扩散，这也会引起企业各项成本的增加。

2. 交易模式

"点"式内部创新是主要依赖内部创新资源及对内部资源进行优化配置的交易模式。在该模式下，企业在进行创新活动时主要包括以下几个步骤：首先，由公司内部的研究人员根据客户需求生成新的创意和想法；其次，在研究阶段，由专人对上述创意、想法进行逐步修改并形成概念设计；再次，该研究成果会被转入企业的开发部门，并在该部门内完成技术的市场化开发和工艺流程的改进；最后，经过上述几个步骤就可以进行产品零部件的生产与组装，进而实现技术上的突破和提升。由此可以看出，上述整个创新活动实现流程全部是在企业内部完成的，这对于具有资源优势的大型企业而言起到了较好的发展促进作用，而对于其他缺乏相关基础性条件的公司来说，受到研发能力及创新资源的限制，其根本无法利用该模式为自己谋利。

3. 成本效率

在"点"式内部创新模式下，企业在进行研发、销售和服务等活动时都要依靠内部力量来完成，鉴于企业整个创新过程都是封闭的，这也不可避免地导致企业无法与外界产生有效的联系。仅仅依靠企业内部力量来完成创新意味着高投入和高成本，如此一来就会使大企业在关键技术上有收获，但中小企业却因为无力承担高额的研发投入而无法实现相应的创新目标。因此，虽然短期内"点"式内部创新可以为企业的创新发展提供一定的便利，但从长远来看，创新资源、知识和能力的固有限制也容易使企业无法应对多变的市场环境，进而影响企业创新绩效的提升。

内部创新模式的存在有其必要性，如企业在进行创新活动时能够加强知识的纵向整合，控制和保护知识产权也能为企业带来竞争优势，这种模式在工业化发展初期资源相对不足的情况下比较适用。现如今，共享时代所带来的挑战不断增多，内部创新模式本身横向宽度有限及路径依赖性等特征对一般甚至规模较小的企业产生了一定的负面影响。在短期内，企业可能需要关注新的产品市场或者对原有产品进行新一轮的改进，以维持现有的盈利状况。但长此以往，这种循环过程的不断建立和打破必然影响到企业的未来可持续发展能力。

2.1.3 内部创新的应用

在相对稳定的外部条件下，企业进行内部创新时可以形成盈利的良性循环，并且在早期，还是有不少企业曾尝试过采用中央研究院式的创新模式。这些企业的创新发展主要是依靠自身所拥有的资源禀赋，从创意产生到产品开发并实现市场化，整个流程都是在企业内部完成的（图2-3）。许多大企业就是借助这个条件垄断了行业内的大部分创新活动，创造并维持对新技术的绝对所有权和控制权（Ryoo，2017）。比如万国商业机器公司（以下简称IBM公司）的沃森研究中心、惠普（HP）的中央实验室及施乐（Xerox）的帕洛阿尔托研究中心等都是内部创新的典型代表（陈劲，2013）。

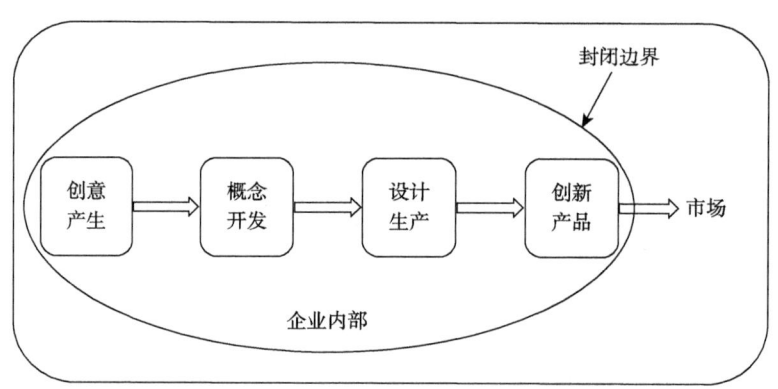

图2-3 "点"式内部创新模式产品开发流程

IBM公司创立于1911年，是一家跨国公司。1945年，在哥伦比亚大学的临时宿舍，IBM公司设立了首个纯学术性实验室，即沃森科学计算实验室，这个实验室诞生出了许多优秀的科研成果。1964年4月，IBM公司推出了大型电脑系统360（system 360）系列计算机，该系列是世界上第一款指令集可兼容计算机，此后单一操作系统便可以适用于整个系列的计算机。事实上，该项计划的实施投入的规模空前巨大，IBM公司招聘了6万名新员工，建立起5座新工厂，总投资金额超过了 50 亿美元。并且这个系列的计算机不论是关键原件、操作系统的研发，还是计算机的每个部分的生产都是依靠 IBM 公司自己的力量完成的。系统 360 产品的问世为 IBM 公司带来了巨大的收益，从 1965 年首台出货到 1966 年，IBM 公司每月售出数量超过千台，销售收入也从最初的每年 28.6 亿美元上升到后期 110 亿美元。但是好景不长，在 20 世纪 80 年代之后，资源投入成本的空前巨大及创新产出效率的不足使内部创新模式已经无法为企业带来应有的收益，后来不得不进行创新模式的转变。

施乐公司创建于 1906 年，是世界上最大的现代化办公设备制造商和复印机的发明者（张健，2009）。1970 年，施乐公司创立了帕洛阿尔托研究中心，该研究中心集合了所有个人电脑方面的投资与发明，被称为许多现代计算机技术的诞生之地。作为企业内部的研究机构，帕洛阿尔托研究中心获得了施乐公司巨额的投资，并进行了许多创新性的研发活动，包括激光打印机的发明等。然而新技术的产生虽然后来为包括苹果、微软等在内的众多著名的公司提供了便利，但当时并未给施乐公司带来应有的经济效益，主要原因是企业进行创新时仅仅关注了技术方面的进步与提升而并未考虑到现实消费者的需求状况，进而使企业根本无法达到理想的良性循环状态。

从上述案例可以看出，"点"式内部创新为 IBM 公司和施乐公司实现技术突破奠定了坚实的基础。由于整个创新活动都是在企业内部独立完成，产品研发所需要的各种创新资源都来源于企业内部，这在一方面便于企业进行技术保密并带来相应的利润，但是在另一方面，大量的研究设备及高素质研究人才的投入也带来了巨额的成本。传统的内部创新模式是封闭的，企业自力更生投资开发新技术和新产品，并从中获取较高的边际利润，随后再进一步投资于研发和创新，这就形成良性的循环模式，但是这样的创新模式对企业而言风险是极高的。因为，任何一个环节的失败都会使整个循环出现问题。

2.2 "一对一"合作创新

企业内部创新模式成功与否取决于内部资源的充分性、稳定性和企业自身所拥有的资源禀赋。在早期，得益于员工的流动性较低及知识的传递速度缓慢，企业能够凭借"点"式内部创新模式获取一定的竞争优势。然而随着市场需求的多样性、技术市场的快速变化及新的竞争者不断出现，许多依靠自身人才、知识、资金和技能等资源进行创新的企业无法实现与竞争者抗衡。并且对于那些处在金字塔底端的企业，由于其规模普遍较小，资源约束的限制也会进一步阻碍企业的发展。鉴于此,一种新的创新模式成为企业的选择,"一对一"合作创新为企业进一步获取创新资源、降低创新成本带来了更加广阔的发展前景和空间。

2.2.1 合作创新的内涵

通常情况下,大多数企业在进行研发创新活动时往往缺乏必要的资源和资金支持,这也致使其在市场竞争中处于劣势的地位。随着经济的不断发展,快速变化的市场环境往往使企业难以应对挑战,用户需求的不断提升及资源的过度浪费也导致企业无法从中获利。在此背景下,"一对一"合作创新便成为企业进行创新活动的新模式。一般而言,"一对一"合作创新模式(图2-4)指的是在保持各主体相对独立的利益关系和社会身份的同时,以企业为代表的创新参与者与其他企业、科研机构或者高等院校建立起技术合作关系,并在一段时间内为完成共同确定的研发目标实施技术和产品的一系列创新活动。

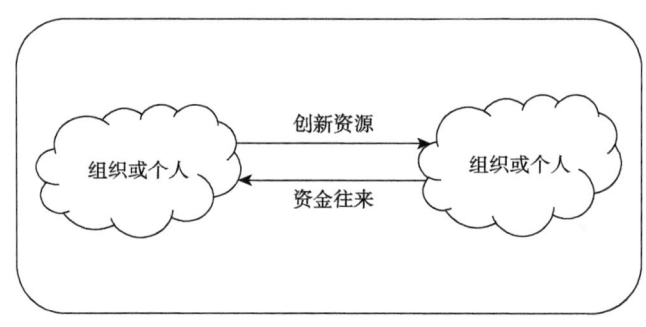

图 2-4 "一对一"合作创新模式

合作创新的产生和发展源于企业内部创新资源有限的约束,随着互联网等新兴技术的快速发展,企业所面临的外部竞争环境也日趋复杂,企业迫切需要通过新的创新模式缩短创新过程所需的时间,减少其中所造成的资源浪费,进而增强企业的竞争力。合作创新在兴起之时就颇受发达国家的认可,合作创新以合作进行研发和创新为主要形式,作为国家新的创新组织形式,其主要集中在新兴和高新技术产业。Persaud(2005)强调全球研发单位之间的合作创新可以促进跨国公司积累和运用新知识,更有效地创造新产品。美国在信息、生物及新材料等有关高新技术领域已经建立起超过 4500 个合作创新组织(廖粲,2012),该组织建立在合作伙伴的共同利益之上,并以优质资源互补和共享为前提。

企业创新包括新创意的产生、新产品的研发及市场的服务,其起源于研究开发又结束于市场实现,整个过程中都有创新的体现。合作创新模式下企业之间有明确的合作目标,双方在实施创新行为的全过程中也都秉承成果共享、风险共担的理念。"一对一"合作创新的含义非常广泛,既包括长期合作创新也包括短期合作创新。其中,长期合作创新大多是指以一定战略意图为基础的企业间的合作创新模式,如网络组织等;而短期合作创新则包括对特定项目的短期合作,如新产品的研究契约等。

随着经济社会的不断进步,"一对一"合作创新模式已经成为一种重要的创新方式,合作创新对企业创新活动的促进作用也日益增强(Xie et al., 2013)。合作组织的不同类型决定了合作创新形式的差异化,企业之间最深层的合作创新形式是合资与合并,而最浅层的合作创新形式则是以参与主体的交流和沟通等形式来完成。无论如何,企业的合作创新模式可以帮助企业在经营管理经验、创新发展思路等方面实现相互学习和影响,这也是推进经济社会持续不断发展的重要力量。在大多数企业都面临着创新资源不足的问题下,这种"一对一"合作创新的模式有助于提升企业的自主创新能力。

2.2.2 合作创新的特征

企业要实现创新行为可以有许多种途径,其中"一对一"合作创新模式是在传统的"点"式内部创新的基础上发展而来的新型创新形式。与内部创新模式相比,合作创新是一种创造性利用新型创新资源和能力的重要方式,其价值不仅在于通过促进成果的产出来对企业的自身研发产生影响,还在于对知识、能力等创新资源的获取。合作创新可以帮助企业增强创新能力和核心竞争力,创新资源的互补和共享也有利于提升企业的社会价值。总的来看,"一对一"合作创新模式的特征具体表现在以下几个方面。

1. 资源获取

在进行创新活动时通常要求企业要同时利用人才、知识、资金和机器设备等资源,但随着市场竞争的不断加剧及科学技术的迅速发展,创新资源的约束作用不断增强,越来越多的企业由于内部无法满足资源的投入要求而处于竞争劣势。合作创新则可以帮助企业之间实现创新资源的互补和共享,参与双方的合作和互助也推动企业的创新水平达到了一个新的高度。针对资源不足导致研发活动受阻的问题,通过建立合作创新组织,企业可以充分发挥高等院校、科研院所及其他公司的相关设备和人员的作用,实现对技术能力的传递、整合和获取。

2. 交易模式

合作创新的经典模式是"一对一"合作,也即一个创新主体和另一创新主体的合作创新。广义上来讲,企业在进行合作创新时除了与各科研机构合作外,还可以与供应链上的上下游企业合作，也可以采取与横向或潜在的竞争对手及与技术、产品等各类创新型要素的所有者进行合作的形式实现相应的研发活动。实际上，企业进行合作创新主要是通过整合内外部资源而完成的，这也在一定程度上为解决企业的高投入和高成本等问题提供了新的思路和方法。企业所进行的合作创新是指通过合伙投入形成合作组织，共同从事研究开发活动、共享研发成果的新型创新模式，其存在的意义是利用外部条件弥补企业内部创新资源不足的缺陷，进而有效分担创新过程中出现的风险。

3. 成本效率

"一对一"合作创新模式可以帮助企业节约在研发和创新过程中所付出的相关费用。因为在独立研发和创新的情况下，企业的资金投入很高，并且这个过程中还需要相当数量的研发人员进行参与。除此之外，社会分工的不断细化使企业研发成果的适应范围不断缩小，而产权专用性的不断增强也使市场上知识、信息及其他创新资产的传播和流动变得越来越复杂，企业就要付出更大的成本来保证创新活动的顺利实施。但"一对一"合作创新能够实现对创新研发资源的整合及信息的利用，企业不需要付出巨大的学习成本就可以实现对创新资源的有效配置，这在一定程度上也提升了企业实施创新活动的效率。

服务品类的全覆盖、技术资源的高整合，可以使企业不断创造出新的发展奇迹。"一对一"合作创新模式也为企业提供了高于"点"式内部创新模式、更加便捷和快速的资源获取和利用的途径。企业在进行创新活动时不必受自身规模和资源状况的影响，满足市场需求的新创意和构思也可以更高的标准和水平面向相关用户。与内部创新模式相比，合作创新不要求企业具备高研发能力，只要其具有某一方面的专长或其他优势，就可以通过合作创新的方式改善企业固有的资源结构，与此同时，创新空间的扩大及创新风险的降低也将为企业带来效益的提高。

2.2.3 合作创新的应用

一般意义上来讲，为了达到某种共同的目标，双边或多边主体往往会建立起一种协作关系，这种协作关系就是合作。在此基础上产生的合作创新与传统的企业合作有一定的区别。企业所进行的"一对一"合作创新模式是指参与主体双方以各种形式的合作方式为手段，助力创新行为的实现进而提高企业的发展能力。国内外各种产业中实施合作创新的企业有很多，其中最具代表性的就是华为技术有限公司（简称华为）与英特尔公司、百度公司与荣耀之间所实现的合作创新。

华为与英特尔公司之间的合作是技术流中的创新结合，二者走到一起并非偶然。为了紧跟时代特点，华为提出调整业务架构的目标，与英特尔公司的合作有助于开拓更多业务的新蓝海，由于双方都是硬件企业，在产品创新和产业发展趋势上具有方向一致、优势互补的作用。早在 2012 年的云计算大会上，华为就与英特尔公司签署了合作协议，正式建立起以信息技术（information technology，IT）产品与解决方案为基础的全球战略合作关系。当然，与其他许多企业之间的单纯合作不同，华为与英特尔公司的合作包括从市场战略层到产品研发层的多个方面，合作协议的签订可以帮助企业实现进一步的创新协作深化，各自技术与资源优势的融合也为市场提供了领先的产品和服务。

从最初的接触，到后期服务器、数据中心及存储等整个 IT 领域的全方位合作，华为与英特尔公司携手合作、联合创新，二者共同致力于解决方案的构建与市场的拓展，这一系列的合作创新活动为双方未来的持续发展创造了条件。两家公司曾签署存储战略合作备忘录，二者每前进一步都是为了更加有效地整合双方所拥有的资源优势，并在技术联合、产品研发和全面市场营销等方面进行应用。本着为用户提供最大价值的初衷，华为与英特尔公司建立起"一对一"合作创新模式，双方在各个领域进行的创新和深度合作改进了原有依靠自身资源进行内部创新高成本、低效率的弊端，优势资源的共享与互补也为两家企业的未来发展提供了广阔的发展空间。

2015 年，荣耀手机首次推出了新型的智能语音交互系统，该系统是在整合了百度公司的人工智能后产生的新升级。为了满足用户对智能手机品质和体验的高水平要求，荣耀又结合百度公司在手机上创新出了智灵键，实现了快速、高效地获取各项互联网资源与服务的目标。实际上，这种软件与硬件企业的创新合作不仅为企业带来了极高的收益也为用户带来了更加便捷和智能的体验。众所周知，百度公司是在人工智能等领域处于领先水平的著名中文搜索平台，而荣耀则在硬件开发方面具有优势，二者的有效结合不仅可以实现硬件和软件的强强联合还有助于企业进行资源互补，企业的不断创新和进步也将助力其抢占未来科技的制高点进而引领整个行业的发展风向。

"一对一"合作创新模式多样，不同的模式也有其独特的适用条件。比如，企业进行合作创新时必须具有明确的目标，一旦二者之间的目标出现模糊不定的情况就会导致企业无法形成"部分之和大于整体"的协同效应。而且，合作创新的绩效取决于成员之间的互动活动（Song，2016），企业双方在进行合作创新时必须要进行有效的交流与沟通，若彼此之间的了解不够深入，就很可能会造成创新实现过程中的矛盾和冲突。除此之外，由于企业进行合作创新的基础是优势互补、资源共享，如果成员内有一方不具备相应的价值，就很难被其他成员所接受。并且当一个企业进行合作创新时，其所获得的知识可能是无用的，除非与其他企业的工作相结合（Wu，2016）。现实状况中并不存在绝对意义上的最佳模式，企业应根据自身所拥有的资源基础和条件，选择适合自己的、成本更低、效率更高的创新模式。

2.3 "一对多"开放式创新

封闭式创新模式在获取技术独享和垄断利润的同时，面临着创新投入较大、创新效率较低、创新风险较高等诸多挑战。在新科技革命与产业变革的历史性交汇时期，创新已成为全球发展与竞争的主旋律。随着互联网的发展，随时随地的互通互联让人们之间的联系更及时、更广泛、更深入，企业仅仅依靠内部资源进行创新已难以跟上时代的需求，"自建、自研、自有"的内部创新模式不仅耗资巨大，而且创新效果及效率无法应对瞬息万变的市场和残酷激烈的竞争。在"点"式内部创新和"一对一"合作创新的基础上，企业需要打开创新的大门，利用外部有价值的知识、技术及人才等来加快创新，拓展市场。

2.3.1 开放式创新的内涵

Chesbrough（2003）在 *Open Innovation: the New Imperative for Creating and Profiting from Technology*（《开放式创新：进行技术创新并从中赢利的新规则》）中率先提出"开放式创新"这个概念，它意味着企业可以同时利用内部和外部有价值的知识来加快内部创新，并且利用外部市场渠道促进企业创新成果的商业化。开放式创新假定公司能够并且必须使用内外部的创意及内外部通向市场的路径以不断地发展它们的技术。根据 Chesbrough（2003）提出的基本定义，国内外众多学者从多个角度对其进行了阐述。West 和 Gallagher（2006）从资源观的角度入手，认为开放式创新是企业将其能力、资源与外部资源整合，并通过多渠道开发市场机会的一种创新方式；Lichtenthaler（2011）从流程视角将其界定为企业通过创新过程系统地进行内外部知识开发、知识保持和知识利用的活动；Dahlander 和 Gann（2010）从组织视角强调开放式创新是在企业内外部的共同作用下实现组织边界外部渗透的过程。纵观现有观点，"一对多"开放式创新（图2-5）可以简单概括为创新主体在进行创新活动时突破地域和时空的限制，在创新过程中最大限度地利用内外部资源，引入外部创新主体参与到企业的创新过程，以求改善创新绩效、达成创新目标的创新过程。

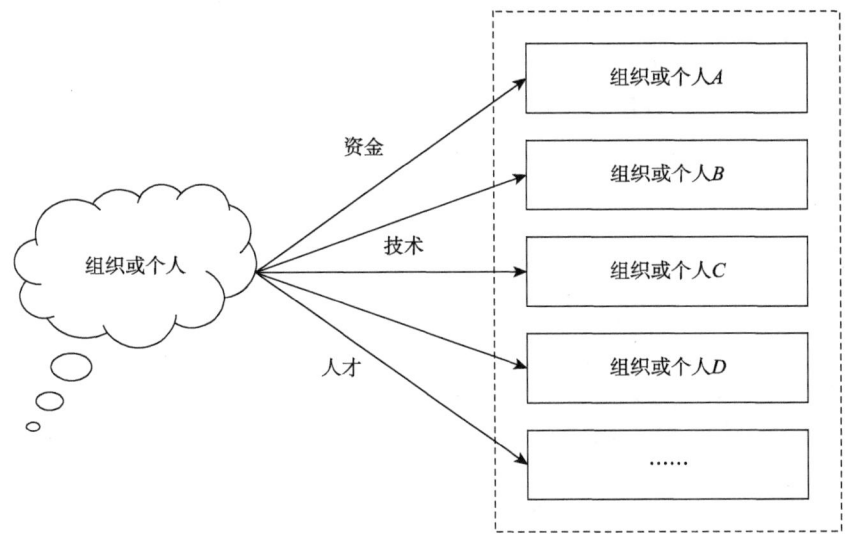

图 2-5 "一对多"开放式创新

封闭式创新对研发能力要求很高,更多地适用于拥有较强资金实力、较多创新资源及市场占有率大的大型企业,如 IBM 公司、施乐公司、朗讯等。但随着研发成本的剧增、产品生命周期的缩短和竞争的日益全球化,加之交通和互联网信息技术的发展在广度和深度上推动了创新要素的空间联系和相互作用,企业获取创新资源的成本逐步降低,封闭式创新逐步向开放式创新过渡。开放式创新和封闭式创新不是对立的关系,而是相辅相成的关系,开放式创新是"点"式内部创新和"一对一"合作创新的拓展和升级,它将外部创意、外部市场化渠道和内部创意、内部市场化渠道放在同样的地位,其目的是以最小的成本和最快的速度实现创新成果转化,以期获得最大利润(周立群和刘根节,2012)。当外部环境发生剧烈变化、不确定因素较多、企业创新的影响范围更大、影响程度更深时,企业需要更复杂的技术储备和创新资源。企业可以借助开放式创新这种新型的创新模式缩短研发周期,降低研发成本,在分享创新资源的同时降低研发风险。

开放式创新与封闭式创新的区别主要体现在以下几个方面:第一,从创新过程的角度来看,与封闭式创新相比,开放式创新的创意源泉不仅仅局限于企业、组织内部,创新资源的需求者还利用开放式创新平台广泛吸收来自外部其他主体的创意。第二,从产品研发的过程看,封闭式创新企业为了获得研发收益,包揽从研发到销售的一切;而开放式创新模式下,企业结合高校、科研机构的技术实力,通过资源共享进行产品研发,在从外部研发创造附加值的同时,内部研发也可以享受一部分创新成果。第三,从产品推广的过程看,由于多方参与,推广渠道与封闭式创新相比更加广泛,推广收益包括口碑收益、品牌收益等,收益更加多样化，构筑商业模式显得更为重要。第四，从价值链的角度来看，开放式创新其实是无数个封闭式创新的连线构成的以创新需求方为中心的创新网络，创新资源的供给方包括各式各样的企业、组织、创新爱好者等，创新网络密度大。第五，从创新本身而言，开放式创新的资源互动次数更多，频率更高；由于参与方众多，企业可以和各参与主体进行沟通，实现动态的、随时的资源共享，沟通速度快、期限短。第六，从创新需要的人才要素来看，封闭式创新的企业自己拥有最优秀的人才；而开放式创新模式下，企业不一定需要拥有最优秀的人才，可以和其他企业、组织的各种优秀人才进行合作。第七，在知识产权方面，封闭式创新的企业严格保护自己公司的知识产权；开放式创新模式下的企业与其他企业、组织积极地进行知识产权的授权与引进。与封闭式创新模式相比，创新资源企业内外部之间能够轻易转移，企业能充分利用组织内外部资源进行迅速整合，出现了更多的新市场。

2.3.2 开放式创新的特征

从封闭式创新走向完全开放式创新，需要经过多个发展阶段，其中"一对多"的开放式创新就是一个重要的阶段。在开放式创新模式下，众包、收集客户反馈、有奖征集创意等基本都处于同一个阶段。总体而言，"一对多"开放式创新模式的特征具体表现在以下几个方面。

1. 资源获取

从资源获取的角度来看，单一企业内部创新资源的匮乏俨然已成为企业发展的障碍，开放式创新就是在这种传统创新模式的推进形势下出现的"创新范式的转型"，其已得到了国内外学者的广泛关注（王春燕和张玉明，2018）。资源基础观理论认为，企业是获得并组织各类资源，向市场提供产品或服务的组织。企业资源包括有形资产、无形资产和使用资产的能力或技能，它是附属于企业的、能够支持企业制定战略并最终获取优势或劣势的东西，资源在企业之间的不可流动性和难以复制性造成了企业之间的异质性，决定了企业竞争优势和盈利水平之间的差异，当企业率先获得或占有某种资源时，后续的资源获取能力会提升，企业在发展中将具备相当的优势（Wernerfelt, 1984）。

开放式创新是企业在内、外部广泛的资源中寻找创新资源，并有意识地将企业能力与创新资源整合起来的一个过程。其通过弱化企业边界和流通壁垒，打破了企业封闭式"围墙"，创新的边界得到了极大程度的拓展。资源的互补性构成企业创建开放式创新平台、进行开放式创新的原动力，技术知识和市场知识的引进成为企业进行创新的重要动机之一（Knudsen，2006）。资源的获取不再局限于企业内部，创新也不再是企业内部"自建、自研、自有"的模式，供应商、顾客、大学、政府、私人实验室、竞争者和其他国家成为企业重要的创新源（von Hippel，1988）。

2. 交易模式

开放式创新的经典模式是"一对多"的交易模式，也就是说一个创新主体以开放的思维与多个不同类型合作方进行多方协同创新。在开放式创新模式下，企业不是独自地创新，创新模式实现了从"漏斗"到"筛子"的转变。开放式创新不是各类资源、规则制度的简单相加，而是各种要素与要素之间、要素与平台之间在交换信息、人员、知识等的过程中形成的动态的、非线性的有机整体，所有要素之间有机的相互联系与互动构成了一个共有的、高密度的创新网络。

在这个创新网络中，企业可以采用内向式创新和外向式创新两种创新模式。内向式创新是将外部有价值的创意、知识、技术等资源整合起来，为企业创新及其商业化服务，是一个由外及内输入的过程（苏勇等，2019）。外向式创新是一个输出的过程，企业寻求最合适的外部组织将自己的创新资源进行输出获利，以实现创新成果的商业化利用。在输出的过程中，不仅充分实现了主要的创新成果的价值，将束之高阁的创新"副产品"通过专利许可、授权等方式进行转让，或者通过与外界合作开发等方式进行产品升级与改进，为企业带来更多的附加价值。此外，企业对市场机遇与技术机遇的认识均从企业外部出发，这使得有效供给成为可能。企业通过这两种创新方式与外部组织建立联系，识别、连接和利用外部创新资源，并将其作为创新过程的组成部分和有效途径。

3. 成本效率

高度互联互通的社会，信息得到全方位的快速传播和融合，"多快好省"的新产品及服务不断在市场上涌现。企业学习时间大大缩短，新产品和新技术带来的竞争优势越来越难以维持（邱静和劳曼尼，2015），如何更高效、更低成本地整合创新资源成为企业建立可持续竞争优势的关键。封闭式创新模式下，企业独自研发耗时长、成本高、风险大，独自研发所需要的设备利用率也会在技术的快速发展中越来越低。然而开放式创新通过依靠资源互补与协同的优势，通过广求合作方、搜寻和网罗新技术、新服务降低研发过程中的风险和成本。此外，在提高创新效率方面，知识、信息在创新主体之间的自由流动，非线性创新网络的推动作用，促使企业以更短的时间尽可能更早地获得市场的需求与相关动态，尽早地窥探创新机遇和创新动向，降低企业创新过程中的成本和风险，提高创新效率。

除此以外，开放式创新还具有动态性和能动性的特征。开放式创新的创新过程是知识、信息、人员等创新资源不断交互、交换的过程，是企业与外界组织不断进行沟通、交流、联系的过程，是一个不断变化的、动态的过程；开放式创新平台可以在各个创新要素的不断沟通交流的过程中，根据外界环境的变化不断地调整要素的构成和结构，能动地适应环境的变化，从而形成创新平台的相对稳定和高水平创新。

2.3.3 开放式创新的应用

2015年达沃斯论坛上，李克强总理提到："面对多变的经济形势，我们主张要大力推动开放创新"。[①]这里所说的开放创新是宏观层面上国家之间的开放与合作，而微观层面上的开放与合作是要落实到企业这个市场主体上的。

在市场竞争不那么激烈的情况下，一些较小的公司或许可以通过内部的封闭式创新维持短暂的增长。然而对于宝洁公司而言，1%的增长率都意味着数额高达几十亿美元的增长，"自建、自研、自有"的封闭式创新模式给宝洁公司带来了显著的增长，公司独立地开发一切所需的技术、完整地拥有知识产权。然而，封闭式创新带来的耗资靡费、组织臃肿、协调不力等问题阻碍了宝洁的发展，再加之瞬息万变的市场和激烈的竞争，封闭式创新更显疲态。宝洁公司于2000年遭遇了最大的危机，创新成功率停滞在35%，销售额持续低迷，股价从118美元一路跌至58美元，市值蒸发接近一半。这些均促使宝洁公司开始重新思考自己的创新模式，Connect + Develop的战略应运而生。宝洁公司建立了全球性的网络，网络的参与主体包括政府、供应商、零售商、科研机构等；参与创立了Nine Sigma、礼来公司旗下的InnoCentive、退休科学家网络平台等；于2007年建立了自己的"Connect+Develop"英文平台（简称C&D平台），通过在该平台上发布需求，借助平台的力量寻找外部创意。此外，宝洁公司还用了授权产品、引入商标、授权商标、引进技术诀窍、引进新包装、组建合资企业、与大学合作等多种方式进行开放式创新。借此模式，宝洁的研发生产力提高了近60%，创新成本下降了20%，在1999年后的十年间其销售额和研发成功率翻番。

开放式创新模式为宝洁公司带来了丰富的创新资源，宝洁公司不再仅依靠内部积累的创新资源完成创新活动，与大学、企业、科研院所建立了密切联系，大量闲置的创新成果也找到了市场价值。在打破产业边界、组织边界和创新边界的同时，宝洁公司注重核心专有知识的掌握程度，"以消费者为主"的价值观使宝洁公司在面对众多类型的创新合作伙伴时更好地识别和挖掘合作伙伴带来的技术价

---

① 《维护和平稳定 推动结构改革 增强发展新动能》http://www.gov.cn/guowuyuan/2015-01/22/content_2808672.htm[2019-02-11]。

值，洞悉市场需求，进而获得成功。作为一个拥有近两百年历史的企业，开放式创新是宝洁宝贵的财富，也是许多希望利用创新驱动增长的公司所能借鉴的方法。

与封闭式创新模式相比，开放式创新作为一种新型的创新模式，对致力于自主创新的中国企业同样具有强大的吸引力。华为作为通信行业的代表性企业，经历了从技术模仿追随、自主创新到开放创新的整个过程（王水莲和张瑶，2016），它是站在曾经巨人的肩膀上成功的，这不仅仅是简单的"技术拿来主义"，而是利用引进、消化、吸收的方法对他人的优秀成果进行再创新和集成创新，发展自主的专利技术体系。其窄带码分多址（code division multiple access，CDMA）技术、同步数字体系（synchronous digital hierarchy，SDH）光网络技术、智能网技术等都得益于与国内外知名高校的合作，开放式创新为华为带来了更广阔的创意来源、更丰富的创新资源，正在引领华为成为未来通信行业的领导者。

2.4 "多对多"共享创新

"一对多"开放式创新无论是采用内向式创新还是外向式创新，其服务主体主要为企业自身。然而，随着现代信息通信技术和网络技术的发展，在互联网构建的网络空间中，信息、技术和知识的传递与交流渠道越来越多样化，从平面到立体、从线下到线上、从点对点到网对网、从"一对一"到"多对多"，多样化的交流渠道使得"一对多"的开放式创新模式在配置创新资源方面难以满足全开放、全方位、全时空、全领域的要求，具有开放、共享、平等、全方位、全时空、全员参与等特征的"多对多"共享创新应运而生。

2.4.1 共享创新的范畴

"多对多"共享创新的产生与发展源于移动互联和通信技术的成熟、平台经济及共享经济商业模式的兴起与应用。共享经济作为一个新的经济引擎对经济增长及就业的作用日益显著（王娅和阎荣舟，2019），其是共享创新经济效果的体现，同时是推动共享创新发展的重要经济模式。随着"大众创业、万众创新"理念和供给侧结构性改革的持续推进，"多对多"共享创新的创新模式逐渐成为一种新型的创新形态，越来越受到众多学者、企业家的关注。

目前，已涌现出众多关于共享创新的实践案例，如海创汇平台[①]吸引了4000

---

① 海创汇平台是海尔集团打造的创业孵化平台，聚合海尔生态圈产业资源及开放社会资源，为创客提供综合的创业孵化服务。网址为http://www.ihaier.com/space/lists/0.html?lang=zh-cn。

多家生态资源,孵化和孕育超过2500家小微公司;日日顺乐家依托海创汇平台,在一年时间内完成91个城市1万多个社区智能柜和社区驿站的布局;特拉斯开源所有专利,建立企业技术创新联盟,推动更多的企业投入到电动汽车发展和普及的浪潮中,从而获得产业生态圈的发展;15 000家中小微企业通过入驻宁波"生意帮"平台,通过网络协同制造平台缩短生命周期,降低生产成本。众多案例从侧面例证了"多对多"共享创新商业模式的成功。在学术界,主要研究仍是围绕开放式创新及少数学者(严海宁,2015)提出的分享式创新展开,鲜有关于共享创新的研究。

总体而言,共享创新借助互联网平台集中群体智慧,积极探寻组织内外海量创新资源,实现创新资源、生产资料与商业模式创新的有效整合。与"一对多"开放式创新模式类似,二者都具有低成本、高效率的特征。通过创新平台构建、创新资源整合实现创新成本降低和创新效率的最大化。与其不同的是,开放式创新是一种侧重于创新结果导向的、高层次的创新模式,具有一定的主动性、单向性;参与主体与共享创新的参与主体相比仍有限,参与创新依然需要一定的门槛。但"多对多"共享创新是一种侧重于过程无边界参与、资源无边界获取的、更高层次的创新模式;参与主体可能是资源的需求者,也可能是创新资源的供给者,供需双方具有互利性和多向性。与开放式创新、分享式创新相比,共享创新资源开放度更高,创新主体互动性更强,创新边界更加模糊,创新资源更加丰富,创新方式更加多样化(张玉明和管航,2017)。当开放式创新的资源流动性和开放度进一步提高,企业主体主要由资源需求者转变为平台提供方时,便与共享创新无太大区别,均在国家科技创新生态系统中扮演越来越重要的角色。

2.4.2 共享创新的特征

互联网尤其是智能终端的迅速普及,以及云计算、大数据、物联网、移动支付等现代信息技术的快速发展,知识交流从点对点的传播转向了网络化的发展,企业与企业之间、内部创新与外部创新之间的知识共享得到增强。海量的创新主体通过共享创新平台建立联系,淡化组织边界、分享资源使用权,在资源获取、交易模式及提升成本效率方面表现出与以往创新方式不同的特征,具体体现在以下几个方面。

1. 资源获取

在共享创新中,企业内外部知识、信息、资源形成互补与融合,拥有较多创意、知识与信息的一方与拥有资源较少的一方形成势差,拥有创新资源较多的一方向拥有创新资源较少的一方流动,或者向对创新资源有需求的一方流动。低位势的企业借助高位势企业的资源优势提升自己的创新能力,高位势的企业、组织和个人在提供资源共享的同时获得经济收益、口碑收益、品牌收益、声望收益等多种收益。共享创新资源获取的优势主要体现在资源获取的难度降低及资源获取数量、种类增多等多个方面。

在资源获取的难度方面,与开放式创新相比难度降低,这主要是由于"多对多"的共享创新获取资源渠道增多,边界更为模糊。互联网成为全球技术创新、服务创新和商业模式创新最为活跃的领域,其海量性、即时性、自主性和共享性等特征使得创新主体获取创新资源不受时间、地域、方式的束缚,资源获取难度大大降低,并较好地消除了资源获取与使用的非连续性(Horton and Zeckhauser,2016)。共享创新模式下,创新主体进入创新的门槛、退出创新的障碍较低,只要有创新资源需求的主体都可以进入,万众参与者汇集在基于互联网的共享平台之上,不存在规范契约或合作纽带的约束(张玉明和管航,2017)。资源的获取不再局限于朋友、同事、合作伙伴、供应商、消费者等熟人之间的有限范围内,甚至"陌生人"之间也可以交易,使得资源获取难度降低。

在资源获取的种类和数量方面,"多对多"共享创新模式获取的创新资源种类和数量更多,这主要得益于共享创新的参与主体多,创新资源流动更加频繁。在共享创新模式中,创新主体范畴不断外延、扩大,只要有创新需求的、能为某项创新提供知识、智力或技术的个人、企业等均可以参与其中,不受时间、地域、学历的束缚。参与主体多,创新资源的提供和获取种类及数量也随之增多。共享创新借助互联网的迅速整合功能,将大量分散的创新资源集中于共享平台,资源的海量性和低成本可复制性使创新资源的种类和数量呈爆炸式增长。加之创新主体进入共享平台的门槛较低,参与主体的频繁流动带动创新资源的频繁流动,共享平台的构建促使流动更为通畅,更进一步地推动了创新资源更换的速度,缓解了创新资源的稀缺性,打破了资源环境的束缚,获取了越来越多的创新资源。

2. 交易模式

共享创新的交易模式是指各类创新资源在互联网共享平台形成"多需求方"与"多供给方"之间直接的"多对多"交易,这种平台可以是企业转型或自建的,也可以是第三方共享创新平台。该模式具有打破机械式思维、淡化组织边界、降低参与门槛、去中介化、整合优势创新资源等特点。其以供需匹配为核心,以彼此信任为基础,以共享创新资源为前提,具有开放、平等、共享等基本特征。这种模式的主要构成主体包括创新资源的需求方、创新资源的供给方、平台方及第三方参与机构等。需求方和供给方主要由创客、科技发烧友、学生、教师、科研人员、设计师、各领域专家学者及退休专家、自由职业者、家庭主妇、工人、军人及退伍人员等个人，以及企业、政府与非营利组织等构成，只要对创新资源有需求或者能够提供知识、智力、技术支持的都可以称为需求方和供给方。平台方和第三方参与者架起了二者信息交流和沟通的桥梁，借助互联网的作用将创新资源迅速整合，快速、精准地实现供需双方的精准匹配。

"多对多"共享创新的交易流程大致描述如图 2-6 所示。创新资源的需求方在共享平台上发布创新需求，具体包括创新方向、创新目标、创新所需的知识、智力、技术支持等。在需求发布之后，创新资源的供给方提供大量的创意、技术等支持，海量的创新方案供需求者挑选，在反复的商讨和修改中实现创新的目的，在共享平台、第三方机构的参与和配合下促进创新成果的转化，获得不同类别的收益，提高创新绩效。其中创新资源并非来自特定的主体，不同的组织和个人均可以分散地、选择性地提供不同的资源。一方参与者越多，其他方获取所需要资源的可能性就越大，不同群体相互吸引、相互共享、相互促进，网络创新效益得到充分放大。

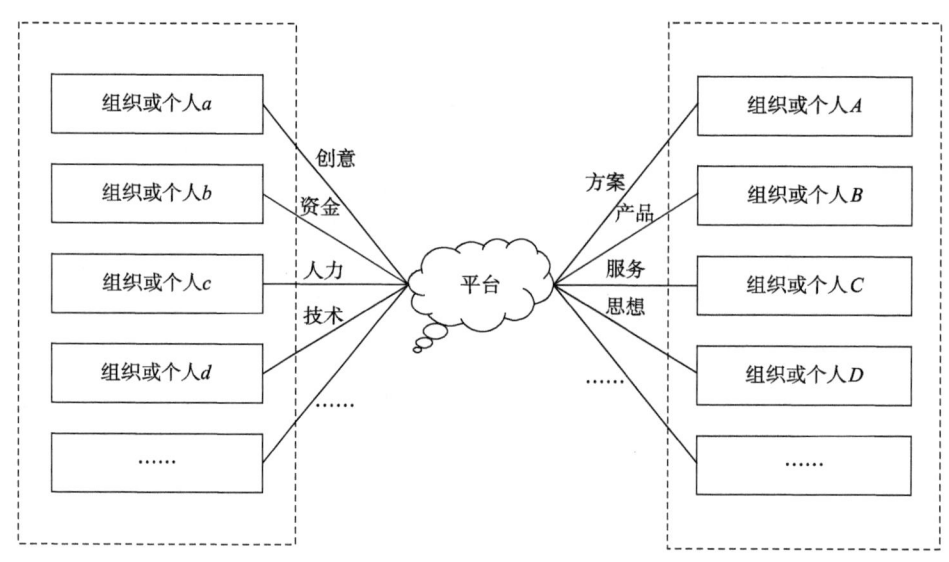

图 2-6 "多对多"共享创新的交易流程

3. 成本效率

"多对多"共享创新提升效率主要表现在提升资源获取效率、资源配置效率及创新成功率等几方面。

在提升资源获取效率方面，"多对多"共享创新凭借共享创新平台，利用双边交互创新的模式使海量创新主体迅速建立联系，全程提供即时、便捷、高效的技术支持、信息服务和信用保障，实现供需迅速整合和高效匹配。与传统创新模式资源获取的落后性、低效性相比，资源获取效率的提升主要得益于"多对多"模式形成的巨大交易网络及互联网、云计算、大数据等现代信息技术在搜寻、获取资源的速度。

在提升资源配置效率方面，资源配置效率是指在一定的技术水平条件下各投入要素在各产出主体的分配所产生的效益，因此"多对多"共享创新模式的资源配置效率主要表现在闲置创新资源的配置有效性及优质创新资源的配置高效上。在闲置资源的配置上，共享创新模式强调"不使用即浪费"，共享平台的开放性使得创新主体可以很方便地参与到共享创新中来，企业的闲置资源从私有资源转变为一种公有资源，原本企业不需要的创新资源对于资源的需求方而言转变为优质资源，闲置资源重新被盘活，资源价值重新实现，实现了从 0 到 1 的收益。通过以租代买的方式使得创新资源多次甚至无限次回收和再利用，这些都在一定范围内和程度上提升了资源配置效率。在优质资源的配置上，参与者越多，资源配置效率越高效，再借助现代信息技术的快速整合、精准调配使得供需双方的要求得到满足。

在提升创新成功率方面，共享创新模式通过共享平台实现从"一对一"到"多对多"的创新，极大程度上提高了创新成功率。共享创新的开放性给企业提供了海量、分散的创新资源，企业可以通过无数次地利用创新资源，随时调整自己的创新方向，降低创新的试错成本。此外，由于共享创新的参与者更多的是市场顾客，企业通过参与共享创新可以随时跟踪市场动态，满足消费者日益增长的多样化、理性化、个性化创新需求，降低创新成本，提高创新成功率，实现"稀缺中的富足"。

2.4.3 共享创新的应用

在"多对多"共享创新模式下，创新不再是单一的线性模式，而是依托共享创新平台，整合创新资源的多主体共创过程。共享创新平台是共享创新模式的灵魂与核心，共享创新平台通过满足平台多边不同类型市场的需求，促进多边用户的交互创新和相互交易，最终实现互利共享的共创生态系统。如前文所述，共享创新模式在国内外已被众多企业所采用。

海创汇平台由最初面向企业员工，不断地整合配置创新资源转为面向全球所有具有创意、创新意愿的创业者开放创新、产业、营销和用户等各种资源，这不仅仅是简单地由"利己"转为"利他"，更是共享创新模式日益发展的缩影。海创汇平台是海尔集团打造的孵化创客的创业平台，主要包括三大服务模式和四种孵化模式，其中开源模式通过淡化企业边界，开放创新资源，在多边市场的推动下促进创新技术转化为市场化产品。

海创汇平台的共享创新模式主要体现在资源全方位对内对外开放及全流程的交互过程。具体而言,一方面,海创汇平台将企业内部研发、供应链、物流及市场渠道等产业资源向外部的创业者全面开放,真正做到资源共享,为创业者提供从投融资到产品落地等一系列服务,提高创业效率,降低创业成本;另一方面,海创汇平台实现创业者与用户、线上与线下、创业者之间的全流程交互,提供了资源供给方与资源需求方在线对接、无边界互通互联的平台,构建共创共赢的商业生态系统。截至2019年,海创汇平台已吸引来自全球的4000多个项目,孵化出2个独角兽企业、4个准独角兽企业,加速项目300余个,总估值达到1100多亿元,生态圈带动社会就业人员达220万。

海创汇平台的成功并不是个例,相反也恰恰说明了共享创新模式作为一种新型的商业模式正在迅猛崛起。在互联网技术支撑下的共享创新平台可以在更大更广的范围内整合分散的创新资源,企业不仅能够将其自身与创新相关的知识、资源向企业内部创新组织分享,同时可以借助平台与其他企业进行交流分享,拓展各自所拥有的资源,多方知识共享不仅为创新思路提供有价值的方向指引,也有助于营销策略的制定(Cui and Wu, 2016)。但平台本身并不只是一个单纯的中介,如海创汇平台通过使用者之间关系网络的建立,从资源需求与供给之间的连接点寻找盈利契机,实现价值的飞跃(丁宏和梁洪基,2014)。

第 3 章　共享创新理念与内涵

随着互联网技术的快速发展，人与人之间、人与企业之间及企业与企业之间的相互合作关系更加便利和紧密，个人实现自我价值的机会也越来越多，人们可以将自己的想法、创意等通过互联网技术平台进行分享，企业也可以通过互联网平台获取其自身发展所需的要素并分享企业的创新成果，实现互惠互利。共享创新是一种低成本、高效率的创新模式，其发展有先进理念的引领。在共享创新模式下，企业从创新资源的获得到使用，再到创新成果的实现，整个创新过程都变得更加高效，并且创新成本的降低也吸引了众多企业的关注。共享创新模式是值得推广的，一些走在时代前沿的企业已经在为此付诸行动，其中海尔开放创新平台正是利用互联网技术进行共享创新的，进而为共享创新的推广提供了范本。但是共享创新的理念与内涵到底是什么？现在理论界还未统一，本章旨在讨论共享创新的理念和内涵。

3.1　共享创新的理念

"共享"一词并非来源于当今社会，早在冯梦龙的《东周列国志》中便已经提到过共享的概念（张玉明等，2017）。区别于以往的创新模式，共享创新是利用互联网平台，实现协同共享的创新模式。在创新的过程中，共享创新平台的存在突破了物权的界限，所有权和使用权的彻底分离使得企业在未拥有创新资源的情况下也可以使用创新资源进行创新。与此同时，创新资源利用效率的提高也使得被闲置的创新资源不被闲置，使得整个创新过程充满了合作共享，而企业在创新的过程中也实现了共创共建共赢。共享创新颠覆了传统的创新模式，在整个创新过程中，共享拉近了创新主体之间的距离，使得创新活动不再那么神秘，更多人的参与也使创新资源得到共享，这便是共享创新的理念。理念引领行动，共享创新的理念是共享平台运作的基础，也是企业实现高效率、低成本共享创新的前提。

共享创新实践过程中的理念可以从七个方面来概括,包括:你的就是我的;不使用即浪费;不求所有,但求所用;助人就是助己;共创共建共赢;世界就是我的研发部;得到的永远多于付出。

3.1.1 你的就是我的

"你的就是我的,我的也是你的"是对共享最通俗易懂的解释。共享创新模式下,你的就是我的理念强调超越所有权,通过利用移动互联网的技术平台,将闲置或盈余的商品、服务、经验等以有偿或者无偿的形式进行共享,以提高资源使用效率。在该理念的引导下,人们愿意将自己的资源拿出来共享,进而有助于解决创新资源种类、数量不足和减少等问题。在共享创新中,你的就是我的这一理念更多的是指引创新资源的共享,这并非否决了共享创新下的创新资源的私有化,而是将私有的创新资源、闲置的创新资源进行整合与优化。如此一来,闲置的创新资源便能够继续被需要的企业所利用,并且创新资源拥有者的财富也会随之增加。

新古典经济学认为人是理性的,基于此考虑,人们似乎不太愿意将自己拥有的资源共享出来,这就使得共享创新平台的运行有很大难度。然而,你的就是我的这一理念突出使用权而非所有权,强调开放、去中心化的组织形式,这也使得创新参与者更乐意拿出自己的东西来共享,由此可见,你的就是我的是共享创新理念普及的先行军。此外,行为经济学派认为相对于获得,人们更厌恶损失,因此,让人们不计成本地拿出自己的资源进行共享也不太现实,但是随着时间的推移,你的就是我的这种理念会逐渐淡化人们对"共享损失"的厌恶情绪,突破资源的闲置和利用不充分的瓶颈。

随着你的就是我的理念的逐渐发展,创新模式也由"一对多"的创新 3.0 模式——开放式创新进一步升级到"多对多"创新 4.0 模式——共享创新模式。在创新资源紧缺的今天,这无疑是帮助创新参与者免于永久所有权风险的新创新模式,也大大降低了创新活动进行过程中资源搜集和取得的成本,这一切都得益于共享创新平台。共享创新平台上汇集的多元化和海量性的资源使资源获取非常方便,同时创新参与者可以随时根据创新活动的进程来改变创新资源,并且更换创新资源之后,参与者还可以将自己闲置的创新资源放在共享创新平台上,使得资源在平台上进一步扩充,而这一过程是人们自愿将自己的资源拿出来共享,这就解决了创新资源种类不多、数量不够、成本较高的问题,同时带来了多要素、海量、低成本的创新资源,大大提高了创新活动的积极性和有效性。在这个过程中,闲置的创新资源被重新利用,共享创新模式下的你的就是我的理念不仅仅解决了资源闲置的问题，也解决了创新者创新资源匮乏的问题。

3.1.2 不使用即浪费

不使用即浪费是共享创新的核心理念之一。该理念认为资源闲置就是浪费，其主张"利用互联网等现代信息技术整合、共享海量且分散的创新资源，以满足参与者多样化的需求"。在当代，创新资源匮乏一直是阻碍企业创新发展的重要因素，人们提出了各种办法来解决资源匮乏的问题。值得注意的是，解决资源匮乏问题的重点不仅在于开源，更在于节流；而共享理念的提出，在解决资源闲置、浪费问题上功不可没。例如，在交通、餐饮等领域，共享经济在很大程度上改善了资源闲置的问题，使得很大一部分闲置的人力、物力、财力又重新回归到市场，这在一方面可以使资源进一步被利用，进而节约新开采的资源；另一方面又使得原本沉没的成本被回收利用，可谓一举两得。上述过程中，资源的提供方可以获得资源使用权的让渡费用，资源的需求方也因为成本降低而使用上了原本负担不起的资源。

资源的闲置是对资源最大的不尊重。创新过程需要人力、物力和财力等创新资源，在人类历史的发展过程中，创新资源往往不能充分发挥作用，主要是因为创新资源配置的过程是静态的，也就是说，创新资源的拥有者未必在使用创新资源，大量的创新资源存在被闲置的问题。一方面，对于创新资源的拥有者来说这是一种创新资源被闲置的沉淀成本；另一方面，对于整个社会而言，资源闲置也是对资源的一种浪费。创新资源的稀缺性是创新资源的本质属性，这是造成创新成本高昂的重要因素之一。有些企业在进行创新的过程中，可能会因为创新资源价格高而对创新望而却步，而拥有创新资源的企业在进行创新过程中也可能会由于创新思路欠缺或者其他原因，无法利用其所拥有的创新资源，这不仅会造成创新资源的闲置，也会阻碍具有创新条件的企业进行创新活动，在这两种不利条件的双重作用下，创新资源闲置所带来的无论是经济后果还是对社会发展的阻滞就被突显出来。

共享创新模式为资源获取提供了一个新的路径，创新资源的获取可以通过共享创新平台来实现，在这个过程中，曾经遏制创新活动的资源匮乏问题被化解，取而代之的是共享创新平台上多元素、海量且低成本的创新资源，这促进了创新活动的进行，毕竟创新者需要在有创新资源的前提下才能进行创新。共享创新平台不仅解决了创新活动参与者的燃眉之急，也解决了创新资源拥有者手中闲置资源的机会成本问题，虽然上述成本已经属于沉没成本，但创新资源的价值仍然存在，而这种资源的再利用对创新资源的拥有者来说也是一种成本的回收。

3.1.3 不求所有，但求所用

共享创新不求所有，但求所用的理念突破了创新资源所有权与使用权的统一，使得创新资源的所有权和使用权相分离，强调企业应尽可能地利用共享创新平台上资源的使用权以实现借力发展，而并非以取得创新资源的所有权为目标。创新资源的所有权给创新资源的拥有者提供了创新资源的使用权，但这并不代表没有所有权就没有使用权。传统意义上的使用权和所有权似乎是相伴相生的，是密不可分的共同体，但其实不然，自古以来拥有所有权代表着有足够的使用权，但使用权和所有权的分离，并不是当今社会才有的，古代公用的水井、道路等都是使用权和所有权相分离的典型例子。

在过去，创新资源具有稀缺性和昂贵性的特征，这使得创新资源的使用权和所有权相统一，即只有拥有才能使用，似乎是对创新资源最为生动真切的描述。当然，这种现象的存在有其必然性，一方面，创新资源本身是昂贵的，企业拥有它需要付出很多的代价；另一方面，企业对创新资源的独占性也阻碍了其他企业创新活动的顺利进行。但是，现如今很多创新资源并不具有唯一性，单纯以一个企业的力量将创新资源独占的想法已经不现实，即便一个企业不把自己的创新资源共享，其他的企业也会把创新资源拿出来进行共享，如此一来，过去拥有创新资源才可以进行创新的"铁律"被打破。并且随着人们生活水平的提高，现代通信、网络技术和计算机技术的发展为资源共用提供了技术支持，个体意识到可以利用互联网技术便捷且低成本地获得自己所需的产品和服务，所有权的吸引力降低，消费观念转变，新生代消费者普遍认同不求所有，但求所用，正是这种分享意识的养成和转变，推动了共享创新模式的发展。

共享创新平台突破了创新资源物权的概念，改变了以往拥有创新资源所有权方可拥有使用权的局面，即在共享创新平台上，即使没有创新资源的所有权，也可以使用创新资源。企业通过共享创新平台将各自的创新资源共享，这是对使用权的让渡，其并不会使创新资源的所有权遭到破坏，相反，通过创新资源使用权的让渡可以使创新资源为企业再进行利润创造。企业不必拥有所有权，只要有使用权就可以进行创新行为，它们认为使用比拥有更具价值，并且往往通过以租代买的方式获取创新资源的使用价值，这减轻了企业的负担，也提升了创新资源的匹配效率。

共享创新平台为创新活动的参与主体提供了创新资源交易的场所和机会，在共享创新平台上，交易的不仅仅是物品所有权，更多的是使用权的出让，由此可见，共享创新是低成本利用创新资源的一种模式。与此同时，依托互联网技术的不断发展，不求所有，但求所用的理念更为促进资源的使用权交易奠定了基础，使企业在共享创新平台上可以实现瞬时化连续交易，也就是说可以随时随地随心地进行即时交易，进而提高了交易效率，降低交易成本。

3.1.4 助人就是助己

传统的企业创新以在企业内部实现自身的创新为目的，通常认为企业是理性的，是不愿意"为他人做嫁衣"的，所以在传统的创新过程中，企业往往是利己的。企业所谓的"闭关锁国"也就是纯粹的利己主义，可以为企业的发展保驾护航，特别是对于技术创新，企业需要封闭自己以避免创新技术外泄，这为企业成为技术的先进领航者提供了保障，更对企业进一步占有市场份额和发展提供了良好的基础。事实上，利己本身并没有正确或者错误的判断标准，在创新资源匮乏和强调物权的过去，这种利己行为大大刺激了市场的竞争，使得每个企业都加快创新步伐，获得竞争优势。也正是因为竞争，企业并不愿意放弃自己对物的所有权和独立的使用权，因此在过去，理性人似乎普遍认为利己行为能给自己带来最大的经济效益。

然而，现如今，互联网的发展极大地拉近了企业与企业、企业与个人及个人与个人之间的距离，在此背景下，企业若继续实施封闭性的创新行为便只会让其落后于其他企业。正如诺基亚公司在全球都在倾向使用安卓手机系统的时候，它还在努力地研发塞班系统，塞班系统确实没有被模仿，但诺基亚也错失了智能手机发展的浪潮，没能搭上智能手机高速发展的快车，这次失误，使得诺基亚的创新力不足进而使得市场占有率下降，丧失了手机行业"霸主"的地位。这场失败看似源于偶然的决策失误，其实这背后却隐藏着极为深刻的利己主义，而正是这种利己主义使得诺基亚不肯与其他企业合作，闭门潜心研究自己的塞班系统，也导致了诺基亚的灭亡。

共享创新助人就是助己的理念并非鼓励人人都做慈善家，而是说人们站在经济人的角度，在如今开放和共享的时代里，进行理性思考，得出先利他后利己，先助人后助己，利他就是利己，助人就是助己的结论。从短视的角度来看，利他行为是不理性的，但是利他行为实际上是出于利己的思考，做出了利他的行为，而最终利己。纯粹的利己主义已经不适合当今社会的发展，尤其是对于创新行为来说，每个企业的能力相对于这个世界来说都是有限的，能够更好地利用创新资源是创新的关键，自己拥有的创新资源或许不够，而别人拥有的创新资源或许正是自己实现创新的最后一步，通过共享创新平台，企业之间可以进行有偿或者无偿的交换或者使用，该行为使得双方都能够将创新继续下去，进而有助于促进技术的进步，并终将促成共赢。这种行为一方面是通过创新平台共享到了其他的创新资源，另一方面则通过创新平台使得自己闲置的创新资源得以利用，盘活了闲置资源。

在助人就是助己的理念下，通过共享创新平台，人们解决了资源匮乏的问题，提高了资源的使用效率并降低了资源的使用成本。此外，该理念更多的现实意义在于提高了人们的生活质量和幸福指数，毕竟通过共享平台可以增进彼此的交流和信任，这不仅拉近了当代人的距离，使人们在心理上收获幸福感，还为创新活动带来了便捷，引领了创新的积极性，进而实现"全员参与"。

3.1.5 共创共建共赢

共享创新的共创共建共赢理念是指通过对有形和无形创新资源的共享，共享创新平台的多个参与方在利用共享资源的同时进行协同合作，使得共享平台的多个参与方能够在创新过程中受益，进而实现共创共建共赢。其中，多个参与方之间的协同合作具体表现在知识和技能的共享上。事实上，与其他共享经济模式相比，共享创新模式是更高层次的共享，在这种创新模式下，创新资源的拥有者以其拥有的创新资源去寻求与创新资源需求者之间的协同合作，这种合作使创新工作者从最初的共享创新资源，逐步实现了技术上的进步，进而促使创新资源的利用效率达到极致。

简单的创新资源的分享或许能解决部分创新资源短缺的问题，但深入创新过程中就会发现，这种创新资源的简单共享并不能刺激创新呈几何式爆发的增长。共享创新平台的建立为创新工作者实现资源交换创造了一个新的契机。在共享创新模式下，创新工作者因为共同的理念在共享创新平台上"聚集"，并共创出一个工作小组，而后随着交流合作的不断深入，创新工作者共同建立起日趋成熟的共享创新模式。在这个模式下，创新工作者各取所需，并通过将自己闲置的创新资源提供给其他需求者实现了共赢。实际上，这个过程中企业仅仅是把创新资源拿了出来，即让渡了创新资源的使用权，但共享创新模式会给整个创新打开新的局面，并且在共建的理念下，思想的交叉碰撞更会给创新的爆发增长奠定坚实的基础。百度百科作为百度搜索的附属功能，其成功的原因就在于其的包容性（任何人都可以编撰词条），起初的百度百科词条较少，内容并不全面，但还是吸引了一部分词条编撰者进行词条的编撰，共创了百度百科。后来，随着时间的推移，百度百科词条的编撰者越来越多，这就共建了如今的百度百科，一个词条丰富且内容全面的"百科全书"。当然，作为词条的提供者同时是百度百科的使用者，用户在这个过程中实现了自身的价值，而百度公司也实现了扩大市场占有率的目标，即客户与客户之间、客户与平台之间都实现了共赢。

共享创新平台的多元素海量性和全民参与性提升了整个社会对创新的参与度,增加了全民参与创新的积极性,换句话说,共享创新平台是全民参与、共同创造和建设的平台。在共享创新平台上,创新活动的参与者在支付一定的创新资源使用费后获取创新资源,并依据市场和需求方的要求进行创新,在相关创新结果转化之后,创新活动的参与者就可以得到应有的回报。上述过程中,创新活动的参与者不仅可以使自己获益,还可以让创新需求者和市场同时获得满足,进而实现多方共赢。由此可见,共享创新平台的快速成长为创新活动增加了积极有益的作用,这不仅仅是因为人多力量大,更多的是因为全民的参与,扩充了创新平台的资源,使得原本稀缺的创新资源不再稀缺,原本昂贵的创新资源不再昂贵,原本闲置的创新资源不再闲置,而这个平台也因为大家的力量而得以创造、建设与完善。

3.1.6 世界就是我的研发部

世界就是我的研发部这一理念是共享创新理念的具体表现形式,指的是基于共享创新平台的创新者可以聚集世界各地的创新资源,不管是创新要素还是创新成果,都可以在共享创新平台上获得,或者说,即使是没有研发平台,也可以利用互联网获取其所需要的创新成果。这一理念诠释了共享创新的结果,坚定了创新工作者共享创新资源的意愿,引领了创新主体,尤其是科技型中小微企业利用外部资源进行低成本、高效率的精准创新,这种更加包容的共享创新理念使得共享创新平台更加完善、适用群体更加庞大。

以世界就是我的研发部这一理念为基础,海尔开放创新平台依托互联网技术成立,是领先的创新 3.0 开放式创新模式,并已经有了共享创新的基本形态和特质,其中集聚了大量的创新者,并在全球范围内建立了一个巨大的资源网络,以整合技术、知识和创意的需求方和供给方。随着移动互联网技术的快速发展,海尔开放创新平台拉近了整个世界的距离,其将远在几千公里(1 公里=1000 米)以外的创新需求者和供给者联系在一起,并根据各自的需求提供创新技术,利用全球的创新资源进行创新。在科技决定生产力的今天,世界就是我的研发部理念不仅缓解了创新资源稀缺的问题,还解决了创意点不足的问题。

"企业是社会的细胞,是经济的重要组成部分。"在所有的企业类型中,中小微企业占绝大多数,其发展状况决定了经济的发展状况,其所遇到的窘境就是社会亟须解决的问题,解决好这些问题,对社会的进步、经济的成长有着至关重要的作用。进一步地,在中小微企业中,受创新活动影响较大的科技型小微企业更是面临着巨大的问题。在进行创新活动的过程中，创新资源的匮乏，创新成本的陡高为科技型小微企业带来了诸多风险，这些风险的存在使科技型小微企业在进行科技创新时如履薄冰，稍不留意就可能会导致企业生命的终结。此外，创新活动的停滞不前又会进一步造成企业创新资源的浪费，进而降低企业进行创新活动的积极性，致使企业很难得到很大的进步。

共享创新平台为走在时代前沿的大企业提供了低成本、高效率的创新服务，而对于资源没有海尔丰富的科技型小微企业来说，共享创新平台更是企业顺利展开创新活动的重要支撑。共享创新平台为科技型小微企业供应了一个崭新的创新模式，在这个平台上，科技型小微企业可以把世界当作自己的研发部，来自世界各地的任何人才都可以为自己服务，而企业自身也可以利用共享创新平台上的创新资源进行创新。相较于传统的创新模式，共享创新的成本很低，企业只需要付出小部分代价就可以使用海量的资源，并且可以实现在短时间内完成对创新资源的搜集和使用，甚至是在第一次选择不合适之后，进行二次资源匹配，这大大提升了企业的试错能力，为科技型小微企业的创新发展保驾护航，进而形成良性循环。在共享创新平台上，科技型小微企业可随时以市场的需求为导向进行精准创新，这不仅使企业的创新成果更加符合市场需求，也有利于大大提高科技型小微企业创新的积极性，进而提高整体社会的创新活力。

3.1.7 得到的永远多于付出

Zipcar创始人蔡斯曾说过："在共享经济中，我们得到的永远多于付出。"应用到共享创新领域，得到的永远多于付出是指创新工作者从平台中获得的创新资源要多于其提供给平台的创新资源。利用共享创新平台，创新工作者仅仅是将自己闲置的创新资源进行共享，而他们却可以在共享创新平台上获取任意所需的创新资源，这要远远多于他们所付出的。

共享创新的这一理念激发了创新工作者提供创新资源的动力。如果创新工作者都能提供自己闲置的创新资源，那么在这个共享创新平台上，其他人可获得的创新资源将是非常丰富的，其总量将远远超过创新者自己所能获得的创新资源。此外，随着该理念的不断深入，越来越多的创新工作者会将提供闲置创新资源视为一种常态，这会促使创新者手中的创新资源得到充分的共享，创新资源的提供者也会共享其他人所提供的创新资源，在这个过程中便会形成一种创新资源的良性循环，该循环使共享创新模式日趋完善，进而保障了共享创新平台能更好地服务于创新工作者。

传统经济发展模式下，创新资源是市场激烈竞争下组织获取生存权利或者维持竞争优势的关键,这就使得创新活动成为大型资源丰富企业的特权,占市场大多数的中小企业因为缺乏创新所需要的基础性资源条件而逐渐失去竞争优势。随着社会的不断发展及人们物质生活水平的提高,随着共享理念不断被大众所接受,创新的模式不再局限于封闭式创新,在创新思想碰撞下,包罗万象的新型共享创新模式得以涌现。得到的永远多于付出为创新资源的盘活与利用奠定了重要的理论基础。一方面,社会存在着大量的闲置资源得不到有效利用;另一方面,人们的观念开始转变,出于利己或利他目的,人们愿意将自己的资源拿出来进行共享,从而产生更大的社会价值。当越来越多的人意识到这一理念,即使人都有利己的一面,创新资源的拥有者也会拿出自己的创新资源来进行共享,并且人们在进行创新资源共享的同时还能得到相应的经济回报。

3.2 共享创新的内涵

随着互联网技术及你的就是我的、世界就是我的研发部等共享理念的迅速发展,共享创新作为共享经济在创新领域的实践,逐渐引起广泛关注。共享创新模式下,创新主体可以打破组织边界和地域限制,借助互联网平台,集中知识、信息、创意、技术、智慧、资金、人才等创新资源,解决创新资源约束性难题,实现高效率、低成本的创新。然而,当前国内外专家学者对共享创新的研究主要还停留在实践层面,专门研究共享创新的理论成果较少,对共享创新内涵也尚未给出一致认可的界定。理念为服务于内涵而存在,在明确上述共享创新相关理念的基础上,本节将重点讨论共享创新的内涵,以期为共享创新相关理论研究提供借鉴。

3.2.1 共享创新的起源

共享创新的本质是通过对分散的创新资源加以整合以实现共享共用,提高创新效率,其诞生得益于现代信息通信技术和网络技术的迅猛发展及共享经济浪潮的推动。可以说,共享创新这一创新发展新模式是在新时代背景下为应对创新活动发展困境而出现的必然选择,其实践模式的诞生有其根本性动因。

1. 新时代需要新的创新模式

从农业革命到工业革命再到当前以新技术为代表的新一轮技术革命,多个世纪的历史实践证明,创新是经济社会发展的重要推动力量。当今世界正进入一个前所未有的"大科技"时代,基础科学的研究方向更微观、更人本,技术创新在人工智能、大数据、新能源、新材料、新农业、新金融、新制造、大健康、能源环保、汽车交通、航空航天、军事等多个领域迅猛发展（王仕涛，2018）。时代的趋势无法阻挡，创新的力量也无法忽视，全球科技经济发展的现实要求新一轮创新的展开。面对这一轮全球范围内的科技和产业革命浪潮，国家需要将科技创新提上关键日程，企业也需要将创新作为战略转型的关键举措。

新时代需要创新，新时代亦给创新活动带来了新的挑战。一方面，随着人均收入和消费水平的提升，个性化消费需求大规模涌现，市场需求结构从低端普及型向高端个性化转变。传统大规模、低要素成本的发展模式已经不能适应时代的新变化，如果企业不能聚焦用户需求，以科技化导向对产品和技术精益求精，就有被时代淘汰的风险；然而，通过单一自身力量进行创新以快速满足用户的多样化需求是很难做到的。另一方面，技术创新是一项智力密集型活动，包括创意的产生、研究、开发、商业化等一系列过程，耗时较长，且随着技术的不断更迭和需求的日益精细，技术创新的复杂性提升到了一个新的层次，加上市场的快速变化，传统基于企业团队合作的技术研发方法变得成本高、效率低、风险大，显然不再适用。

在目前这样一个多元化、多样化，以创新、变革和不确定性为规则的时代，没有一个企业可以完全在所涉及的所有领域跟上技术变革的步伐，也无法满足所有用户的多元化需求，新时代需要新的创新模式以提高灵活性、激发创造力、降低创新风险。

2. 共享创新是创新发展的必然要求

新经济时代背景下迫切需要企业等创新主体展开新一轮的创新及创新模式的创新。然而，传统的封闭式创新模式基于"成功的创新需要控制"这一理念，强调自己掌控从研发到产成的全过程，虽然实现了技术独享和利润垄断，但企业自身所拥有的资源禀赋成为企业获取竞争优势的重要决定因素。现如今，随着资源的不断锐减、技术复杂性的提升和需求的多样化转变，企业创新活动逐渐受到技术、知识、信息、人才、思维、资金等创新资源的约束，也面临着创新成本高、效率低、风险大等多重挑战，企业创新受到了不同程度的抑制。为了打破资源瓶颈约束、激发企业创新活力、降低企业创新风险、提高社会经济效益，需要找到一种新的创新模式。

共享是共享经济中的核心理念，指的是将有形或者无形资产的使用权与其他人共同使用，以实现资源充分利用的目标。社会学教授 Felson 和 Spaeth（1978）最早提出了"共享经济"的概念，他们认为共享经济是指具有闲置资源的人将闲置资源的使用权让渡给其他人，并获得一定的经济收益，而使用这些闲置资源的人则利用这些资源创造价值。共享经济模式下所有权与使用权的分离打破了资源利用的利己性和排他性,使资源共享成为可能,为创新领域打破资源瓶颈约束提供了解决思路,可以说,共享创新就是共享经济在创新领域的实践。

在共享理念的引领下,共享创新模式摆脱了传统创新模式下单一创新主体的特点,不同创新主体之间借助互联网技术建立起了信任关系,共享创新平台聚集信息、知识、人才、思维、创意、设备等内外部海量创新资源,人们可以通过共享平台低价或免费使用这些资源,也可以在平台上提供自己的闲置资源或其使用权以获取某种收益。如此一来,企业在创新活动过程中面临的资源约束、信息不对称、资源配置低效等问题在共享创新中得到了满足。凭借全开放、全要素、全领域、全方位、全时空、全过程、全参与、全共享等特点,共享创新对闲置创新资源的充分使用顺应了经济社会发展要求,解决了企业创新过程中的资源瓶颈,真正实现了创新资源优化配置,降低了创新成本和创新风险,提高了创新效率,因此,共享创新的出现是创新发展的必然要求。

3. 技术进步和消费观念变化的助推

前文中提到,共享创新解决了传统创新模式下创新资源约束、创新成本高昂、创新效率低下的问题,而这种变革仅仅依靠传统的线下资源交易是无法实现的。因此,互联网技术的发展是共享创新模式发展的有力支撑。首先,互联网的全开放、低门槛、大众化等特征使得创新边界模糊化,不仅创新资源雄厚的大型企业,不同规模、不同行业的企业都可以参与共享创新,甚至专家、教授、学生、家庭主妇等不同学历、不同年龄、不同地域、不同背景的人也可以参与其中,共享创新资源。其次,互联网的快速整合功能使得创新资源具有海量性,分散在全世界各地的创新资源在共享创新平台上得到整合,并具有可复制性。最后,互联网的低成本性和高匹配性使得创新效率提高,创新成本降低。基于大数据、云计算、移动支付、地理位置服务(location based service,LBS)定位、第三方监管等的共享创新平台可以降低创新资源搜索成本、交易成本,打破供需双方的信息不对称现象,实现高效、精准匹配,从而使得创新活动具有高效性和低成本性。

除此之外,参与者消费观念的变化也为共享创新的发展创造了条件。在过去的经济体制下,由于资源的稀缺性和昂贵性,人们强调资源私有,使用权和所有权紧密结合,资源所有者为维持私人财产需要付出巨大的维持成本、处理成本、沉没成本等。随着互联网技术的不断发展,个体意识到可以利用互联网技术便捷且低成本地获得自己所需的产品和服务,所有权的吸引力降低,消费观念转变,新生代消费者普遍认同"不求所有,但求所用"的理念,倡导协同消费,即利用线上或线下的平台,进行合作或互利消费。协同消费重新定义了人与人之间的关系,打破了传统所有权的限制,人们能够得到不属于自己的商品和服务的使用权,也愿意分享自己的闲置资源,既节省了时间、金钱,又提高了资源使用效率,实现了"稀缺中的富足"。在共享创新平台上,各个参与方之间互相合作、共同参与、同步进行,这不仅有助于资源的互换,更提高了企业的创新能力和整个社会的创新效率,丰富了创新资源。而且,以共享为核心的共享创新,在强调参与各方进行创新资源共享的同时,以协同合作进一步促进了整个共享创新平台各方的参与度,催生了下一代的产业革命。在共享创新模式下,创新资源拥有者分享资源的暂时使用权,物尽其用,以抵减资源的维持成本,同时,满足感、社交、声誉、体验、绿色、生态等成为参与主体分享资源的重要内在动机。

3.2.2 共享创新内涵讨论

3.2.1 节从宏观现实角度讨论了共享创新模式诞生的必然性,即共享创新出现的原因,一方面是源于新时代背景下的创新瓶颈,另一方面则得益于互联网技术的迅速发展和消费观念转变的助推。从目前已有相关文献来看,针对这两方面社会现象导致的经济现象,大部分研究还停留在产学研对接的阶段,进行"开放式创新"的研究,专门研究共享创新的理论成果较少,极少数学者提出了"分享式创新"的概念,但尚未发展到智力的碰撞和思想思维的共享。本节将从理论出发,在总结学者对创新模式发展观点的基础上增加对共享创新的特征分析,从而引出本书对共享创新模式的内涵界定。

1. 开放式创新

开放式创新的概念最早由哈佛商学院 Chesbrough(2003)提出,他认为企业应该突破过去仅仅依靠内部研发部门的封闭式创新,充分考虑企业外部创新资源的价值。随着时代的发展,创新复杂程度逐渐提高,同时市场需求快速变化,企业仅仅依靠内部研发的创新模式面临着巨大的约束,而开放式创新的核心在于模糊了组织的边界,强调外部资源的自由流入和内部资源的自由流出。在这一模式下,企业可以引入其他企业、科研团队、技术人员甚至是产品用户的创新成果,也可以将企业内部的创新成果通过授权、技术转让等方式输出到其他企业,尤其是企业本身难以商业化的创新成果,可以通过这样的渠道推向市场,发挥其价值。

共享创新具有开放式创新的开放性特征,即创新资源可以在不同创新主体之间进行自由流通,在这一开放性环境下,传统的机械化思维被打破,组织的边界被淡化,可以极大地降低创新成本,提高创新效率。但是,共享创新又不同于开放式创新,它是基于现代互联网技术迅速发展和共享经济背景下的一种更高层次的新型开放式创新。

第一,共享创新在开放式创新打破组织边界的基础上充分利用了互联网世界资源的海量性、多样性、交互性、共享性特点,实现了创新理念的又一升级。这种创新模式本质的形态是将互联网技术与开放式创新的开放思想相结合,促进全球的创新资源与创新需求进行对接,打破了传统创新模式下个体受制于地域、组织、身份等因素。第二,共享创新在开放性的基础上增加了平等性、全员参与性等特点。开放式创新概念的提出主要基于企业视角,服务于企业创新,而共享创新则强调"人人皆可创新",创新不再是企业的专利,每一个个体都可以是这一创新模式下的自由参与者、自主选择者、自我雇佣者和自愿贡献者,弱化了企业的地位。第三,共享创新强调全要素、全方位、全领域。虽然开放式创新和共享创新都强调外部力量,但开放式创新强调的是技术流动的跨边界,是一种技术创新,而共享创新不仅包括技术的共享,还包括知识、信息、人才、智力、技能、思维、创意、资金、设备、装置、设施、生产能力等创新所需要的一切资源的共享。而且,共享创新不强调创新成果的形成,它可以被广泛应用于诸多细节方面的创新问题上,起到集思广益、高效利用群体智慧和创新资源的效果。

2. 分享式创新

目前,关于分享式创新的内涵研究主要源自严海宁(2015),他认为分享式创新是指有意识地把自己的创新成果免费提供给社会大众,进而加速技术创新与产品的推广,获取竞争优势。分享式创新的核心在于通过"创新—分享—再创新"这一过程打破专利制度的局限,企业不再通过技术垄断获取利润,而是通过免费分享加速创新成果的扩散,进而从第三方获取收益。

尽管分享式创新在开放的基础上提出了"分享"的理念,但其与共享创新仍存在一定的差异性。分享式创新主要通过资源或权力的所有者免费分享创新成果使用权的形式进行,对于创新成果的分享者,其一般处于快速发展行业,需要超群的技术能力和强大的资金实力,还需要具有服务大众的价值主张,不惧怕被人跟随和超越。对于创新成果的使用者来说,他们仅仅可以被动地使用分享者愿意提供的资源,分享具有单向性。然而共享创新分享的不仅仅是创新成果,更是知识、信息、技术、资金、人才、设备、生产能力等一切创新需要的资源。而且,共享创新大多基于平台,任何个体、机构、组织既可以作为创新资源的需求方,又可以作为创新资源的供给方,供需具有互利性、多向性。

此外,分享式创新强调的是将创新成果免费提供给大众分享,其核心是分享和分享之后的再创新,通过免费分享可以加速原创新成果的扩散和市场的扩大,提高企业的竞争力,分享还能够催化新创新成果的形成,又进一步巩固了企业的竞争地位,企业则可以从第三方获取收益。共享与分享的一个区别在于,共享并不是免费,而是共享创新收益。共享创新模式下,创新资源可以免费开放,也可以通过专利授权、出售、转让等方式进行市场化从而获取收益。

综上所述，共享创新模式既是对开放式创新和分享式创新的继承，又借助互联网技术的发展放大了这两种创新模式的开放性和分享性效能，具有全开放、全要素、全方位、全领域、全时空、全过程、全嵌入、全参与、全共享等特征，是一种在开放式创新和分享式创新基础上发展起来的开放程度更高、覆盖领域更广、主体互动性更强、资源种类更丰富、参与方式更多元的更高级的创新模式（张玉明和管航，2017）。在共享过程中，除了可以共享已有创新成果和生产资料，还可以进行创意、思想、思维、智力等的共享，参与主体不仅包括资源雄厚的大型企业，专家、教授、学生、家庭主妇等不同学历、不同年龄、不同地域、不同背景的个人也可以参与其中，还包括政府、金融机构、评估机构、咨询机构等第三方主体，实现形式涉及众创、众包、众设、众扶、众筹、租借、共享产能等多种。

3.2.3 共享创新内涵界定

结合上述对共享创新概念的讨论及已有各类创新主体的实践，本书认为共享创新模式是指利用互联网和信息技术，使得创新所需的各种技术、知识、信息、人才、智力、技能、思维、创意、资金、设备、装置、设施、生产能力等创新资源，具有海量性、可复制性、高匹配性、易获取性，从而降低交易成本、突破创新资源的约束、优化创新资源配置、促进创新资源有效利用、实现高效率创新的创新模式。简言之，共享创新是利用互联网信息技术全方位、全过程、低成本、高效率共享和使用各类创新资源、提升创新效率的创新活动。该创新模式以信任机制为前提，以万众参与为条件，以共享平台为基础，以互联网技术为支撑，以优化配置为核心，以共享创新资源、共同参与创新过程、共享创新收益为路径，以提高效率为目标，见图3-1。

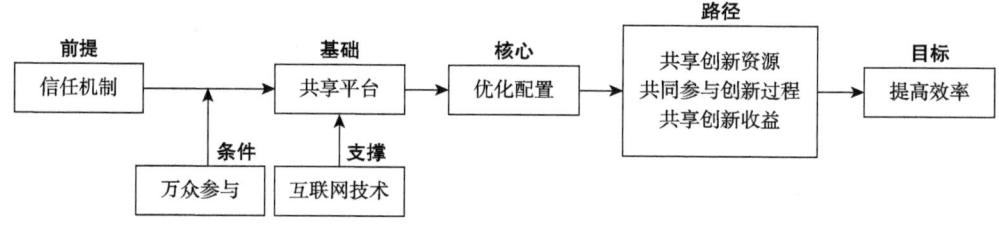

图3-1 共享创新内涵

1. 以信任机制为前提

共享经济的全开放等特质使得陌生人之间的资源共享变得越来越频繁，而信任在这种共享模式中发挥了重要作用。正是因为陌生人之间彼此建立起的信任机制，闲置资源才得以被分享和使用，不仅促成了交易的有效达成，还可以节省交易费用，从而有利于"帕累托交易"的达成（李雪萌和吴然，2016）。和共享经济一样，共享创新也需要提供一种信任机制作为共享的前提条件。当前，海量创新主体资源共享正是因为建立了信任机制，开发者、用户、其他利益相关者才能够自愿参与创新并依托共享平台迅速建立联系。信任机制是共享创新崛起的必要基础，也是实现可持续创新的重要保障，共享创新需要信任机制，共享平台也将为社会信用体系建设提供数据和技术支撑。

2. 以万众参与为条件

与传统封闭式创新相比，共享创新的根本优势在于其背后的智慧逻辑。传统创新模式下，其动力来源是人类的逐利本能，而共享创新的动力来源是共同参与创新过程，实现可持续创新的共同愿景。共享创新模式重新定义了人与人之间的关系，即参与主体通过优势互补增强创新能力的合作。共享创新模式倡导突破时空限制的万众参与式创新机制，因而组织的创新项目能够吸引到大量的外部参与者，共同参与的过程中各主体各尽其能，为组织创新贡献自身的价值，从而有效地降低了创新成本，提高了创新效率。共享创新是一种开放性、民主性的创新模式，其面向大众，不存在参与门槛。共享创新的参与主体不仅包括不同行业、不同类型、不同规模的企业，也包括学生、家庭主妇、科技发烧友、科技工作者、各领域专家学者及退休专家等各行各业，不同年龄、学历、地域、背景的个人，只要能为某项创新活动提供信息、知识、智力、思维等创新资源，就都可以作为共享创新的参与主体。没有万众参与，就不存在海量创新资源的汇集，也无法分摊创新成本，实现规模效应。

3. 以共享平台为基础

平台的作用是联结、聚合、协同、去中介，解决信息不对称问题。共享平台是共享创新模式的核心要素之一，所有的创新资源正是通过共享平台的有效联结才得以汇聚、整合、共享。共享平台在共享创新模式中发挥着创新资源的聚集和配置作用，资源需求者和供给者基于多边相互依赖、相互制衡的运行机制实现高效匹配，使方便快速地整合全球创新资源成为可能。此外，各参与主体可以在共享平台上对已有的创新成果进行讨论、建议，形成群体智慧的碰撞，原有创新成果得以不断改进以满足日益增长的多样化、理性化、个性化需求，实现创新的可持续发展，这是参与主体间的一种隐性合作。因此，共享创新也可被视为参与创新的多方，充分利用互联网平台，将创新资源通过第三方平台或者自有共享创新平台进行分享，将自己闲置的创新资源再投入到实际的创新活动中去，让渡创新资源使用权进而将私有化的创新资源进行共享的过程。

4. 以互联网技术为支撑

共享创新作为共享经济在创新领域的延伸，其实现需要依托于现代通信、网络技术和计算机技术的飞速发展。共享创新模式的本质形态是现代信息通信技术与开放共享思想的融合。互联网技术为共享创新提供了信息媒介和技术支持，正是因为互联网技术和大数据、云计算、移动支付、LBS定位、第三方监管等现代信息技术的快速发展，互联网的全开放、低门槛、大众化、快速整合性、低成本性和高匹配性等特性才得以在共享创新中被放大，实现创新资源的海量性和可复制性，创新活动的高效性和低成本性才成为可能。

5. 以优化配置为核心

传统封闭式创新模式下，企业创新资源仅供内部创新使用，对于资源的拥有方来说，独占所有权不利于资源的充分利用，闲置资源不能为其带来更多的价值，这就造成了浪费。对于资源需求者来说，创新资源具有稀缺性，且不同资源对不同需求者的重要性存在差异，因此资源需求方就容易受到地域、组织、身份的多重限制，往往需要花费大量的时间成本去寻找符合所需的资源。共享创新模式以优化配置为核心，供需双方以转让使用权的方式直接在共享平台发布并匹配资源，资源拥有者将原本私有化的资源变为公共资源，资源需求者可以在平台精确找到自己需要的资源，提高了资源配置效率。

6. 以共享创新资源、共同参与创新过程、共享创新收益为路径

共享创新资源是共享创新模式最主要的实现路径。传统经济发展模式下，创新资源是市场激烈竞争下组织获取生存权利或者维持竞争优势的关键，这就使得创新活动成为大型资源丰富企业的特权，占市场大多数的中小企业因为缺乏创新所需要的基础性资源条件而逐渐失去竞争优势。随着社会的不断发展及人们物质生活水平的提高，一方面，社会存在着大量的闲置资源得不到有效利用，另一方面，人们的观念开始转变，出于利己或利他目的，人们愿意将自己的资源拿出来进行共享，从而产生更大的社会价值。共享创新模式下，共享平台汇集和整合了海量创新所需的人才、知识、信息、技术等各种创新资源，打破了空间、时间的限制，创新主体开始关注资源的使用权而非所有权，自发参与到共享创新平台的资源共享中来。

共享创新模式更深一层次的价值理念是协同。传统创新模式下，其动力来源是人类的逐利本能，而共享创新的动力来源是共同参与创新过程，实现可持续创新的共同愿景。共享模式重新定义了人与人之间的关系，即参与主体通过优势互补增强创新能力的合作。对企业来说，消费者更加追求差异化、个性化服务体验，

对企业的研发创新能力提出了更高的要求；对个人来说，生产力的不断提高及人们受教育水平的提高使得社会大众有足够的空闲时间，也愿意分享自己的劳动、技能。共享创新模式倡导突破时空限制的万众参与式创新机制，因而组织的创新项目能够吸引到大量的外部参与者，共同参与的过程中各主体各尽其能，为组织创新贡献自身的价值，从而有效地降低了创新成本，提高了创新效率。此外，各参与主体可以在共享平台上对已有的创新成果进行讨论、建议，形成群体智慧的碰撞，原有创新成果得以不断改进以满足日益增长的多样化、理性化、个性化需求，实现创新的可持续发展，这是参与主体间的一种隐性合作。

前文提到，共享与分享的一个区别在于，共享并不是免费，而是共享创新收益的实现。传统模式下，企业处于独享收益的状态，它们控制从研发到产成的全过程以在市场中获取更多的利润，甚至是实现垄断利润。共享创新模式下，创新主体共同参与创新过程，共享创新收益。以乐高为例，参与乐高产品设计的原作者在创意被乐高平台选中并投入市场之后，可以获得 10 份最终的产品，以及产品净销售额 1% 的版税。对于供给方来说，收入来源主要取决于提供的创新资源的使用频次，而非创新产品的销售数量；对于需求方来说，除了经济收益，还可以获得成就感、满足感、声誉、经验、社交等特殊类别的收益。共享创新模式下的收益具有规模效应，即参与群体数量越大、单位资源的使用频率越高，收益越多。

7. 以提高效率为目标

创新效率的实现包括三个方面：创新资源的高效获取、创新过程的高效运行、创新成本的有效降低。如上面所述，共享创新模式下供需双方直接在共享平台发布并匹配资源，可精确找到自己需要的资源，且在共享资源的过程中，资源需求者可以在平台精确找到自己需要的资源，提升了资源配置效率。资源配置的过程中，创新资源的总量不会大量增加，而是可以通过重复地进入市场实现多次利用，满足多次需求，资源得到最大化利用。创新的过程包括创意的产生、研究、开发、商业化等一系列步骤，且随着技术的更迭、需求的多元化和技术的日趋复杂性，一项创新活动可能需要耗费很长的时间。共享创新模式的强互动性使得每个创新主体可以发挥各自优势，共同参与创新过程，形成创新生态系统，提高运行效率。创新资源的高效获取和创新过程的高效运行又降低了创新的搜索成本、沉淀成本、履约成本、中介成本。

综上所述，共享创新是以协作为主要特征的创新形态，互联网技术的迅速发展使得海量创新主体在建立信任机制的前提下依托共享平台实现供给与需求的精准高效匹配并迅速建立联系，通过共享彼此创新资源的使用权、共同参与创新过程、共享创新收益，实现资源的优化配置，降低创新成本，提高创新效率。

第4章 共享创新的理论体系

　　实践是理论的基础，理论又反过来指导实践。近年来，共享经济的快速发展与实践创新为其理论的发展和形成提供了雄厚的现实基础，这些理论已成为较成熟的理论体系，并对共享经济下的创新活动进行指导。其中，权变重用理论赋予共享创新资源以可复制性、迅速扩散性的特点，可有效降低创新资源的成本甚至达到零边际成本；认知盈余理论富足共享创新资源，激发人们内在利他属性，推动群体智慧创新；协同消费理论重新定义人与人、人与物之间的关系，变革创新资源匹配方式，实现了资源的高效配置，降低了创新成本；零边际成本理论在共享经济时代的应用得到了进一步扩容，"互联网+"大背景下创新呈现零边际成本趋势，为合作共赢的理念实现提供了可能；非人格化交易理论秉承"人人皆有所长、人人皆可参与、人人皆能创新"的理念，鼓励全员参与共享创新；多边平台理论奠定共享创新平稳高效运行的基础；零工经济理论突破人才的桎梏，组织或个人可以以较低的成本与创新所需的人才进行合作，创新技术不再是大型高科技公司的专利，提高了创新活动的可行性。以上这些理论共同指导共享创新活动低成本、高效率和有序进行，构成了共享创新的理论体系。

4.1　权变重用理论

　　权变理论（contingency theory）是20世纪70年代经验主义学派基于具体情况具体分析的应变思想发展起来的，是西方组织管理学中重要的管理理论，还被称为情境理论或应变理论。权变意即权宜应变，权变理论要求在企业的管理实践中根据具体所处的环境随机制宜地处理管理问题。也就是说，企业所处的外部环境及企业的内在要素处在不断变化之中，为了更好地适应外部环境变化需要根据组织的内外部条件和环境的变化而随机应变，有针对性地寻找适合组织现状、有利于组织目标达成的管理模式或方案。因此，在组织的管理实践中并不存在一成不变、普遍适用的原则或方法。

共享经济模式下权变理论的内涵如下：与资本主义强调资源属于个人、主张私有制的观念相比，共享经济在承认传统经济学所强调的所有权的基础上更加注重资源的使用权，主张通过使用权的交易达到资源共享的目的（张玉明，2019）。简单来说，权变重用就是使用权优于所有权，以使用权分享为主要特征。其核心理念是人们需要的是产品的使用价值，而非产品本身（汤天波和吴晓隽，2015）。权变重用理论主张你的就是我的，人们可以在不获取所有权的基础上，通过共享产品、知识和服务用他人的资源来满足自己对生产资料和生活资源的使用需求。众多的资源供求方在共享平台上共享资源，这种私人资源一定程度上具有了公用化资源的非排他性，可以有效地规避资本主义私人占有带来的资源闲置和浪费、理性亢奋、"不经济"的增长等弊端。总而言之，权变重用理论是在不改变所有权本质属性的前提下对产品的使用权进行分享利用，从而满足资源需求、提高资源利用率的一种思想。

权变重用理论是随着产权分置的逐步细化产生的（王作功，2019）。产权包括财产的所有权、占有权、支配权、使用权、收益权和处置权。在市场经济条件下，产权具有可分离性，也就是说使用权可以脱离所有权而存在，非所有人同样可以享有、占有、使用所有人财产，并在一定程度上依法享有收益或处分。共享经济实践扩充了产权的可分离性，对产权的界定进行了更深层次的挖掘，所有权、使用权、经营权、收益权可能分置于不同的主体，使用权、经营权、收益权不再依附于所有权，而是单独成为一种可交易的权利或资源。加之共享经济模式下人们思想观念的转变，催生了这一理论的产生。在过去的经济体制下，人们渴望拥有一件物品，私人财产成为衡量身份和地位的标准，企业也同样将拥有生产资源的数量作为其竞争优势的来源，其资产的维持需要付出高昂的成本。这种私人占有导致了市场参与者的非理性亢奋行为及对自然资源的无节制攫取，引发产能过剩、资源约束、经济停滞等问题（张玉明，2017）。基于当前"不经济"社会的时代背景，产生了一种产权的革命性变革，资源使用权取代所有权成为权利金字塔的顶端，而所有权、支配权、收益权、处置权处于下层（沈秋彤，2016）。一种即以财产的所有权为主，支配权、受益权和处置权为辅的权利组在底层，财产的使用权在表层的新型双层产权结构应运而生，见图4-1。

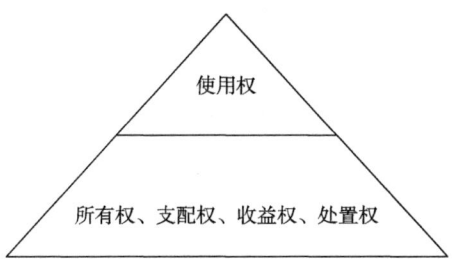

图 4-1　共享经济模式下双层产权结构

互联网技术、现代通信技术的发展为创新资源的使用权由私人占有到公众使用提供了技术基础，个体意识到即使不拥有一件物品的所有权也可以占有、使用、满足自己的需求，同时，成本更低且交易效率更高。因此，人们更加重视使用权而非所有权。也就是说，权变重用理论旨在将使用权与所有权分开管理，使用权交易匹配成为共享经济的核心（郭嘉，2018）。共享创新作为共享经济模式下诞生的产物，权变重用同样对指导这一颠覆式的创新模式具有重要作用。

传统创新模式下创新资源具有私有化和专用性。私有化资源很难转化成他用甚至公用性质的资源，而且大多数资源具有独占性和不可复制性，这种特性是产生沉淀成本的重要原因。然而权变重用理论恰恰克服了这一缺陷，赋予创新资源以碎片性、可复制性、迅速扩散性的特点，实现了创新资源从私有化到公用化的实质性转变。共享创新主体不再拘泥于成为创新资源的占有者，这种"不求所有，但求所用"的思想引领着供需双方，需求者不需占有所有权，可以用他人的资源满足使用需求；供给者在保有所有权不变的前提下，进行使用权分享（丁元竹，2016）。使得全方位、全时空、全领域的海量资源得以汇聚于创新平台之上，使其不受空间、时间、范围的限制，利用群体智慧深度发掘资源使用价值，便利了创新资源的扩散，形成创新资源的规模效应，实现了创新资源的倍增。创新资源以上特质使得创新资源交易过程具有高效率和低成本的特点。一方面，权变重用理论将使用权从产权中单独剥离出来，将资源碎片化处理，资源使用权的交易成为可能，同时这种资源的重用性和二元性可以实现创新资源高效快速地交易和匹配。另一方面，在传统的创新模式下，要签订一个完整的产权契约时间成本和物质成本都很高，权变重用理论支持"以租代买"，只签订使用权契约交易即可达成，从而有效地改善了传统创新模式下进行创新资源交易，产生过高的契约成本等弊端，见图4-2。

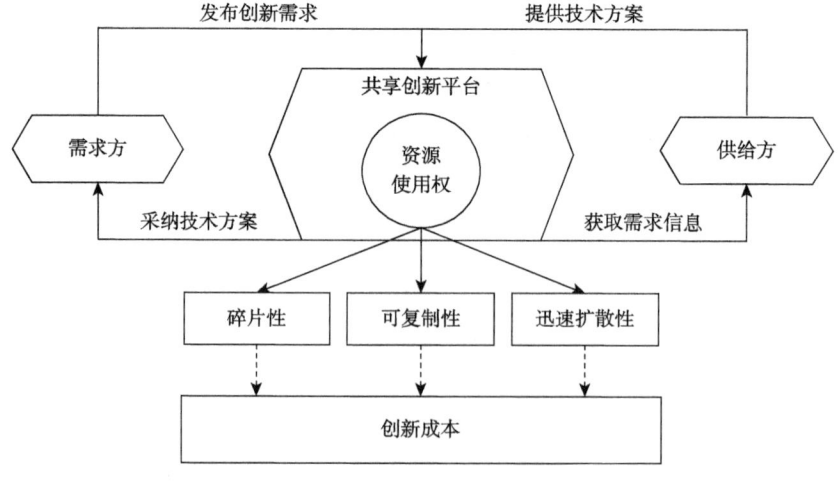

图 4-2 权变重用理论作用机制

总的来说，权变重用理论使得共享创新资源具有碎片性、可复制性、迅速扩散性的特点，变革创新资源交易过程，从而使创新成本降低甚至使用的边际成本为零，使人们可以低价或免费地获取创新资源。

4.2 认知盈余理论

认知盈余由 Shirky（2010）首次提出，指那些拥有自由支配时间并在一定程度上受过教育在某些方面拥有丰富知识背景的人，通过一定的平台将自己的专业知识、技能分享出去，这些人的自由支配时间汇聚在一起，产生巨大的社会效应，它是个体自由时间、智力资源的集合体，是一种随着全世界的自由时间不断累积而产生的一种新的社会资源。也就是说认知盈余分享本质上是一种时间共享行为，人们可以建设性地利用空闲时间（亦即闲暇）在平台上分享自己掌握的知识，进行"盈余性"或者"公益性"的社会创造，为他人答疑解惑，也可以为公共项目贡献力量。太多的诱惑让人们在享受消费的同时也在消费时间，人们的知识技能除了在短暂的日常学习和工作中发挥价值外，剩余部分则被看电视、玩游戏等娱乐活动消耗一空，这些未被利用的知识技能就成了一种资源的浪费。为什么认知盈余早就存在，但却在当今社会才被提出并成为当下研究热点？这得益于互联网技术的发展。在移动互联网时代，社会化媒介和信息技术的迅速发展提高了人们进行分享和创造的动机，之前被浪费掉的时间、智力等资源通过个体之间的相互协作集合成一种公共性的社会资源——认知盈余。认知盈余作为互联网技术革命的"生产力"，带来了一个鼓励分享的网络时代，人们实现了由围观者到参与者的角色转变，开始分享自己的时间及智力资源。

互联网技术仅仅是一种外在条件，想要分享的动机才是认知盈余兴起的内在驱动力。根据马斯洛的需要层次理论，人们的行为都是受一定的动机所驱使的，这种动机既包括物质层面的经济利益动机，也包括出于兴趣爱好、分享意愿或同理心等心理层面的非经济利益动机，即个体既有市场行为（即行为利己性）又有公益行为（即行为利他性），这就是认知盈余的二象性。为什么很多慈善组织的参与者乐此不疲？为什么一些业余爱好者明知不如专业人士却仍然坚持？这就是利他主义指导下的行为。利他主义是指作为行为的个体所获得的好处少于行为的接受者（郭琨等，2014）。认知盈余的驱动因素既有出于长远利益考虑的原因，也有单纯帮助他人的意愿。满足感、社交需要、声誉、想要分享等内在动机能够让参与本身就成为一种回报。在分享资源的过程中，人们可以获得自我实现的满足感，可以通过他人对自己分享行为的赞誉、感谢实现自我认同感。

在认知盈余理念的影响下，人们根据其利他的目的，将自己的自由时间、智力资源拿出来进行分享，加入到自己感兴趣的创新活动中去。在实现自我需求的同时，也使得共享创新资源更加富足，在实现共享创新的同时产生更大的社会效益。这种全开放、全方位、全时空、全参与的共享活动过程是显性知识与隐性知识不断扩散的过程，也是不同知识相互交融、促进知识创造的过程。因为，相较于传统经济模式下的封闭环境，这种参与主体之间的相互分享更容易碰撞出创新的火花，激发出新的创新潜能。认知盈余在利他主义及互联网发展的推动下，将原本独立的个体通过共享平台连接起来，时间、智力等资源也通过个体间的网络进行共享，提升了社会福利，扭转未来创新格局，见图 4-3。

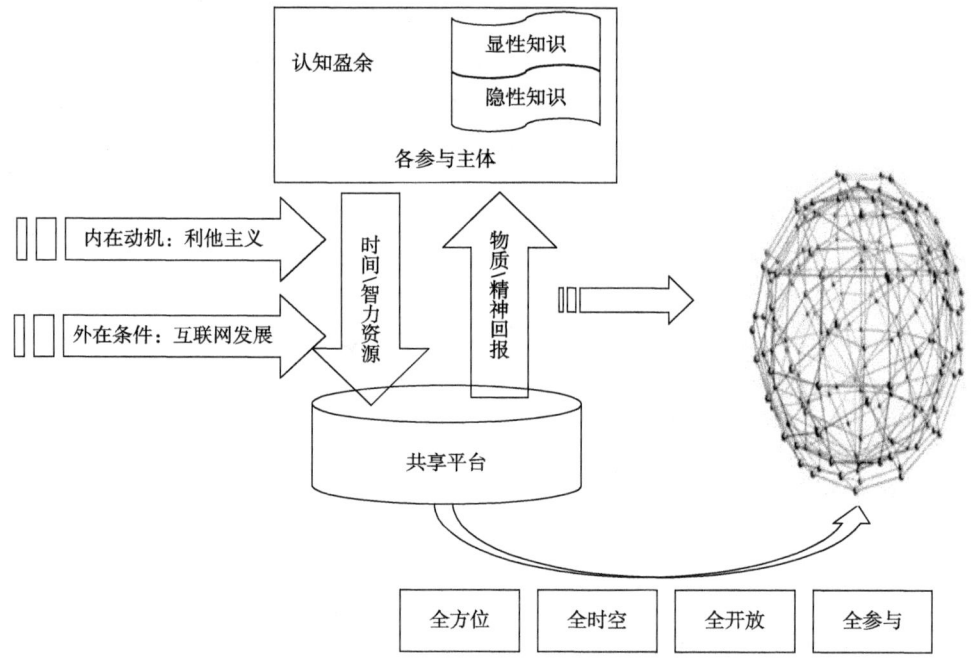

图 4-3　认知盈余提升社会福利机制图

首先，认知盈余推动群体智慧共享。正如 Shirky（2010）提到的，"我们"为"我们"创造机会。19 世纪 70 年代，印象派画家的团体聚在一起，通过互动产生出新洞见；20 世纪 70 年代，一群自称"西风少年"的滑板玩家，创造了现代滑板文化；20 世纪 90 年代，音乐分享软件 Napster 的发明开启了文件共享服务的时代。正是这种共享将自由时间与能力协同起来，进行内容分享和创造。虽然看起来很微小，但全世界的认知盈余太多了，多到即使微小的变化都能累积成巨大的后果。同时，认知盈余以资源共享、成果共享带来了群体智慧的碰撞，促进企业创新发展，并为整个创新平台带来新的共享智慧的成果，在创新之中实现互联网时代的革命性进步。若将全部受过教育的人的自由时间、智力资源看成一个集合、一种全新的资源，随着参与到自由时间共享的人越多，随之产生的认知盈余也就越多，甚至会改变我们传统的创新模式。

其次，认知盈余富足共享创新资源。知识分为显性知识和隐性知识。相较于显性知识的易获取性，个人对于某一事物的看法、经验等隐性知识具有难以言述、传输效率低、失真性强、不易交流与掌握的特点。但是，隐性知识是人类知识创造的核心，是创新活动中必不可少的。随着社会的进步和整体受教育水平的提升，在个人资源占有与使用需求得到满足的同时，社会中出现大量资源闲置，这是共享创新得以产生的最基本前提。同时，互联网技术和公共媒介的发展，使得人们不再局限于时间和空间，而是可以自由地在共享平台中分享空闲时间和智力资源，这为共享创新的发展提供技术支持。另外，生产力的不断提高，机械化、智能化生产的运用，使得教育水平不断提高的社会大众拥有足够的空闲时间，能够促使他们推动分享活动。

基于上述前提，认知盈余理论成为实现共享创新的理论依据。此外，随着社会的不断发展，社会生产极大丰富了人们的物质生活，除了时间、智力、技能等无形资源外，存在大量闲置的物质资源，人们愿意将这些资源集中到一个平台中进行共享并加以利用，从而产生更大的社会价值。认知盈余也进一步深化为全要素层面的分享盈余，进一步推动共享创新的发展。

4.3 协同消费理论

传统经济模式下，消费主义盛行，人们鼓励通过消费，不断购买、使用和淘汰产品推动经济发展，消费甚至成为拉动经济发展的重要的动力源泉之一。现代消费主义主张不要节俭，甚至有消费者通过购买价格超出其实用性的商品来标榜自己，这种消费购买的其实是产品的时尚价值而并不是其使用价值，本质是一种"炫耀性消费"（Veblen，1994）。这种不断消费、不断抛弃、不断替换的趋势愈演愈烈，消耗了消费者有限的财力物力，浪费了有限的社会资源，甚至加剧了自然环境的恶化（董成惠，2016）。随着资源与环境约束日趋严重，人们逐渐意识到这种消费主义对自然环境和资源所带来的破坏是不可逆的，开始转变自己的消费观念。地球的资源是有限的，过度的消费无法永远维持，人们开始提倡在切实保护环境和资源的基础上对资源加以合理有效地利用，树立起合理、适度的节约型消费观念。同时，人们意识到对物质的过分追求使得自己与群体社会渐行渐远，开始构建更加牢固的集体社会，而这种集体化现象则表现为社会合作群体的形式,即所说的协同消费。

协同消费顾名思义是一种消费者之间一起消费产品或服务的消费新模式。Felson 和 Spaeth (1978) 将协同消费定义为多人在共同参与活动中消费商品或服务的事件,是指消费者可以通过合作的方式与他人共同消费产品或服务,如私家车分享、客厅沙发分享等活动。Botsman 和 Rogers (2011) 更是在其著作 *What's Mine is Yours: How Collaborative Consumption is Changing the Way We Live*(《我的就是你的:协同消费如何改变世界》)中,直接将协同消费定义为超越所有权获得产品和服务的活动,而通过部分所有权享受产品和服务且免于永久所有权风险和麻烦的消费者则被称为变革的消费者。关于人们参与协同消费的原因,一些研究指出供需双方通过共享行为能够延伸自我价值,共享经济能够在一定程度上消除人与人之间与物质和财产相关的等级和界限(Belk,2010)。协同消费其实就是一种消费层面的分享活动,与前面所提到的分享的动机相同,除了经济报酬之外,持续性、愉悦感也是驱动协同消费的重要因素,但是不同因素对不同的消费者的重要性存在差异。

在传统创新模式下,企业往往依靠自身内部的资源来进行创新活动,资源有限且配置效率低下,甚至普遍存在资源的闲置、浪费、低效利用现象,慢慢吞噬着有限的创新资源。协同消费下,人与物、人与人之间的关系被重新定义,同一创新资源可以供多个消费者共同使用,消费者也可以成为潜在的生产者,降低创新资源获取成本,提高创新资源的配置效率。

首先,协同消费重新定义人与物之间的关系,变革资源匹配模式。企业并非孤立存在,而是在一个大的创新生态圈中的一个个体,其在从事生产、经营、研发等活动的过程中时刻存在着与外部环境的交互影响。传统的创新活动集中在企业内部,企业依靠自身创新资源进行创新活动,但是企业本身无法产生创新所需的所有资源,加之科技型中小企业普遍面临着内部创新资源匮乏的问题。因此,企业在进行创新活动过程中与外部环境进行交互,利用外部资源或知识等对于其创新能力的提升至关重要。协同消费理念恰好解决了这一问题:一方面,其为供需双方找到了一个共同的创新资源的分配方式,也就是多个需求者为同一创新资源买单,同一创新资源可以同时归属于多个需求者,这就是产权的多主体性。这一理念重新构建了人们对于集体社会的信心,使人们逐渐从我的时代过渡到我们的时代,每个人、每个企业都不是独立存在的个体,完成了个人自由与社群主义的结合。以创新专利为例,A 企业的创新活动可能只需要这一专利的一部分,而 B 企业需要另一部分,此时两个企业相互协作共同购买,在满足自己本身创新需求的同时降低了购买专利的成本。目前,这种协同消费的多主体相互协作的理念在创新领域非常广泛,人们所熟知的与外部组织合作以提高自身创新能力的协同创新活动便是典型应用。另一方面,协同消费理念模糊了供给者和需求者之间的界限,实现了从"一对一"到"多对多"的匹配。如图 4-4 所示,消费者与生产者身份可以相互转换,每个人既可以是生产者,又可以是消费者,消费者之间可以进行产品的交易。创新活动亦是如此,每个创新主体既是寻求者,又是解答者,其直接在网上发布资源供求信息,并进行线上联系和匹配资源。从共享平台来看,共享创新平台结合创新资源供求双方的需求,应用大数据算法等精准匹配与联结,提高了匹配的成功率,满足了供需双方的互助互利,从而提升了创新资源的配置效率。

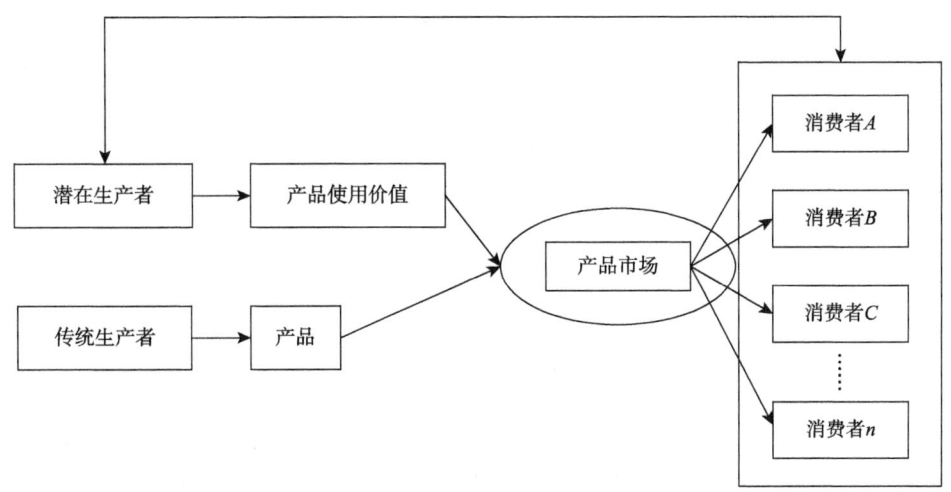

图 4-4 协同消费模式

其次,协同消费这一新型消费模式使人们能够打破传统所有权的限制,得到不属于自己的产品和服务的使用权,既节约资金、时间和空间,还可提高资源的使用效率,将匹配内容由所有权变成使用权,是一种健康、高效的消费模式。从共享创新的形式来看,强调使用权和不使用即浪费,使资源可以多次甚至无限次地回收和再利用,缓解了资源的稀缺性和不可复制性,在一定范围和程度上提高了资源的利用效率。相较于传统创新模式,共享创新强调合作参与的理念,依托互联网打破时间和空间的限制,提高资源配置效率。

综上所述,协同消费理论重新定义了人与人、人与物之间的关系,传统的"一对一""一对多"的创新资源匹配模式转变为共享创新参与主体的"多对多"的匹配模式,完成了人才、技术、信息、知识等创新资源的快速整合、精准调配和充分利用,通过分享资源使用权、提高创新资源的利用率、优化创新资源的配置率、使其最大限度地发挥效用,以满足日益增长的多样化、理性化、个性化需求,实现"稀缺中的富足",这也正是共享创新目标所在。共享创新更加深层次的价值理念是协同,以协同合作实现互惠共赢。

4.4 零边际成本理论

在大众之前的观念意识体系中，对物品所有权的拥有成为人们地位的象征。因此，人们渴望拥有尽可能多的资源或生产资料，实际上很多资源都处于闲置的状态，并不会给拥有方带来额外的价值，形成了一种"左手拥有、右手闲置"的状态。换言之，闲置就是一种资源的浪费。然而在共享经济下，拥有方可以通过分享其使用权来获得额外价值，此时私有资源在一定程度上转化为公共资源，具有公共资源非竞争性的特性，即多增加一个拥有方（共享创新的寻求者）所带来的边际成本趋近于零。共享经济正是利用资源或生产资料具有可复制性的特性，通过自动化、智能化的网络技术，实现资源和生产资料的公有化取代私有化，使用权重于所有权，合作压倒竞争。

在经济学中，边际成本指的是每一单位新增生产的产品（或者购买的产品）带来的总成本的增量。这个总成本包括固定成本和可变成本。固定成本是指在不进行资源共享的前提下也需支付的费用，主要包括机器、设备、网络建设、雇员工资等。边际成本仅指增加单位资源或生产资料的总成本增加量，所以无须考虑高额的固定成本。当产量很小时，固定资产没有达到饱和状态，随着产量增加，设备利用率增大且产量的增加速度超过成本的增加速度，边际成本降低。随着产量增加，设备逐渐达到饱和状态，会导致成本增加的速度大于产量增加的速率，从而边际成本增大，就会出现规模不经济现象。

$$MC=\frac{\Delta TC}{\Delta Q} \quad (4-1)$$

其中，MC 为边际成本；TC 为总成本；Q 为产量。

"互联网+"背景下创新呈现零边际成本趋势。在共享经济时代，基于资源共享的理念，某一产业内的资源完成互通互补，最大化资源效用，人们可以用接近于零的边际成本来大规模低成本复制信息、产品、服务等（武玉，2019）（图4-5）。里夫金（2014）在《零边际成本社会：一个物联网、合作共赢的新经济时代》中提出了"零边际成本"概念，认为在能源和信息边际成本基本为零的前提下，令产品或服务的总成本在充分利用资源后得到摊销，随着制造和提供产品或服务的数量递增，其边际成本趋向零。

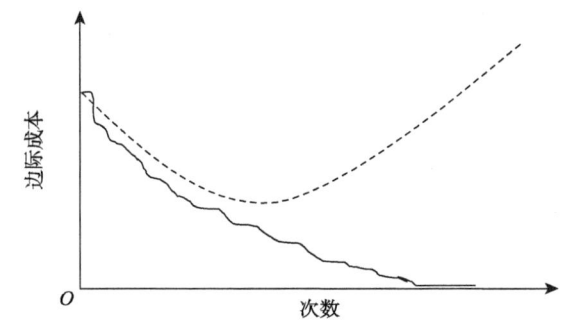

----- 达到一定界限后，传统经济的边际成本随创新次数增加而升高
—— 共享经济的边际成本随分享次数增加而降低

图 4-5　共享经济与传统经济边际成本图

"互联网+"平台具有分布式、点对点的性质，将社会中所有创新活动的参与者聚集到一起，形成一个巨大的创新网络。在这个创新网络中，每个人都可以变成创新主体，可以更直接以接近于零的边际成本在互联网上分享知识、技能。在共享创新活动下可变成本主要包括搜寻成本、技术开发成本、人力资源成本、匹配成本等。共享创新中人们通过低成本甚至零成本使用互联网平台实现各种创新资源的共享，降低了传统创新模式下高成本导致的资源获取门槛，有助于实现零边际成本社会，推动共享创新成本降低。

首先，提高创新资源使用效率，最终实现参与各方均受益。一方面，创新资源持有者可以将暂时不使用的人才、技术、知识、信息等创新资源多次共享获取收益，而且不会产生任何的成本。另一方面，创新资源需求者可以以更低的成本解决创新的暂时性需求。共享创新平台通过一系列技术可以实现一项创新资源在供需双方中重复匹配，多次进行有效配置，而这项资源最初的取得成本及各种费用由每一位寻求者分摊，此时匹配成本降低。一项资源每共享一次，就相当于给寻求者提供了一件"新"商品，当这项资源共享的次数越多时，寻求者分摊的费用就越少，其边际成本便会逐渐趋于零。

其次，零边际成本也有助于提升创新能力，促进共享匹配与产品迭代更新。一方面，零边际成本模糊主体边界，不同参与主体可以自由转换。知识、数据、智力、技能等创新资源实现充分、自由流动，创新不再是某个人的专利，真正实现了"大众创新"，从而提升了社会资源的配置效率，创造了经济价值。另一方面，海量的资源在创新平台集聚，摆脱了资源的束缚，知识等资源的获取变得更方便、更快捷，充分的信息资源也可为资本的高速、合理流动提供保障，这样的零边际成本为共享匹配奠定了基础。此外，零边际成本下，人们将自己的产品、资源共享出去，不会产生成本，同时能创造收益，推动创新产品迭代变革。每个组织或个人既可以是创新方案的寻求者，也可以成为创新方案的解答者。前一次创新的成果完成之后，在零边际成本和认知盈余理论的指引下，将自己的创新成果分享出去，成为下一次创新活动的解答者，实现创新产品的迭代更新。

总的来说，零边际成本降低了高成本资源的获取门槛，进而降低创新成本。与此同时，零边际成本推动创新在全社会发展，形成一种人人皆可创新的局面，并且低成本地提高了创新主体的创新效率。

4.5 非人格化交易理论

在市场经济初期，私有产权制度还未能建立，私人财产缺少制度的保障，人们缺乏与社交圈之外的人进行财产交易的动机，经济活动大多在熟人间进行。在这种交易方式中，交易双方的匹配依赖于各交易方自身的信誉，匹配的合约以口头承诺为主，交易双方之间掌握对方较完全的信息。这种交易方式在专业化和分工上处于原始状态，人们的专业化水平很低。交易的连续性依赖于长期交易活动和道德共识的形成，一旦双方建立起稳固的交易关系，交易活动就不断重复进行。由于参与交易的人主要是建立在相互了解的基础上，人们都自愿遵守已建立的规范准则。这种市场经济初期的交换方式就是人格化交易（交换）。

随着分工和专业化的进一步发展，可以交换的物品丰富起来，市场规模也随之变大。除了产品间有分工，产业内也出现了分工。行业的分化使得交易的复杂性增加，买和卖不能同时进行，这就出现了非人格化交易（impersonal exchange）。所谓"非人格化交易，就是人们在交易之前，对于交易的另一方没有任何的了解，不能以任何个人形态来区分交易对方"。诺斯（1995）指出，人格化交易是建立在个人之间相互了解基础上的交换。在这种交换中，由于人们的知识水准低，经济规模小，交易成本较高。一般认为，私有产权制度的缺乏是人格化交易形成的主要原因。

现代市场经济下产权制度的确立推动了经济活动走出熟人圈，使得陌生人之间的交易活动能够顺利进行。共享经济下，使用权交易成为现实，经济活动的效率得以提升，大幅拓展了经济活动的范围。与此同时，共享经济下信用问题得到保障，产品或服务在陌生人之间的匹配成为可能，参与市场交易的角色也变得多元化。在互联网时代，取得公开信息的机会和途径越来越多，"你是谁"已经变得越来越清晰，加之第三方平台的监管，共享平台的约束及正式的法律规范制度的约束，提高了交易的可靠性与安全性，推动了非人格化的交易（图4-6）。

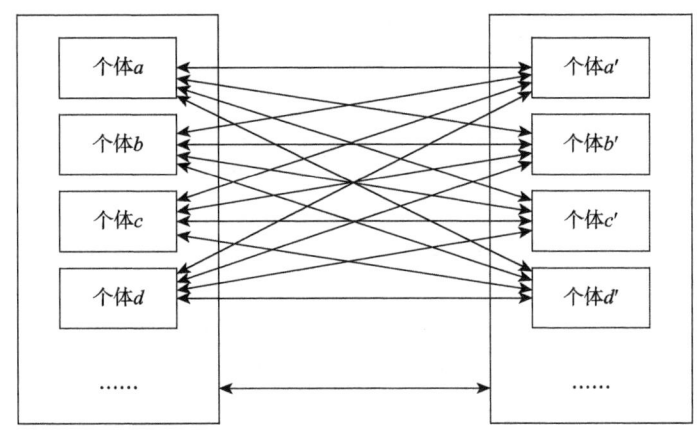

图 4-6　非人格化匹配理论下创新主体参与机制

综上，非人格化交易是指人们在对交易的对方没有任何了解的情况下进行的匹配，无论是长期合作伙伴还是从未交换过的陌生人，也无关地理距离远近。与传统交易模式相同，之前的创新活动也是在原来的熟人圈中进行匹配，完成创新活动，存在着匹配效率低下、创新活跃度不高、创新成本高昂的问题。这一理论指导大众参与到共享创新当中去，形成万众参与的创新新局面，成为共享创新模式得以成功的重要理论条件。非人格化交易在共享创新模式中主要有以下三个表现。

第一，非人格化交易拓宽了创新主体的范围。互联网技术的发展推动创新主体跳出了原来的熟人圈进行匹配，在符合基本道德原则——诚信的前提下，人们可以低门槛、自由平等地成为创新活动的寻求者和解答者。创新倡导活动的可持续性，不诚信的创新主体会将劣质资源带入市场甚至致使优质资源流失，导致创新活动的失败。不同身份及年龄段的人都可以成为创新主体，其中包括小孩、老人、家庭妇女和农民等在传统意义上处于相对弱势的群体。小孩中有极富创意、智慧天赋的群体，老人中有知识渊博之人，家庭妇女中有生活的能工巧匠，农民中有种植好手……他们沉淀的能力在绝大部分情况下只能为自己所使用，是社会资源的相对性浪费，非人格化交易促使这些群体参与到创新活动中去，使其智力资源发挥最大的价值。例如，在 2003 年，一家大型国际企业需要一种具备新特性的聚合物，但是公司自己的研发部门无法解决，于是公司通过 InnoCentive 网站召集全球各地的解答者参与解答，最终获得了 21 种解决方案，其中 5 种方案被公司采纳。值得人们思考的是，这些被选中方案中，四个方案的提出者分别为小农场主、航空航天物理学家、透皮药物专家和工业科学家——都不是聚合物行业的专业人士。由此可得，社会主体存在着无限的潜能，在平等、自由、自主、开放的共享经济平台聚集作用下，基于一定规模数量，能创造出意想不到的集合价值，释放出不受资源私有制约束的能量。

第二，非人格化交易拓宽了创新活动的时间、空间。传统创新模式关系仅是指"单一企业时间空间"与"单一资源"之间的关系，创新活动仅限于企业内部，创新活动的时间、空间均受到制约。然而共享创新模式下的全方位、全时空特征将传统创新模式下的时间和空间进行重组，分别碎片化了时间和空间，并建立新的时空连接。突破了原有时空固定的限制，也突破了原来的熟人圈交易，即一个企业组织空间可以对分属于不同企业组织空间的各项资源要素进行使用权上的共享；一个特定创新资源也可以共享到不同企业组织空间。在非人格化交易的指导下，创新活动的匹配范围不断扩大，几乎可以涵盖经济生活的方方面面。同时随着匹配主体非人格化和匹配范围的扩大，匹配过程也呈现出非人格化的局面，这种匹配过程的非人格化体现在创新主体的多对多随机匹配上，是通过匹配供给和需求进而连接寻求者和解答者。寻求者与解答者之间的灵活匹配加快创新资源的流动，使其流向最需要的主体，提高创新资源的流动速度。

第三，非人格化匹配理念指导全员参与共享创新。共享创新强调参与主体的无界化，即"人人参与"模式。共享创新平台是面向普通大众的，无论是政府、企业、社会群体还是普通个人，都可以成为共享创新模式下的解答者和寻求者。人人创新的模式使共享创新平台上的匹配更为人性化，参与者都可以成为创新者，都可以获得与自己的需求相一致的产品和质量，同时可以收获个性化的特殊服务。这种平等、无界化的多方平台，一方面，可以为寻求者提供更为广泛的创新资源来源，为创新资源所有者联系到更多的资源使用者；另一方面，大众参与的平台有利于增强信息的透明度，从而提高社会监督水平，降低监管成本，规范平台匹配行为。此外，非人格化理论还强调主体匹配的多元化，从寻求者角度而言，当其在创新平台上发布问题之后，所有创新主体都能提出自己的意见、见解，并进行匹配从中找出可行性最强的解答；从寻求者角度而言，平台上的创新主体可以根据自身条件对平台上的问题进行解答，从而获取物质层面或者精神层面的回报。

综上所述，非人格化匹配理论强调创新主体的无界化，主体匹配的多元化极大地拓展了创新资源可交易的品种和规模，从而化解了创新资源的约束，并为万众参与共享创新提供了可能性。

4.6 多边平台理论

在传统市场上，主要有两个不同类型的参与者。一边是供给者，另一边是需求者，双方相互独立通过一个中介机构或平台来发生作用或进行匹配。Rochet 和 Tirole（2003）最早把这种双边市场定义为"价格总水平保持不变，价格结构变动会影响平台匹配总量的具有双边结构的市场"。传统双边市场理论（two-side market theory）认为，一边参与者的决策或收益会受另一边参与者数量或行为的影响。只有在同一市场上达成协议才能完成交易，也就是说，每一类用户通过平台与另一类用户相互作用而获得价值。

随着网络经济和电子商务的发展，针对 Google 公司、Facebook、Amazon 等新兴平台巨头的崛起和其产生的重大影响力，双边平台理论不足以解释市场中出现的经济现象，国内外学者对基于平台的联盟和匹配产生了极大的兴趣，直接催生了平台理论的诞生。在双边市场概念的基础上，Hagiu 和 Wright（2015）提出，多边平台是在不同消费群体间进行匹配的平台。多边平台（multi-side platforms, MSP）是指将两个或两个以上相互依赖但又有明显区别的客户群体集合在一起的平台，包括供给方、需求方、网络平台及其他参与方。相较于传统单边平台，多边（双边）平台具有如下特征：第一，规则和流程的公平顺畅，为平台运作和发展提供公正有序的环境；第二，开放性与共享性，即涵盖资源、标准、信息、业务流程、基础设施在内的全方位开放，更体现在解答、监督、参与等权利的开放共享；第三，要素的多元性、协作性与整合性，即平台的多元用户群体的协作性、资源的共享性与能力的整合性。因此，从整体上看，平台结构稳固、可扩展，具有平坦通畅、开放共享、信息透明、公平合作、协商互动、资源整合、可重复使用等特征。上述多边平台的优良属性为平台的价值创造与功能发挥奠定了基础，也为共享创新的高效运行提供了保障。

在共享创新模式发展初期，创新平台公司是共享服务的提供方及解答者，寻求者是创新活动的组织者，他们形成了最初的双边平台，实现闲置资源的有效利用。随着监督机构、征信机构、广告商等其他第三方的加入，双边平台形成多边平台，形成创新资源解答者、创新资源寻求者、共享平台方和其他第三方机构多边协作、多边共治的复杂系统。创新资源解答者是指那些拥有闲置创新资源，并有意愿进行共享的主体，包括个人、正式组织、非正式团体等；创新资源寻求者则是指有创新资源需求，但在传统创新环境下无法得到满足的所有主体，同样包括个人、正式组织、非正式团体等。共享平台则通过征信机构、监管机构、评估机构、媒体等第三方获取数据、信息和资源，再通过技术供应商获得维持平台运行的技术支持，形成信息云数据库和信息多对多匹配与处理机制。总的来说，多边平台模式的存在，使得创新主体能够快速、低成本地建立与对方的信任对接。寻求者获得创新资源的使用权，而解答者则利用闲置的创新资源获得收益与满足，减少了整个社会创新资源的闲置情况，实现创新资源合理有效配置，见图 4-7。

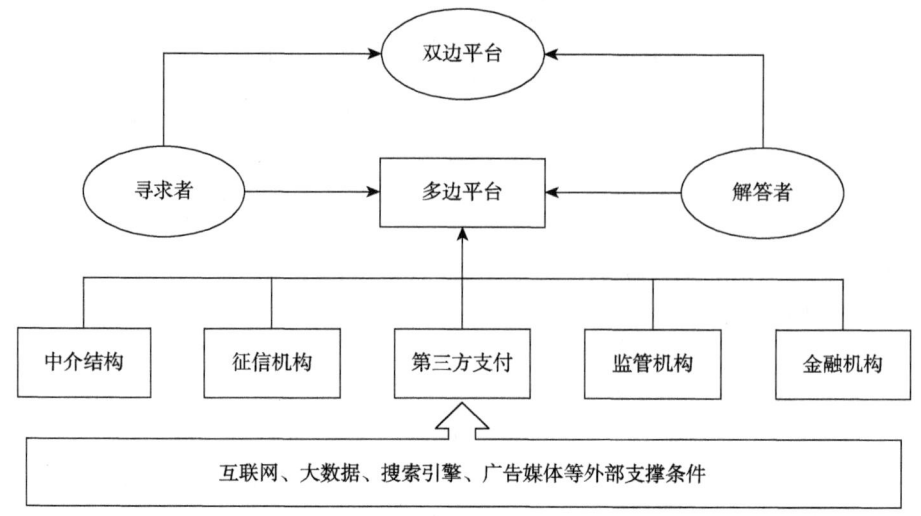

图 4-7　共享创新多边平台示意图

除了共享创新的各参与主体外，共享创新平台本身也对共享创新的稳定发展发挥了关键作用，这主要得益于共享创新平台本身的多功能性，其形成的多边相互依赖、相互制衡的运行机制，保障了共享创新平台的高效、有序运行。共享创新平台具有连接、匹配的功能，这也是共享创新平台最基本的功能。平台突破时空的限制将寻求者、解答者及其他参与方联结在一起，将各方的资源集合在平台方，将交易双方进行最优匹配，使得各方收益达到最大化。创新平台基于大数据能够高效率地实现交易主体之间的匹配，双方不再依附传统商业组织，中介作用被弱化，这也就是通常所讲的"去中介化、再中介化"的过程。

共享创新平台是超出传统市场而又具有市场功能的功能平台，除了匹配供需关系，共享创新平台还具有反馈、监督等功能，确保共享创新规则和流程的公平流畅，为共享创新的运作和发展提供公正公平、规则有序的环境和条件。例如，共享创新平台规定，创新资源的寻求者想在平台上发布自己的需求，必须在平台上提交申请，并经过一定内容有时甚至是线下的审核；平台有时也根据第三方提供的数据进行审核；审核通过后，才会在平台上发布。共享创新平台具有开放性与共享性，表现为：资源开放，即所有解答者可以根据自己的想法和能力去解答相应的寻求者的问题；信息开放，即共享创新平台将公开供需双方的信息，降低双方信息搜寻的成本；业务流程开放，即申请流程开放、资源使用流程开放等。以海尔创新合伙人为例，申请流程是无门槛的，任何有共享意愿、监督意愿、参与意愿的主体，都能在平台中进行注册成为创新合伙人的一员。另外，共享平台将资源进行整合，可重复使用，使闲置的创新资源不断产生更多的创新活动和社会效益。

综上所述，多边平台是一个功能平台，互联网等移动技术基础拓展延伸了平台的功能，使平台突破时空的限制将供给方、需求方及其他参与方联结在一起，将各方的资源集合在平台方，利用云计算、大数据等手段管理各方资源并将交易双方进行最优匹配，使得各创新主体效益达到最大化。除此之外，反馈监督、信用评级等功能也共同保障了共享创新平台的高效有序运行。

4.7 零工经济理论

在传统的雇佣模式下，劳动者只能与一个用人单位签订合同，或者通过劳务派遣公司签订劳务派遣合同进入用人单位。出现重复签合同的，用人单位可以终止劳动合同。在这种劳资关系下，劳动者的工作有固定的工作时间和固定的工作场所，他们只需要为雇主做提前安排好的、结构严苛的工作，来获取相应的工资。企业与员工处于一种相互对立的二元制的关系，工资的多少是劳动者和用人单位相互博弈的结果。尽管有时劳动者也会通过打零工的方式来提高自己的个人收入，但是这种零工无论是在时间、频率还是规模上都处于一个相对较低的水平上，而且工作形式多以体力劳动为主，范围也限制在低端行业。大部分劳动者在其雇佣期内只有少数时间是在创造价值的，也就是说，其余时间处于一种人才资源浪费的状态，但同时用人单位要为其不产生价值的时间进行付费。以高科技公司跨领域研发为例，用人单位可能要花费巨额成本聘请相应领域的专家。

伴随着共享经济的发展，"一切资源皆可共享"的观念在全球扩散开来，人才作为一种重要的创新资源也加入到共享的浪潮当中，颠覆了传统的用工模式。随着互联网和数字技术的发展，传统的"企业—员工"对立的用工模式逐步变革为多元的"平台—个人"的模式（马尔卡希，2018）。人才可以不只属于一个公司，他能通过各式各样的自由职业平台而申请成为自由职业者，利用碎片化时间为不同的公司提供各种形式的服务，这就是所谓的零工经济（王家宝和崔晓萱，2018）。

零工经济是构建在互联网平台基础上的非雇佣模式的劳资关系，是一种以人为本、更加平等和自由的组织模式和工作关系。在中国，大概有300万个零工经济从业者。麦肯锡公司预测，到了2025年零工经济从业者将突破7200万，贡献2%的世界总产值。与传统雇佣模式的双边关系不同，在未来的零工经济时代下，存在无数个劳动者与无数个被服务者，他们之间是一种多元的"多对多"的关系，不存在所谓的"零和博弈"，双方关系更加松散，人格更加的平等。每一对关系双方都是"价值提供"和"价值反馈"的关系。每个人都处在一个资源共享的大平台中，可以在可支配的时间里选择想做的工作，是工作选择和价值创造的主动者。

每一个雇主都能对应多个员工,因此有了更多的选择,有助于工作效率和质量的提升。

自零工经济诞生以来,在数量、规模、影响力上日益壮大,是技术环境与经济环境共同作用的结果。首先,互联网数字技术的发展和数字技术的革命为零工经济的兴起提供了良好的技术支撑。近年来,随着互联网技术的发展,尤其是依赖于互联网共享平台的平台经济的兴起,各种产业朝着数字化、网络化、平台化的方向发展,劳动者可以将自己的知识、技能等转化为收入,实现从劳动力到价值的高效转换,供求的高度匹配实现了资源的最优配置,降低了企业的用工成本。其次,自2008年金融危机以来,全球经济低迷,各国失业率居高不下,人们的收入不能满足基本的需求,人们意识到转变工作方式的必要性,选择通过打零工的方式来提高个人收入。最后,劳动者和用人单位思想观念的转变。劳动者愿意分享自己的知识、技能换取经济或者非经济利益;用人单位的用人需求更加多元化,需要个性化人才,见图4-8。

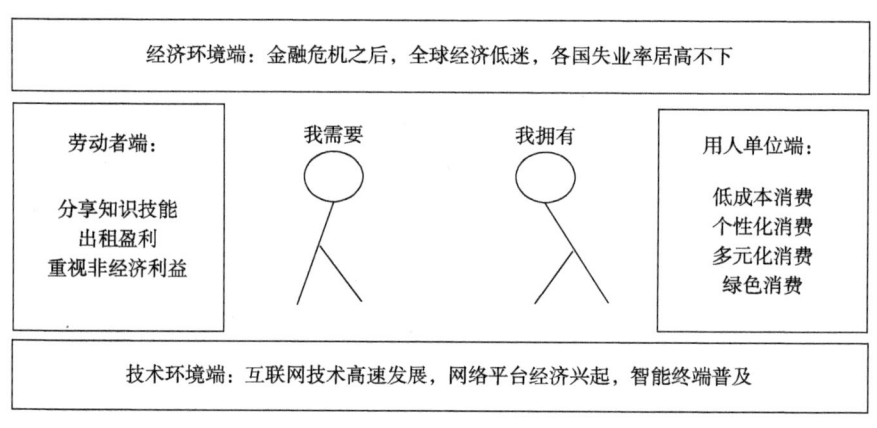

图4-8 零工经济兴起原因分析

创新是赋予资源以能力和价值的活动。事实上,零工经济本身就是对人力资源的创造,是一种创新活动。作为一种创新性的"雇佣"模式,零工经济从业者根据自己的工作需求灵活安排就业时间,通过劳动、经验、知识等完成工作并获取相应的报酬,同时企业能够以较低的成本满足自己的用工需求。实际上,零工经济由来已久,兼职工、合同工及顾问零工等都是零工经济的早期存在形式,而现在该经济现象受到学术界及实务界广泛关注是因为零工经济逐渐由传统的低端行业(如滴滴打车、58到家等)扩展至高价值、高透明的科技初创企业中,企业之间共享高科技人才,降低企业的创新成本。零工经济对于共享创新的促进作用主要体现在以下几个方面(图4-9)。

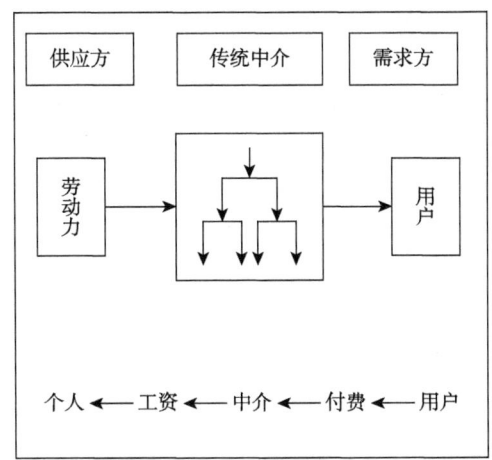 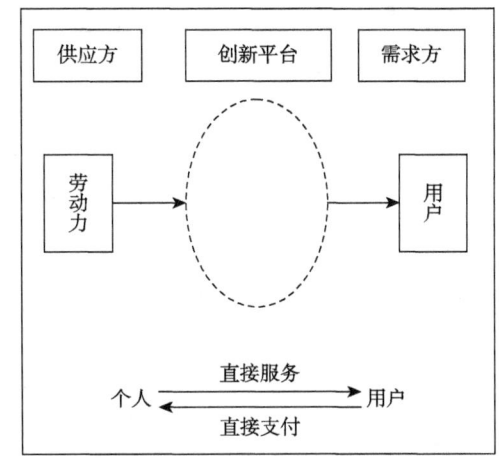

图 4-9 传统用工与零工经济用工模式比较

首先,零工经济充分开发了社会的人力资源,尤其是高科技人才。零工经济从业者参与工作时有更大的自主性和灵活性,一些厌倦了全职工作的人和一些自由职业者都选择加入零工经济的大军。一方面,从可行性而言,零工经济依托互联网突破了地域的限制,从业者只需要拥有一台电脑就能随时随地展开工作,为科技工作者提供了极大的便利。同时,人们可以在同一个时间段有多份工作并自由安排工作时间,如大学教授可以在进行学术科研的同时加入到公司的科研队伍当中,将自己的研究转化为实际的市场成果;科技发烧友可以在工作之余投入自己爱好的领域当中去。另一方面,从情感需求而言,他们的主要动机并不是获取物质上的报酬,而是为了消磨时间同时满足自己自我获得感的情感需求。

其次,零工经济丰富了公司的科技人才资源,破解了创新活动的人才资源约束。一般而言,人才作为一种重要的企业资源,同样具有"同质性"的弊端,企业难以应对复杂的外部环境的变化,无法根据环境进行颠覆性的创新活动,从而在激烈的行业竞争中处于劣势甚至被淘汰。但在零工经济中,工作通过互联网或移动网络连接,整个工作过程由零工经济从业者控制,从业者通过企业直接与相关要求的客户取得联系,人才资源都掌握在企业手中,可以从外部广阔的人才库中搜寻所需的资源,而不仅仅局限于企业内部,可以与多种不同的人才建立联系,丰富公司的科技人才资源。

最后,在零工经济下,平台作用更加彰显,个人与用户直接联系,降低了用工成本。平台所起的作用是联结、聚合、协同、去中介。移动互联网时代,那些依靠信息不对称而存在的公司都将没有什么价值。在共享创新活动中,零工经济模式可以使人才的价值在平台上得到凸显,这也是平台的价值体现所在。与此同时,零工经济中企业、从业者和客户的关系发生了改变,从传统的雇佣变为合作。

企业无须为获取相关人才而付出签订雇佣合同所需的全部成本，只需要购买其部分时间，极大地降低了人才成本。

这个时代不再是"得人才者得技术"的时代。零工经济以上的这些特性使得创新摆脱了人才的桎梏，组织或个人可以以较低的成本与创新所需的人才进行合作，创新技术不再是大型高科技公司的专利，极大地提高了创新活动的可行性和创新的效率。

第 5 章　共享创新模型构建

共享创新具有开放、民主、共享、万众参与等基本特征，是一种适应新经济时代的、颠覆传统的、新型开放式创新模式。本章主要以创新活动中的"技术创新"为例，试图构建共享创新的模型。后文中提到的被交易、共享和使用的主要是指智慧、知识、信息技术等创新要素资源。并且，主要借鉴 InnoCentive 平台对创新活动参与者的命名，将创新资源的需求者称为寻求者（seekers），而将创新资源的供给者称为解答者（solvers）。共享创新模式需要寻求者、解答者、共享平台、第三方参与机构共同参与。其中，寻求方和解答方由个人、营利性组织、非营利性组织等创新主体构成，在第三方参与机构的辅助、配合、反馈、监督下，共享平台搭建起寻求方和解答方之间信息沟通和资源整合的桥梁。共享创新平台高效、便利地将创新所需的各种技术、知识、信息、人才、智力、技能、思维、创意、资金、设备、装置、设施、生产能力等资源集聚起来，利用现代信息通信技术和互联网大数据技术进行及时整合和准确匹配，不断地在供给方、需求方、网络平台和第三方参与机构的权衡中进行突破式创新。四者相互交叉作用、取长补短、相互制衡，在共享创新模式的发展中实现创新资源的高效率匹配和创新活动的低成本、高效率进行。

5.1　寻　求　者

寻求者是指创新资源的需求者，也是创新活动的发起者。寻求者通过共享平台发布创新性问题，并在共享平台上发现、筛选与自身需求相匹配的解答者，直接或间接同其进行互动讨论，以获取创新思路、学习创新知识、收获创新资源、解决创新难题（张玉明和管航，2017），而共享平台则帮助寻求者"为问题寻找答案"。

5.1.1 寻求者构成

如图 5-1 所示，寻求者的身份主要有以下几类：个人（包括创客、学生、科技发烧友、退休工程师、军人、教师、家庭主妇、科研人员等）、营利性组织（企业等）、非营利性组织（政府等）。就目前来说，营利性组织占比较高。例如，在开放式创新平台 NineSigma①上，有 500 多个寻求者解决了创新问题，寻找到了可行方案，其中包括宝洁公司、联合利华公司、飞利浦、海尔等著名企业。

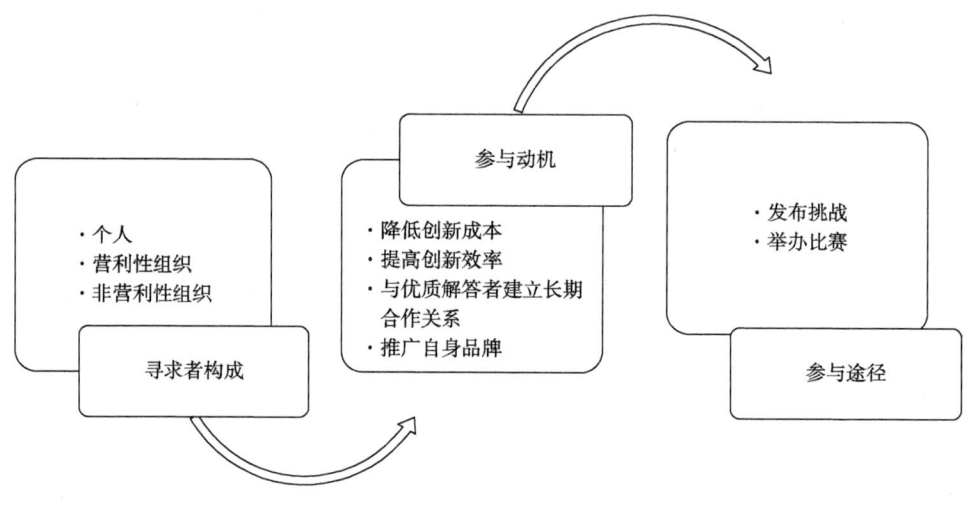

图 5-1　寻求者构成及参与机理

5.1.2 寻求者参与动机

为什么大量的企业或者正式组织等会选择作为寻求者在共享创新平台上寻求创新资源呢？

首先，创新过程的复杂性和困难性、高成本是重要原因。根据 Radical Innovation Group 提出的发现-孵化-加速（discover-incubate-accelerate，D-I-A）创新模型，创新过程被分为三个阶段：第一个阶段为发现阶段，主要进行基础研究、内部和外部搜寻、阐述；第二个阶段为孵化阶段，主要进行应用程序开发、学习技术、创建市场、制定战略，并确定市场假设、市场空间和商业模式；第三个阶

---

① NineSigma 公司是涉及领域广泛的独立中介机构，它发展自身的网络，将网络成员（技术需求方）与各种第三方研究机构（技术供应方）联系起来。网址：https://www.ninesigma.com/。

段是加速阶段，扩大投资，扩展业务规模。由此可见，企业或个人的创新过程是极其复杂的，所需要的人才、技术、智慧是多样化的，如果仅凭借企业内部的研发人员或者个人完成全部工作是极其困难和成本高昂的。而且，当企业或个人面临的创新问题涉及的专业非常小众，如特定极窄领域的创新、罕见疾病等时，仅依靠寻求者自己内部的力量很难找出最佳方案。

其次，寻求者选择在共享平台上发布遇到的创新困惑或者遭遇的创新瓶颈，可以吸引广泛而多样化的解答者群体，这通常是特定领域之外的人，他们会为创新问题带来新的视角，或者能够从不同的领域带来知识并以新的方式应用它们。同时，小众、罕见的创新问题可以激发世界各地潜在的解答者，寻求者可能会获得以前不知道、不相关或甚至完全不同的专业领域的解决方案。例如，威廉王子湾的溢油回收研究所（Oil Spill Recovery Institute，OSRI）耗时18年努力寻找从埃克森·瓦尔迪兹泄漏处清理冷冻油的有效方法，通过InnoCentive平台发布该挑战后，被选中的解决方案并不是来自石油行业，而是来自建筑行业。寻求者在共享平台上可以剔除惯性思维的影响，得到非常规的、巧妙的创意方案。

再次，寻求者在共享平台上通常可以通过拥有极少数资源的个人或小团队找到突破点，在降低成本的同时得到新颖的解决方案。例如，多年来，美国国家航空航天局（National Aeronautics and Space Administration，NASA）的物理学家一直致力于了解太阳耀斑，预测它们的起始时间和强度，从而最大限度地降低宇航员的危险，但由于缺乏易于获得的数据而受到阻碍。NASA虽然拥有强大的太阳物理学家团队，但仍然无法解决问题。NASA作为寻求者在InnoCentive网站上发布挑战后，来自新罕布什尔州的一位退休射频工程师提出了一种新的数据方法，并赢得了奖项。由此看出，寻求者可以在共享平台上找到团队无法攻克的难题的解决办法。

最后，在解决方案评估过程中，寻求者在创建和定义问题、发布挑战声明和其他支持方面可以获得帮助。寻求者在共享创新平台上不仅可以解决技术创新难题，还可以获得其他益处，如可以与寻找到的优质解答者建立长期合作关系、在共享平台上推广自身的品牌等。例如，海尔曾经与NineSigma平台合作，向全球顶级资源征求关于"洗衣机的水越洗越脏"的解决方案，最终，海尔与陶氏合作，开发出了"净水洗"技术，颠覆了传统洗衣机的洗衣模式。海尔在与NineSigma平台合作的过程中，既将海尔的创新研发需求外包、解决了技术难题，又与外部优质资源建立了密切的合作关系。同时，NineSigma平台页面上显示着海尔开放创新平台的链接，向全世界推广了海尔本身品牌及平台。寻求者可以在共享创新中受益于平台的多样功能，全方位促进企业的创新和品牌发展。

5.1.3 寻求者参与途径

寻求者在共享平台上发布创新问题的方式有多种，最常见的是直接在网站上发布挑战。以 InnoCentive 网站为例，寻求者在参加该网站提供的研讨会后，确定适当的问题和需求，并与专家合作，将问题或需求分解并制定为"挑战"。寻求者可以有两类发布问题的方式。第一类是"定制挑战服务"，分为"grand challenge"和"showcase challenge"两种，分别服务于对社会福利有巨大贡献的计划和处于起步阶段的创业公司。第二类是"优质挑战服务"，即 InnoCentive 公司听取企业或组织技术难点、希望实现的想法后拟定出"挑战"，包括具体的、便于理解的、有层次的问题，在网站上发布，吸引感兴趣的解答者。该网站分为六个挑战领域：生命科学、化学、物理科学、工程/设计、数学/计算机科学和商业/企业家精神。InnoCentive 网站的运营人员筛选出提供的解决方案，以确保它们满足问题要求，并将相关方案转发给适当的寻求者。寻求者需要评估并选择最佳解决方案。InnoCentive 管理所有奖励支付和 IP 转让或许可工作。并且寻求者将收到所有获奖者的联系方式，以便将来根据需要直接与获胜的解答者合作。在寻求者看来，"内部"问题很可能通过联结多样化的"外部"来解决。因此，寻求者通过发布挑战、提供收益的方式激发解答者的创新动力，为自己的问题寻找到多样化的方案选择，提高了技术创新的效率。

另一种常见的方式是寻求者借助共享创新平台举办比赛，并将优秀的参赛作品予以转化和利用。有奖竞赛模式下，主办方通过提供奖金的方式激励各领域选手参与创新研究、提交"头脑风暴"后的最佳方案，以获得相关创新资源。有奖竞赛主办方不仅可以解决遇到的创新难题，还可以提升更深入挖掘前沿科研成果的潜力，可能会找到出类拔萃的参与者进行长期合作，甚至开拓新的技术研究领域。例如，NASA 为满足火星探索计划需要，在美国政府创建的创新竞赛网站平台发布了"太空居所 3D 打印挑战赛""二氧化碳转化挑战赛"等重大挑战项目并取得了显著成果。此外，众研网平台创建的中国大学生高分子材料创新创业大赛（Polymer Material Contest，PMC）也为中国产业升级和双创战略的实现提供了人才、研发技术等创新战略资源。有奖竞赛式的竞争机制充分调动了解答者的积极性，发掘出高技术研究团队、公众等参与研发的潜能，为寻求者解决技术创新问题提供了重要途径。

5.2 解　答　者

解答者也就是创新资源的供给者，是创新活动的参与者，由拥有创新资源的各类创新主体组合而成，是解决创新问题最重要的主体。解答者根据寻求者在共享平台中提出的创新问题、疑惑，结合自身知识领域，通过探索研究针对性地为寻求者提供创新问题的解决思路、创新产品设计的创意、前沿知识和技术等创新资源，这正是共享平台帮助解答者"为答案寻找问题"。

5.2.1 解答者构成

伴随着网络技术和现代信息通信技术的发展，共享创新模式开放、共享、平等、全方位、全时空、全员参与的特征越来越明显（张玉明和管航，2017）。在这一创新模式下，共享创新的不同参与者扮演了多样化的角色，即每一类主体可能具有一种或多种不同的身份，同一种角色也可能会有多类主体。因此，寻求者和解答者都是由个人、营利性组织、非营利性组织等主体构成（图 5-2），都可以在共享创新平台中实现创新资源的共享，实现共赢。

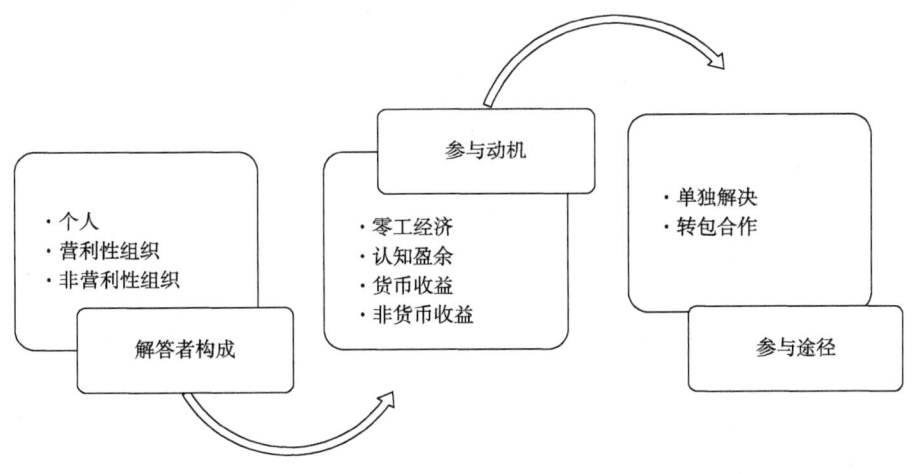

图 5-2　解答者构成及参与机理

同时，由于不同共享创新平台聚焦的领域不同，解答者的类型可能不同。例如，ResearchGate 是一个由科学家创建，并服务于科学家的社交平台，因此其解答者中科学家占了较大比例；宝洁公司和礼来公司联合创立于 2003 年的网络平台 YourEncore 旨在为短期研发项目提供人才，目前拥有 7500 多名解答者，大多数都是技术专家、企业家、发明家和临床医生等；海尔开放创新平台中的解答者中甚至还包括在校学生等。解答者类型的多样性为创新问题的解决提供了更多样的可能性和活力。

5.2.2 解答者参与动机

为什么会有大量的解答者在共享创新平台上为寻求者提供创新资源呢？

首先，解答者的出现源于零工经济理论和认知盈余理论。零工经济理论强调雇员和雇主通过互联网快速匹配达成工作协议，雇员可自由选择工作地点和工作时间，灵活地支配自己的时间获得多样收益。因此，科技发烧友、学生、各领域专家、兴趣小组等解答者在自己固定的学习或工作之外，可以利用空闲的时间灵活地为寻求者解答问题和提供创新资源，分享自己的智力资源，创造出更大的社会价值。共享创新模式打破了知识传递的界限，打通了信息传递的渠道，便于创新在整个渠道内扩散传播。同时，它不受固定的办公地点、固定的工作时间的束缚，使得个人可以随时随地贡献自己的创意和想法。

其次，解答者可以获得各种收益。在共享创新模式中，解答者只需在线上为寻求者提供匹配的技术、创意等知识资源，或者接受挑战，提出符合要求的最佳解决方案，付出较少的交易成本，便可获得额外报酬。在货币收益方面，在 InnoCentive 网站中，被选中最佳方案的解答者可以获得最高奖金。同时，未被选中的方案中的创意解答者也可以被 InnoCentive 网站授予"荣誉奖"，获得相应的奖励。如果解答者在获奖的解决方案中投票，也将获得收益。如果解答者在寻求者"接受"之后授予的解决方案基础上进行改进，将获得更多收益。除了货币收益，解答者在共享创新过程中，还可以获取成就感、声誉、排名、体验、社交、机会等各种形式的非货币收益。例如，年轻学生等其他个人参与者可以了解到来自不同地域、不同职业参与者对特定创新项目所提出的创意或技术方案，以及自己在解决问题时的探索思路，或在平台上向富有经验的解答者寻求帮助，这正是他们更渴望获取的经验和经历；而一些业余科技爱好者希望通过某种方式发挥自己还没有展示过的独特技能。

此外，专业的科研人员作为解答者参与共享创新可以为自己的实验成果找到应用方向，提高科研成果的转化率，提升其在该领域作为领先创新者的形象。联合国专门机构世界知识产权组织（World Intellectual Property Organization，WIPO）统计数据显示，2018 年中国申请专利数量居全球首位，但创新能力位列第 17 位。其原因在于我国科技成果转化率低。例如，我国科技创新成果的重要来源——科研机构和高等院校，它们汇聚着我国约 85% 的科技创新力量，每年真正实现成果转化与产业化的却不到 10%。科研人员拥有研究成果却没有应用机会，企业面临产品研发难题却没有科研资源。但共享创新模式可以通过共享平台将科研人员和企业有效匹配，促进成果"落地"和企业创新发展，实现双赢。

5.2.3　解答者参与途径

解答者可以通过多种途径在共享创新平台上为他人解决创新问题。最常见的途径是解答者单独在平台上接受挑战，提出解决问题的方案。例如，在 InnoCentive 平台上，解答者首先访问个性化定制的挑战中心，在自己熟悉的领域中找到自己认为可以解决的开放式挑战赛并查看挑战的全部细节。在寻求者提供的挑战描述中指定了需要的可交付成果，解答者只要在挑战截止日期前提交解决方案即可。在挑战截止日期之后，寻求者将评估解答者的方案并通过电子邮件通知解答者是否接受方案。解答者无须向寻求者转让专有知识产权，可以仅向寻求者授予免版税、非独占许可的权利。

此外，解答者还可以与其他解答者共同合作完成一项挑战。以 InnoCentive 网站为例，解答者之间的合作主要有两种方式（Lakhani，2008）。第一种合作被视为转包。当寻求者在平台上发布问题挑战后，一个解答者作为主要解答者，呼吁平台上其他解答者做部分辅助性的合作工作。有兴趣提供这部分解决方案的解答者可提供其服务，并有权协商其可获得奖励的比例。参与合作的解答者之间需要达成协议并形成一个官方解决方案团队，继而提交解决方案。主要解答者只需向其他解答者传达其负责部分需要的解决方案的详细信息而不必传达其解决方案的所有细节。尽管其他解答者的参与也将得到认可，但其仅作为该解决方案部分的提供者。在第二种合作方式中，解答者则希望其他解答者能在平等的基础上加入自己的团队，共同解决技术创新难题。这种方式可能会使解答者获得奖励的机会增加一倍以上，形成团队的参与者将承诺交换有关解决方案的所有信息，并且所有参与者都将被视为解决方案的作者。

共享创新模型除了寻求者与解答者外，还有两个主体要素为共享创新的运行提供重要支撑，即平台方和第三方参与机构。鉴于本书第 8 章会对平台方和第三方参与机构进行详细解释，在此只作简单介绍，不再赘述。

共享创新的共享平台是共享创新理论模型的中心要素之一，所有的共享创新资源交易正是通过共享平台的有效连接才得以实现。共享平台的运营者对于寻求者和解答者的成功匹配具有关键的作用。以 InnoCentive 网站为例，运营者帮助寻求者拆分、定义其需要解决的问题，以使来自各个科学领域的解答者能够对其进行理解和研究。发布创新需求后，运营者会筛选解答者提供的解决方案，以确保它们满足问题要求，然后将满足要求的内容转发给适当的寻求者。共享平台拓宽了参与创新活动的主体范围，推动各类主体实现跨领域、跨时间、跨空间的交流。因此，在共享创新模式中，共享平台发挥着重要的中介作用，是促进创新寻求者、解答者和第三方参与机构之间进行有效对接的"桥梁"和"纽带"。

第三方参与机构主要是指政府监管机构、评估征信机构、金融机构等，主要目的是保障各方参与主体的利益，为共享创新系统建立互动反馈和组织协调机制，为开展创新活动提供服务平台和沟通渠道。共享经济的全开放等特质使陌生人之间的资源共享变得越来越频繁，在此前提下，共享经济模式下的评估机构，能够帮助各个参与者之间相互了解，促进交易完成。从评估对象角度出发，除了传统经济模式下对解答者进行评估外，还会加强对共享平台、寻求者和其他参与方的相关评估。从评估类型角度出发，评估种类包括质量评估、价格评估、风险评估等，评估的种类越全面，越能提供更具体的评估服务，进而各参与者之间能够充分了解对方，提高交易的成功率。此外，为了使共享平台及各参与方能够加深彼此的信赖程度，征信机构中的信用数据库为共享平台供需两端的运行提供审核或参考依据。

5.3 匹 配 模 式

共享创新更多地体现为一种对创新模式的再创新（张玉明等，2013），它形成了由学生、家庭主妇、科技发烧友、学者、科技工作者、各领域专家、企业组织等众多主体自愿参与的创新生态系统，搭建起了技术方案寻求方和解答方高度融合的共享平台。按照创新主体参与的数量，共享创新模式下创新主体主要分为"一对一"模式、"一对多"模式及"多对多"模式三种匹配方式。"一对一"模式是简单的寻求者和解答者"一对一"的匹配模式，技术方案的寻求者寻找单一的解答者进行创新合作，相对而言比较简单，以下本节将主要对"一对多"模式、"多对多"模式进行介绍。

5.3.1 "一对多"匹配模式

传统的"一对一"的匹配模式具有创新成本较高、创新效率低下的缺点。这一模式已难以解决组织剩余资源的有效转移，为了满足各方的需求和提高效率，一个组织可以为多方提供不同的资源，这就是"一对多"匹配模式。海尔的开放式创新平台便是典型的"一对多"匹配模式。

在"世界就是我的研发部"理念引领下，海尔致力于打造创新者聚集交互的生态社区。海尔最初的"需求分析→产品设计→集成测试→整机测试→产品交付"的瀑布式创新模式在创新成本高昂、产品转化率低的同时，还存在创意想法无法实现的问题，即许多领先用户对产品不满意只能自己寻求解决办法，甚至转而使用新的产品；设计师方案无技术支持，与用户需求相脱节；科研人员苦于自己的研究成果没有应用方向，而工程师缺乏灵感、创意。在海尔开放创新平台"一对多"匹配模式下，海尔开放创新平台处于匹配模式的内环，企业在海尔开放创新平台上发表自己的创新需求，处于外环的政府机构、科研机构、各大高校及创业公司都可以注册成为海尔开放创新平台的一员并提供解答方案，平台选取最适合的方案进行匹配，这样海尔开放创新平台就完成了海尔公司与外部方案提供者"一对多"的匹配，见图 5-3。

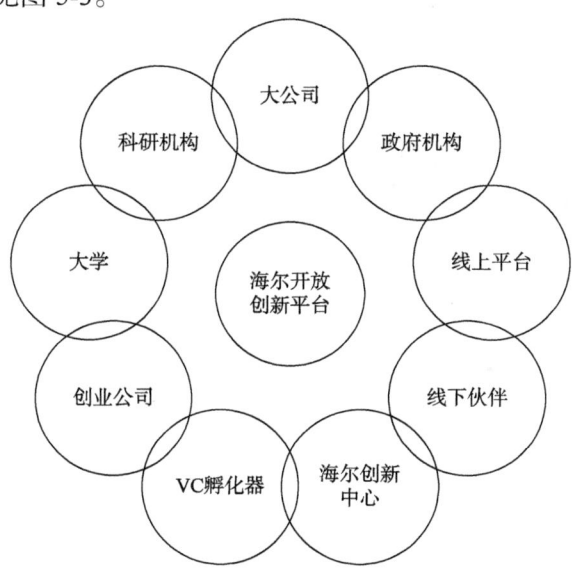

图 5-3　海尔创新的"一对多"匹配模式

VC 即 venture capital，风险投资

目前，海尔平台已并联全球上百万个资源，获得源源不断的造血基因，打造"共创共赢共享"的创新生态，助推科技成果落地及产业升级。以海尔 2013 年末推出的天樽空调为例，产品问世后，用户提出可否实现摆风功能的需求。但能够实现摆风的技术资源非常难找，为了满足用户需求，公司在海尔开放创新平台上发布这一技术需求方案，顺利对接包括 Dyntech、中国科学院等在内的国内外研发机构，逾 67 万用户提出见解，最终顺利解决这一技术需求。企业一般存在资源同质性的问题，单纯的内部研发或者是"一对一"的匹配合作模式也难以解决技术需求，"一对多"的匹配模式拓宽了合作主体的范围，使得企业可以接触到更广泛、更有效的外部资源，技术方案等资源从私有到公用，从约束到海量，助力企业创新成果落地和产业升级。

在"一对多"的匹配模式下，企业内部的创新活动较传统创新模式有如下变化（图 5-4）：企业边界不再完全封闭，而是允许外部资源渗透。针对单一企业而言，"一对多"的匹配模式已经避免因企业盲目研发而产生的不必要的创新资金与时间等问题，有效地降低了企业的创新成本，提高了创新成果产出的效率。但是从全社会的角度来看仍然存在限制资源来源、阻断创意资源汇聚、不利于组织创新效率提升的缺点。而且研究和开发阶段相分离，不利于创意资源成果转化的局面也一直存在。

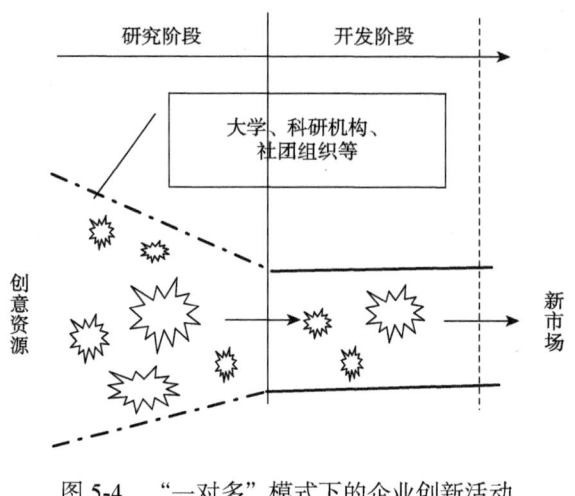

图 5-4　"一对多"模式下的企业创新活动

5.3.2　"多对多"匹配模式

共享创新所要实现的是风险更小、成本更低、效率更高的创新景象，高匹配、高交易、优配置、多主体、共创新的"多对多"匹配模式才是未来共享创新的主流匹配方式。以下将针对共享创新主体匹配的"多对多"模式进行介绍。随着互联网的普及，大众消费习惯发生明显的改变，第三方云平台在此背景下应运而生。多边平台是开启共享创新时代的标志。多边平台整合了更广泛的创新资源供应者和需求者，开启了大众创新的新时代，形成寻求者与解答者自由对接、全员参与、按需匹配的"多对多"匹配模式（图5-5）。

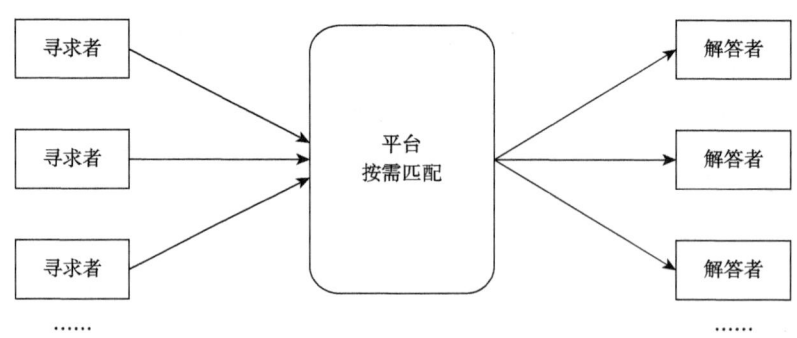

图 5-5　"多对多"匹配模式

共享创新各参与主体之间存在形式多样、灵活多变的交互关系。各参与主体可研究分析其他参与主体的创新课题解决方案提升自身的创新能力与水平，也可因为共享创新整体影响力的增大而间接地获得各种收益，这是各参与主体间的隐性合作。美国创意网站 InnoCentive 即是一个"多对多"模式的创新平台，技术需求者通过现金激励的方式将无法解决的技术或创意难题发布到该平台，利用全球范围内的群体智慧解决问题（图 5-6）。无论来自哪个国家，只要到该网站注册就相当于加入了这个全球科学家社团，以难题解决者的身份来接受挑战。这种方式聚集了没有边界的所有创新参与者的创新力量，最大限度地解决了创新资源不足的难题，同时给予一些苦寻无果的技术工作者以方案解决的可能性。

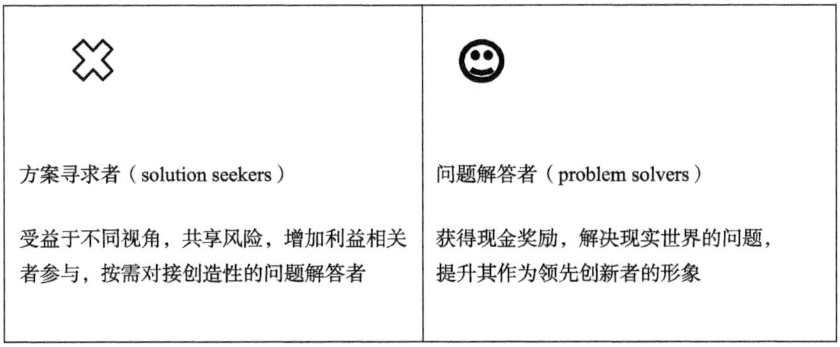

方案寻求者（solution seekers）

受益于不同视角，共享风险，增加利益相关者参与，按需对接创造性的问题解答者

问题解答者（problem solvers）

获得现金奖励，解决现实世界的问题，提升其作为领先创新者的形象

图 5-6 方案寻求者与问题解答者

这种"多对多"匹配模式是共享创新区别于传统创新模式的重要特点，具有传统创新模式所不具有的创新优势。传统创新模式中，创新主体匹配的模式主要是"一对一"，即一个技术方案解答者对应一个技术方案寻求者。但在共享创新中，不仅包含"一对一"，更有"一对多""多对多"等匹配模式，这些模式既可单独存在，又可相互包容，形成多元并存的交易模式。在多元匹配模式下，解答者和寻求者都能得到充足的信息，在掌握这些信息之后进行综合分析，选择合适的创新主体进行匹配并顺利完成创新活动。因此，该匹配模式大幅提升了匹配的可能性，提高了寻求到可行技术方案的概率。也就是说，这种多元化的匹配模式降低了创新方案的搜寻成本，从而促进创新活动的产生。与此同时，这一匹配模式成为促进"大众创业、万众创新"的必要条件，成为共享创新不可或缺的基础。

首先，多元化匹配方式提高供求匹配的及时性。"多对多"匹配模式形成了创新主体寻求者和解答者之间的技术匹配效应。一方面，任何组织或者个人只要有一定的知识、技能等技术创新资源都可以成为解答端主体；另一方面，只要有创新需求的主体，不管是企业、社会团体，还是农民、家庭主妇、退休者等都会成为寻求端主体，都会获得所需的技术创新资源。这会极大地拓展创新活动的规模，进而形成在共享创新平台上的"一对多""多对多"交易模式,借助于网络化交易形成供求双方的即时匹配效应。

在共享创新模式中,提升匹配效率是该模式的一个重要目标,而关键方法之一就是增强供求匹配过程的即时性。在共享创新模式中,参与交易的创新主体之间的匹配过程呈现出显著的即时性。共享创新的供求即时匹配指的是借助共享创新平台的撮合作用,寻求端和解答端的主体在线上分别发布投资或者融资等需求之后即能在短时间内迅速得到满足的快速匹配过程。共享创新匹配过程的即时性主要表现为解答端的多样性大大缩短了匹配过程中的搜寻时间。"多对多"模式建立了创新主体间的互动联系,形成创新网络。

关于匹配模式的划分,按照匹配对象之间的匹配方式可分为"一对一""一对多""多对多"三种匹配模式。在前两种匹配模式中,留给创新主体的选择空间都相对较小,规模和效率受到一定的局限。然而在共享创新模式中,绝大多数共享创新平台所采用的均为"多对多"的匹配模式,平台上同时存在众多的创新资源寻求者与解答者,双方之间可以任意建立对应关系,这样的匹配模式大大增加了创新主体的选择余地,创新参与者可在众多可供选择的方案中挑选一个最适合自己的方案,实现匹配进而完成创新活动。进而,通过共享创新平台,人们在与他人分享自己的资源的同时,直接建立了供需双方的互动联系,而一个寻求者可以同时面对多个解答者,一个解答者可以同时分享资源给多个寻求者,这种"多对多"的瞬时性匹配模式建立了一个巨大的创新网络,使创新活动具有更为广泛与更为灵活的匹配方向,也使得创新主体之间的匹配更具有效率。综上,该匹配模式大幅优化了共享创新中交易过程的时效性,从而达到供求即时匹配的目标。

其次,多元化匹配模式激活闲置创新技术资源,防止资源错配。共享创新的"一对多"和"多对多"的匹配模式可以更好地挖掘创新资源价值,进而促进解答者的进一步增加。对于技术寻求者而言,企业内部的创新资源具有有限性和同质性,单纯依靠其自身难以满足其多样性的创新需求,寻求者受制于自身能力、资源不足,不利于创新活动的有效进行;与此同时,在市场上存在着大量有想法、资源的人员,苦于没有好的创新项目及资金支持,以至于造成资源闲置、创意搁浅的局面。传统的"一对一"的匹配模式是造成这种"左手闲置、右手短缺"现象的根源。一方面,传统的匹配模式匹配速度和匹配效率低下;另一方面,要达到寻求者和解答者之间充分契合具有一定的困难,成功率不高,由此产生创新资源错配的现象。创新资源错配会导致创新资源和创新效率之间的不协调,创新效率高的组织得不到创新所需资源,无法使创新资源实现最优价值,最终导致企业创新活动和整体发展的无效率,抑制企业、经济发展。"多对多"的匹配模式通过创新平台推动寻求者、解答者自由匹配,使创新资源按照市场需求自由流动,优化资源配置效率,有效避免资源错配,提升创新效率,推动企业创新活动有序进行。共享创新避免资源错配就是指将过度集中到大型企业的创新资源分散开来，使学生、退休专家、家庭主妇、科技发烧友等能够找到适合自己的技术来源。传统创新强调收益和风险相匹配，因此无法解决创新资源的错配问题。但共享创新由于有众多的不同风险偏好的客户群体，且共享创新的单笔投资可以做到小而分散，因此，该模式下资源错配的问题就会得到有效化解。

除此之外，共享创新配置资源功能的发挥，主要取决于共享创新市场效率的高低。所谓超效率市场是指在共享创新中，不同于传统创新市场的一个技术寻求者对应一个技术解答者的"一对一"交易，众多技术解答者与众多技术寻求者之间可以用多种匹配模式进行匹配，其中也包括传统的"一对一"匹配模式，但更多的是"一对多"的匹配模式和"多对多"的匹配模式，尤其是后两种匹配模式，可以通过比传统创新市场更快的匹配速度和更低的匹配成本为匹配者完成匹配，它集中体现了共享创新市场高效的资源整合能力和资源配置能力。共享创新的动态匹配功能可以在短时间内满足供需双方的需求，使创新资源高效地传递到真正需要的地方，从而有利于创造更高的价值。共享创新打破了地域的限制，传统创新机构由于偏远地区不设营业网点，失去一大部分的客户群体，而在共享创新体系中，这些客户可以低成本甚至零边际成本地被纳入共享创新的参与中，真正公平、公正地实现资源的共享。互联网及移动互联网终端为共享创新实现市场匹配、形成超效率市场提供了平台支持，计算机的高频处理计算能力和大数据则为共享创新的超效率匹配提供了技术支持。

5.4 共享创新理论模型

为从理论上揭示共享创新的运行机理与内在关系，更好地指导共享创新活动的平稳运行，降低创新成本，本节以理论为纽带联结共享创新各主体，从理论上揭示共享创新的运行机理与内在关系，力图为共享创新的发展与应用提供新思路和新方法并对其应用进行初步探讨。下面将从模型构建的理论基础、模型构建和模型应用三个方面分别进行阐述。

5.4.1 理论基础

共享创新活动的有序进行是多种理论共同支撑作用的结果，这些理论共同构成共享创新的理论基础。其中，协同消费孵化共享理念，认知盈余实现资源共享；权变重用形成资源可复制性；零边际成本降低资源共享成本，推动创新成果再创新；非人格化交易扩大资源供给规模，促进万众参与；多边平台保障共享创新平稳高效运行。这些理论成为共享创新得以成功运行不可或缺的理论保障。

协同消费重新定义人与人、人与物之间的关系，变革创新资源匹配方式，由传统的"一对一""一对多"的创新资源匹配模式转变为共享创新参与主体的"多对多"的匹配模式，完成了人才、技术、信息、知识等创新资源的快速整合、精准调配和充分利用，通过分享资源使用权，提高创新资源的利用率，优化创新资源的配置，使其最大限度地发挥效用，以满足日益增长的多样化、理性化、个性化需求，实现"稀缺中的富足"。

认知盈余促进群体智慧共享，富足创新资源，提升社会福祉。认知盈余理念促使人们将自己的闲置时间、智力资源拿出来进行分享，在实现自我需求的同时，使得创新资源更加富足，在实现共享创新的同时产生更大的社会效益。分享的过程实际上也是学习的过程。这种全开放、全要素、全时空、全方位、全过程、全嵌入、全参与、全共享的共享活动过程是显性知识与隐性知识不断扩散的过程，也是不同知识相互交融、促进知识创造的过程。因此，相较于传统创新模式下的封闭环境而言，这种参与主体之间的相互分享更容易碰撞出创新的火花，激发出新的创新潜能。

权变重用理论使得共享创新资源具有可复制性、迅速扩散性的特点，从而使创新成本降低甚至为零，使人们可以低价或免费获取创新资源。从资源的消费观念来看，传统模式下企业倾向拥有资源的所有权并以此来形成自己的竞争优势。权变重用理论改变了人们对待资源的态度，"用重于有"的观念引导人们不再囿于资源的所有权、将资源分享出去。从资源的使用方式来看，共享经济更多地注重资源的使用权而非所有权，短租、分时租赁等形式取代了传统的购买方式，使资源具有可复制性、迅速扩散性，缓解了资源约束并有效降低资源成本。权变理论使得全方位、全时空、全领域的海量资源得以汇聚于共享平台之上，不受空间、时间、范围的限制，从网络中获取资源或向共享创新平台贡献力量，便利了信息、知识、智力、思维、技术等的扩散，突破了创新资源的约束。

多边平台打破平台界限，实现各类创新资源共享。首先，共享创新平台具有正外部性，其产生的价值会随着参与主体的增加而增加，而多边平台降低了参与门槛，充分实现了全员参与；其次，共享创新平台具有多归属性，平台能给消费者带来效用最大的多种选择。在共享创新模式下，各创新主体聚集在创新平台之上，实现无障碍沟通和无边界匹配，形成全员参与的创新模式。通过人才、技术、知识、信息等创新资源"多对多"地匹配，降低创新成本，提高创新效率。"海纳百川"的开放型、包容性、多元化的共享创新平台，使得共享创新更加符合创新的时代潮流。

5.4.2 模型构建

基于上述分析，结合共享创新的参与主体及概念特征，构建起以权变重用理论、认知盈余理论、协同消费理论、零边际成本理论、零工经济、非人格化交易理论和多边平台理论为基础的共享创新理论模型（图5-7），对经济现象进行客观的描述与解释，概括其本质及运行规律。

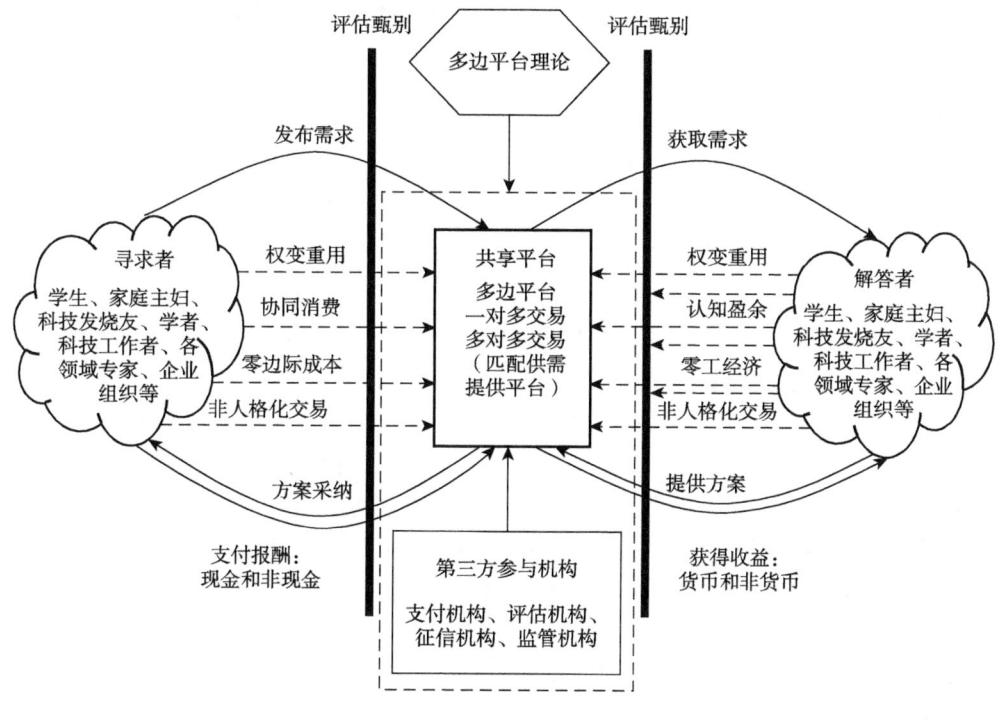

图 5-7 共享创新理论模型

共享创新理论模型中，位于右侧的是共享创新解答者。其中，解答者不再局限于传统创新的企业组织，还可能是学生、家庭主妇、科技发烧友、学者、科技工作者、各领域专家等，他们手中拥有大量零散的技术方案等创新资源。传统创新模式下，创新方案的需求者往往通过雇佣技术人才解决技术难题，这种方式成本高而且解决效率低下。并且，拥有现成相匹配创新技术的其他组织或者个人被排除在创新体系外，也就是说他们的创新技术处于闲置的状态，没有起到产生社会价值与效益的作用。权变重用理论和认知盈余理论促使他们将自己的知识、技术方案等创新资源共享出去；零工经济使得单个个体或者组织可以加入到多个创新活动当中去，提高了创新活动的效率。非人格化交易理论则拓宽了技术方案解答者的范围，形成全参与、全共享的创新模式。海尔的创新合伙人模式就拥有灵活便捷、门槛低的特点，人人都可以通过注册成为其中一员，进而将自己拥有的知识和技术方案等落实到实践活动中去，实现技术和知识的增值。

理论模型左侧则是共享创新方案的寻求者。值得注意的是，拥有创新方案需求的主体绝不仅仅是大规模的企业，同创新方案的解答者具有高包容性一样，创新活动不再是高科技技术公司的专利，学生、家庭主妇、科技发烧友、学者、科技工作者、各领域专家等同样会有自己的创新需求，如大学生创业团队在创新过程中可能遭遇瓶颈，科技爱好者可能会出于自己的个人兴趣寻求志同道合的伙伴，甚至家庭主妇都可能会有创新活动的需求。但是在传统创新模式下，这种创新需求往往难以满足，容易受到各种创新资源不足的阻碍和技术方案短缺的桎梏。共享创新模式则关注到这些创新市场当中的"弱势群体"，权变重用理论为他们提供了一种新的创新思路，用他人提供的技术方案低成本地满足自己的创新需求；而协同消费则提高了资源的配置效率，进而在更高程度上降低了寻求者的创新成本。此外，在共享创新模式下，主体边界被模糊化，每个组织或个人既可以是创新方案的寻求者，也可以成为创新方案的解答者。

除了共享创新的参与者之外，共享创新平台也是共享创新活动不可缺少的一个要素，是创新活动得以高效运行的保障。共享创新平台是创新活动交易规则的制定者，可以解决创新主体的信任问题，保障创新资源按照市场规则充分、自由流动，充分实现创新资源的价值延伸。另外，作为面向整个社会的创新服务平台，共享创新并不仅仅局限在大型创新科技公司，共享创新模式下低成本的优势使得只要是有创新资源需求和解答意愿的组织或个人就可以进行创新资源共享及创新技术方案的求解。基于此，各个创新主体既可以是寻求者又可以是解答者，当存在创新活动需求时可以在创新平台上征集意见并给予相应的酬劳，在满足自身创新需求的同时可以通过分享自己的技术方案及知识技能解决其他创新寻求者的创新需求。

5.4.3 模型应用

共享创新理论模型的构建，理顺了共享创新发展思路，在理论研究和实践发展过程中具有十分重要的借鉴意义。

从理论层面来看，本书所构建的理论模型为接下来共享创新的研究提供了理论基础及研究视角。例如，从解答者视角来看，可以从认知盈余理论出发，研究共享创新中解答者共享意愿的产生；从寻求者视角来看，可以探索共享创新模式下创新活动成功的运行机制；从整个平台来看，可以从多边平台理论出发，研究共享创新平台运行机制等。

从实践层面来看，本书所构建的理论模型对指导共享创新的真正实现具有重大意义。首先，传统创新模式具有效率低、成本高等缺点，零边际成本理论指出创新活动的规模效应，这也是共享创新存在的理由。其次，该模型通过认知盈余理论和协同消费理论确定了创新主体成为解答者与寻求者的理论依据。最后，非人格化交易理论和多边平台理论降低了共享创新的参与门槛，即只要有创新能力和共享意愿，就能参与共享创新并从中得到平等的评价和资源配给，这从根本上保证了共享创新的覆盖面，使得创新活动真正能够满足大多数人的创新需要。具体来看，主要形成了共享群体智慧、共享创新创业、共享技术与方案等应用模式（张玉明等，2017）。

共享群体智慧模式就是通过在线社交网络与众包平台，实现对群体智慧、科研资源的聚合价值，主要涉及多学科学术研究与共享平台、开放式众包科研平台、针对某学科领域的专业社交网络、科学实验外包服务平台四种类型。InnoCentive就是共享群体智慧模式早期的应用，其通过平台集合创意，群策群力为方案寻求者增加利益相关者参与，按需对接创造性的问题解答者获得解答。共享创新创业模式是一种整合科技、创新、专业服务等一揽子创业资源的新型发展模式，其将不同领域的创业者聚集起来，在创新平台上共享创新创意，推动再创新。优客工场不仅是联合办公的空间运营商，更是创新创业资源的超级接口，通过搜寻入驻创业团队存在的问题并征集专业人员进行解答，促进创业升级，极大地节约创业者的信息不对称成本和时间。共享技术与方案模式的核心即是依托"互联网+"共享平台，以技术和方案为战略要素，集合整个创新平台的资源，推动技术方案落地生根。

第 6 章　共享创新的特征

共享创新是互联网技术与创新活动融合的产物,是共享经济下利用海量资源、集中群体智慧进行创新的模式,具有全方位、全时空、资源海量、多主体参与、分布式协作、节俭式创新（frugal innovation）和按需服务等诸多特征,可以优化资源配置效率、降低创新成本、提高创新效率。近年来,正是基于这些特征功能的发挥,共享创新活动的范围和规模迅速扩大。正如海尔开放创新平台所展现的不同于传统创新活动的便捷、高效等独特功能一样,共享创新正在被越来越多的创新主体所应用。共享创新的特征主要表现在如下方面。

6.1　海量资源

资源是创新的基础,高效率的创新有赖于充分、多样化的创新资源的积累和支撑。共享创新是一种低成本、高效率利用资源的创新模式,市场上的资源可以灵活、动态地接入创新项目,为项目开发者、各类创新者、创新资源供给者、用户等提供了大量的便利条件。基于开放的互联网平台,全球范围内的海量资源能够利用市场的手段流向效率最大化的企业与项目,企业在技术创新的过程中也得以全方位地利用大众智慧,从而实现创新资源共享的共享创新模式。

6.1.1　传统创新的资源不足瓶颈

封闭式创新观念认为,技术创新必须由企业单独进行,以保证技术的保密性与独创性,进而在技术上形成领先优势。在这种创新模式下,内部研发是企业的战略性资产,这种传统的封闭式创新模式的特点在于流程式的线性推进,是属于信息相对欠发达时期的创新模式。

然而,由于人才流动、风险资本的发展、市场需求的快速变化及技术更新的加快，创新活动的难度和复杂度逐渐提升，创新活动逐渐表现出多学科融合、要素需求多样的特征，这迫使企业加快新产品开发及商业化的速度，否则过长的开发周期意味着更大的市场风险，研究人员可能会利用风险资本创业，自行开发他们的研究成果，这样，企业内部的知识和技术就流失到了企业外部。因此，一般来说，在知识经济条件下，以往传统的封闭式创新范式将会受到很多的局限，影响创新的效率。

6.1.2 共享创新的海量资源内涵

任何创新活动都离不开各类创新资源的支撑，否则创新就会成为无本之水，难以持续。美国哈佛大学教授 Schumpeter（1912）从经济学的角度提出了创新理论：创新是指把一种全新的关于"生产要素的新组合"引入生产系统。熊彼特特别强调了技术创新中的经济要素有效组合，即人才、信息、物质资本等经济要素的有机配合。因此，创新资源的极大丰富是创造更多要素组合的基础。共享创新中所体现出的海量资源的内涵可以从以下几个方面进行理解。

1. 海量的创新资源

共享创新平台以其多样化供需双方聚集、低门槛参与、高效率的资源配置汇集各种各样的、海量的创新资源。其创新过程的开放性能够整合分散于组织内、外部的异质性知识，通过组织内、外部的知识交流，从而形成知识互补，推动组织内和组织间的知识创造。除此之外，企业技术创新离不开人的参与，共享创新能够将创新思想与知识技能的提供群体从企业内部研发人员扩展至企业的外部竞争者、用户群体、技术专家甚至是利益无关群体等。

在共享创新模式下，主导创新过程的人也不仅限于企业内部的研发人员，通过互联网、物联网和人工智能技术，企业能够招揽全球范围内的优秀人才为自己所用。整个创新活动的执行者亦不再局限于企业内部人员，通过对全球范围的海量实施团队进行匹配搜索，企业能够聘请全球最适合的人才和团队来进行项目落地实施。如图 6-1 所示，共享创新将包括信息、人力、仓储、技术等在内的海量创新资源进行聚集与整合，最终形成了共享创新体系。

2. 共享创新的网络社区化和规模化

网络社区化不仅降低了创新参与的门槛，还有助于更多人员参与并产生创新构想，能够包揽任何地区、年龄、职业的人来参与到创新过程中，这无疑是对共享创新资源库的极大拓展。例如，在技术资源方面，共享创新的网络社区化和规模化，可以较高程度地弥补创新过程中企业内部的技术资源约束。常用的创新资

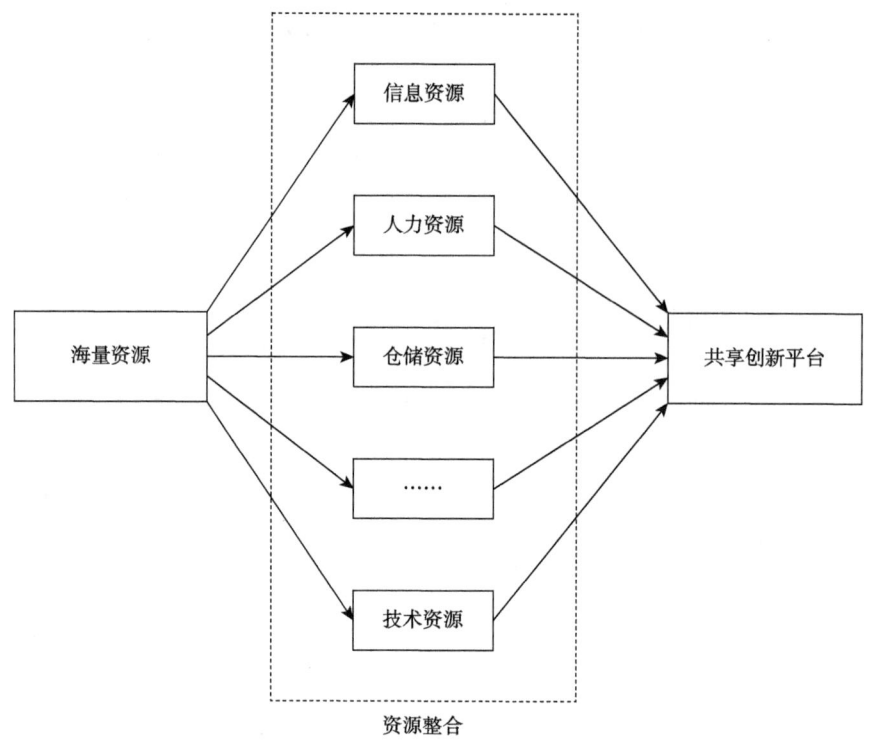

图 6-1 共享创新海量资源整合体系

源包括企业内部专利与非专利技术及产业内的共性技术。通常所称的研发管理本质上就是通过流程设计、团队建设、绩效管理等手段进行技术资源协调利用的活动。然而我国中小企业的技术创新瓶颈在于组织内部的技术资源总量偏少、品质偏低,无法满足技术创新的基本需求,资金与物质资源短缺也是不可忽视的因素,种种因素导致创新活动难以有效展开。这一问题将随着创新社群的网络化、社区化发展逐渐得到解决。在共享创新平台中,企业既能够从技术开源中获益,以低成本获取所需的技术资源;也能够激活闲置资源、放大特值资源,并从中获利。因此,共享创新平台中的社区网络加快了技术资源的流动,有利于克服传统创新的技术障碍并能够有效提高创新效率。

3. 创新资源的快速流动

借助物联网、云计算、大数据技术,行业之间的界限不再分明,一切创新资源(包括技术、人才、资金、信息、数据、设备等)可实现在组织之间的快速流动和共享。充足的物质资源是创新过程顺利实施的基本保证,也是将创意转化为创新成果所必需的基本条件(张震宇和陈劲,2008)。在共享创新平台中,内部创新资源不足的企业可以从创新网络社区中获得更多的帮助和支持。通过共享资金、信息、数据、设备和人才技术，企业可以低成本高效率地完成创新活动的关键环节。因此，企业需要充分利用组织外部的创新资源，并通过授权和颁发许可证的方式向组织外部共享自己的研发成果，以充分利用创新成果的潜在价值。

6.1.3 共享创新的海量资源表现

不同于封闭式创新，共享创新是一个非线性的过程，它的海量资源表现在全员创新、全时空创新和全地域创新等多维度的持续创新。这种人人都是创新者、每天 24 小时、每周 7 天不间断的全球化创新模式为企业的技术创新提供了源源不断的外部资源，形成了全方位的持续创新格局。伴随着互联网的迅速发展，企业能够以开放的姿态汲取万众共享创新所需的物质流、技术流、信息流和人才流。不仅如此，互联网能够自发地聚集具有相同兴趣爱好的人群，以及从事相关研发领域的技术专家，通过即时高效的交流沟通和研究讨论，为各类创新主体产出更多的创新资源，形成开源的网络共享社区。例如，宝洁公司就设置了"外部创新主管"职位及"技术型企业家"计划，就是为了让全球的优秀人才为自己所用。分布在世界各地的"创新侦查员"每天的工作就是借助各类检索平台和数据库查看科学文献和技术手册，在全球范围内搜索公司需要的技术专家和专业学者（朱朝庆，2017）。

基于共享理念的创新生态系统的优势在于将零碎的、细小的创新需求和创新资源供给形成有效的对接，通过海量资源的收集与整合提高运行效率和降低运行成本，从而辐射更广泛的供需群体，迸发出更多高质量的创新创意。云计算、深度学习、人工智能等技术支持使决策管理层能够快速高效地洞察创新需求规律，及时调动资源进行供需匹配；同时，大数据、云计算技术利用海量数据资源、多样的数据类型、动态的评价指标能够显著减少信息不对称以提高创新资源的信用与质量。

6.2 多主体性

创新主体是创新实践活动的承担者。随着创新复杂程度的增加，单一主体的创新组织已难以满足复杂化的创新要求，以企业为主体，引入开发者、用户、其他利益相关方等多主体合作资源的创新模式成为创新的新范式，极大地降低了创新主体的参与门槛，表现出了显著的多主体参与特征。通常情况下的创新主体分为个人主体、企业主体和国家主体,然而从另一个角度来看,不同的创新主体具备不同的创新资源与创新资质,共享创新的多主体参与能够充分利用不同主体的独特优势,通过与外部主体的合作实现资源共享,合作共赢,能够极大地提高创新效率与创新质量。

6.2.1 创新活动需要多主体参与

传统的创新共同体包括科技共同体、区域共同体、政治共同体等,均是遵从于特定契约的共同利益组织。在传统创新模式下,企业的创新边界非常明确,这导致组织内部的创新资源与外部的创新资源的价值得不到充分体现,企业为了防止新技术为外部主体所获取,将大部分创新任务交给组织内部的研发人员,只关注主体内部的创新能力,而选择性地忽视了外部资源的作用。在信息时代,这种传统创新模式的弊端主要表现在以下方面。

1. 创新资源有限

企业的创新需要技术、资金及其他资源的支持,当创新所需的资源不足,技术方面存在瓶颈时,创新活动的有效性就难以保证。根据彭罗斯(2007)建立的分析框架,企业作为管理框架下的资源集合,其内部资源决定了企业的竞争优势,而企业的内在因素决定了企业成长。但当企业进行组织内部创新时,其自有的技术、资金、人才、知识、物质资源等都是有限的,尤其是知识技术等无形资产更是需要长期的研发投入,承担较大的研发风险才能获取。企业内部的体制约束使得组织内部资源难以得到市场化的高效利用,资源的配置效率相对较低,这会导致部分创新资源的闲置,从而降低创新效率。

2. 创新投入风险高

传统的创新模式往往是以技术发展为导向、以科研人员为主体、以企业自主组建的实验室为载体的,传统创新模式需建立专门的实验室或研发团队来保障技术研发活动的开展,初期投入和后续研发费用巨大;另外,参与创新的内部人员需要保证高度的机密性。因此,在专门人才上也花费了更多的成本。然而,一个复杂的项目开发周期往往需要数年,甚至数十年的时间,在技术更新换代速度越来越快的时代,降低创新成本和创新风险,提高创新效率的迫切性不断增强。

3. 创新互动性差

创新的目的是满足用户需求,如果丢失了这一点,即便研发出来的技术很高超,也毫无意义。这样的创新只能生于实验室死于实验室,根本无法转化成实际可用的生产力。对于与市场需求规模相关性较强的创新项目，需要将用户纳入创新主体中。创新活动是一项需要多方参与的复杂系统工程，在创新活动中需要不断参考市场与技术动向，在多方参与主体之间协调沟通。传统的创新模式往往缺乏必要的主体间互动，表现在两个方面。一方面是创新组织内部信息沟通不充分，创新技术的核心思想和技术集中掌握在团队中一个或几个人手中，其他创新参与者对创新活动的了解不够充分。另一方面是创新组织内外缺乏沟通，企业往往为了保护核心技术资产，在创新活动的初期忽视用户与市场对项目的评估与交流，使得创新项目缺乏市场灵敏度，影响了企业的创新效率，如果与用户和市场脱节时间过长，将严重影响创新产品的市场价值。

6.2.2 共享创新的多主体构成

共享创新系统是一种多主体参与的庞大系统，包含大量要素，且要素之间存在多种多样的相互作用和相互影响的关系。如图 6-2 所示，在共享创新模式中涵盖了四类不同性质的主体：求解者、解答者、平台方与第三方参与机构。

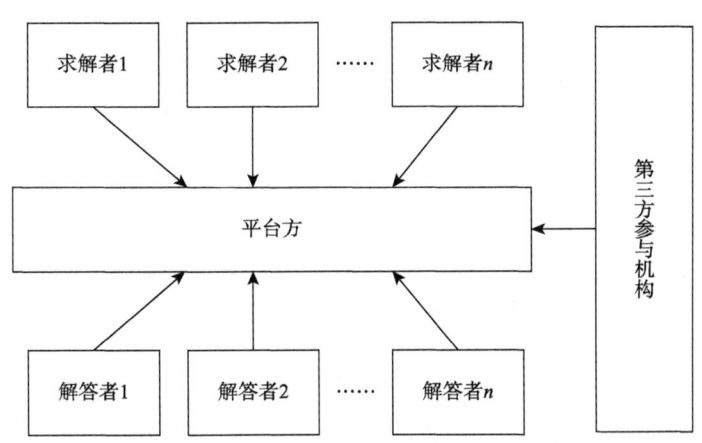

图 6-2　共享创新多主体构成

共享创新各主体之间存在多种形式的合作关系，分别在创新活动中发挥不同的作用。①求解者。创新的实施必须要有发起者，其可以是企业、组织也可以是个人。作为发起者的主体，首先要发布明确的议题，该议题可能是解决企业自身的技术难题，也可能是需求产品创新的创意征集，在整个创新系统中，求解者居于核心地位。②解答者。其可以是个人、组织或企业，随着论坛、微信群、社群等非正式小组逐渐增多，更多的人因兴趣或对未来的认识一致性自发地组织起来，产生了大量有创新性的创意，这种个人组织或企业会针对求解者发布的项目需求提供自己的创意，从而为共享创新的成功实施注入大量的创意、思想和方案。③平台方。平台方是共享创新平台的管理者和协调者，其收集、整理、挖掘来自求解者的海量信息，平台方不仅要负责信息的展示与对接，更重要的是在创新过程中发挥引导和激励的作用，使得其他参与者能够有足够的激励，并使信息在各参与方之间得到共享，进而促进创新活动顺利进行。④第三方参与机构。政府、金融机构、民间团体及监管机构等都可以构成第三方参与机构。第三方参与主体主要为推动共享创新发展创造一些基本条件，如为共享创新平台建设提供税收优惠、财政补贴，在共享创新系统中起到宏观调控与监管作用等，从而对共享创新的实质开展提供重要的保障。

6.2.3 共享创新的多主体表现

与传统创新模式不同，共享创新是一种全球范围内的创新活动，它超越了组织边界，以高效的网络平台为基础，集合全球范围内的创新力量和群体智慧，为新产品或新服务提供创意来源，以达到提升创新表现和创新绩效的创新生态系统。因此，共享创新是一种多主体参与的、集合众人智慧的群体创新活动，其与传统创新模式有着本质差别。

1. 主体特点不同

与传统创新主体相比，共享创新主体最主要的特点表现在：①创新驱动的多元化导致了参与主体的全民化。在创新门槛降低和创新驱动得到多方面满足的条件下，共享创新比传统创新吸纳了更多元的社会群体、更异质化的思维结构和更丰富的创新途径。②共享创新共同体组织性不强，是一个较为松散的联合体。共享创新共同体并非一个完全有形的共同体，其由于特定任务而组建和存在，是"网聚"的无形组织。组织中的每一个个体角色都是非固定的，每个人都可以根据自己的需求动态地调整自己的任务和工作量。③共享创新共同体不一定是有着共同利益的共同体，在共同体内部各参与主体之间还会存在竞争。

2. 协作方式的差别

在协作方式上，多主体创新使共享创新与传统模式创新及一般的开放式创新存在着较大差异。在组织内部创新及一般的开放式创新模式下，由于创新资源的共享程度不同，资源共享受到企业内部管理制度等的约束，资源的利用效率较低，存在资源闲置浪费的情况。但在共享创新模式下，由于平台方承担了创新利益分配与创新资源配置管理的职责，且解答者的参与动机越来越多元化，许多人出于满足兴趣、学习、声誉等动机参与资源共享。因此，共享创新模式中参与者之间的资源能够得到高效利用。海尔的创新合伙人项目就创新性地将大学生个体纳入创新环节，其中有人希望通过完成海尔的任务包获得报酬，而有的人则希望通过完成任务包获得实习经历、成就感、实现个人价值等，动态的任务分包和社群创新在创新项目中起到了良好的助推作用。

6.3　分布式协作

由于单一创新主体内部存在企业能力和资源有限的问题，加之有外部技术瓶颈、市场变化加快、项目周期缩短等因素的存在，传统创新实现往往需要跨越企业边界和区域边界。随着全球化的发展，资源遍布各地，企业能否在全球分布的创新资源中高效获取所需知识与技术，满足创新开发需求，很大程度上影响着企业的创新成功率。共享创新的分布式协作以平台方协调管理知识技术资源为基础，在全球范围内搜索、整合创新资源，能够最大限度地利用技术手段吸引众多的主体积极参与到共享创新过程中。

6.3.1　创新活动的分布式协作趋势

20世纪80年代以来，世界进入了经济全球化加速发展的时代。随着知识经济和信息化的迅速发展，市场竞争环境日益激烈，消费者的个性化需求也随之增长，企业要吸引和留住客户，关键在于要更快、更精准地满足客户需求。然而，任何一个企业都不可能只依靠内部信息获取来准确判断市场动向，也难以将整个创新活动的价值链纳入到企业内部。因此，传统创新模式面临着以下多方面的挑战。

1. 经济全球化

伴随着经济全球化的发展，创新活动逐渐表现出复杂性强、多学科融合、要素需求多样、周期长、风险大、市场需求更新快等特征，传统创新已不符合时代要求，尤其是创新活动的复杂性、高难度更需要分布式协作。长期以来，企业为了防止技术资产外泄，往往选择将关键创新部门和实验研究所安排在母国，并在关键创新活动进行的过程中进行严密管控。然而，随着科技全球化成为主流趋势，传统的创新模式在这种环境下逐渐表现出创新要素不足、创新周期长、创新风险大的弊端。

2. 知识的地域特性

创新的实质是知识的创新，新产品的开发是灵活运用创造性思维和已有知识及经验的过程，这一过程不仅需要长期的知识储备，还需要复杂的知识交互。然而传统创新模式下技术经验等知识具有较强的地域分布特性，Leslie 和 Kargon（1996）将硅谷的成功归因于当地的特有因素，认为硅谷以外的地区不可能通过单纯模仿硅谷的创新发展模式来获取成功。所以，在传统创新模式中，知识的丰富度、复杂度已经限制了创新项目的效率和质量。

6.3.2 共享创新的分布式协作内涵

共享创新模式使地理上分布于广阔地域的资源成为一个虚拟的、整合的资源，而且使得主导性企业可以根据需要动态调整，使用者不须顾及资源具体的物理实质和管理细节。分布式创新网络就是由主导企业与组织外部的科研院校、技术团队、技术社区、用户、业内技术人员等组成的全球性创新网络。每一个参与主体都是一个独立的信息源、技术源，各主体之间具有明确的作用关系。

1. 主导性企业协调、领导分散的创新成员

主导性企业是共享创新有效开展的关键，主导性企业担负着创新的组织、运行和控制工作。由于其在创新目标总体定位、创新流程把控管理等方面具有较大优势，主导性企业在共享创新过程中往往处于核心领导地位，需要主导和协调地理上分散的解答者高效完成各自的创新任务。主导性企业在共享创新的分布式协作中主要负责创新需求的收集与分析、项目拆解、任务发布与评估及创新方案的最终筛选等工作，同时进行项目管控，确保解答者准确、高效地完成任务。

2. 主导性企业借用外部智力资本

该方式是指主导性企业在研发时除了充分利用组织内部资源之外，引入外部智力资本进行补充的创新模式，这需要主导企业对外部创新资源进行多角度的并行整合。在创新过程中，不强调自身技术的独创性与先进性，更强调产品对消费者需求的满足，从而形成企业的核心竞争力。例如，苹果公司就是采用云创新的技术创新模式，充分利用内部云和外部云资源，从而更有效率地产生出更多符合消费者需求的创新性产品。

3. 分布式协作网络的知识流循环

分布式协作的实质是以主导性企业为首的各类创新主体，如学生、退休专家、

科技发烧友、学者、各领域专家、企业组织等，共同提出创新需求并实现创新产品或服务的过程。在这个过程中，主导性企业和外部参与主体之间形成了循环的知识流，包括知识流转移、知识流整合与知识流创造等过程。

在分布式协作过程中，主导性企业的作用主要是整合需求信息，确定创新目标，拆解创新任务，并与外部创新主体共享内部知识与技术信息。在此期间，各个参与单位不定期地向主导性企业转移知识。这个知识转移与整合的闭环就是知识的创造过程，主导企业从中获取新的技术知识，解答者也从中获取了更多与项目相关的知识信息，在最终目标实现之前，该闭环一直存在。从模块化的角度看，创新所需的知识系统最终被主导性企业掌握，而解答者则在原有的专业知识基础上进一步了解项目，见图 6-3。

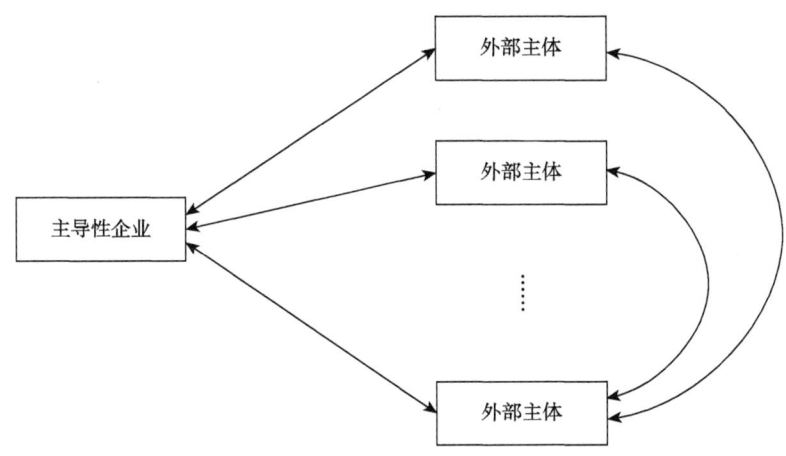

图 6-3　分布式协作网络知识流循环

6.3.3　共享创新的分布式协作模式

从技术互补性特点和整合模式的不同来看，共享创新的分布式协作是将散布在全球的技术力量进行搜集、整合、再创造的过程。Buckley 和 Carter（2004）把技术互补分为附加性技术互补、序列性技术互补和复杂的技术互补等三种类型，这三种类型也概括了共享创新的分布式协作模式。根据 Buckley 和 Carter（2004）的分类，可以把共享创新分为并行式分布式创新、串行式分布式创新及复杂式分布式创新。

1. 并行式分布式创新

当主导性企业内部技术结构较为成熟，或针对创新方向已经有较为理想的初步成果时,外部解答者将作为一个并联模块接入创新项目中,单独对某一功能模块负责,这种分布式创新模式可以在各参与方之间同时进行,因此,具有并行式特点,见图6-4。

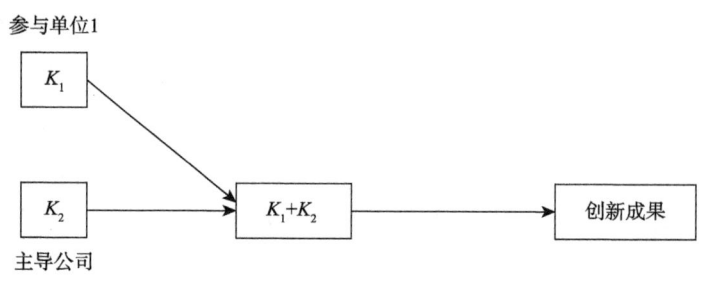

图 6-4 并行式分布式创新

K_i=组织 i 的知识或能力(i=1,2)

2. 串行式分布式创新

当内部创新力量较弱的创新主体发掘了新的项目需求或初步创新成果但又不能继续完成创新任务时,该创新主体会将其创新任务发布到共享创新平台上,按照严格的顺序和标准将后续任务分发给外部解答者,由外部解答者在其研发基础上继续进行创新,因此,具有串行式的特点,如图6-5所示。这种串行式分布式创新在传统创新模式中通常通过收购或合资的形式进行,由创新能力较强的企业担任新的主导企业完成产品的后续开发与商业化等其他阶段。

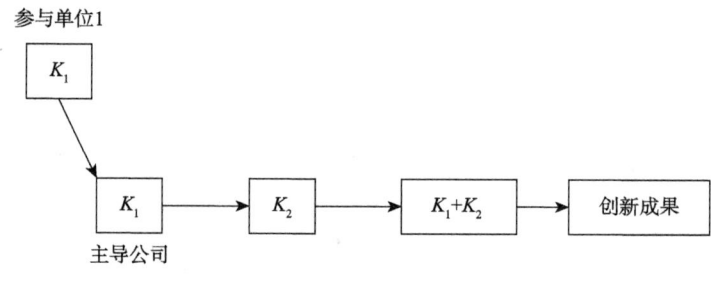

图 6-5 串行式分布式创新

K_i=组织 i 的知识或能力(i=1,2)

3. 复杂式分布式创新

复杂式分布式创新模式如图 6-6 所示,是指兼具串行式和并行式两种分布式创新特点的类型。

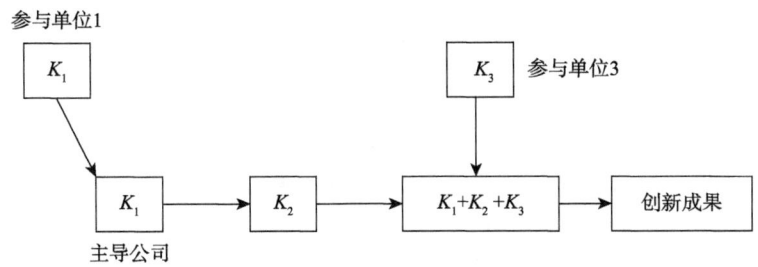

图 6-6　复杂式分布式创新

K_i=组织 i 的知识或能力（$i=1, 2, 3$）

共享创新模式是分布式创新再创新，在知识经济、信息技术革命的背景下，分布式协作尤为重要。其基于大数据、云计算技术扩展了创新的参与主体，提高了传统创新的开放度，从而创造出多种多样的创新协作模式，通过智力积聚提高了企业创新的效率。

6.4　全球网络

在共享经济时代，内部研发仍然是重要的，但并非组织创新能力的首要战略性资产，传统封闭的创新模式逐渐由组织内部拓展到组织内外的各个层面。无论何时何地，全球每一个有创新思想、创新理念、创新技术和创新需求的人都能够参与到自己感兴趣的创新项目中。对于企业而言，其内部研发实力已经远不足以满足日益个性化、复杂化的需求。因此，提高组织的技术创新能力不能仅靠企业自身的研发投入，用户、外部技术专家、竞争对手乃至全世界对创新项目感兴趣的人都是项目的解答者。共享创新的全球化使得共享全球的各类创新资源要素成为可能，更推动了创新活动的全方位、全时空进行。

6.4.1　创新活动的全球网络化

伴随着计算机与通信技术的发展及互联网用户的爆炸式增长，通过互联网平台分享知识与服务的体验已经被多数人接受，创新活动也逐渐突破了时空和地域的限制。基于全球网络的力量，集合全球范围内的智慧、资源，有助于企业突破障碍，设计并生产出更加符合市场需求的创新产品和服务，对提高企业创新能力起到十分重要的作用。

共享创新平台的全球网络并非一个由互联网、物联网简单连接构成的静态系统集合，而是一个开放的、增长的、学习的、透明的、宽容的、汇聚的动态系统。系统内物质流和信息流的交换互通可以动态地降低系统自身的熵值，使系统向整体功能更加强大的方向演进。

全球创新网络的定义可以从两个层面来进行解读：一是创新网络中的参与主体可以是个人、企业、非正式组织，也可以是一个国家、一个地区，通过共享平台在全球范围内利用互联网整合资源，借助外部资源解决创新和发展过程中的障碍；二是创新网络强调围绕工程应用、产品研发活动进行跨组织跨地域的技术和知识整合，通过嵌入各类公共云平台研发社区，提高创新效率，降低创新成本，从而解决企业内部创新过程中遇到的技术难题和制约发展的瓶颈问题。

6.4.2 创新活动的全球网络内涵

根据网络构建主体的差异性，全时空、全方位是共享创新全球网络的主要特征之一，即不受时间、空间限制，全世界任何一个企业和组织都能够参与到任何一个创新活动中。共享创新的全球网络打破了时间和空间上的限制，将全球范围内背景不同的专家、学者、用户群体和科技发烧友聚集在一起，为各层次需求方提供解决方案，有助于企业通过与全球合作者建立联系来获得创意、思想和合作伙伴。例如，比亚迪就通过云平台解决了电动车的电池在遭受严重撞击后的安全性问题。

在平台组织创新网络中，平台公司充当第三方角色，负责构建供需对接与管理平台，解决创新过程中供需双方的信息不对称、信任机制、资源分散等问题。创新需求方通过共享平台发布创新任务，并选择创新解答者，与解答者签订正式的合约及获取解答者提供的解决方案。

共享创新的全球网络平台如图 6-7 所示，作为承载创意、思想的主要载体，其发挥的作用主要包括构建需求者与解答者的对接管理系统、解决信息不对称问题并搭建双方的信任机制。需求者通过共享平台获取解决问题的方案，解答者需要通过共享平台将其创意和知识分享到需要的企业，由此搭建起需求者与解答者之间的桥梁。更重要的是，共享创新的全球网络平台使得企业能够在更加广阔的范围内征集智慧，有更多的机会获取到最佳的问题解决方案。

举例来说，美国礼来公司是一家全球性的医药研发公司，通过不断地探索和引入创新型研发模式，大大缩短了新药研发周期，降低了研发成本与风险。礼来公司所采用的全球创新合作网络通过与来自世界各地的科研机构、科学家、非营利组织和生物科技公司等业内顶尖人才或组织机构合作，充分利用了企业内外部的思想、资源和人才等，形成了内部与外部相结合的庞大医药开发网络，构建起全新的药品开发价值网络。

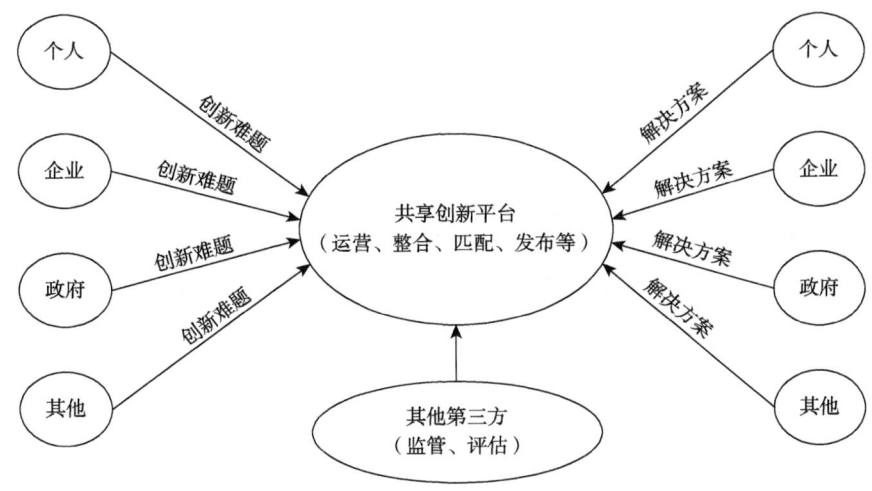

图 6-7 共享创新的全球网络平台

6.4.3 创新活动的全球网络结构

共享创新的全球网络结构表现为在全球范围内进行资源配置，以全球生产分工体系为基础。其参与主体可能来自组织内部，也可能来自组织以外，强调参与主体的大众化，是一种跨时空、跨地域、立体化的创新模式。

需求方在全球范围内通过共享平台召集众多主体参与，集合众人智慧，分享思想、设计、创意等，使这些知识和资源在互动与共享过程中创造新的价值，实现创新资源共享。例如，SUN 公司在成立之初，率先提出了开发标准、互操作性和参与等思想，以及"网络就是计算机"的独特理念，在开放社区的基础上将世界各地的人们联系起来。经过多年后，这些思想在世界各地开花结果，SUN 公司也成为向全球用户提供最具实力的硬件、软件和服务的领先供应商，取得了可观的声誉收益。

全球网络还表现为依托各个体社会网络而形成的全球创新网络结构，其中，个体社会网络包括学者、资深技术人员、学生、资深用户及其社会关系网络。企业通过每个参与主体的社交渠道掌握散布在非正式群体社会网络中的用户信息资源，并通过与内部团队合作来引进创新过程中的关键隐性知识。

进入 21 世纪，许多企业在生产最终产品的过程中，形成了垂直的产业链——将研发、设计、制造等各环节交给全球各地的企业，形成了产业链的模块化和全球生产网络体系。全球创新网络弥补了企业内部创新体系的不足，减少了企业的研发成本，有助于企业缩短研发周期并降低研发失败率。

6.5 节俭式创新

随着全球经济逐渐紧缩及公众对社会资源过度消耗的日益关注，新兴市场中催生出了一种节俭式创新模式。这是一种不同于发达国家市场的创新模式，是一种新的创新形态，强调通过分布式协作和全球网络及海量资源来降低不必要的成本，为中小企业和个人的项目创新提供了平台。

6.5.1 传统创新的高投入

在全球金融危机的冲击下，中国企业要想在信息技术时代抢占经济和技术的战略制高点，就需要转变经济发展方式，独立的知识产权和技术创新就成了制胜的关键。虽然国内部分企业已经开始尝试开放式创新模式，但大多数企业依旧遵循着传统的封闭式创新开发模式，创新的封闭性只会造成各企业重复的研发投入，在造成大量浪费的同时导致企业的恶性竞争，阻碍市场经济的健康发展。

传统创新模式中，组织自主创新活动受自身规律的影响，又加上组织自主创新外部环境具有极大的不确定性，包括社会、经济环境的变动，政策法律法规的修订及技术本身的更新换代等，这些不确定性使组织在对技术选择的判断上困难性加大。如果组织本身技术基础相对比较薄弱，同时缺少技术研发人员，技术研究开发能力不强，常常会使组织在自主创新项目的实施过程中显得力不从心，最后导致组织创新项目失败。或者有的组织获取信息的路径比较闭塞，不能随时根据当前技术的发展前沿和最新动态调整组织技术发展方向而采取了在当前已经落后的技术，致使组织陷入相当被动的局面。此外，如果创新项目具有较长的周期，那么创新成果的效应也面临技术更新速度加快所导致的不确定性，同时其他组织正在开发的技术优于目前企业的技术，很可能导致企业自主创新项目大幅贬值。

6.5.2 共享创新的节俭式创新内涵

随着移动宽带网络的普及和大量移动智能终端的接入，互联网以极快的速度发展，迫使组织开始考虑使用廉价的工业标准PC（personal computer，个人计算机）集群作为其服务支撑平台，并促使了共享创新模式的加快形成。在共享创新理念的驱动下，创新模式正在从传统的"高投入、高成本、低效率"向"低投入、低成本、高效率"转变，共享创新模式及其所提供的社会化服务，颠覆了传统创新的特征，给企业实现节俭式创新发展带来了无限机遇。共享创新降低研发投入的路径有以下几种方式。

1. 降低初期硬件投入

共享创新以云计算理念为基础，借助于无 IT（information technology，信息技术）基础设施的信息化，不再需要在前期投入大量的资金和资源来购买部署计算机硬软件设备、聘用科研人员及建立研发中心，而是只需要从参与主体那里按需获取各种服务、产品和技术的创新。因此，共享创新与传统创新模式普遍的高投入特征截然不同，能够极大地减少组织在创新各阶段的资金、人才、技术等投入，使自主创新有可能摆脱长期以来资金匮乏的约束，强烈地体现出一种相对低投入的特征。

2. 节省研发费用

共享创新模式倡导不受地域、时空限制的大众参与的创新机制，因而组织在构建一个创新平台的过程中往往能够吸引到组织外部大量的参与者，并且实现参与人数的迅速扩张。这些人员和组织的参与，使每个人都有可能成为创新项目中的一员，为组织创新项目贡献自身的价值，从而有效地减少组织在研发人员方面的投入。此外，传统的自主创新模式或以组织内部独立创新为主体，或通过产学研等方式进行合作研发，但创新仍受到区域、资金和创新实力的限制。但共享创新模式是一种彻底突破式的合作创新，其真正让每一个具有创新价值的人都能够加入进来，组织在创意形成、技术开发、成果转化等各个阶段都能够共享创新中的知识创造和技术方案，在缩短了创新周期的同时，也为组织节省了大量的研发资金和成果推广费用。

3. 提高专利转化率

近年来，随着网络信息技术的发展，共享创新模式借助云计算、大数据的快速崛起，寻求到了一条低成本、高效率的渠道。通过构建共享平台，企业能够将产品价值链上下游的利益相关者整合起来，且这种共享创新理念可以适用于各行各业，推动企业的创新发展。企业可以通过共享平台，广泛征集全球的发明专利，并对专利进行二次开发，既能够提高专利的工业生产转化率，又能够为企业节约研发时间和成本。

4. 优化资源配置

共享创新模式通过网络平台和现代通信技术向外部社会征集创新方案，即企业会更加乐于采用外包及众包等方式来实现价值链上的环节，这改变了组织结构形式的基础，使得组织形式更倾向市场形式。承担外包工作的企业或实体与雇主之间可能互不相见甚至在之前互不认识，两者的雇佣关系是基于共享创新的资源自动最优化配置功能而实现的，这使得二者的关系及结合方式将更加灵活和自由。较之传统创新，共享创新的交易成本得到大幅下降。

6.5.3 共享创新的节俭式创新模式

创新的不确定性本身能够引发风险，而这种风险又导致参与主体对市场的预测不足，进一步导致创新活动的高失败率和高资源消耗。共享创新模式作为对传统创新模式的创新，从根本上颠覆了对现有创新观念的认识，使得创新过程未必是高投入与高风险并存，开辟了一条低消耗与低风险兼顾的新型创新之路。

1. 低成本与高效率

从成本-收益的角度看，共享创新的创新成本要明显低于传统的封闭式创新模式，因为其可以借助内部和外部两方面的共享资源作为其成本并开拓出内外两条商业化渠道（王洪生和张玉明，2014）。具体而言，共享创新创造企业收益的方式包括出售技术专利、衍生新公司及授权许可等，并且，由于共享创新合理地利用了外部资源，极大地节省了企业的研发时间，降低了企业的创新成本。因此，共享创新模式更契合当前中国创新型企业快速发展的需求，组织围绕共享创新打造自主可控的产业链，促进企业产出从中国制造向中国创造转变，并依托共享创新模式推进高效率、低成本的自主创新体系建设。

2. 低消耗与低风险

共享创新是绿色的创新模式。较之传统创新模式，共享创新在降低消耗、推动环保方面具有不可替代的优势。不同于工业革命所导致的环境污染，共享创新模式让创新和发展再次回归了持续、美好、高效的"绿色"本质。尤其是在互联网信息技术和庞大资源的支撑下，近年来陆续出现了各种互动式和智能化的学习社区和服务，这就为低投入、低消耗及高效率的共享创新提供了新的舞台。

因此，可以说共享创新根本性地突破了传统创新观中中国将技术创新孤立地看作研发部门事务的局限。共享创新充分考虑到研发、制造与市场营销互动的重要地位，考虑了流程、时空等各方面的因素，有效地避免了单一强调自主技术研发所带来的发展困境，大大降低了创新成本和创新失败的风险性，更好地将技术进步与创造企业价值、实现企业战略意图、获取竞争优势紧密联结，扩展了创新要素与时空范围。

6.6 按需服务

自1875年提出以来，按需分配作为最终的社会服务方式，一直为人们所追求，而在现实的创新活动中，也同样需要按需服务。在传统创新模式下，由于技术、资源等问题，按需服务一直只能以一种理想状态存在着。共享创新模式的出现打破了这种状态。例如，通过"中心调控+按需服务"的运营模式，实现了共享资源的按需服务就是其有效模式之一。

6.6.1 创新活动需要按需服务

随着互联网和信息技术的高速发展，企业创新迎来了改革，创新方式已经由完全封闭式创新转变为开放式创新，创新范围已经由企业内部拓展到更为广泛的外部社会范围。在此背景下，按需服务的创新运营模式应运而生。

按需服务是一种新的商业模式，即企业利用互联网平台或第三方平台，通过社会范围内的大众主体来间接创造企业价值。近年来，国内外企业有很多成功的案例证明了按需服务这种商业模式的价值与意义。比如，菲亚特汽车公司通过按需服务模式，举办了车型设计竞赛，其间共收到17万个设计方案，基于此，该公司成功设计出Fiat 500车型。在国内，猪八戒网[①]是在线按需服务交易平台的典型代表，能够在线为企业、公共机构和个人提供定制化解决方案。该平台目前已经涵盖了创意设计、网站建设、网络营销、文案策划、生活服务等多个行业和领域。

创新的按需服务过程实质上也是需求方、供给方与其他第三方共同创造价值的过程。在这个过程中，不同参与者出于经济、心理等因素的考虑，选择相互合作、共享信息，通过资源整合、知识创新等方式，产出商业价值。由此可见，按需服务也是价值共创的过程。

在共享创新模式下，共享中的按需服务是最为基本的服务方式，共享平台的出现与发展将参与主体之间的供给与需求有效联系起来。与传统创新模式的按需服务不同，共享创新模式由于互联网的广泛运用与独特的使用权转移模式，共享创新中的按需服务更加广泛且高效，形成了自身独特的服务模式。

[①] 猪八戒网是中国的人才共享平台、企业灵活用工平台，网址：www.zhubajie.com。

6.6.2 共享创新的按需服务内涵

共享创新模式下的服务方式与传统创新模式下的理想服务方式都属于按需服务模式，但在具体的服务对象与方式上，共享创新下的按需服务与传统创新下的理想服务存在着巨大的差别。

按需服务是指按照需求方与供给方的具体需求，对生产资料、产品、服务、信息、技术进行有序服务，如场地设备使用、技术人员招募等。在传统创新中，受技术与社会发展水平的限制，按需服务一直没有完全实现，按劳服务的方式一直占据着服务方式的主体地位。

共享创新的按需服务更多地表现在资源、过程、创意与设计层面的按需服务，共享创新自诞生以来众多的成功案例，如 Uber、Airbnb 的经验表明，它们在运营中都通过互联网技术将需求方、供给方、共享平台三方紧密地联系在一起，将网络互联、商品和服务有机地结合起来，建立了"中心调控+按需服务"的机制，即商品所有者对接中心共享平台，通过共享平台的集中调度和分配，对共享创新中的可利用资源在不改变其所有权的前提下对其使用权进行按需服务，这就是共享创新的开创性价值，它对传统意义上的商品所有权注入了新的含义与标签。

具体而言，共享创新模式下按需服务范畴的增加也体现在按需服务的服务范围的大大增加上，互联网的广泛运用与快速发展使得研究过程、创意设计及创新需求等信息得以通过互联网进行瞬时性交流，这使共享创新模式下的按需服务形式更加丰富。因此，共享创新模式的按需服务的范畴是极为广阔的，可以说，在法律允许的范围内，所有事物都可以纳入这个范畴。

6.6.3 共享创新的按需服务方式

在服务方式的选择上，共享创新下的按需服务显得更加灵活与多样化，随着互联网发展的更加便利与大众化及社会观念的更加开放化，以共享平台为核心的共享创新按需服务在处理供需联系、完成服务连接上更加高效，找到契合需求的资源供给更加容易。如在 Uber 模式中，目前全国每天的出行需求能够达到 6000 万次，而出租车只能提供约 3000 万次的出行供给，所以剩余的 3000 万次出行需求就存在着巨大的市场，而大多数私家车在驾驶途中往往只会搭乘一两名乘客，空余的座位就形成了空闲资源，加上人们对顺道搭载陌生人的看法更加开放化，更多的人加入乘车共享，作为共享平台的 Uber 填补这 3000 万次出行需求也越来越容易。除此之外，为了尽可能提高私家车的使用效率，在按需服务上提供更加人性化的保障，Uber利用"浮动定价"的策略来调节汽车的供需平衡。Uber会实时监控不同时间段和不同地域的汽车需求，当需求量增加时，通过适当地提高乘车价格，增加搭车的收益来吸引更多的汽车供给，这样才能保证一辆车在单位时间内的载客数和载客收益实现最大化，并通过弹性的需求变化来降低单位成本。Uber从每日巨额订单中积累了大量司机和用户的信息，并通过大数据分析来总结整理他们的行程路线、行为习惯、乘车时间、乘车需求等。除此之外，还能对整个城市的交通状况进行合理的分析和判断，通过大数据分析，Uber可以提前预测乘客的乘车需求，然后通过调整供给策略来实现供需平衡。按需服务除了在出行方面表现出了高效的灵活性，在快递行业中也是如此（吕本富和周军兰，2016）。

共享创新的本质是对现有资源的有效配置，区别于传统创新创造资源再对新资源进行配置的过程，在共享创新中，按需服务体现的是一种在减少创造新资源的基础上对现有资源充分利用的按照需求配置闲置和低效资源的过程。共享创新的这种按需服务方式，在资源日益匮乏与昂贵的现代社会，不仅降低了原始资源的耗用速率，减少了资源的浪费与失效，也降低了人们的生活成本与企业的运营成本，最大程度上实现可持续与绿色发展。

共享创新的按需服务方式不仅在服务范围上更加全面与广泛、在服务方式上通过互联网更加高效与便捷、在服务结果上更加体现可持续发展与环境友好，还是在根本上对传统创新按需服务方式的一种提高，在实践中更加接近"各尽所能，按需服务"。

第 7 章　共享创新的目标与本质

共享创新是新时代利用移动互联网共享创新资源、进行各类创新活动的过程，具有共享海量创新资源有效化解创新资源约束、多主体参与降低参与门槛、分布式协作进行复杂和颠覆性创新、全球网络可实现全方位全时空创新、节俭式创新可缓解创新的资金约束、按需服务可满足各类创新者的创新需求等一系列特点。平台化运营可以即时高效地配置资源，可以有效克服传统创新模式的高成本、高风险及收益确定的缺陷，进而可以优化创新资源配置、降低创新成本和提升创新效率。

7.1　目标：提高创新效率

创新效率是指创新行为的投入产出比及创新的成功率，高创新效率是任何创新行为所追寻的目标。传统的创新模式主要依靠企业内部资源、自身的实力进行创新活动，但是这种内部资源的数量通常是有限的，且创新具有高风险性、高投入性和收益的不确定性，严重制约了创新活动的效率。例如，技术人才大多对本行业具有显著的"路径依赖"特性，且大都具有"同质性"，很难完成新时代对跨界创新所需要的各专业人才的需求。新时代技术创新更为复杂，尤其是颠覆性创新和高难度创新更是需要多样化的创意、技术、信息、数据等新创新要素及资金的支撑，但是仅仅依靠企业内部技术和资金等积累，或者有限的供应商、合作伙伴是很难满足的。然而共享创新可以广泛地共享云端的各类创新资源，其人人参与、全员参与的多主体性可有效缓解人才不足；共享平台可以快捷高效地汇集和配置各种创新资源，进而降低创新的成本，实现提升创新效率的目标。共享创新通过如下几个途径提升创新的效率。

7.1.1 快速聚集创新资源

创新资源是创新活动的基石，创新资源获得的速度决定了创新的效率。在传统创新模式中，创新活动主要集中于企业内部，资金、人才、设备等资源的获取主要依赖于上下游企业之间的供应；且信息不对称问题使得企业难以在短时间内获得充足的、精确的创新资源，进而影响创新效率。在共享创新模式下，交易的网络化、全方位、全时空，资源大规模低成本复制，人人参与降低门槛等使得创新资源可以快速地汇聚到平台上，容易形成规模，创造更富足的创新资源。其快速聚集创新资源的主要原因如下。

在共享创新模式下，创新资源的快速聚集首先得益于共享创新模式借助互联网、大数据等技术带来的全时空、全方位的网络化交易。随着互联网的发展，网民数量全覆盖，不同工作、不同层次的网民，通过互联网增进彼此交流，实现知识、信息、资源共享，为创新方式提供了新契机。全时空的创新过程使创新不再受时间和空间的束缚，参与创新的人员不再局限于实验室、高校或者科研机构的工作人员，任何人都可以通过提出自己的创新观点参与创新。网络的普及使参与门槛降低，进一步扩大了资源的获取范围与获取速度，形成了大规模的创新资源群，创新资源之间的反馈与互动有助于形成资源的良性循环，进而形成更大规模、更富足的创新资源。

其次，创新资源的快速聚集还依赖于共享创新平台的开放性和平台化。共享创新平台的开放性主要体现为参与主体和创新资源的开放与共享。在共享创新平台上，参与创新供给双方的位置自由选择、自由匹配，"多对多"网络式的创新模式相较于传统创新模式而言，身份的多变性及交易的广泛性使得参与主体能够在短时间内高效、快速地搜寻资源。此外，平台化解决了创新过程中的契约问题、交易问题及搜寻成本问题等，在一个创新案例成功后，借助平台的作用实现创新资源大规模、低成本地复制，进一步助推了资源的快速聚集。

最后，共享创新模式有助于解决信息不对称性问题，这也有助于提升创新资源的聚集速度。在传统创新模式下，寻求资源时会由于信息不对称性问题的存在高估、低估创新资源，资源的不匹配性会提高资源议价和延长搜寻资源的时间。在共享创新模式下，由于共享创新的开放性降低了创新资源信息不对称的可能性，在信息全透明的情况下，寻求创新资源付出的代价会更低。因此，在共享创新平台中，创新资源搜寻成本和议价成本降低，成本聚集效率提升，进而提高创新的效率。

7.1.2　高效率获取创新资源

能够高效率地创新得益于创新资源获取的效率提高，共享创新模式与传统创新模式在获取创新资源的方式、途径及资源的来源方面有很大的区别，这种区别决定了这两种模式下创新资源获取效率的区别。

首先，共享创新资源获取的无边界性决定了资源获取的高效性。传统创新模式下创新活动的有界性很好地维护了这种创新模式的封闭性（张玉明等，2016），但这也封闭了创新的范围和可能性，限制了创新资源获取的高效性。创新资源获取的有界性表现在创新资源获取范围、方式的有限性，创新工作者只能通过企业内部已有的创新资源进行创新，利用自有的创新资源进行创新。一方面限制了创新资源获取的范围——局限于企业内部，另一方面导致了创新资源获取方式的单一性——只能被动接受已有的创新资源。共享创新模式的开放性决定了在这种创新模式下的创新资源获取的无边界性。共享创新平台利用互联网方便、开放、即时的特点，克服了传统创新模式在时间和空间的限制，在共享创新平台获取资源的同时向其源源不断地输入创新资源，扩大了创新资源的获取范围，提高了创新资源获取的效率，在一定程度上降低了创新资源错配的可能性。

其次，创新资源获取的高效性还得益于共享创新资源的海量性。共享创新平台像一个"生态圈"，在这个圈子里海量的创新资源是完全开放的，创新资源使用权与所有权的分离突破了创新资源的约束，形成一个完全开放式的共享创新生态圈。开放的特点使创新资源的需求方和供给方都拥有海量的信息，资源供给者和资源需求者可以随时调整创新方案，互动的过程进一步丰富了创新资源的数量，提高了整个创新的效率。此外，互联网等信息技术使得创新资源呈网络化分布，"多对多"共享创新模式形成了巨大的创新网络，海量的资源总有你需要的，获取资源效率得以提升。

总之，共享创新平台全开放、全参与、低门槛、网络化等特点使创新资源可以快速聚集，创新资源的无边界性和海量性使创新资源可以高效率地被获取和使用。在共享创新平台上，创新资源不单单只有物品，大量的用户也提供各种类型的创意、设计、思想、需求等无形的创新资源。网络化的交易模式缩短了整个创新从理念到实践的时间，这种无须面对面的签约，使得创新成果可以快速地实现落地。

7.1.3　促进创新资源高效利用

在上文中，相较于传统创新模式，共享创新在聚集和获取创新资源上都有着绝对的优势，这是创新过程的开始。在聚集和获取创新资源后面临着如何利用这些创新资源的问题，共享创新与传统创新模式相比，具有高效、合理地利用创新资源的特点。

首先，创新资源的所有权和使用权是否分离决定了创新资源能否高效地被利用。传统创新模式下的创新主体利用自身资源进行创新，"私有化"的创新资源使得一部分无用、低效的资源被闲置，造成创新资源的浪费。在共享创新模式下，互联网快速汇聚创新资源，在共享创新平台网络化和平台化的作用下形成以创新资源为目标、以需求为导向的创新资源的网络。创新资源所有权与使用权相分离，"不求所有，但求所用"的创新理念使得参与主体可以根据自己的创新进程全过程、全嵌入地利用创新资源。创新主体之间实现资源互补，有助于高效利用创新资源，形成多向互动式的、开放的、完全动态的创新过程，实现物尽其用，使得资源限制、错配的可能性大幅度降低，提高资源利用效率。

其次，创新资源成本的高低也是制约创新资源能否被高效利用的因素之一。换言之，在低成本的创新条件下，创新工作者利用创新资源的机会更多。由于创新资源的稀缺性影响了传统创新模式的成本，过高的创新费用会挫伤企业创新的积极性，同时会限制企业创新能力，使得部分创新资源被闲置。共享创新模式依托于互联网平台降低了搜寻成本、沉淀成本、谈判成本、履约成本、中介成本等，在一定程度上会激励创新者的积极性，提高创新资源的利用效率。从这两个角度来说，共享创新带来的低成本的创新模式提高了创新资源利用效率和创新的效率。

总之，在共享创新模式下，创新资源的所有权和使用权的分离及创新成本的降低，提高了创新资源的利用效率。Linux的开源性在共享自有代码的同时让这个平台迅速得到市场认同，获得众多粉丝和用户，这种把代码资源的所有权和使用权分离的大胆举措提高了已有代码的使用频率，同时吸收了更多的代码加入，促进创新资源高效利用。

7.1.4 使创新需求更加合理精准

能否精准地定位需求是影响创新是否高效的因素之一。创新的目的是要满足它的需求者，脱离需求的创新是无效的，无效的创新不仅浪费了创新资源，也阻碍了创新成果的转化。共享创新模式下的创新活动能够使创新需求更加精准的原因在于制定创新工作目标的精准性和创新过程反馈的及时性。

首先，创新目标的精准性决定了创新方向的正确性。传统创新利用市场调研等传统市场需求分析方式确定创新目标，搜集的调查问卷的样本个体可能会有偏差,同时无法提供足够的数据作为支撑,这可能就会给创新工作者在创新目标定位上带来偏差,使得创新成果不符合市场的需求,降低创新的效率。共享创新平台在聚集海量创新资源的同时聚集了海量的用户,利用大数据、云计算等信息技术手段收集和分析他们的学习、工作、生活习惯,精准地确定其需求,从而为创新主体进行创新的定位带来参考,使创新需求更加合理精准,提高了创新效率。

其次,创新过程反馈的及时性能够有效纠正创新方向的偏差。传统创新模式的封闭性可能使创新主体在整个创新过程中缺乏互动性,造成创新需求定位的偏差和反馈的滞后性。共享创新模式下,创新过程反馈的及时性得益于创新过程的互动性和无界性。一方面,创新者通过共享创新平台、网络社群等与客户、粉丝、专家等参与主体实现全方位、全时空、持续性的交互式沟通和分享,在捕捉到市场需求变化的方向的同时获得更为精准的需求信息。另一方面,共享创新的创新过程是透明的和无边界的。参与主体全过程地实时监控创新过程,以需求为导向,以共享创新平台收集到的用户信息作为创新的出发点和落脚点,随时根据市场需求改变、调整创新方案,使创新过程更加精准,提高创新效率。

通过共享创新平台,创新主体能够准确定位创新目标并及时根据市场反馈纠正创新方向,使创新成果迎合市场需求,这是创新的初衷和目的。安卓系统的成功不是偶然,这得益于 Google 公司对于市场需求的精准定位,塞班系统失败的必然性在于诺基亚公司对于"十年磨一剑"的封闭创新的偏执,没能及时纠正研发方向,耗费巨资却失去手机市场。

7.2 核心:优化创新资源配置

传统创新模式存在由资源闲置、错配导致的创新资源配置效率低下等问题。在共享创新模式中,海量的参与主体使得创新资源可以快速高效地聚集在共享创新平台中,海量的,总有你需要的。然而,需求者需要的资源能否及时准确地与供给者进行匹配对接,资源配置是否合理,是共享创新能否提高创新效率的核心所在。共享创新通过激活存量资源、形成规模经济效应、形成超效率市场、去中介化和再中介化、供需高效匹配、碎片化即时交易及智能大数据驱动等方式实现资源优化配置。

7.2.1 激活存量资源

资源的私有属性强调资源的私人占有,造成了产能过剩,此外创新资源的拥有者可能会由于技术、战略、创新水平等原因不能利用或者有效利用创新资源，造成创新资源的闲置，闲置即浪费。共享创新模式主要是通过暂时转移使用权及高效利用存量资源等方式激活存量资源的。

共享创新平台突破了创新资源所有权和使用权相统一的瓶颈，强调创新资源使用权的暂时转移。由于创新资源的错配，创新资源被闲置，而通过共享创新平台，创新资源的所有者可以将自有闲置的创新资源共享给它的需求者。一方面，使得本来被闲置的创新资源得以利用；另一方面，也可以让自己通过暂时让渡创新资源使用权而得到回报，充分发挥创新资源的作用，进而激活存量资源。通过Linux平台，大量的开源代码被提供到共享平台上，使得代码被充分利用，而代码的开发者也可以利用Linux平台上海量的代码。硬蛋科技通过互联网平台，为创新主体提供创新资源，使得大量的人力资源被激活，利用平台上的其他创新资源进行高效创新。

高效利用存量资源是激活存量资源的方式之一。通过共享创新平台，创新资源的供给方突破了时间和空间的限制，通过有效搜索、即时交易的方式迅速匹配创新资源，其中，创新资源又可以被重复使用，达到高效利用的目的。创新资源的拥有者可以将自有闲置的创新资源共享在平台上形成海量的创新资源群，依托互联网高速、即时等特点，创新需求方可以借助共享创新平台迅速做出匹配反应，与创新供应方取得联系，使被创新资源所有者闲置的创新资源"变废为宝"，能够被真正有需求的创新者利用，激活创新资源。大量闲置资源被挂在共享平台上，使创新资源的需求方不再浪费大量的人力、物力、时间去搜寻，仅通过平台就可以获得创新资源，而正确有效的创新资源的匹配使得创新资源可以被高效利用，在益于自己创新的同时激活了创新资源拥有者的创新资源。

在创新资源稀缺的情况下，共享创新平台通过暂时转移使用权及高效利用存量资源等方式激活闲置和存量资源，分离了创新资源的所有权和使用权，使得被闲置的创新资源能够被高效重复地利用，激活了闲置和存量资源，化解了创新主体的资源约束，进而提高创新的效率。

7.2.2 大众参与、人人创新——形成规模经济效应

新古典经济学理论认为生产成本与生产数量呈反向变动，即在一定时间内，生产产品的数量越多，单位生产成本越低，这是简单的内部规模经济。现代规模经济理论则不仅仅局限于传统规模经济的数量经济。除此之外，现代规模经济理论认为内部规模经济还应包括因品种丰富而形成的分工专业化经济。在外部规模经济理论中，传统规模经济理论和现代规模经济理论的认识是一致的，即通过产

业或者行业的聚集，提高了整体的运作效率，形成聚集经济（杨蕾和王珏，2015）。规模经济的形成有利于提高企业的运作效率，而共享平台形成的规模经济主要体现在"多对多"的创新模式和创新资源的庞大规模上，这有益于创新资源的配置、创新主体的撮合（张玉明等，2017）。传统创新模式下由于是"一对一""一对多"式的创新，创新过程往往是低效率、高成本、高风险的，很难形成大规模的创新活动，也很难形成规模经济效应，而这种封闭性本身也拒绝了外部的资源，很难与外部创新资源融合形成规模经济效应。

"多对多"的创新模式能够汇聚不同行业的创新主体聚集在共享创新平台上，形成聚集经济——外部规模经济。由于海量的创新资源涌入到共享创新平台上形成数量经济，并且平台可以利用大数据技术分门别类地细化创新资源目录和创新资源需求匹配，形成分工专业化经济。"多对多"共享创新模式在互联网的交互作用下形成了海量的供需双方、全开放和全参与等特征，使得共享平台上的参与者既是创新的需求者与提供者，也是创新资源本身。共享创新模式的开放性使得创新的门槛被降低，让大众参与、人人创新成为可能，这又是形成规模经济的基础，而规模经济效应又大大优化了创新资源的配置。

由于"多对多"的创新模式，共享创新平台汇聚了大量的创新主体，这些创新主体在共享创新平台上以多种形式提供规模庞大的创新资源，使得众多的创新资源从数量上形成数量经济、从品类细分上形成门类专业化经济，这便是共享创新平台内部规模经济的形成。得益于共享创新平台的大众参与和人人创新，大量不同行业、不同专业背景的参与者突破了时间和空间的限制，在共享创新平台上共享不同行业的创新资源，形成聚集经济。这种以创新资源为要素形成的规模经济为创新资源的高效配置提供了基础，创新主体可以通过平台搜集自己所需要的创新资源，高效率互联网技术的应用使得创新资源可以高效配置，进而有效解决了创新主体的创新需求。

Linux的成功在于开放，这种开放性汇聚了大量的粉丝。在Linux平台上，由于代码的开源性，众多使用者得到方便，而依托于已有代码编程出的新的代码也能够在平台共享，使得越来越多的用户创造出越来越多的代码，这种用户和代码资源规模庞大形成规模经济，海量的代码资源使得需求者可以方便、高效地获取，优化了代码资源的配置。

7.2.3　形成超效率市场

创新资源配置效率的高低主要取决于市场效率的高低。超效率市场是指由于市场上供需双方数量规模庞大，供需双方可以利用海量的信息进行需求匹配，达成交易，实现即时、高效的超效率市场（张玉明等，2017）。传统创新的封闭模式使得创新资源的使用者也是创新资源的拥有者，这就使得创新资源在配置过程中，不能形成市场，所有者才有使用权，那么在创新资源配置时就不能形成海量、即时、高效的超效率市场。

共享创新模式下形成海量的创新资源为形成创新资源的超效率市场提供了基础。当创新资源所有者所拥有的内部创新资源不能为其带来更多的价值时，其可以在共享创新平台上对创新资源进行共享，使得私有创新资源变成共享资源，共享资源在共享创新平台上可被创新主体使用，形成一个资源配置的过程，而海量的创新资源被共享则可以形成创新资源的超效率市场。创新资源的需求者可以在共享创新平台上精准匹配到原本被闲置创新资源，既满足自身对创新资源的需求，又激活被闲置创新资源，并且在这个创新资源的再配置过程中，并没有明显增加成本。共享创新平台依托着互联网技术，将创新资源进行改造，将私有化的创新资源改造成具有可复制性的公共创新资源，使用权优于所有权，这种所有权和使用权的分离大大增加了创新资源市场配置的灵活性和可行性，而这个平台上汇聚了庞大的用户群，他们又共享了海量的创新资源形成创新资源的超效率市场，从而优化了创新资源配置。

共享创新平台能够形成超效率市场得益于互联网技术的支持。在大数据技术的驱动下，海量的创新资源汇聚到共享创新平台上，这些信息能够被分门别类、条理清晰地提供给用户，使用户可以迅速匹配到所需要的创新资源，也可以根据创新资源需求方的需要，通过大数据分析主动匹配推送创新资源的信息，使创新资源能够精准、高效匹配给创新资源的需求者。中国铁路 12306 新一代票务系统年均售票 30 亿张，成为全球交易量最大的售票系统，每天售票在 1500 万张以上，高峰可达每秒 700 张，每天网页浏览次数超过 1500 亿次，这个流量对于中国铁路 12306 来说，每天都是"双十一"。中国铁路 12306 网站与淘宝网的区别又在于，中国铁路有人工售票处，在保障人工售票和网络售票双轨并轨不冲突的情况下，依赖的便是互联网、大数据技术的精密计算，这才能形成高效匹配的超效率市场。

7.2.4 去中介化和再中介化

传统创新资源交易市场形成的中介满足了创新资源需求者获得创新资源的需求。在创新资源交易市场发展的过程中，中介不仅仅满足了市场的需求者，还规范了这个市场。尽管创新资源市场中的传统中介可以配置资源，但增加了资源配置的成本和信息不对称的情况，使少数掌握创新资源信息的中介决定了创新资源的市场，创新资源的需求方所接触的信息来自固定的客户或者供应商。随着创新资源市场的发展，大量的创新主体涌入市场，他们对创新资源的要求更高，也要求创新资源市场能够提供更优质的服务，而传统中介由于固有利益冲突，继续保持原有秩序可能会使传统创新资源市场无法满足创新主体的需求，这时突破传统创新资源市场的瓶颈尤为重要，而关键在于作为市场交易核心的中介能否被取代。随着开放的、全方位的、信息量巨大的全新创新资源市场对创新资源的配置越发关键，创新资源市场去中介化就显得尤为必要。共享创新模式为这一转变提供了可能，这一模式下资源配置过程是一个自动匹配的过程，这便形成了去中介化的过程。

共享创新的再中介化是将利用互联网技术搭建的共享创新平台作为再中介组织，由硬件（信息网络）和软件（信任）构成的，并由第三方创建（或自建）的市场平台。新中介规范了共享创新平台的运营机制，制定了相应的制度来规范创新资源交易市场，区别于传统中介，新中介将创新资源的供需双方通过大数据精密计算，自动匹配连接在一起，形成高效、精准、低成本的交易模式，这便是再中介化。共享创新平台是一个集互联网高效、即时、低成本和高匹配度等特点于一体的新型中介，在这个平台中，每个单位或个体既可以是创新资源的需求方，也可以是创新资源的供给方，每一方不需要是组织的成员，更多的是以会员或者类似身份注册。在这个平台上，创新成果的需求者或者供给者将自己需求或者供给的信息发布在平台上，平台的会员迅速浏览相关信息，与自己的需求相匹配，迅速建立联系，优化了整个创新资源配置。共享创新平台的中介化不同于以往传统创新资源中介的关键在于：传统创新资源中介没有对创新资源信息进行大数据式的整合，市场上的创新资源信息是杂乱的、未经过处理的，这一方面可能会给创新资源需求者信息获取带来不利影响；另一方面，创新资源需求者可能不会在短时间内识别出真假创新资源信息。

共享创新平台的去中介化可以打破原有创新资源市场格局，提高了创新资源的灵活性和流动性，形成共享创新平台这一新的中介模式，在共享创新平台这个中介上，创新资源的供求可以直接联系，而平台则规范了创新资源交易的过程，优化了创新资源的配置。

7.2.5 供需高效匹配

供需高效匹配的过程是借助互联网、大数据技术，通过供需双方信息匹配，使创新资源能够在短时间内，高效、精准地与创新资源需求方匹配。实现海量的供需双方的高效匹配是优化资源配置的关键。传统创新模式下，在不借助共享平台的基础上，从创新资源的获取到创新资源的利用，封闭式的创新过程使得双方匹配变成一个缓慢的过程，容易造成资源的不匹配性和滞后性。共享创新模式下，利用移动互联网、云计算、大数据等信息技术，供需双方海量的信息被分门别类地归集，然后通过主动推送或者精准搜索，使得创新资源的需求者能够即时、高效、准确地获得创新资源。

共享创新平台上的创新主体利用海量的创新资源和依托互联网技术进行创新，在创新过程中可以及时通过共享创新平台更新自己的创新资源，这减少了创新资源错配和匹配不及时等问题。共享创新平台汇集海量信息，使创新主体可以根据市场需求进行及时调整，让创新更加高效精准。创新资源的短缺性影响了闲置创新资源利用的效率，通过将闲置的创新资源共享在创新平台上，使其在短时间内被搜集利用，进而达到供求高效匹配的目的。

美的美创的全球共享创新资源在汇聚国内高校、科研所的创新资源的同时，开放全球创新资源平台，使得其用户、粉丝、合作者通过美的美创平台高效匹配到自己需要的创新资源，并且以较低成本获取创新资源。共享创新模式利用海量的信息资源使得创新资源的供求双方通过共享创新平台进行高效匹配，优化了创新资源配置，提高了创新的效率。

7.2.6 碎片化即时交易

创新资源交易的灵活性和便捷性有助于提升创新资源配置的效率。传统创新模式下存在交易完整产权、签订完整产权契约的交易时间长的局限，烦琐的交易过程大大降低了资源配置的效率。共享创新模式下创新资源交易方式多样，所有权和使用权的分离使得交易可以针对交易的部分产权签订不完整产权契约，缩短了交易时间，实现短时间瞬时交易。

由于存在创新资源错配和创新主体的创新能力不足的问题，许多闲置的创新资源被打包在一起，作为整体创新资源共享在共享创新平台上。共享创新平台通过信息技术，将整体创新资源碎片化为更为精细分类的创新资源"个体"，创新资源需求者可以将众多碎片化的创新资源汇聚为自己创新的资料。互联网、大数据技术通过高效匹配，能够将交易即时完成，即一个创新资源需求方可以向多个创新资源提供方发出交易邀约，实现即时交易，这种简便、即时、高效、精准、全方位的碎片化即时交易，将创新资源进行高效匹配，提高了创新效率。

7.2.7 智能大数据驱动

big date（大数据）最早由 Mashey（1997）提出，其指出，随着数据量的快速增长，必将出现数据难理解、难获取、难组织、难处理四个问题。随着统计学、计算机技术等学科领域的发展，人类对于数据的理解、获取、处理、组织都有着显著的能力提升，这种能力的具备使得人类可以利用数据带来的便捷。智能大数据技术已经在社会的多个层面广泛应用，通过大数据技术可以迅速找到每个人的偏好，使信息匹配更加高效、精准，实现个性化的精准定位。通过大数据技术，创新资源市场可以即时、低成本、高效、精准地进行创新资源的匹配，提高创新效率。

传统创新模式下，闭门造车的创新过程使供给者和需求者的信息封闭在内部，无法与多个主体形成交易圈，即使利用互联网，也仅仅是在非常零碎的网站上有相关技术的介绍。因此需求方面对复杂的技术市场，很难在短时间内有效地寻找到自己所需要的技术创新成果，创新资源很难搭上大数据的快车进行高速、准确的配置。在共享创新平台中，创新者通过大数据等信息技术将海量的资源分门别类地进行整合，通过共享创新平台，企业可以不断地寻求自己所需要的创新资源，迅速与之匹配。智能大数据技术也可以根据创新资源需求者自身的信息和需求偏好，自动匹配创新资源，减少创新资源需求者的搜寻时间和搜寻成本；同时，创新资源的拥有者将自己的创新资源进行共享，共享创新平台可以即时地根据创新资源的信息和特性，通过智能大数据迅速匹配到创新资源的需求方，减少交易等待时间，借助智能大数据的分析，将大大提高创新资源匹配的准确度，毕竟"大数据可能更了解你"。

7.3　本质：降低创新成本

传统创新模式是利用内部创新资源进行创新，该模式受到创新资源聚集速度与获取效率的限制。由于创新资源具有稀缺性的特征，创新参与者在创新过程中往往面临高投入和高成本的问题，加之传统模式下创新过程的封闭性可能会造成创新成果与市场相脱节，这也使得传统创新模式存在高风险。共享创新模式突破了传统创新模式封闭的瓶颈，创新资源的拥有者和需求者能够通过共享平台进行直接联系和交易，降低了创新资源的中介成本。此外，共享创新平台上海量的创新资源也使得创新者从资源的搜集、使用到创新成果的转化，整个过程都不必再进行高成本的询价议价，这便是共享创新的本质。基于此，本节主要介绍共享创新模式具体如何降低创新过程中的中介成本、搜寻成本、沉淀成本、谈判成本、履约成本、价格成本，进而提升创新协同效应（刘铁铮，2019）。

7.3.1 降低中介成本

传统创新模式下,从技术人才的引进到各种创新物资的采购,整个创新过程中都存在着中介。中介基于市场的成熟而逐渐产生,并在商业活动中发挥着重要的作用。作为一种商业组织,中介随着商业活动复杂性的提升而变得更加专业细致,在整个商业活动中,中介存在的意义是为商业活动的各方提供专业的服务,降低其在信息搜寻、购买和使用过程中发生困难的可能性。换言之,商业活动越发达,中介工作就越重要。正因如此,传统创新资源市场中往往存在着数量庞大且种类丰富的中介成本。与此同时,随着科技的进步,创新在市场经济中的作用越来越重要,创新资源稀缺的桎梏越发凸显,传统创新资源市场的中介已经无法满足现实创新市场对创新资源的需要,并且传统创新资源市场的固有缺点,如信息杂乱、信息不对称和信息不透明等,也进一步造成了中介成本的提高。

区别于上述传统创新过程所需的中介,共享创新模式下平台的存在则是为创新参与者提供了一个交易的场所。该场所依托互联网而建立,平台上汇集了各类创新资源及主体,原本为提供资源与服务而发展起来的中介已经被取代,包括创新资源供需双方在内的各类参与者都可以直接进行匹配,这是一个去中介化的过程。当然,作为实现共享创新的基本条件之一,共享创新平台在某种意义上同样属于一种第三方中介,这又是一个再中介化的过程,只是不同于以往的中介,共享创新平台有着低成本、高效率的特点。原因之一在于作为第三方,共享创新平台就已经凭借互联网技术等实现了相对较低的硬件成本和软件成本,所以从根本上来讲,即便收取中介费用,其数值也不会太高。加之共享创新平台的建立实质上是形成一个独立的系统,由统一的平台公司进行管理,它们有着自己完整的行业规则和规范,并按照市场的发展规律为创新资源的需求方和供给方提供服务,在这个过程中,平台的存在与发展就为降低创新资源的中介成本奠定了基础。就像网购平台中的顾客和网店,由于平台的成熟,交易双方只需支出少量的创新中介成本(相对于传统创新资源市场)就可以完成交易,并且这种互惠互利的交易模式会促进双方或者多方进行长期合作,进而有助于商业活动的进一步开发,如此一来,相应的中介成本也会降低。

7.3.2 降低搜寻成本

无论是国家、企业,还是个人,人类一直以来都在与信息获取作斗争,而搜寻则是人们获取信息的重要方式。在创新领域,搜寻成本指的是创新者在获取资源相关信息的过程中所消耗的成本,其大小与搜寻的次数、途径和信息需求者的专业水平相关。创新参与者是通过搜寻来获取信息的,搜寻的途径大相径庭,效率和成本也不尽相同,从实体店购物中的货比三家到网络购物的比价格、比质量、比服务,搜寻的次数越多,则搜寻成本越大;搜寻的途径越科学方便,则搜寻成本越小;与此同时,鉴于信息需求者的专业水平不同,一般意义上来讲,专业水平越高,意味着搜寻过程就会越高效,进而搜寻成本也越低。

传统创新模式下,企业寻找技术创新的道路异常曲折,期间还面临着高昂的费用支出和失败的可能性,这不仅会导致创新资源搜寻效率低下,还会引起搜寻成本的上升。实际上,当参与者为创新活动投入大量的科研经费,却没有得到预期的成果或者产品时,对其自身而言将是非常大的损失。因为这个过程中不仅耗费了大量的人力、物力和财力,而且创新的失败还有可能会影响新产品的发售或者是新技术的推行,这会进一步影响企业在市场上的占有率或者企业在行业中的地位,而无论是市场占有率还是行业地位对企业来说都是至关重要的。为此,高效、便捷地获取创新资源或者创新成果,对企业来说是决定胜败的关键因素。但在传统创新模式中,创新过程在企业内部,创新的过程缺乏对整个市场的即时性沟通,这样的后果就是企业的创新往往会成为其他企业已经实现或者已经验证过的未能实现的假命题。

相反地,共享创新模式下创新资源搜寻的过程是高效且低成本的。通过共享平台的搭建,企业无须再像过去那样将更多的精力放在试错上面,而是完全可以在共享平台上直接搜寻自己想要的科技成果。在当今时代,无论是上网设备还是上网费用都相对较低。因此,与过去企业需要去专门科研院所或者高校洽谈技术合作相比,通过共享创新平台,企业只需要动动手中的鼠标便可以直接搜寻想要的技术、资源等,搜寻成本实现了极大程度的降低。并且由于互联网具有低成本、可获得及便捷性等特点,依据互联网而搭建的共享创新平台也可以凭借该优势实现海量资源的聚集及有效信息的透明等。相较于开放式的共享创新模式,传统创新的搜寻成本则是其数倍甚至是数十倍。

7.3.3　降低沉淀成本

沉淀成本是指由过去的决策所决定的,与当前决策无关的成本(汤吉军,2016)。当企业进行产品研发时,若产品研发尚未成功,此时的决策无论是进一步进行研究开发还是终止项目,其过去所投入的大量人力、物力和财力便已经成为沉淀成本。即便如此,企业在做出是否进一步继续进行研发的决策时,还是会考虑过去的决策所导致的沉淀成本,甚至会觉得过去已经投入这么多的费用,如果放弃似乎是对过去投入成本的浪费。因此，尽管是沉淀成本，其对企业决策仍然会产生一定程度的影响。

在追求创新成果时，企业的每一步研发都需要投入大量的人力、物力和财力等创新资源，而所有创新资源的获取都需要成本。因此，企业的每一次投入，对其未来而言都是沉淀成本。沉淀成本在传统封闭创新模式下，不可避免，但在开放式共享创新模式下，企业则可以较低甚至为零的沉淀成本实现创新。因为，开放式共享创新平台的存在为企业创新提供了丰富的资源基础，无须拘泥于内部资源限制就可以进行创新，这无疑让企业少投入了很多的人力、物力和财力，相应地也就降低了企业的创新沉淀成本。

鉴于此，企业的这种创新模式无须为过去的决策所拖累，或者说不用在尚未产生具体创新成果前，还纠结是否要继续进行进一步的研发投入。除此之外，在开放式共享创新平台上，创新资源的提供者会根据自己的研究成果或者量身为企业定制创新，那么这些企业便可以将这部分创新沉淀成本转移给创新资源的提供者。当然，由于平台是开放式的，创新提供者也不会因此而做一些无用功，利用共享创新平台开放性、共享性等特征，企业可以有效利用外部创新成果进行创新，进而获取新的创新成果，并成功将一部分沉淀成本由内部转嫁到外部，降低创新的沉淀成本。

7.3.4　降低谈判成本

通常意义上，谈判成本是指企业在发现潜在交易对象时，为促成交易实现而花费的人力、物力、财力和时间等。如在上市公司和主承销商作为出售的一方，潜在的投资者作为购买的一方所进行的股票发行交易中，谈判成本就包括承销费、律师费、审计评估费用等。在一些复杂的交易中，由于市场的非完全公开性，产品具有可议价的特点，谈判成本便由此产生。

在创新过程中，企业之间同样存在谈判成本，包括谈判的差价，谈判过程所耗费的人力、物力和财力，以及谈判过程中的机会成本等。传统封闭式创新模式下，由于信息不对称的存在，价格和价值难以具体把握，企业需要对其进行议价谈判，由此便产生创新谈判成本。其中，创新谈判的差价，一方面是由企业与相应技术人员在薪资待遇所预期和实际达到的标准之间的差额产生，另一方面则是企业在购买相应技术时，与出售方在价格方面产生的让步，这部分可能为负或者是零。并且传统创新模式下，由于"创新"这一产品具有可议价性，企业为了用最低的投入获得创新成果，必然要消耗一部分人力、物力、财力，而这部分人力、物力和财力也会带来机会成本。

共享创新模式下,由于整个平台是完全开放的,整个创新市场的价格几乎可以说是透明的,这就类似于自从有了网络购物,实体店的商品价格更加统一,而不会像在信息闭塞的情况下,出现同样的商品在不同的实体店,价格却不一致的情况。在开放式的共享平台中,企业有自己的价格评估,企业的同行也会有价格评估,甚至企业与企业之间还会联合起来让技术的价格回归公允。与此同时,创新产品的提供者也会因为市场的公开性不再漫天要价,而是根据其真实价值和市场稀缺与否,制定更加公允的价格,使得在共享创新平台上进行创新产品交易所产生的创新谈判成本更少,即为了谈判成功,所耗费的人力、物力和财力成本降低,而这些人力、物力和财力所占用的机会成本也会降低。在这个过程中,共享创新平台明显地降低了企业在创新过程中所产生的创新谈判成本。

7.3.5 降低履约成本

合同签订后,为了保证合约的顺利执行,企业往往需要对此付出一定的代价,换句话说,存在合同的地方,也就存在履约成本。传统创新模式下,从创新的开始到成功或者是创新的失败,整个过程中都存在着履约成本,包括与技术人员签订人事合同的履约成本、技术人员的再培训等。企业为了保障创新的顺利实施而为之付出的资金,构成了传统封闭式创新模式下的创新履约成本,直至创新完成,履约成本方可终止产生。

但是在共享创新模式下,企业成功将较高的创新履约成本转移给了共享创新平台和创新成果的提供者,企业本身可能只需要付出一定的会员费或者按照交易标的物的价格按比例给共享创新平台缴费,其履约成本一方面在金额数量上可控,另一方面在履约成本的类型上,也相对固定化,最大限度地降低了不确定事项发生的可能性,同时能保障创新合同的顺利实施。

在共享创新平台中,由于平台兼具中介的作用,其有责任为企业获取创新成果的顺利进行而努力,或者说,平台就像企业请的公证方,无论是创新成果的需求方还是供应方,都需要为了达到合同要求的标准,来履行各自责任和义务。在平台的监督下,双方的违约成本都会增加,这就类似于在共享单车市场中,如果客户不能履行约定的合同将单车按照规定停放上锁,平台会对客户进行信用评级约束,这也会有效地阻止参与者的违约。在整个共享创新平台上,企业与创新资源提供者之间所进行的交易非常的公正、透明。由于平台的控制,双方须按章办事,这就自然形成了一套共享创新平台自己的约定俗成的规定,对彼此双方有更好的可接受性和适应性,更有利于双方履行合同。

7.3.6 降低价格成本

创新资源的价格是影响参与者在进行创新活动时取得资源所付成本的根本因素。一般意义上来讲，资源的价格由其价值所决定。应用到创新领域，创新资源的价格虽受到创新资源价值的影响，但这并不是决定创新资源价格的唯一因素，供求双方的谈判地位、创新资源的数量等都是引起创新资源价格变化的重要因素。

传统创新模式下，创新过程的参与者往往会单打独斗，创新资源不能形成海量汇聚的模式，这也使得创新资源的价格普遍偏高，然而共享创新模式则大大降低了创新资源的价格。首先，共享创新平台规模的不断壮大，使得在创新资源采购过程中，创新资源的需求者不再是谈判过程的弱方，相反地，其极有可能成为创新资源价格的决定方，具有拉低创新资源价格的绝对优势。其次，共享创新平台的人人参与，使得创新资源实现了海量聚集，创新资源短缺的瓶颈被打破，而创新资源的使用方式也不断趋于多样化。因此，传统模式下创新资源的提供者不再具有绝对的优势，同时，由于供给的增加，创新资源价格下跌的情况也会出现。最后，共享创新平台引入了更多创新资源的提供者，他们之间也会存在一个竞价的过程，同质化的产品通过同行竞争会使得消费者，也就是共享资源的需求者获益，而创新资源的价格也就越接近于其本身的价值。

7.3.7 提升协同效应

在传统管理学上，协同效应作用于管理活动的效率，其在提高管理活动效率的同时就变相降低了管理活动的成本。在创新过程中，协同效应的存在同样可以发挥相应的作用。现代高科技的创新往往是技术创新，并且有着其特殊的内在规律，如果只是盲目地加大创新投入，而不讲究创新过程的效率，则很难取得创新上的突破，反而增加了企业的创新成本和创新难度，进而成为企业的负担。因此，有效提升创新协同效应至关重要。

但值得注意的是，传统模式下的创新过程，其封闭性不仅阻挡了创新效率的提高，同时增加了创新的成本，这虽不代表传统模式下的创新过程没有协同效应，但其本质还是封闭环境之中的内部协同。然而凭借着"1+1>2"的协同效果，开放式的共享创新模式不仅会产生内部协同效应，还可以产生外部协同效应。整个创新过程的人人参与，大大提升了创新协同效应，其所带来的成本的降低更是传统创新模式下的数倍。所以，共享创新模式通过提升创新协同效应，提高了创新的效率，从而变相降低了创新的成本。

在过去传统创新模式下，创新人员彼此之间缺乏分工协作，从创新资源搜集到利用，再到创新成果的转化，整个过程中都存在资源利用低效、资源错配及创新成果不符合市场预期等问题。然而共享创新通过全网全民的参与协作，可以快速、高效地聚集创新资源，促进创新资源的高效利用，使得创新成果更加合理和精准，这不仅节约了创新资源，避免了创新资源的错配，更进一步提高了创新资源的成果产出效率，使得社会发展更加高效有序。

第8章 共享创新的构成要素

创新是一个复杂的活动过程,涉及多方要素的参与。要素是系统发挥作用的基本单元,它支持了系统的产生、变化、发展的全过程,构成了客观事物并维持其正常运作。创新系统的顺利运行,需要各个要素发挥其应有的作用,并相互配合、相互协同,这会影响到创新的效率和效果,也会决定创新方案的可行性。与传统创新方式相比较,共享创新依托共享平台全方位、全时空地共享创新要素,实现低成本、高效率的创新。共享创新的实现借助于共享创新资源、资源供需双方、平台方和其他参与方(图8-1)等四者的共同作用。它们是创新产生、发展、实现的基础,共同构成了共享创新最基本的框架,而各要素之间的联系和发展形成了共享创新独特的模式。下文从各要素的内涵、各要素在共享创新过程中发挥的作用及与传统创新差异的角度对共享创新的构成要素进行分析。通过对要素的界定与分析,有助于理解共享创新的理论框架及其运行机制。

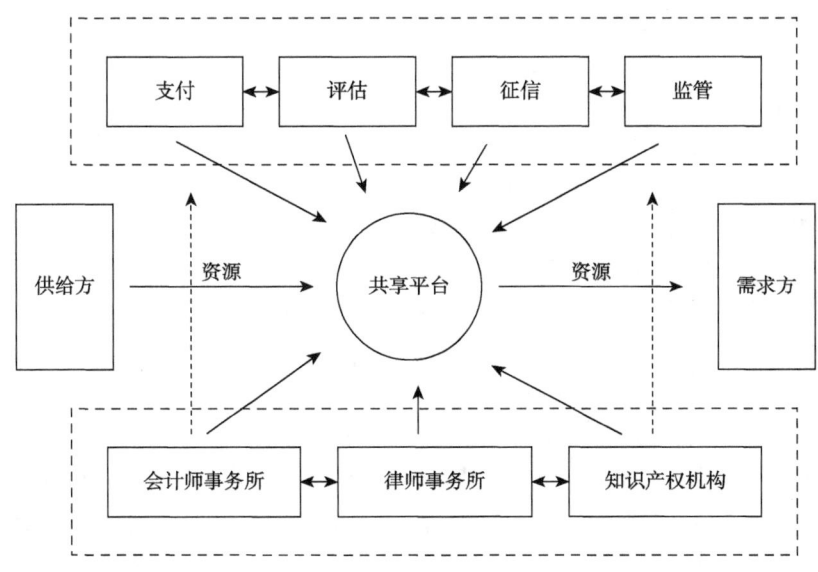

图 8-1 共享创新的构成要素

8.1 各类创新资源

在传统创新模式下,创新资源是指企业创新需要投入的人、财、物等各方面的资源。共享经济旨在促进资源优化配置,这一思想延续至共享创新,表现为对创新资源的更高效运用,并加入新要素参与创新过程。作为供需双方参与共享创新的四大主体,个人、企业、正式组织和非正式组织占有创新资源,同时,这四大主体因为对于某种特定资源的缺乏而存在需求,这种特定的资源可能就是其他主体拥有且未充分利用的资源。创新资源的需求者可以通过共享创新来满足创新需要,进行创新资源的高效配置,提高创新效率与产出。共享创新实质上是借助互联网技术,不受地域、时间等因素限制,在全球范围内以一定管理方式将创新资源聚集起来,以实现低成本、高效快速地解决创新问题的新兴创新模式。就创新资源来说,其与传统创新模式存在一些差异,由于互联网的加入,一些新的资源加入到创新过程,在此将其概括为新要素进行阐述。并且,共享创新中不同创新资源的重要程度存在差异,以下将从新资源、人才资源、资金资源和创新设备四种资源种类对创新资源共享进行介绍。

8.1.1 新资源

共享创新中,由于互联网的加入及共享思维的应用,很多以往封闭和闲置的资源得以开放共享,如企业掌握的专利权、商标权、网站源代码等;也将以往由于分散而难以利用的资源进行整合聚集,创造更大价值,如网站积累的流量数据、个人储备的知识技能等。新资源的加入,在共享创新过程中发挥着重要作用,成为创新的重要驱动力,也是创意产生的源泉。

在传统创新模式下,专利、源代码这些无形资产是公司发展的核心竞争力,往往对外是保密的,这些资源的创新收益只能为公司内部享用。这就导致社会整体创新资源的重复投入,外部有类似需求就要进行重复研发,降低了创新的效率。在共享创新模式下,公司会将其选择性地公开,让这些无形资产成为社会资源,创新者之间相互交流、共同改善,后来者可以站在巨人的肩膀上进行创新,从而减少资源重复投入,提升创新的成功率和效率。例如,软件的开源共享就体现了这一优势,代码在以前作为软件公司的创新成果,需要对外保密,而对程序的更新和修复需要大量人力,造成公司内产品修复迭代效率很低,用户使用体验受影响。并且,其他人如果想进行程序的改造也将是个大工程,需要付出很多重复劳动。通过向大众开放源代码，有兴趣进行代码完善的程序员们可以在一定规则下进行修改，对外公开发布，为大众使用，推动了软件产业的发展。

此外，互联网发挥其平台作用，让分散的资源聚集起来，成为创新的新型重要资源。一方面，当前涌现出很多新的商业模式，如移动支付、电商平台及共享经济，这些平台汇聚了大量的数据。通过对大数据的分析，可以发现创新的方向，挖掘数据价值，带动或服务于产业发展。另一方面，每个人的知识技能更容易通过网络分享出来，更大程度发挥价值，成为一种创新资源。人们可以提出自己的疑问，寻求行业专家的解答，每个人也都能发挥专业所长，为他人解决问题并获得一定的报酬，形成"大众创业、万众创新"的氛围。当前，类似平台很多，如知乎、在行、猪八戒网等。在共享创新中，每个人知识技能的价值不再局限在日常工作中，而可以进行最大化的分享和利用，成为创新的资源。

8.1.2 人才资源

人才是创新创意资源的载体，也是创新的核心，尤其是在新经济时代，人才成为最重要的资源。习近平总书记在两院院士大会上指出："硬实力、软实力，归根到底要靠人才实力。"[①]这一阐述强调了人才在科技创新中的重要性，人才的力量对科学技术的发展和更新换代具有至关重要的作用。掌握了人才，企业才能更好地进行创新。

传统创新通常是依赖组织自身开展，要求组织内部进行创新发展，对人才的需求程度非常高，人才的质量将直接对创新能否成功产生重要的影响。然而，创新人才是稀缺资源，掌握了人才资源就占据了创新的制高点。因此，各个创新单位都不惜成本争取人才，这提高了人才的流动性和流动速度，造成了企业更高的人才保有成本。而且，创新企业永远不可能完全拥有所在领域的高端人才，缺少同一领域中不同创新人才间的交流和合作，创新的过程更倾向闭门造车。

与传统创新那样的情境相比，共享创新模式的优势就显得非常明显。通过互联网共享平台，任何时间、任何地点的任何人都可以参与到共享创新过程中，这种方式可以使得企业在全球范围内高效率配置人才资源，可以使用广阔范围内的众多人员的智慧，通过群体智慧为企业创新开展提供丰富的素材，大大缩短创新的时间。这种从全球范围内集合众多人员智慧的新型创新模式，使得企业不仅可以获取更多的创新素材，更重要的是可以大大降低企业对创新人才的依赖性。例如，海尔将其自身迭代为创新平台，通过平台共享全球400万人才资源，持续生

---

① 《在中国科学院第十九次院士大会、中国工程院第十四次院士大会上的讲话》http://jhsjk.people.cn/article/30019215[2019-02-15]。

产颠覆性的创新产品。

8.1.3 资金资源

资金是创新活动进行的基础，也是阻碍多数企业开展创新的瓶颈。多数企业往往因资金匮乏而无法组织创新，严重阻碍其创新能力和市场竞争力的提升。资金对中小企业更为重要，中小企业由于自身规模小、实力弱，通常难以承担创新过程中大量的资金支出，很难组织起有效的创新活动。

在共享创新模式下，中小企业可以借助现代的互联网技术，从全世界范围内征集有关创意、思想或设计等创新资源，这种方式将大大降低创造新思想、新创意而产生的大量投入，避免闭门造车所损耗的大量成本，也有助于防止创意缺乏市场需求而产生的高风险，从而帮助企业降低创新初始阶段的投入，降低对创新资金的需求量。尽管在共享创新过程中，也需要企业投入相当数量的资金，但相对于传统创新模式下的资金需求量，共享创新的资金需求量要相对较低。

除了降低了对资金的需求量以外，共享创新实现方式也为筹集创新资金提供了新的方式。传统创新过程中需要创新主体为创新提供财力支持，支付创新人员工资、购买设备、投入研发费用，风险、成本等均由创新主体自己承担，这给创新主体带来了不小的压力。共享创新过程中，借助众筹进行项目融资，使得财务压力得以分摊。众筹，即为大众筹资，指一群人为某个项目、某个人、某个公司出资，以资助其正常的生产经营、创新创作。首先，众筹拓宽了融资渠道，相对于传统银行借贷等融资方式，众筹的审核流程更加简单快捷；相对于民间借贷，众筹的成本也更低，这在一定程度上加快了创新的进程。其次，通过众筹获得客户的反馈，从而对产品和技术在推出市场前进行改进，使之更加完善，避免了产品与需求脱节造成的资金浪费和占用。众筹方式的出现，为中小规模创业者解决资金问题提供了思路。众筹方式的加入，也帮助共享创新降低了对资金资源的依赖程度。创意只要得到认可，就不再因为资金难以到位而成为空想。

8.1.4 创新设备

有形资源是创意落地产业化所需要的工具，如创新设备、设施，这也代表着公司的生产能力。这种硬件的支持可能需要大量资金的投入，伴随着大额的折旧、更新换代成本。在传统创新过程中，创新活动主要是在组织内部完成的，封闭程度相对较高，整个过程中需要企业自身投入大量的高精尖的技术设备，包括仪器、实验室、器械等，传统创新活动对有形资源投入的依赖程度非常高。

与传统的创新模式比较而言，共享创新模式需要投入的有形资源相对较少，这主要是因为共享创新模式不仅强调对企业内部资源的使用，更加注重对外部资源的共享和整合，可以通过设备设施共享、产能共享等方式共享企业外部的厂房、设备、生产能力等有形资产。例如，当今很多企业与高校实验室建立密切的创新联系，依托学校的实验室进行创新，节省了设备方面的投入，短时间内就可以组织起高效率、专业化的研究队伍，间接地利用组织外部的设备等相关资源，把属于内部的研发活动转由外部组织开发，大大降低了研发过程中的成本。实际上，共享创新模式为设计有效的管理手段以整合更大范围内的设备资源提供了思路方法，因此，这也降低了共享创新对有形资源投入的依赖。

8.2 资源供需双方

在创新实践中，越来越多的组织采取多方参与、合作开发、机制灵活、资源集成共享的创新模式，强调创新参与主体的广泛性、合作机制的多元化。通过众多共享创新的案例可以看出，这是一个需要多方共同参与的创新过程，会有一个或多个需求方和供给方，从而产生"一对多""多对多"等资源交易模式。其参与者不限地域、不限组织、不限范围，既可能是来自企业中的管理者、技术人员、普通员工，也可能是来自高等院校、科研机构的研究人员，还可能是一个组织，因此，资源交易模式可以真正发挥群体智慧，实现"大众创业、万众创新"。

在共享创新过程中，资源供需双方作为共享创新的主体，扮演着不同的角色，发挥着不同的作用。创意提供者可能同时是创新成果的使用者（即顾客），这种创新模式将更有可能为创新成果的使用者提供高品质的体验，也有助于搭建起市场营销与研发环节的桥梁，降低创新与市场脱节的风险，从而为创新活动的发起者创造更加广阔的市场空间。因此，共享创新的参与者，即共享创新的主体是一个借助于网络平台而聚集起来的创新群体，它以实现特定的创新目标或特定的任务为前提，既定目标完成后这个群体会自行分散。待新的创新活动被发起之后，新的共享创新群体再次自发形成。虽然参与主体的角色会有不同，但供需双方按照群体性质的不同，都可以归为如下几类：个人（如自由职业者、有空余时间的科研人员等）、企业、正式组织（如高校科研院所、政府机构等）、非正式组织（如自发形成的兴趣团体等）。

8.2.1 个人

个人是共享创新活动最活跃、最富创新能力的主体。他们有着不同的身份，可能是自由职业者,也可能是在职人员,还有可能是学生、退休工程师等。共享创新打破了时间、地域等的限制,让对创新活动感兴趣的人都可以参与其中,个人可以随时随地贡献自己的创意和想法,并有机会通过分享创意、技术贡献等获取丰厚的回报。这一模式打破了知识传递的界限,打通了信息传递的渠道,便于创新在整个渠道内扩散传播。

共享创新中的个人主体是更具广泛意义的个体,这类主体不限年龄、不限学历、不限背景,只要能够为共享创新活动注入新思想、新创意、新价值等,都可以称之为共享创新的个人主体。因此,共享创新中的个人比一般意义的个人、自然人的内涵更为宽广,其不仅涵盖那些具备独立承担法律能力的自然人,甚至也可能包括一些未成年人及无法律行为能力的人。巨大的人口基数给予了共享创新模式中资源交互的广泛性与自由度,也带来了共享创新发展的无限可能性,而互联网的发展更使创新交流的速度大大加快。可以说,个人主体是共享创新发展的重要推动力。

对于个人主体而言,作为创新资源的供给方,为创新需求建言献策,个人不仅可以从设计中直接获取收益,也可通过参与其中获取知识、经验等间接收益。参与共享创新的个人获得的物质收益可能是有限的,如创意被采纳、设计的软件被人购买等可能获得直接的金钱收益。但有更多的参与者没有金钱方面的收获却仍然乐于参与,这主要归结于个人参与共享创新获得的间接收益。这种间接收益往往给参与个体带来声誉、知识、经验等,对个人而言比直接的经济收益更有深远的意义。同时,个人主体也是创新成果的潜在用户即创新资源的需求方,可获得来自众多参与者贡献的创意、思想、设计灵感等,从而助推其自身的创新活动。个人主体还可能是创新成果的主要用户,或者是创意发起者老用户,他们通过参与到发起者的共享创新过程中,把在使用产品过程中的体验或认知经验在产品或服务的创意形成阶段先期导入,从而为最终产品或服务的形成提供更多符合市场需求的"原材料"。

以海尔为例,它提出"企业平台化、员工创客化、消费者个性化"的转型思路,吸引了大批创新者加入平台,消费者带着需求参与,推动传统家电制造业突破性变化,消费者是创新的最终用户,也变成了产品设计者,是创意灵感的提供者,真正地实现了以消费者需求为中心。"雷神"游戏本就是一个海尔在转型阶段对协同各方资源进行创新孵化的案例。"雷神小微"依靠贴吧、论坛、QQ群等渠道与消费者交互,从30万条评论中归结出13个消费者的"痛点"[①],从游戏笔记本电脑中看到了产品机会。之后,该团队整合外部设计资源和企业内部无边界团队,共同合作针对消费者的需求提出产品创意,然后经过研发和试制,并在广大

---

① 《海尔探索公益新模式》http://www.ocn.com.cn/chanye/201412/haier121037.shtml[2019-03-11]。

玩家测试后到创新平台进行预约销售。最后根据平台消费者的评价反馈意见，对产品进行完善，在这样的循环往复中完成最终产品的交付。

共享创新可以使其中的参与人员从多个途径、多种方式获得直接或间接的收益，这种模式会激发更多的个人参与到共享创新过程中。这种自由自愿的参与聚集多样化的个体来源，为共享创新发起者创意征集提供了丰富的素材，也使其能够在更宽广的范围内获得最优的资源配置机会。

8.2.2 企业

企业一般是指以营利为目的，能够自主经营、自负盈亏、独立核算的法人或其他社会经济组织，它通过投入生产要素，向社会提供商品或服务获取收益。企业虽是一种正式组织，但鉴于其是创新重要的主体和推动者，在共享创新活动中发挥独特的作用，因此，对其进行单独分析。

企业可以为创新创意的实现提供物质上的支持，如金钱投入、提供设备厂房等，相较于个人，企业主体具有更大的抗风险能力。此外，共享创新也帮助企业降低了传统创新过程中的风险。创新从创意形成到最终创新成果推向市场完成产业化过程涉及多个环节，具有相对较长的周期。在这一过程中，蕴含着很高的风险，如研发与市场的脱节等。在共享创新模式运作过程中，价值链条各环节的主体都可以参与其中，这种方式使得研发和需求能够很好地贴合在一起，大大缩短产品推向市场的周期，降低风险和运作成本。上下游合作伙伴的参与，有助于通过在创意形成或研发阶段的合作，提高最终产品的附加值，也有可能降低合作伙伴的运营成本。

企业通常作为共享创新项目的发起者。为此，其首先要形成明确的议题，该议题可能是解决企业自身的技术难题，也可能是需求产品创新的创意征集。同时，发起者要对整个讨论过程进行引导，以便整个过程能够紧密围绕选择的议题，并能提供一定的措施，激励参与者积极性的充分发挥。另外，发起者还充当管理者角色，因为在共享创新过程中可能收集到大量的方案，这就需要能够从中选出适合企业情况、具有高度可操作性的方案。在参与共享创新的企业中，除了发起者企业，即创新需求方之外，还有数量众多的创意或方案提供者。作为创新资源供给方的企业，一旦它们的创意或方案被采纳，可以从中获取直接的收益分成，即便创意或方案没有被采纳，也可能获得经验、声誉等一类的间接收益。对于作为平台方的企业主体，它们为供需双方搭建平台，从中提取会员费或获得收益分成。例如，在海尔开放创新平台上，海尔作为发起方，对整个创新过程进行引导，并调动个人及组织参与者的积极性。同时有500强企业、中小公司在平台上充当创意或者方案提供者，他们共同推动着创新的进行。

8.2.3　正式组织

正式组织是指有着同样目标的一群人，按照确定的组织结构、职能设置、活动规范、权责关系等正式组织起来的集合体。尽管企业也是主要的正式组织之一，但为了分析上的方便，在此将共享创新中的正式组织限于企业以外的正规群体，这类群体不仅包括诸如科研机构、专业性研究机构、高等院校的研究所，也包括一些相关的政府组织、民间团体等。

这类群体在共享创新过程中可能扮演着不同的角色。譬如政府机构，可能在平台上发起创新活动，征求民意，从而制定更加切实可行的政策；也可能为营造共享创新良好的环境，推进基础设施建设。金融机构也可能是共享创新过程中的重要参与主体，尤其是在后期阶段，这主要是因为创新成果的转化往往需要大量资金投入，共享创新下金融机构可以通过更为多样化的方法为创新提供资金支持，促使创业落地，获取更高的投资回报率。

正式组织参与共享创新的作用在于可以发挥其桥梁作用，促进研究和产业推广间的联系，推动产学研合作等（王洪生和张玉明，2016）。在创新过程中需要解决的问题可能是非常复杂的，除了个人、企业的创意还需要专业的研究机构及高校研究所来满足。此外，共享创新所带来的多种类型的收益会吸引正式组织参与其中，解决来自实践中的创新问题。这种互利互惠的创新方式是其他形式的创新无法比拟的。例如，在海尔开放创新平台上，海尔整合了全世界一流高校，以及细分领域上的许多创新机构等，这体现出海尔非常强大的资源整合能力。除此之外，海尔在全球共拥有十大研发中心，每个研发中心会根据当地市场的用户需求不断迭代更新技术和产品设计，同时会进行研发资源和创意的全球共享。在海尔开放创新平台发展的过程中，正式组织是提供解决方案的重要力量，推出了非常多的革命性产品，颠覆了人们对家电产品和行业的认识，成功地实现了迭代创新。

8.2.4　非正式组织

非正式组织与正式组织相对应，其成员之间联系相对松散，不具有正式的组织结构，是因为共同的情感、兴趣、爱好或者某种需要而聚集在一起，是一种自发形成的社会组织，如网络社区、民间社群等。它们在共享创新过程中同样扮演着多重角色，可能是共享创新的贡献者，也可能是创新成果的用户。

参与共享创新的非正式组织同样具有宽泛的概念。从内涵层面来说，共享创新中的非正式组织与传统意义上的非正式组织在本质上是相同的,都是那些因拥有共同兴趣而结成的非正式群体。但从范围层面来看,共享创新中的非正式组织可能是源自企业内部,也可能是来自企业外部,其中的个体可能不受任何企业制度等因素的约束,是一个更为广泛的概念范畴。作为由相同爱好或兴趣的人士自愿结合形成的小组或群体,其有着更加自由开放的创新氛围,它们可能会形成一些好创意或方案,但也可能面临着方案难以推出、创意不被用户认可及市场需求难以确认等问题。他们可以借助共享创新平台,把其创意等贡献付诸实施,一旦该创意被采纳,这些非正式组织将会获得直接的收益分成,也可以避免直接投资产生的风险;即便创意不能被采纳,它们也会从共享创新过程中获得诸如信息、知识一类的资源,从而为以后的改进或新设想的形成提供有益参照。

当今环境对于创新创业的鼓励使得非正式组织逐渐增多,它们因兴趣或对未来的认识一致性自发地组织起来。强烈的使命感使其有更多的动力投入到所选择的爱好中,更有可能产生大量有创新性的创意,从而为共享创新的成功实施注入大量思想和方案等。非正式组织在参与共享创新的过程中,也如同前面分析中提到的个人、企业及正式组织一样,会从中获取包含直接收益和间接收益在内的多样化的收益。

8.3 共享创新平台

共享平台不仅具有市场的功能,而且超越了传统市场的概念,它突破了传统市场的时空限制,这是对传统市场经济配置资源理论的又一种拓展(卢现祥,2016)。共享创新平台既可以是以营利为目的而建立的私有共享创新平台,也可以是政府出于调节区域内创新资源环境而建立的公共共享创新平台。同时,该类平台既可以是通过组织内部创新将自身变革为平台的自建平台,也可以是纯粹的第三方平台。由此可见,共享创新平台通过维系参与主体的关系促成参与主体交易的完成,是共享创新构成要素中的核心要素。那么,共享创新平台拥有哪些分类?平台的具体特征是什么?共享创新平台又是通过哪些功能实现共享创新模式的呢?共享创新平台的分类、特征及功能如下。

8.3.1 共享创新平台的分类

共享创新平台有两种,分别为公共共享创新平台(也可称为第三方共享创新平台)与私有共享创新平台(也可称为企业自建平台或自身转型平台)。共享创新平台为创新需求者与创新供应者提供交易平台服务，不同的是公共共享创新平台可以为任何创新需求者提供平台服务，而私有共享创新平台则呈现出只服务于特定的创新需求者的特征。

1. 公共共享创新平台

公共共享创新平台可由民间部门出于营利的目的投资运营，或者通过政府提供创新的基础设施进行投资和运营。这种公共的共享创新平台实质是一个电子化的交易市场，交易的内容是创新性知识、资源与产品。

创新性知识、资源和产品性质特殊，其研发成果只能由单一企业独占，导致企业之间竞争的加剧，相互之间为了自身利益而非整体市场协调发展，容易导致市场失灵。因此，民间部门出资兴建的公共共享创新平台可以降低企业之间竞争力，促进参与主体间的合作，同类型或者不同类型的企业均可以在共享平台上满足自身的创新需求或者是为自己的创意方案寻求需求者；同时，政府部门为协调区域内企业兴建的公共共享创新平台，一方面，可以促进区域内创新资源的开放、共享，降低参与主体的风险，提高创新研发的水平和能力，提高创新资源的利用效率；另一方面，也符合当前转变政府服务方式，建立服务型政府的要求，从而更有益于区域内的企业发展。

2. 私有共享创新平台

私有共享创新平台大部分是大型企业为了有效整合外在的创新资源，推动自身的创新发展而建立的创新平台。这样的平台在很大程度上注重其数据安全，保证其研发创新的隐私性和保密性。与公共共享创新平台不同，私有共享创新平台不注重创新成果的公开与共享，所有创新结果均为需求企业所独占，其共享也是存在于企业内部不同部门之间，因此不对此进行过多介绍。

8.3.2 共享创新平台的特征

共享创新平台是适应当前共享创新发展，提高共享资源使用效率，利用大数据匹配供需双方等方面的需要而建立的共享平台。就当下共享创新平台应用实践情况而言，主要呈现出以下特征。

1. 共享主体目标

在传统创新模式下，参与主体的目标往往是追求创新成功后给企业带来的经济利益，具体到创新的供给方和需求方而言，可能存在着更深层次的不同的目标。比如，供给方希望通过创新提高品牌知名度和增强消费者消费黏性，需求方希望通过创新增强科研能力从而达到拓宽市场的目的。因此，在传统创新模式下，参与主体之间的目标往往会出现分歧，使得创新项目难以为继，甚至导致创新的失败。但共享创新平台以提高资源利用效率为目标、以优化创新资源配置为核心、以降低创新成本为本质，并通过共享创新平台形成的组织协调机制、驱动机制、利益机制等运行机制的作用，使得各个参与主体经过合作和竞争后，其目标同时得以共享，从而促进共享创新平台功能的实现。

2. 共享资源配置

参与主体参与创新的程度和作用在很大程度上受其掌握的创新资源主体的影响。在传统创新模式下，参与主体享受到的资源配置具有排他性。首先，传统的参与主体独占创新资源的目的便是能够独自享有那部分经济利益，这种情况下的创新主体是不与其他参与主体和内部员工进行资源交换的；其次，传统的创新资源往往只能停留在企业内部，要转换成全社会共同治理层面的状态是十分困难的。

在共享创新平台上的资源配置符合共享的理念，不仅是行业内企业间共享创新资源，同时还可以将创新资源变成全社会共同治理的状态。共享创新平台一切资源皆可共享的属性使得资源配置更加合理。一方面，参与主体在使用共享创新平台提供的创新资源时，能享受共享创新平台的收益；另一方面，共享创新的交易同时在线上和线下进行，线上交易受平台管制，线下交易则受社会治理管制，二者均需符合交易规则。因此，在线上平台交易规则和线下社会治理规则之间的转换是平稳的。

3. 共享成果分配

传统企业创新后，成果的分配往往由资源提供方所决定，当参与主体代表着股东的利益时，决定成果分配的往往是股东的偏好。这时，股东以外的参与主体很难得到符合劳动水平的成果。随着协同创新和开放式创新的发展，逐渐增加和拓展了参与主体表达自我意愿的方法和途径，然后通过成果分配，可以更全面、准确地获得与其贡献相匹配的成果。但是，因为股东外的参与主体仍然无法掌握全部创新资源，所以还是不能最终成为成果分配的决定方，仍然不算实现了双赢。

在共享创新中，创新资源完全基于共享平台之上，因为共享创新需要通过平台提供交易基础设施和确定交易规则。这时，创新成果的分配就完全由参与主体即供给方和需求方共同决定，二者均拥有同样的话语权。这种情况下，共享创新便实现了真正的双赢。

8.3.3 共享创新平台的功能

正如前文所述,共享创新去中介,再中介,形成了共享创新平台,它们利用现代通信技术、网络技术和计算机技术等技术手段把供给方、需求方及平台方连接在一起,对多方资源进行有效管理,将交易双方进行高效匹配,令各方收益最大化。在共享创新平台实际运行的过程中,主要是发挥了如下三方面的功能。

1. 连接功能

上文所述,不论是公共共享创新平台还是私有共享创新平台,它们都起到了匹配供需双方创新资源、进行创新活动的重要作用。在这一过程中,共享创新平台需要通过网络支持同供给方相连接。实际上,共享创新的共享平台大部分功能都要基于网络实现,如管理资源、匹配需求等。

任何平台的运作都需要先输入,然后输出,共享创新平台也是如此。供给方以不同种类的创新资源进入共享平台,为共享平台提供交易的基础。要引发共享创新迅速匹配双方资源的规模效应,首先,必须通过共享平台连接供需双方,同时输入可共享资源;其次,通过现代通信技术、网络技术和计算机技术等网络手段迅速汇集大量的创新资源。

2. 管理功能

通过共享平台的连接功能将海量的创新资源集中到共享创新平台上后,共享平台就需要对这些资源进行高效的管理。

具体来说,共享创新平台通过存储管理、控制管理和系统管理来实现对共享创新资源的分析、控制和优化,从而实现平台的匹配功能。①存储管理:存储管理为共享创新平台的控制管理和系统管理提供可供共享的创新资源,存储管理体现在对原始共享创新资源数据的继承、分析、交换和存储中。②控制管理:将大规模数据储存在共享平台后,为了确保共享创新平台的顺利交易,实现资源供求的正确匹配,从而实现资源的优化配置,就需要控制管理。控制管理主要包括对共享的数据控制、用户控制和设备控制与安全控制。数据控制是共享创新平台管理功能进行的第一步,具体来说是分类共享创新资源、重新设计标准化流程,将所有种类的信息、内容和应用结合起来,有机地根据不同的供给方需求同服务相结合的过程。用户控制是控制管理的第二步,主要是实现对供给方的控制、对需求方的控制、评估体系的控制与社群控制。设备控制与安全控制是最基本的控制管理功能,设备控制主要是指平台运行的计算机设备的控制管理,安全控制除了指设备的安全之外,还有网络安全控制。③系统管理:系统控制为共享平台的匹配功能提供技术支持，包括数据分析、内外数据交互、分布式文件存储、搜索引擎、地理信息系统、安全认证中心、电子支付等（王勃和王璐，2016）。

3. 匹配功能

共享创新平台从根本上来讲是一种匹配程序，匹配功能实现的前提是在共享平台的两端联结多个资源持有者和需求者，同时在平台上能够实现大规模的创新资源自由流通。

在传统创新模式下，人们需要花费大量时间和成本寻找合适的资源，而在共享创新模式下，共享平台能够从确定创新资源类型、对接时空、灵活定价三个方面实现参与主体之间的高效率匹配，并借助计算机、大数据、人工智能等完成即时交易。①确定创新资源类型：现有的共享创新平台提供了在各个领域可共享的资源，共享创新平台建立搜索分类的目录，当供给方提供足够的创新资源和质量保证后，在共享平台上进行搜索，从而确定需求方所需的资源种类，尽快对接时空实现价格匹配。②对接时空：对接时空是共享创新平台匹配功能的重要步骤。时空作为抽象的可共享创新资源，其价值不仅限于自身的共享，而且反映在供需双方的对接服务中。当然，由于共享平台的供给资源和用户需求在不同的时空，其匹配能力不仅仅取决于拥有多丰富的创新资源，还取决于需求与资源之间的时空匹配度。③灵活定价：建立灵活合理的定价系统是提高共享创新平台完整性的最后一步，其能够实现创新资源的低成本共享。在开发的初期阶段，许多共享平台利用较大力度的折扣吸引并积蓄用户，希望马上打开市场，以低价格来引发用户的网络效应。它的重要性在于供需双方的价值平衡。共享创新平台补贴的选择取决于参与主体的价值增长，价值增长较慢一方将阻碍价值增长较快一方的用户体验升级。因此，供需双方灵活的价格决定，能够进一步提高匹配功能，最终实现双方在共享创新平台上的高效率交易。

8.4 其他参与方

其他参与方对于共享创新平台来说，是不可或缺的一部分，如果说共享创新资源、供需双方、共享创新平台三者对于共享创新而言是不可替代的主要部分，那么其他参与方则是这几个部门得以有效运行的必要条件。其他参与方各自发挥作用，例如，评估参与方帮助供需双方更清晰地了解对方资源的价值；支付参与方能够更高效地匹配供需双方资源；监管参与方给交易提供安全保障；会计师事务所对双方经济行为进行必要的监控；律师事务所提供双方所需的各种法律服务；

知识产权机构能够提供供需双方知识产权方面的保护及监督。其他参与方主要包括评估、征信、支付、监管机构、会计师事务所、律师事务所及知识产权机构七部分，这七部分相辅相成，帮助共享创新和谐稳定运行。

8.4.1 评估

以往的创新方式中，陌生人之间的资源共享往往存在芥蒂和壁垒，而共享创新以其一切资源共享的特质使它们之间的交易越来越频繁。因此，共享创新模式下的评估机构，能够帮助参与机构之间相互了解，从而保证交易的顺利、高效完成，实现了陌生人之间的交易，极大地拓展了创新资源交易的范围和空间，可很快形成规模经济。从评估机构对象的角度出发，除了传统经济模式下对买卖双方即供需双方进行评估，还会加强对共享创新平台和其他参与方进行相关评估（图8-1）。

尤其是对于交易双方而言，由于共享创新中供需双方的角色可以随时转换，所以买卖双方不会拥有持久的优势。从评估类型角度出发，评估种类包括质量评估、价格评估、风险评估等，只有评估的种类更全面，才能提供更具体的评估服务，进而各参与者之间能够充分了解对方，提高交易的成功率。评估机构发挥其评价、评值、界定、提供价值尺度等职能，能够更好地帮助共享创新平台协调内、外部关系，公平、公正地发挥其作用，促进共享创新良性发展。

8.4.2 征信

以往的征信主要是通过第三方专业机构联合银行、政府生成的信用信息，通过对用户过去信用行为的分析和评价，从而对其未来的经济活动进行定性和定量的衡量，据此生成信用报告，而这份信用报告就是众所周知的"经济身份证"。具体而言，"经济身份证"以政府、银行等公众机构作为渠道，征信对象为所有参与方（图8-1），在共享创新中，起到了加深各参与主体的信赖程度，为共享创新平台的运行提供参考依据的作用。此外，通过对双方过去信用行为的搜索、整理、保存和加工，征信还起到了减少平台中供需双方信息不对称现象，进而降低双方谈判成本、搜寻成本和履约成本的作用。此外，个人的征信服务也在共享创新平台中迅速开展起来，例如，芝麻信用将"信用分"运用到借还物品等生活领域，可以享受免押金借充电宝、借伞等服务。在未来，征信的功能还将覆盖到更广阔的范围，并切实落实到共享平台对接的供需双方。所以，征信能为共享创新提供信任前提，并可有效降低交易的履约和执行成本。

8.4.3 第三方支付

第三方支付主要是在产品流通区域内与主要银行签订合同，同时交由拥有一定实力和信誉的公司作为独立的第三方机构进行交易，为产品和货币的流通提供平台（姚洁，2014）。随着现代通信技术、网络技术和计算机技术的发展，第三方支付方式逐渐变得高效、安全和便捷，也让越来越多的人放心去使用。在共享创新中，第三方支付也逐渐变成实现资源匹配的重要手段。

在共享创新平台中，第三方支付是交易过程中的关键步骤：支付平台按照需求方的意愿转移购买商品或服务的资金或服务至保管区，并通知供给方为需求方提供商品或服务，待需求方满意并确认支付时，供给方才能收到支付平台保管区之前暂存的资金，此时交易结束。此外，现代信息技术的高度发展也促使第三方支付的操作更加齐全，使其同时兼具保管货款和监督交易（于秀丽，2017）的作用。因此，第三方支付作为一种其他参与方，在供需双方之间搭建资金交易的桥梁，即设立中间过渡电子账户，可随时控制资金在交易双方之间的流动，提供支付上的便利，保证交易的顺利进行。

8.4.4 监管机构

共享创新虽然目前仍处于发展的初期，但因为共享创新模式更能满足当前企业各种创新的需求，预期日后规模不可估量。因此，预先对共享创新平台进行监管可以作为防护墙，来保证日后共享创新平稳、有效运行。根据监管内容的不同，传统的监管方向可以划分为环境监管和商业监管，而共享创新自身的低成本、高效率的特点使得对共享创新的监管更偏向于商业监管，监管对象为各个参与主体（图8-1），监管内容为供需双方与共享平台的利益保障、信用体系与支付平台的安全和评估的有效性等。同时，监管机构需要针对共享创新的特征而采取新的监管理念与方式。因为共享创新的众多参与主体拥有着大量的创新资源，而监管机构无法对这些创新资源进行事无巨细的监管，所以需要监管机构打破原来的"单中心"强制管理的思想，建立起合作监管的新理念、新思路（刘权，2016）。以监管机构的监管行为为中心，在保证参与主体自主权的前提下，监管机构同供需双方和共享创新平台开展合作，彼此相互制约、共同监管，从而提高监管效率。由此，监管除了可以保证交易的合法、安全，保护消费者的合法权益及信息财产安全外，还可以起到协调各方利益关系、创造公平的市场竞争环境、维护公平的市场竞争秩序的作用。

8.4.5 会计师事务所

会计师事务所是指依法承担注册会计师业务的中介服务结构，是由有一定的会计水平、经认证的注册会计师组成的，受当事人委托承办税务、审计、咨询、会计等相关方面业务的组织。由于共享创新平台在一定程度上无法核对供给方和需求方的真实财务信息，会计师事务所的介入可以解决这一难点。经过会计师事务所核对后，供需双方对彼此的财务情况有了可以信赖的标准，增加彼此的信任程度。供给方在为需求方解决其所提出的问题时，可以衡量对方是否能够支付所承诺的报酬；需求方在要求供给方解决问题时，也不会为了解决问题而承诺超出自己经济承受范围的报酬，由此避免可能产生的纠纷。

会计师事务所也可以作为外部力量来监控共享创新平台的交易情况。首先，会计师事务所的介入可以监控整个平台的运营情况，如资金流向、税务情况，从而得出该平台是否真实可信赖的结果，给供需双方提供一定程度上的保证；其次，会计师事务所也可以监控每一笔交易的资金交换情况，保证供需双方及平台方的利益都得到切实的维护。

8.4.6 律师事务所

共享创新平台在逐步发展完善的过程中，势必会遇到各种法律问题，如产权问题、交易纠纷、竞争问题、信任问题等，律师事务所的介入可以很好地帮助平台同时可以帮助供需双方化解这一困境。一方面，平台内部可能会产生各种矛盾冲突。首先，平台可能会面临来自需求方和供给方的挑战，如为顺利解决项目，需求方可能会给平台缴纳一定的保证金来更好地推广项目，但当效果与预期不一致时，双方就会发生纠纷，律师事务所可以从中调解并建立应对机制，帮助平台方和需求方更好地解决这一冲突；其次，平台方可能也会面对来自供给方的质疑。如在某些项目中，平台方没有很好地帮助供给方协调与需求方的问题，导致项目没有成功实施，这是需求方的责任，同时是平台方的责任，在这种情况下，律师事务所的介入能够界定责任的边界，不至于损害各方利益；最后，供给方和需求方直接的冲突更需要律师事务所加以协调，供给方和需求方是共享创新的直接要素，二者在交易的过程中会不可避免地产生冲突，如约定的报酬最后没有实现、约定的功能没有达成等，种种纠纷都需要律师事务所加以协调。

另一方面，律师事务所也是代表共享创新平台进行对外沟通、交流的主要媒介，如和支付、评估、征信、监管机构、会计师事务所、知识产权机构等其他参与方的交涉,包括政策的制定、相关责任的划分、权限的界定等。由此可见,对内、对外律师事务所都是共享创新不可或缺的要素之一。

8.4.7 知识产权机构

知识产权机构是国家知识产权局批准的,接受委托人委托,进行知识产权申请及其他知识产权服务的服务机构,在共享创新中主要实现两个方面的功能:一是用以评价项目是否符合申请知识产权的标准,提供相应的知识产权服务。共享创新平台以创新项目为核心,但也不是盲目进行创新,是在考虑了现实需求的情况下,供给方和需求方共同解决者这一实际问题,该问题得到解决之后,如果该方案可以适用于申请知识产权或者其他知识产权服务,知识产权机构予以判断是否符合专利标准,主要用以维护供给方和需求方的合法权益不会被其他人侵犯;二是监督项目不要侵犯现有的知识产权,知识产权机构作为专业的服务机构,在评估需求方的项目是否可以上线寻找需求方的解决时,能够及时反馈该领域的知识产权情况,避免该项目的解决侵犯已经实现的知识产权,造成"无效"研发的情况,浪费人力、物力和财力,保证创新资源交易和创新过程的顺利进行。

第 9 章 共享创新的运行机制

共享创新作为一种新兴创新模式，在现代通信技术、网络技术和计算机技术的快速发展下，对企业的创新的作用日益凸显。与传统创新模式只注重本企业内部资源利用从而导致企业创新动力不足不同，共享创新更加注重利他思想的运用，更加强调创新方式的可复制性、易获取性等。由此可以看出，共享创新的运行机制势必与传统创新模式有所不同。为此，本章将重点探讨共享创新的运行机制，对完善共享创新模式的理论及保障共享创新的进一步发展都具有重要意义。共享创新的运行机制，是共享创新得以良好运行所不可或缺的约束条件。本章将从参与机制、合作机制、交易机制、驱动机制、组织协调机制、利益机制、评估机制等七大方面讨论共享创新得以平稳、健康运行的机理，并由此进一步完善共享创新理论体系。

9.1 参 与 机 制

共享创新参与机制主要指的是各个参与主体参与共享创新的原因。揭示共享创新模式中不同构件参与共享创新的动力源，对构建科学合理的参与和运行机制，助推共享创新模式的发展成熟与广泛应用有重要意义。

9.1.1 参与机制的内涵

共享创新的参与主体包括学生、工人、科技发烧友、退休工程师、家庭主妇、军人等个人，各类企业（通常是创新活动的需求方和发起者，是共享创新的核心组织），高校、科研机构、政府组织等正式组织及创新小组、网络社区、社群等非正式组织。各参与主体在参与共享创新的过程中发挥着不同的作用。企业通常是指征集创新方案的参与者，代表了需求方（从企业、政府、社团三个方面分析）；

科学研究机构在共享创新过程中除了获取经济利益这一动机之外，还有着实现个人声誉的愿望；而个人参与共享创新则更能满足不同人的经济性需求和社会性需求。

9.1.2 参与共享创新的动因

共享创新参与主体众多，下文将以企业、科学研究机构和个人为重点展开论述，以揭示其参与共享创新的动因。

1. 企业参与共享创新动因

企业作为营利性组织是共享创新最重要的参与者，追求盈利是企业生存发展的最基本目标。创新是企业生产运营活动的重要组成部分，加强对创新活动的管理，从而实现企业创新活动的低成本与高收益，已经逐渐变成当前企业对生产经营等创新活动进行管理的重要目标。共享创新所具有的低成本、高收益的特征，与企业逐利的目标相吻合，因而，企业之所以参与共享创新，追逐利润是十分重要的动力之一。

与企业这种营利性组织不同，非营利性的组织虽然并不以营利为目的，但非营利组织同样是共享创新模式中十分重要的组织类型。具体而言，非营利组织不论是志愿团体、社会组织或者是民间团体，都是以其非组织性、民间性、非利润分配性、自治性、志愿性等为特征（胡悦，2011）的一种组织形式。因此，非营利组织便可以高效率、低成本地通过整合外部人才、信息、知识等实现其推动经济、社会等发展的主要目标。在这一方面，非营利组织的特性与前文所提到的共享创新的特征相吻合，而共享创新模式能够通过其独特的模式破解非营利组织在实现其目标过程中面临的人才、信息、知识及资源等困境。此外，共享创新模式于非营利组织而言，通过吸引外部人员或组织参与非营利组织的运营决策，也可以缓解甚至消除委托人及代理人之间的信息不对称，提高代理人工作的透明度，从而提高委托人对非营利组织工作的认可程度，这将促进非营利组织实现更高效、低成本地发展。

另外，独立于营利与非营利组织之外的政府团队在共享创新的发展中也起到了十分关键的作用。因为对任何国家或社会而言，政府的地位与作用都十分重要，政府的一系列行为和动态将对社会的各个方面产生重要影响，政府也因此时刻受到社会大众的广泛关注。与上述类型相同，伴随着时代的发展与进步，政府面临着巨大的创新压力，这也是政府必然要选择共享创新模式进行自我革新、自我创新的原因。与传统的创新不同，共享创新参与门槛低，任何文化素质的群众均可以以自己的方式参与其中，也就是说公民之间的参与权是平等的。政府在对社会进行管理和服务的创新过程中采取共享创新模式，不仅有利于保证群众拥有平等的参与权，也可以促使群众基于自身利益发表建议与意见，这体现了民主化的本质要求。

2. 科学研究机构参与共享创新动因

共享创新模式中，企业以自身实际需求为导向在共享创新平台中征集创新方案，共享创新平台的供给方以满足企业的实际需求为目标开展创新方案的研发与设计。科学研究机构作为其中不可或缺的供给方，通过参与共享创新平台上方案的征集，可以直面企业的实际创新需求，针对其需求开展方案的研发与设计活动，进而能够有效克服科学研究机构长期以来的市场敏感性低、创新成果与市场需求不同步的困境。因此，通过参与共享创新，科学研究机构在克服创新成果与市场需求不同步的同时提升了其创新成果的市场价值，只有符合需求的供给才能为供给者带来利润，这将最终解决科学研究机构资金短期的困难。

此外，根据马斯洛需求层次理论，科学研究机构的研究人员大多已经满足较低层次的需求。因为他们大多具有较高的学历，较其他阶层公众而言其往往具有更强烈的获取个人声誉的愿望，即满足更高层次的需求的愿望。共享创新模式快速而广泛的信息传递功能，能够为取得重大创新成果的研究人员带来显著的社会声誉，实现其更高层次的需求。从这一点来看，科学研究机构具有参与共享创新模式的深层动因。

3. 个人参与共享创新动因

在共享创新模式的各类参与主体中，个人主体占据十分重要的地位，这部分个人主体，不受企业员工、学者、教师、家庭主妇、军人等身份的限制，任何个人均可能成为共享创新的参与主体。这些个人主体参与的原因多种多样，如为了获取经济收益、社会声誉、学习收益等，将这些收益归结起来可以大致分为直接收益和间接收益两类。

直接收益主要是指经济收益和学习收益。获取经济收益是市场经济环境下各类活动主体最重要的目的，也是个人参与共享创新的第一推动力。在共享创新模式中，个人可以通过多种方式获取可观的经济收益，例如，个人可以通过在苹果公司的应用商店AppStore上销售应用程序以取得经济收益。除了经济收益，为了顺应发展潮流，每个人均需要持续快速地学习，而在参与共享创新过程中接触的各类资源有助于参与者及时更新自身知识，在无形之中获得学习收益。

个人参与共享创新除了可获得直接收益外，还有其他形式的间接收益，如培训收益。共享创新平台的参与方不受时间及空间限制的特征，使其汇聚了来自各个领域、各个职业的参与者,这些参与者之间既有竞争又有合作。因而,在这一过程中,参与者基于自己的专业角度提出的各种意见与建议可以显著提升创新的质量。与此同时,在合作的过程中有益于参与者专业水平的提高;甚至在参与者相互竞争的过程中,作为竞争对手的其他参与者的创新方案本身就是十分宝贵的培训资料,有助于参与者从中学习到十分难能可贵的专业知识。这种间接的培训收益于参与者而言在某种程度上可能比直接的经济收益更珍贵。

9.2 合作机制

共享创新拥有参与主体多元的特征,不论是企业、科研机构或是个人均可以参与到共享创新之中,各个参与主体之间相互的合作也是共享创新平台和创新活动得以顺利进行不可缺少的条件。合作机制作为共享创新运行机制的重要组成部分,保证各个参与主体相互合作从而带动共享创新平台的顺利运行。因此,本节将围绕合作机制的内涵和表现来展开论述。

9.2.1 合作机制的内涵

共享创新的合作机制是指供需双方、平台方和其他参与方等通过投标、方案征集、利益共享等方式,遵守共享创新平台和监管机构制定的规则,在发挥自身职能的同时与其他参与主体相互合作以满足自身需求的运行机制,使得共享创新得以平稳、顺利地运行。在共享创新的顺利运行中,离不开各参与主体的合作与协同,具体来说包括供给方、需求方,平台方,其他参与方等资源共享与相互配合。在共享创新的过程中,各个参与主体在运行过程中的相互合作与竞争关系将在本章组织协调机制中进行详细介绍。

9.2.2 合作机制的表现

现代通信技术、网络技术和计算机技术为共享创新模式的萌芽和发展提供了社会文化基础和技术支撑。在这种社会文化基础之上,创新的主体便不再仅仅是精英阶层,而变成了普通大众都能够参与其中的创新活动。秉承着平等、自由、合作、共享理念的共享创新模式涉及多种参与主体,因此,各参与主体间如何开展合作是共享创新活动能否成功的关键因素。在共享创新过程中,参与主体之间的有效合作主要通过合作投标、合作方案征集两种方式来实现。

1. 合作投标

共享创新平台中的创新资源种类繁多，每种创新资源的数量和质量都不尽相同，导致参与主体之间的创新能力存在很大差异。创新团队通常由多个行业的专业人员组成，其创新能力远大于单个参与主体。为突破单一主体自身创新能力的限制，这些参与主体之间通过相互合作，共同提供创新解决方案从而提高创新方案中标的可能性。合作投标是创新主体之间合作的主要方式。此外，共享创新平台参与主体作为创新的一部分，可能仅在某一方面具有较强的创新能力。比如，科学研究所具有很强的技术研发能力，兴趣团队能提供高质量创新创意，二者联合通过共享创新平台，科学研究所充分发挥其研发能力，兴趣团队使其创意得以研发出来，共同创新、共同投标，从而克服单独创新的弊端。

2. 合作方案征集

战略联盟是同产业链企业或者上下游企业经常采用的一种有效应对市场激烈竞争或者维持自身竞争力的主要方式。尤其是在面临具有重大技术共性但技术风险很高的产品研发过程中，众多企业主体会不约而同地选择战略联盟这一形式，从而有效降低参与创新的各企业所面临的风险。在共享创新活动中，参与主体可以共同努力获取一项重要的技术，并能够有效降低每个参与主体在单独开展创新活动时所需的支出。例如，在制作海尔空气魔方的过程中，曾在海尔开放创新平台上征集全球范围内用户关于空气净化类产品的需求，并对征集到的信息进行汇总、整理、分析，最终确定了其研发的主要目标。在具体的研发过程中，涉及不同的领域和技术，针对用户需求"痛点"，研发出来的空气魔方具有除湿、净化、香薰、加湿四个模块，在实际使用过程中用户可以根据自己的需求单独购买或者叠加购买其中的功能模块。在这一过程中，体现了参与主体之间关于创新方案的合作。

共享创新模式具有广泛的优势，同时面临着知识产权保护的挑战。应用于海尔冰箱上的 MSA 控氧保鲜技术就是跨行业、多专利的典型代表。海尔的控氧保鲜技术涉及食品安全、材料、气调等多个行业，涉及多种知识产权，但最终实现了项目的创新。MSA 技术证明通过共享创新平台可以以较低成本实现创新目标。事实证明参与主体很难完全对技术进行保密，其创新技术面临着巨大的侵权风险。因此，通过与其他参与主体进行创新方案的设计，可以有效降低其面临的侵权风险。

9.3 交易机制

交易成本指达成一笔交易所要花费的成本，也指买卖过程中所花费的全部时间和货币成本（王洪生和张玉明，2014）。传统的交易模式中，大部分交易在熟人圈内完成，交易品种、数量及规模的制约导致交易成本过高，严重影响了创新资源的配置效率。共享创新是通过搭建功能完善的多方共享平台使得任何人、任何组织都可以在平台上无障碍地实现"陌生人"之间的交易，迅速扩大了交易主体的参与范围、丰富了交易的品种、汇集了海量的资源，可有效降低交易成本，使得科斯所说的那些因为交易成本太高而没有实现的交易成为现实。共享创新平台的交易机制以瞬时性、碎片化和二元性为表现，在此将从以下三个方面阐述共享创新的交易机制，以便更好地理解共享创新。

9.3.1 交易机制的内涵

共享创新的交易机制是指共享创新平台上供需双方之间通过具体的交易规则，得以对创新资源进行整合而完成创新项目的运行机制。共享创新的交易机制不仅降低了交易成本，而且优化了资源配置。有的创新资源由于它们之间寻找、谈判和签订合同的成本很高，无法顺利地进入交易市场；但伴随着现代通信技术、网络技术和计算机技术的快速发展，该部分资源具有可交易性，并通过交易快速形成具有大规模创新资源的市场。受益于此，共享创新变得可共享、可交易，从而大大缩短了从市场获取资源所需的时间，能够立即满足消费者的需求。

9.3.2 交易机制的表现

共享创新资源与传统创新资源的主要区别就体现在瞬时性、碎片化和二元性上。因此，作为共享创新运行机制的重要组成部分，在本节对交易机制的分析中，将着重介绍共享创新的瞬时交易对创新效率的提升，创新资源的碎片化对共享效果的益处，创新资源的二元性使得创新资源更加丰富这三个方面的表现。

1. 瞬时交易提升效率

共享创新的瞬时交易体现在交易活动可以在共享平台上瞬间完成，这极大地提高了交易的效率。与传统创新模式交易时间长、交易情况复杂不同，共享创新下的交易机制具有的优势主要体现在交易过程的瞬时性上。伴随着现代通信技术、网络技术和计算机技术的发展,参与主体之间创新项目的交易效率变得越来越高。在传统的创新模式下,企业的创新需求往往要依靠自身的研发部门,或者是连同外部专业科研机构、大学、研究所等解决。在这种情况下,满足企业内部的创新需求往往需要很长的时间;而且由于信息不对称现象的存在,创新的需求方往往无法完全满足自己的创新需求,不仅费时费力,也降低了经济效率。但在共享创新平台的逐步发展下,需求方在平台上发布自己的创新需求,因为同时有 N 个供给方,能很便捷地找到符合要求的资源,并可以在平台上直接同需求方联系,而且后续的关于创新成果的交割也通过共享平台,大大降低了交易过程所需的时间,体现出了交易过程的瞬时性。

共享创新的瞬时交易提升了资源的使用效率,降低了交易成本和减少了信息不对称现象,节约了参与主体的时间,从而提升了创新的效率。此外,这种高效的创新模式还能提高创新的成功率和收益,共享创新充分利用外部力量,通过高效整合内、外部创新资源进行创新,最大程度地提高了成功率,从而增加了企业的收益。

2. 资源碎片化更易共享

共享创新中创新资源的碎片化一方面指的是资源的产权碎片化;另一方面指的是需求方通过对创新项目的拆解,从而将完成的创新项目分割成不同的小部分,使每个小部分都能找到最优创新成果的供给方,在此主要指后者。因此,共享创新资源的碎片化特征使得创新资源需求方的个性化需求及创新资源的共享更易得到满足。

在传统的创新模式下,企业的创新需求往往是一整个项目,而满足该创新项目需求所需的时间成本和物质成本都较高。在共享创新模式下,资源实现碎片化,对需求方来说,通过对企业创新需求的拆解,可以将核心问题转换为多个具体的技术需求方案,然后将具体的技术需求方案发布在平台上;对供给方来说,供给方按照自己所拥有的创新资源,有针对性地筛选平台上的需求信息,从而充分发挥自己所拥有的资源优势,提供技术方案进而解决需求方的创新需求。例如,Linux 开源软件就是将产权进行了碎片化处理,将代码进行共享,从而提供给多个不同的编程者使用。在这个过程中,Linux 一方面向需求者开放了代码的使用权,另一方面也使得 Linux 满足了自身的创新需求。

共享创新平台交易机制的碎片化特征体现在供需双方参与共享创新的全过程中,体现了一切资源皆可共享的理念,并且在碎片化之后,创新资源更容易满足参与主体的需求,从而使得资源更容易被共享,通过这一过程能够将创新资源最合理地在供需双方之间进行有效配置,不仅节约了资源使用成本,同时提高了使用效率。

3. 二元性使资源更丰富

与传统创新模式相比，创新资源的使用权比所有权更加重要。创新资源的使用权和所有权相分离，意味着创新资源拥有二元性。使用权和所有权相分离符合当今互联网时代资源的使用权更重要的特点，也成为共享创新交易机制的主要特征之一。

理解二元性的前提是要正确区分创新资源的所有权和使用权。所有权是指资源的所有者对拥有的资产可以合法地进行使用、处分和收益的权力；使用权是指人们依法享受资源的权力。在传统创新意义上，创新资源作为一种资产，有其特定的排他性，在资本主义私有经济体制下，人们一般认为资源的所有权就等同于资源的使用权，在这种情景下，每一个人都渴望拥有私有财产，占有更多的财富，因此造成资源的闲置和浪费。

但进入互联网时代后，虚拟网络世界紧密地连接着人们，排他性这一概念渐渐地从人们的视线中消失。人们追求自由不再依赖于资源的所有权，而是通过与社会其他人的接触实现自由。所有权的概念渐渐淡出人们的思想观念（里夫金，2014）。因此，互联网技术的发展和虚拟世界的存在，形成了资源所有权与使用权分离的趋势。在这种背景下发展起来的共享创新，因其更能明确创新资源使用权的主体，实现了从私有产权到共有产权的转换和资源的公众使用，这就是交易机制的二元性，从而使得创新资源更加丰富。

9.4 驱动机制

共享创新的兴起与发展是经济、文化、技术等多方面共同驱动作用的结果。在共享创新中，各个主体参与创新的驱动因素是多种多样的，分析共享创新的驱动机制有助于深入分析共享创新的发展动力和建立合理的运行机制，为创新效率的提升奠定基础。

9.4.1 驱动机制的内涵

驱动机制是指在多元化的共享创新中，大量个体以多种原因自愿、自觉地参与到共享创新中，为追求创新结果从而表现出的行为倾向或趋势。在以往的创新理论中，各个主体参与创新往往是因为生产技术及生产方法的变革，仅仅是生产力本身的质变及提升。可以说，传统创新理论更多地依赖于过去的历史及经验，是在旧的生产技术及组织之上进行变革。在共享创新中，各个主体参与创新的驱动因素是多样的，且更符合企业创新发展需求及规律，并非单纯地以过去的历史及经验为导向的变革。

9.4.2 驱动机制的表现

共享创新的驱动力主要由突破创新资源的约束、信息技术的推动、所有权理念的转变及灵活就业的要求四个方面组成（张新红等，2016），这是共享创新得以发展的内在动因。

1. 突破创新资源的约束

创新应当是高度注重智力、知识、技术、信息等的创造性活动，创新的成功往往包含着大量的智慧、技能等。创新资源包括物资、设备、人员在内，都是企业在进行创新过程中不可或缺的部分。只有获取更加丰富的创新资源，鼓励更多主体积极参与到创新活动中，创新组织者才能从中获取更具价值的创新机会，未来的创新模式才能更为开放。

在企业主要利用内部资源进行创新的过程中，通常会遇到物资短缺、设备不能及时供应、人员不足以支持研发项目等问题，从而影响了关键问题的克服，进而影响整个创新项目的进度。因此，基于这个背景发展起来的共享创新平台，以其低成本、高效率、低投入、高产出的特性，在很大程度上缓解了当前企业面临的创新资源约束困境，从而帮助那些受约束的企业通过共享创新平台得到支持和帮助，从而帮助企业实现创新发展。

2. 信息技术的推动

信息技术的快速发展一直以特有的开放精神为代表，互联网时代更是让人们逐渐适应了当前社会创造和分享的过程。与此同时，技术的迭代更新速度不断加快，单一企业在面对自身发展的问题时变得捉襟见肘、无力应对，加上各个企业均希望自己抢占发展先机，争先恐后同科研院所、大学等研究机构进行技术方面的合作。因此，现代通信技术、网络技术和计算机技术的快速发展无疑帮助这些企业加快了进行创新发展的步伐，具体而言，现代通信技术使得准入门槛降低，增加了参与者数量；网络技术和计算机技术可以有效降低交易成本，提升资源匹配效率，同时建立良好的信任机制促使交易高效进行。

3. 所有权理念的转变

根据马斯洛需求层次理论，在物质并不充盈的时代，如在传统的手工业时代，人们往往追求的是较低层次的需求，即生理需求，这时候人们更多注重所有物的私有化、所有权的个人化，在创新方面也仅是满足本企业自身需求即可。随着工业革命带来的生产力水平的急速提升，人们的物质需求得到了满足，便不再把追求较低层次的需求作为主要的需求，人们开始注重物品的使用权而非所有权，注重节约资源、保护环境的可持续发展问题，这时，创新便不止是局限于满足企业内部发展，演变成了可以促使全社会共创、共建、共赢的一种方式。共享创新作为"不求所有，只求使用"的典型代表，给人们带来了一种全新的创新模式，可以通过现代技术手段实现闲置资源使用权低成本、大规模复制和再利用，充分提升创新资源的利用效率和企业价值。

4. 灵活就业的追求

信息技术的快速发展、机械自动化在工业中的大规模应用，使得大量劳动力得以从重复的、机械性劳动中解放出来，这也意味着固定劳动岗位的减少。同时，互联网时代的年轻人更加注重工作时间、工作地点的自由、开放和弹性。《"自由职业者"生存发展报告（2019）》称：无论是否为自由职业者，大部分受访者都认为自由职业有"很大可能"（51.7%）甚至"一定会"（12.7%）成为未来的一大趋势。在中国，诸多共享创新平台的出现也帮助更多人选择成为自由职业者。与传统就业方式相比，共享创新的从业者在进出社会生产过程时更加自由，对社会的依赖程度也减轻许多。人们对灵活就业的追求加快了共享创新的成长。

另外，因为共享创新并不需要签订完整契约，只需要在某一项目的关键环节中提供其专业的解决意见、创新方式、研发成果等，就可以通过共享创新平台来实现收入的增长，获得一定的收益。共享创新给予了供给者利用闲置资源创造价值、增加收入的机会。

9.5 组织协调机制

共享创新有多种参与主体，各主体之间共同参与、相互有效协调是共享创新模式得以有效运行的必要条件。在这些具有主动性的多种主体相互配合、相互协调的过程中，必然存在竞争与合作关系，而共享创新平台作为第三方平台，是不具备中央指挥的权力的。在这种情况下，各个主体之间与主体和共享创新平台之间直接通过合作、适应从而建立起高效、顺畅的组织协调机制就显得尤为重要，是共享创新平台顺利运行的组织保障。

9.5.1 组织协调机制的内涵

组织协调机制是共享创新运行机制的重要组成部分，其作用主要是协调不同的参与主体之间的相互关系，使得交易和创新过程可以顺利完成。共享创新的兴起是以现代通信技术、网络技术和计算机技术的发展为前提条件的，技术的进步打破了传统交易和创新的壁垒，增加了主体之间相互连接、相互交往的可能性。因此，在多种主体相互协调的过程中，组织协调机制的建立就显得尤为重要。一方面，可以使得各个主体有机会去发掘更多同类型、不同类型的其他主体，促进主体之间的交易横向、纵向发展，拓宽合作及竞争边际，提高各个主体的发展水平；另一方面，也能令各个主体和共享创新平台实现良性合作，使得二者通过借鉴、融合从而提高整个共享创新的水平。

9.5.2 组织协调机制的表现

组织协调机制主要表现在参与主体之间及参与主体和共享平台之间的相互关系的协调上。主要包括如下几个方面。

1. 参与主体之间的相互关系的协调

在各个参与主体之间存在竞争与合作两种关系。首先，各参与主体之间存在明显的竞争关系，在共享创新的不同的具体创新应用中，参与主体作为创新资源供给者，类似于传统行业的生产者，彼此之间存在对市场机会的竞争。企业在共享创新平台上建立起创新激励机制，通过共享创新平台发布创新需求后，具有资源和创新能力的参与主体均有可能参与创新项目的实施。从而企业将会收获众多的创新方案，只有真正满足企业创新需求的方案才会获得企业的经济收益及相关的剩余收益。其次，各参与主体之间的合作同样有多种形式，在复杂、难度大、涉及面广的创新项目中，单一企业很难依靠自身的创新资源和能力，快速及时地提供有竞争力的创新解决方案。这时，参与主体之间便存在一个合作的内在动机，即通过参与主体之间的合作进行优势互补，从而提升主体的创新能力。

具体来说，共享创新平台的供给方与需求方之间存在双重属性的相互关系，充分认识这种双重属性，是协调和规范二者关系的前提。作为共享创新平台参与主体之一的供给方通过向作为需求方的企业提供创新发展信息与创新项目解决方案途径为企业创造价值。由需求方分别评价通过不同渠道为自身所创造的价值，并依据自身评价向供给方分配各种利益，激励各参与方的积极性，维持合作关系的长久稳定。首先，供需双方从共享创新平台中收集各类相关信息，对创新的发展方向与未来做出正确判断。从这一角度来看，供给方与需求方主体之间是一种创新发展信息的生产者与消费者关系。其次，供给方在对创新的发展方向与未来作出判断的基础上，结合自身实际情况设计出具体的创新项目，在共享创新平台中发布信息，征集创新项目解决方案，是创新项目的生产者；共享创新平台需求方根据企业等创新项目要求设计解决方案，是创新项目的消费者。

2. 参与主体与共享平台关系的协调

共享创新平台与各参与主体以相互实现自身利益为前提，各参与主体依附于共享创新平台而存在，为共享创新平台提供创新资源与能力，实现自身多种形式的利益诉求是多种主体参与共享创新的根本动力。首先，共享创新平台为创新资源的供需双方提供了有效对接的基础条件，共享创新平台为双方提供了一种信息交流渠道，从而满足、提升参与主体对创新产品或创新服务的需求，并使参与主体从中受益。其次，共享创新平台功能的发挥与利益的实现依赖于各参与主体的形成与不断扩展，如果没有各参与主体对创新产品与创新服务的供给，那么无论是否存在对创新产品与创新服务的需求，共享创新平台均无法发挥其对接功能，更无实现自身利益目标的可能。在此种情形下，无论是基于提供创新基础设施改善区域内创新环境的政府部门，还是以直接经济收益为主要目标取向的私营部门都不会投入资金建立运营共享创新平台，共享创新平台将不复存在。总的来看，共享平台与各参与主体相互依存，运营方与各参与主体彼此服务，相互推动实现各自的利益诉求。

如前面所讲，共享创新平台分为公共共享创新平台和私有共享创新平台两种，这两种类型的共享创新平台，因其经济属性、平台定位与产权性质的不同决定了其与参与主体之间关系的不同。私有共享创新平台是企业以推动自身发展为目的建立的，因此其与平台中的参与主体实质上是商业合作的关系，私有共享创新平台通过不断提高自身管理运营水平，为参与主体提供持续性的创新服务，从而实现参与主体提升创新能力的目标，并通过某种形式的收费实现经济利益。公共共享创新平台实质上是一种电子化的交易市场，不论是民间部门以营利为目的所建立的；抑或是政府部门不以营利为目的所建立的，其都是以改善某一区域内的企业创新环境为目标的公共产品。在这两种平台上，参与主体可以低成本或是免费地获取这种平台提供的创新服务，以服务费的方式回馈民间部门，或是以创造税收或带动国内生产总值（gross domestic product，GDP）增长的方式回馈政府。在这一循环过程中，民间部门或者政府与企业等核心组织各自实现所追求的利益目标。

9.6 利益机制

共享创新平台和参与主体是共享创新活动主要的参与者。它们在共享创新过程中发挥各自不同的功能与作用，但二者的最终目的都是通过对各类创新资源的整合，创造出高质量的创新成果从而推动整个社会经济的发展。在这个过程中，不同参与主体均可通过对共享创新平台的有效运行而实现各自的目标和利益追求。因此，在共享创新的运作机制中，利益机制也是一个非常重要的内容。本节从共享创新利益机制的内涵和表现两个方面探讨分析。

9.6.1 利益机制的内涵

进行任何市场经济活动均会承担风险，因而获得收益作为风险的补偿，二者相辅相成、相互支撑、彼此联系、不可分割。创新是一项重要的经济社会活动，其本质属性是高风险和高收益，创新活动的参与主体以获取高额报酬为动力，而承担风险获取高额报酬的前提条件。针对参与创新的主体和共享平台而言，二者的风险是不相同的，参与主体面临的风险较传统创新方式相比，降低多种成本，同时提高了创新的效率；共享创新平台则承担起了参与主体转移的这部分风险，同时享有相对应的利益。因此，对这两方而言，利益机制是有所不同的。

首先，参与主体的创新活动是共享创新的核心，参与主体的需求及方案决定了平台上项目的创新领域与方向。通过开展共享创新活动，创新主体能获取经济、声誉、体验、学习、培训等方面的收益。较传统的创新方式而言，共享创新平台在创新成本与创新效率方面有巨大优势，其能以较低的成本与极高的效率为核心组织带来高质量的创新成果，进而能够推动参与主体获取客观的经济利益、声誉收益或其他收益。

其次，共享创新平台在共享创新过程中发挥"桥梁"作用，是共享创新模式的重要构件之一。该平台既可由出于营利目的的私营部门投资运营，也可由出于改善本区域创新环境目的的政府部门投资运营，也可以是企业为了满足自身创新需求投资运营。共享创新平台的主要作用是企业等创新主体的创新需求与创新服务供给的有效对接，在此过程中核心组织或参与主体需要依据双方成交金额向平台缴纳服务费用，这种服务费用即为平台投资者的收益来源。政府部门投资运营共享创新平台同样能够获得其追求的政治与经济收益目标。

9.6.2 利益机制的表现

共享创新可以给参与主体带来各种形式的利益，同时参与主体可以选择灵活的实现方式。在共享创新模式的总体概念框架内有多种实现方法，在此将以具体的共享创新平台案例的形式展示共享创新活动利益的实现途径。

1. 参与主体的获利方式

海尔开放创新平台作为共享创新的典型平台，其内部设立了专门的创业基金，并和专业的投资机构进行合作，支持内部员工的创业计划，员工只要有好点子、好主意，海尔就会作为投资人给予这些员工资金支持他们去进行创新创业活动。同时这部分员工还可以对自己提出的项目进行持股，享受经济和声誉双重收益。一方面，海尔的股份收益计划提高了员工正常工作的积极性，同时激发出海尔员工为进行创新创业的热情；另一方面更是促进了海尔的发展。

另外一个标志性的公共共享创新平台是 Linux 开源软件。在 Linux 的共享创新中，众多的参与主体向 Linux 内核小组提交自己的修改方案，但最后只有少数人的创新方案被纳入 Linux 的内核之中，Linux 的内核小组并不向创新者支付任何费用，内核小组自身也是不盈利的。但在表象的背后，参与开源软件共享创新活动的主体可以通过多种产品线、技术服务、应用服务托管、软硬件一体化、附属品销售、品牌战略等一种或者多种具体形式获取经济的或非经济的利益。

除了海尔开放创新平台和 Linux 开源软件之外，其他类型的共享创新平台会对参与创新解决方案投标而未中标的参与主体，按其参与投标的贡献程度从而给予共享创新平台的积分奖励。在一段时间内，共享平台也会对这些参与投标而未中标的参与主体，根据其累计的积分状况分配经济利益，以保障参与主体的积极性，各参与主体也可通过积分换取共享创新平台的其他服务，如版权服务、广告宣传服务等。

2. 共享创新平台的获利方式

乐高创意平台不仅为参与主体带来了收益，创意平台本身也获得了巨大的利益。全球的乐高迷在该创意平台上提交自己的创意方案，争取其他乐高迷的支持，如果某一作品支持总人数超过 10 000，乐高公司就会对该项目进行评选，每年进行三次评选，每次选出的作品将会投入生产和销售，该产品的设计者会得到产品净销售额的 1%。比如 2011 年，著名的 Minecraft 在乐高创意平台上提交的乐高模型，45 小时便获得了足够的支持人数，半年后乐高便推出了该产品，销量位居 Amazon 建筑玩具类的第一名。对于参与主体而言，Minecraft 通过这个项目，除获得了直接的经济收益之外，提高了品牌的知名度；对于共享平台而言，乐高不仅收获了一种全新的产品创意，提高了产品销量，而且提升了品牌的知名度，拓宽了产品的销路，使产品不仅局限于休闲玩具这一领域，从而提高公司的形象，增强了消费黏性。

9.7 评估机制

评估机制是共享创新活动顺利进行的重要环节，其主要作用在于保证共享创新活动各个环节的科学性与合理性。对共享创新运行进行全流程的评估，有利于提高参与主体的责任心，监督参与主体重质重量地完成创新工作；也有助于实现创新资源的优化配置。另外，这种评估机制也可以提高共享创新平台的管理水平，降低平台上失败的创新项目对平台自身造成的负面影响，在经验的累积中对共享创新平台的发展提供支持和保障。

9.7.1 评估机制的内涵

传统创新模式注重创新结果，更看重是否能够给参与主体带来单一的经济利益，因此，传统创新模式下的评估机制仅仅衡量创新成果能否转化为经济利益。另外，传统创新模式下的评估机制作为事后的评估，无法全面地衡量该创新对参与主体而言可能带来的所有收益或者损失，也无法考察此次创新是否对今后的创新有借鉴作用。但在共享创新模式下，对创新过程的评估是一种全流程、全方位的评估，通过对整个创新过程中各个环节的创新市场表现和经济表现的评估，有助于对创新进行事前和事中评估，从而保证创新活动更加高效，为未来参与主体的创新活动提供相应的参考。

9.7.2 评估机制的表现

从共享创新活动的流程入手，评估机制表现在"创新需求产生—发布招标方案—征集解决方案—实施方案"的共享创新全运作流程中，涵盖在了运行流程的九个步骤中，即创意与需求分析、信息收集与处理、问题界定与分析、项目立项与拆解、方案设计与平台选择、发布任务与征集方案、交互优化与方案评价、方案筛选与确定和方案实施，下面将对以上四个流程进行分析。

1. 创新需求产生的评估

在对这一部分的评估中,主要包含"九步骤"中前三个步骤,即创意与需求分析、信息收集与处理和问题界定与分析,这三个步骤对于未来创新方向和领域的判断是参与主体参与共享创新的基础工作与前提条件。

对创新需求的错误判断可能会导致创新行为的失败。在传统创新模式中,以参与主体的决策为基础,主要涉及内、外部人员。参与主体首先根据内部人员提供的信息对创新需求做出总体判断,然后根据市场调研和外部专家意见对创新需求做出最终决策。然而这种判断方式由于存在收集的信息量少和信息来源渠道窄两个方面的缺点,所收集到的建议也大多是有限的、片面的。

但在共享创新中,供给方参与主体的创新方向取决于需求方提供的创新资源,无形的、无限的资源,供给方的数量和类型也保证了需求方所收集信息的数量和质量,甚至需求方可以据此评估未来创新的需求。在共享创新平台的基础上,供需双方可以随时评估未来创新需求,在根据收集到的信息对未来创新方向和意见进行初步评估后,重新发布需求,通过收集和纠正不同利益相关者的意见,从而对自身的创新需求进行评估。通过这种独特的评估机制,确保了创新需求的科学性和正确性。

2. 发布招标方案的评估

在对发布招标方案的评估中,主要包含对项目立项与拆解、方案设计与平台选择的评估,这两个步骤对于创新项目是否能够成功起到至关重要的作用。

在项目创新过程中,正确地对项目进行拆解是前提条件。在项目拆解的过程中,对于企业而言,在对创新需求进行评估之后,招标方案的评估就成为创新过程推进的关键环节。根据所需的创新需求的先进程度,项目的技术研发可分为渐进式技术研发与突破式技术研发。在传统的创新模式下,企业主要依赖企业内部的研发部门,或者通过与少数其他企业和研究机构合作进行研究和技术开发,同时由于缺少技术资源,该研发往往需要很长的时间。由于过长的研发时间和周期,很有可能市场上就出现了更先进的技术或其他替代品,其研发成果就变成了没有市场价值的项目。在共享创新的背景下,对项目进行拆解后,及时确定方案和平台,需求方不再仅仅依靠内部研究服务或少数合作伙伴开展技术研发活动,而是通过共享创新平台将相关技术人才尽可能多地整合到自身的技术研发活动中,而在这一过程中,评估机制可以确保企业有效规避不适用的资源,极大地提高技术创新的效率,从而加速产品到市场上的流通过程。在共享创新模式下,需求方在项目拆解过程中确定适合的平台之后,便可以将技术创新计划发布到共享创新平台,通过平台实现其项目的创新,其中评估发挥重要的作用。

3. 征集解决方案的评估

在该阶段，需求方需要在共享创新平台中完成"发布任务与征集方案、交互优化与评价方案、方案筛选与确定"三个步骤。之后，便可以进入项目实施阶段中。因此对这三个步骤进行评估可以保证共享创新的顺利运行。

4. 实施方案的评估

在传统的创新过程中，对项目方案实施阶段的评估不够。但事实上，对方案实施的评估，更重要的是去衡量其落地后的创新绩效，特别是对于企业来说，需要衡量创新项目是否已经达到了预期的市场份额或经济回报。由于共享创新可以给开展创新活动的参与主体带来许多利益，对其创新绩效的评价需要对组织获得的各种形式的收益进行综合评估，然后对创新绩效进行综合评价。对于企业来说，主要应该评估其共享创新活动的经济效益、市场份额和声誉。经济效益和市场份额效益主要由企业内部财务部门根据企业财务数据进行评价。在这一环节上，与传统创新模式下的评估机制并无不同。声誉收入是企业开展共享创新活动的额外收入，这项收入的评估也在共享创新平台上进行。

第 10 章 共享使资源不再短缺

创新能力是驱动国家科技发展的核心力量。然而在新经济时代下，以技术、人才、知识、创意等为代表的资源面临着严重的资源约束，这在很大程度上抑制了创新活力。其主要原因是传统创新模式强调对创新资源的独占，创新活动具有明显的边界性。但在共享创新模式下，创新主体可以便捷地利用现代通信、网络技术和计算技术共享所需的各种知识、技术、信息、人才、智力、技能、思维、创意、资金、设备、装置、设施、生产能力等创新资源。共享创新的可复制性通过大规模低成本地复制创新资源，使得人们使用资源的边际成本变得极小甚至为零；共享创新的非排他性允许多个创新主体同时使用同一项创新资源，提高了资源的利用频次；共享创新的非占有性强调创新资源的使用权而不是占有权，使得创新活动摆脱了资源束缚；共享创新的即时匹配性依托于成熟的移动互联网、现代通信等技术，实现了创新资源的快速精准配置；共享创新的平台公地性确保了海量资源可以在平台中自由流通和交易，提升了创新效率。总的来说，共享创新的以上特性有效缓解了创新活动中的资源约束，优化了创新资源配置，创造出更富足的创新资源，实现高效率低成本的创新。

10.1 可复制性降低资源成本

任何形式的创新都离不开技术、人才、资金、信息、数据、装备、生产能力、市场等资源支撑。在传统创新模式下，组织内部创新资源有限且同质化现象严重，创新效率低下。共享创新模式通过分享创新资源的使用权，实现创新资源的大规模低成本复制，并且借助互联网的迅速整合功能，将海量分散的创新资源整合聚集在共享平台上，很快形成交易的规模化，创造出更加富足的资源。

10.1.1 共享资源的可复制性

创新资源的可复制性是指将技术、信息、知识、创意等资源的使用权与所有权分离,只对其使用权进行交易,使这些创新资源可以重复多次地供多个创新主体使用,增加资源的使用频次以降低生产成本、信息搜寻成本、边际成本等创新交易成本,通过共享创新平台实现大规模复制,进而实现规模效应,使创新资源不再短缺。

传统创新模式下,人们普遍认为掌握创新技术和创新成果的绝对所有权和控制权是保持企业竞争力的关键,突破性的创新技术和成果要依靠企业自身能力去研发,以此把创新产品推向市场赢取竞争力,强调创新活动的机密性。因此,企业必须拥有充足的资金投入、高端人才和精尖技术设备,才能开展有效的创新活动,而且创新过程中还存在投资多、耗时长、风险大、创新和资源整合效率低下等问题。数据显示,华为2009~2019年累计投入研发费用4800亿元,仅2018年的研发投入就达到了1015亿元,如此高额的资金投入令受资源约束严重的中小企业望尘莫及。不可否认传统创新模式曾是一种非常重要的创新形式,但随着技术更新、产品迭代的速度加快,这种高投入低产出的创新模式已经跟不上市场环境的变化,高昂的创新成本阻碍着创新活动的进行。

共享创新模式赋予创新资源可复制性,其本质是通过对使用权的重复交易和交易的规模效应来降低创新成本。这里的创新成本指的是包含了边际成本、搜寻成本、沉淀成本、谈判成本、生产成本等在内的一系列与创新活动有关的成本。第一,共享创新仅对创新资源的使用权进行交易,"一次获取,多次使用"的特性降低了创新资源的边际成本,使得创新参与者能够以近乎为零的边际成本复制知识、技术、产品等创新资源。第二,移动互联网、移动交易与支付、网络评价体系、云计算、人工智能等技术监管着各方信用,共享平台上的信用评价机制能减轻陌生人之间进行资源交易时的疑虑,进而降低创新搜寻成本。第三,共享创新通过共享平台能够实现供需双方即时、精准匹配,使供需双方脱离商业中介,省略了中间商赚取创新产品差价环节,有效降低了创新沉淀成本。第四,创新平台借助互联网的即时性、便捷性完成创新资源的瞬时交易,降低了传统创新模式下的谈判成本。第五,除了共享知识、创意等无形资产,还可以共享高端仪器设备、厂房的使用权等,企业用"以租代买"的方式节省了对大型固定资产的投资,使得摊销在新产品中的制造费用大大降低,极大地降低了创新产品的生产成本。

共享创新使创新资源具有可复制性,那些原本只供本企业内部使用的知识、技术等创新资源,现在可以通过共享创新平台供众多创新参与者重复使用,通过增加创新资源的使用频次提高资源使用效率，创造出丰富的创新资源。此外，除了创新资源的可复制性，共享创新平台也具有可复制性。21 世纪初，美国、加拿大等国家就涌现了一批科研社交网络和科研共享平台，比如，2000 年和 2001 年先后成立的 NineSigma 和 InnoCentive 网站，随后 YourEncore、IdeaConnection、Presans 等共享平台也相继成立并且发展迅速。由于此类创新服务平台都取得了很大的成功，推动了共享创新的发展，中国也借鉴了这种创新模式，建立了海尔开放创新平台、众研网、猪八戒网、易科学等一系列共享创新平台。

10.1.2 可复制性的实现机理

创新资源的可复制性降低了创新资源的成本，解决了传统创新模式下的资源约束问题，其实现机理主要为使用权的重复交易和交易的规模效应。

1. 使用权的重复交易

在传统创新模式下，创新主体希望完全独占创新资源的所有权、使用权和收益权。交易的大多是资源的所有权，如企业买入一项专利技术或者聘任一名研发人员，交易完成后，该创新资源的所有权便归买方所有，且短期内所有权不再转让，交易流程就此结束。

共享创新打破了传统的交易规则，将创新资源的使用权与所有权相分离。使用权的重复交易是指共享创新的交易对象不再是各种创新资源的所有权，而是创新资源的使用权。一种资源的使用权可以进行多次交易，也可以由多个主体共享其使用权，完成使用权的重复交易，从而大幅提升资源的利用率，实现创新资源的可持续利用。与共享单车、衣物、房屋等传统商品不同，共享创新大多是将知识、技术、创意等无形资源进行共享，多次使用的边际折旧近乎为零，理论上可以无限次使用。因此，对创新资源使用权的重复交易更易实现。

2. 交易的规模效应

规模效应又称规模经济，共享创新中交易的规模效应是指创新资源被低成本大规模复制，迅速扩大的资源供给规模通过共享创新平台进行大范围交易，足够庞大的交易量和交易规模会引起交易边际成本减少，进而使经济效益增加的现象。

共享创新模式中，绝大多数创新主体采取的是"多对多"的交易模式，在共享创新平台上海量的供需双方都能获得充足的信息，在对信息进行综合比较分析后，确定最终的交易对象。这种"多对多"的交易模式在极大程度上加大了交易对象的选择空间，创新主体可在众多可供选择的方案中选出最适合自己的方案，降低了交易实现的难度，大幅增加了行业中的交易量和交易规模。InnoCentive 网站作为一个典型的共享创新平台采取的就是"多对多"的交易模式。截至2019年，已有来自190多个国家和地区的科学家注册，人力资源分布广泛。这种利用群体智慧进行的"破坏式"创新，解决了长期从事本行业的研究人员在研究方法和思维模式上的固化和循规蹈矩，为创新活动注入新观点、新思想、新方法，提高了创新资源的交易效率，形成了规模效应。

10.2 非排他性扩大资源规模

排他性是指可以阻止其他人使用某一物品的特性，显而易见，非排他性就是不能阻止其他人使用某一物品的特性。传统创新模式下，创新资源在进行完整产权交易时具有排他性，限制了资源交易和使用的范围和活力。共享创新仅对部分产权，即创新资源的使用权进行交易，赋予了创新资源非排他性，从而使创新资源的交易更加多元化，释放了创新潜力。

10.2.1 共享资源的"非排他性"

非排他性曾出现在公共产品的定义中，认为公共产品具有消费的非排他性：任何这样的产品，即集体中的任何个人对该产品的消费无法被有效地阻止和排除（Olson，1971）。区别于公共产品的非排他性的概念，可以概括出使用权交易的非排他性的含义——产权主体在产权所有权未转移的情况下，不仅不排斥其他主体对产权使用权的利用，还主动与他人共享使用权。

在传统的封闭式创新模式下，产权的排他性通过界定和规范财产关系，能够有效地维持市场秩序、避免产生交易纠纷。但同时，由于过去强调产权的排他性，私人占有资源的完整产权成为理所应当的交易模式，从而引发了创新资源配置不均衡、不合理等，禁锢了创新交易活力。然而，必须明确的是，创新产品本身是具有非排他性的，主要体现在两个方面：其一，同一创新产品可由很多人同时或不同时创造，相互并不需互通；其二，同一创新产品可以由很多人同时使用，相互并不受影响。但是产权的排他性阻滞了创新产品的非排他性（邹彩霞，2016），首先，产权权利人拥有唯一的所有权、使用权、收益权、处置权，如果他人要与其分享这些产品必须得到其许可并向其支付费用；其次，产权权利人有权禁止他人再创造和使用与其相同或相似的产品，确保其垄断地位。

共享创新模式将创新资源的使用权与所有权分离。创新主体不必进行完整产权的交易，只需对使用权进行交易就可以低成本甚至免费使用该项资源，使创新资源的非排他性冲破了产权排他性的束缚，实现了一个资源多人可同时使用，扩大了数倍，甚至 n 倍的资源供给规模，极易形成创新资源供给的规模效应。这主要得益于以下两点。

首先，产权可分割。共享创新之所以能够进行使用权交易，最重要的前提是产权能够合理"切割"出使用权。产权由一束权利项构成，其权利项的可切割性是产权的天然内在属性。在过去，即使产权具有可切割性，人们普遍倾向追求产权的完整性，认为拥有产权的每一项，才有归属感与安全感。随着时代的变革、信用的发展，从产权理论上的可切割性延伸到了实际意义的"可切割"，切割了资源的各项产权权利，使碎片化的产权能在真正意义上"可交易"，拓宽了创新资源的交易类型。其次，不完全契约的作用。在传统的创新模式下，交易创新资源时签订的完全契约成本十分高昂，阻碍了资源配置效率。随着科学技术的发展，完整的契约可以利用新的技术手段被分割成一个个碎片化的不完全契约。由于共享创新模式不关注创新资源的所有权，只强调使用权的交易，创新参与者无须签订一个完全契约，只需要就使用权交易订立部分契约即可。

10.2.2 非排他性的实现机理

创新资源具有的非排他性源于使用权交易的非排他性。使用权交易的非排他性是指在不转移产权所有权的情况下，产权主体允许其他主体利用产权的使用权项，并主动分享使用权与他人。非排他性是共享创新的多边平台性、产权的可分割性、交易的低成本性和人们主观的分享意愿等多种因素共同作用的结果。

1. 多边平台性

多边平台性是指共享创新平台上的参与者除供需双方、平台方外，还包括支付机构、监管机构、征信机构、评估机构等第三方，参与方之间相互协作，以保证创新交易安全有效，达成多边式合作。在大数据等技术的支持下，创新平台通过信用评级制度降低甚至消除了陌生人进行交易的戒备心理，降低供需双方之间的信息不对称，营造了陌生人相互信任的交易氛围，为使用权交易的非排他性提供了良好的创新交易环境。

2. 产权的可分割性

产权的可分割性是指某项资源的各项产权可以分属于不同主体的属性。使用权作为产权的权力项之一，虽不是最基本的权利，却是产权中最有价值的权利。一项资源的创新潜力取决于其使用价值的大小，而使用价值来源于对资源产权中的使用权项的利用。产权的可分割性保证了使用权从产权中分割出来并对其进行深度挖掘利用，以攫取更多的使用价值。对于供给方而言，使用权交易只是部分产权的让渡，名义上资源依旧归属于所有者；对于需求方而言，只需要拥有资源的使用权就可以满足各种创新需求，获取收益。因此，产权的可分割性为使用权交易提供了可能，这种部分产权的交易，既能够形成供给者市场又容易形成需求者市场。其不但弱化了产权的排他性，还提升了使用权交易的非排他性。

3. 交易的低成本性

使用权交易的低成本性是指降低了交易的契约成本、边际成本和沉淀成本等创新成本。首先，使用权交易不需要签订完整产权契约，只需要设计针对使用权交易的有限条款，在对同一产品的使用权进行多次重复交易时，交易契约也可以重复利用无须重新制定，有效地降低了交易契约制定的难度，简化了契约制定的步骤，进而降低了契约成本。其次，共享创新平台聚集了海量的资源需求方，其中某一个需求方是众多需求方中的一个，只是在特定时空获得一部分产权，每个需求方分摊到的资源使用权价格就很小，从而降低了使用权的交易成本。最后，创新资源的供给方将各种低效、闲置或有潜力资源的产权的使用权进行交易，所以只要花费小部分成本，就能获得额外收益，从而减少排斥的必要；而需求方只需要付出远低于资源的实际价值的价格就能使用该项资源，即使创新研发失败，也不会有太大的损失，极大地降低了创新风险，减少了沉淀成本，因而使用权交易得到了供需双方的认可。

4. 人们主观的分享意愿

伴随着共享经济商业模式的普及，新生代消费者占据着越来越重要的参与地位。他们热爱科技、充满创造力，同时关心社会利益，普遍认同"分享即拥有"的观念，这种观念使得他们绕开所有权，只关注使用权，节省金钱、资源、时间和空间（刘国华和吴博，2015）。也正是这种共享意识的养成和转变，催化了使用权交易的萌芽与发展。同时，共享经济中利他主义、认知盈余的理念促使人们形成主观的分享意愿，积极分享其所拥有的创意、知识、有形资产等创新资源以供他人使用。另外，这种分享行为可以使交易主体收获声誉、愉悦、体验等多种形式的收益，不仅培养了提供者的供给非排他意愿，还培养了需求者的获取非排他意愿。

10.2.3 非排他性拓展资源规模

在传统创新模式下，企业利用内部创新思想研发具有突破性的创新成果，并将其应用在新产品上以获取利润，所得利润又会投资到新一轮的研发活动中，以此形成一个创新闭环。因此，企业往往会强调产权的完整与保护以促进其创新活动，并凭借对创新成果的独占取得行业内的优势地位。但在长期的社会发展中，这种产权的排他性将创新活动限制在范围较窄的创新主体中，使一些原本可利用的创新资源被搁置，从而抑制了创新潜力，不利于整个社会环境中创新成果的产生。

在过去，产权的排他性限制了创新资源的交易，而共享创新中创新资源的非排他性能够加速资源流通，丰富资源交易品种，拓展了创新资源的规模，释放创新潜力，这主要体现在以下三个方面。

第一，化解交易环境的排斥性。共享经济的非排他性将使用权项分离出来进行交易，摆脱了完整产权的束缚，撕去了创新资源上"某某某的"的标签，使其可以在共享平台上多次重复使用。人们不会再去在意某项资源的归属，只要富含使用价值，就不会排斥。聚集在创新平台上的海量资源汇聚成巨大的使用能量，可交易的资源品种越来越丰富，创新资源的稀缺性与分配不均等问题能够瞬时瓦解。

第二，化解交易主体的排斥性。过去人与人之间进行的创新资源交易总是会出于提防对方侵占了自己的创新成果而排斥他人，因为创新资源一旦被侵占，就是全部产权被侵占。然而共享资源的非排他性打消了人们的交易顾虑，只是短时间地享有资源的部分产权，侵占权益就无从谈起了。同时，在共享平台的信用评级等机制的保证下，创新主体之间能够在陌生的情况下不排斥而彼此信任地分享创新资源，实现使用权高频交易，不断挖掘创新资源的使用价值，从而激发创新潜力。

第三，化解交易客体的排斥性。虽然资源是客观存在，但是每项资源要归属于某主体才能被使用、被流通。所以客观上资源只能被所有者支配。共享创新使用权交易的非排他性关注创新资源暂时、碎片的价值，巧妙地促使资源可以由不同的主体在短时间内以较低的价格拥有使用权，当形成规模效应时，就能突破资源束缚，增大创新资源进行交易的可能性，从而释放创新潜力。

将创新产品的使用权进行共享正在成为创新发展的新趋势。例如，众研网的用户在保证自有资源所有权的前提下，将其科研成果、专利技术等创新资源的使用权共享，以供网站上所有用户低成本或免费使用，使用权的共享扩大了资源的使用范围，创造出了更富足的创新资源。又例如，特斯拉创始人马斯克宣布将开放所有专利技术，允许其他汽车厂商使用特斯拉的电动汽车技术，这种使用权的共享不仅没有使其失去其在行业内的优势地位，还带动了整个电动汽车行业的迅速发展。

10.3 非占有性提升资源效率

共享创新模式作为传统创新模式的改进，用"随时使用，何必拥有"的资源共享观念代替了传统创新模式下"消费即占有，占有即存在"的固化所有权理念。可以说，共享时代赋予了创新资源"使用而不占有"的特性，人们只需要分享创新产品的暂时使用权，以租赁的形式使用商品，以合作的方式分享技能，而不是通过购买所有权来享受其提供的服务，从而提升资源利用效率，优化创新资源配置，真正实现"物尽其用"。

10.3.1 共享资源的非占有性

在过去很长一段时间里，资源的私人占有确保了每个人都可以占有并使用一定的创新资源以满足自己的创新需求。这在一定程度上提高了整个社会的创新效率，促进了创新产品的更新迭代。然而，随着社会进步和发展，人们个性化的需求层出不穷，创新产品的更新速度已远远跟不上人们需求变化的速度，创新资源的私人占有逐渐成为制约创新发展的重要原因。

在传统创新模式下，人们倾向利用组织内部资源进行创新活动，以获取技术独享和利润垄断，拥有的资源便成为保持竞争优势的关键；并且资源的私人占有导致了人们总想占有更多资源以满足自身需求的想法，从而引发了创新参与者的非理性亢奋和对资源的无节制攫取。这样一来，资源的所有者往往并不一定有该资源的真实需求，而真正的需求者又因无法使用该资源不得不中断创新过程，这种资源的错配加剧了整个社会创新效率低下的问题。

在共享经济时代下，创新活动参与者会追求个人私利，但与此同时，他们也会注重社会关系，具有利他精神。在共享创新资源的过程里，创新活动参与者不只是注重于物质回报，可能更重视与人方便和自我价值的实现，这是创新主体愿意分享自有资源的原因。创新参与者具有的社会人属性、互联网技术的迅速发展，为分享一切资源提供了良好的社会基础。正是因为在共享时代中人与人之间交往的边界越来越模糊，弱化了传统创新模式中对资源所有权的过分倚重，使得所有权不再那么重要，开始重视资源的使用权。共享创新模式下，人们逐渐意识到若想使用某一创新资源，不必再像过去那样付出高昂的成本取得这一资源的所有权，只需要分享创新资源的使用权就能达到使用资源的目的，这种使用权的交易不仅节约了交易成本，还节省了大量的谈判时间，使得资源配置更加精准、高效，从而提升了创新效率。

10.3.2 非占有性的实现机理

共享创新模式能够实现创新资源使用权的分享，使得所有权变得不再重要，这得益于人类社会文明的发展和科技的进步。主要可以总结为以下两个方面：一是人们普遍接受的共享理念淡化了占有意识，二是共享创新平台为资源的非占有性提供技术支撑。

1. 共享理念淡化占有意识

"使用而不占有""不用即浪费"等是共享经济的重要理念。在类似理念的引领下，人们的教育水平、认知能力不断提高，整个社会物质资源不断丰富，彻底与短缺经济时代告别，与此同时，物品所有权得到重视，人们也逐渐淡化创新资源的占有意识。主要原因有以下几个方面。

第一，认知盈余使人们有意愿分享。Shirky（2010）认为认知盈余是指那些受过教育并且拥有自由时间的人，他们在某些方面有丰富的专业知识，同时具有强烈的分享欲望，如果将这些人的自由支配时间汇聚在一起，利用一定的平台分享给他人，可以产生巨大的社会效应。在认知盈余的水平不足以支持全社会的共享之前，知识和技能作为一种无形资源，只能在熟人圈里分享，无法创造更多的社会价值。认知盈余使知识在全社会范围内流通，提高了社会整体的智力水平。全社会道德水平的提高有助于人们接受共享的理念。另外，由于标准工时的普及，八小时之外的自由时间给人们提供了共享的时间基础。全社会的道德水平、知识存量和自有时间的丰富是认知盈余的前提条件，拥有了充足的知识存量和自由时间后，人们愿意接受别人的分享，同时有能力将自己的知识技能分享给其他人。在认知盈余的影响下，每个人都愿意贡献出自己的知识和技能为全社会共享，以满足他人的创新需求，淡化了对创新资源的私人占有，转而关注创新资源的使用价值。

在过去，很多学者、教授和技术人员下班后的闲暇时间，大都在看电视等娱乐活动中消耗了，而共享创新可以将这些时间汇聚起来，使更多的创新资源都得到高效利用。YourEncore 是使用认知盈余的典型实例：YourEncore 是成立于美国的一家专门面向退休科学家的网络平台，吸引退休的专家和研究人员在平台上为有需要的企业提供知识和技术。目前该平台有 7500 多名顶级专业人士，其中超过 65%的人拥有高等学历，平均拥有 25 年的从业经验，已经完成任务 3000 多项，其服务对象主要是 70 家全世界最大、最具创新力的消费品、食品和生命科学公司

（樊一阳和周恒玉，2016）。

第二，重用主义更注重使用权。重用主义是指在保障资源所有权的前提下，更加注重使用权的充分利用，从而实现创新资源的高效使用。在传统创新模式下，人们将资源的所有权作为产权最重要的属性，但这种强调拥有的观念难以实现创新资源的高效配置。资源所有者在变相浪费资源，而资源需求者还在苦苦地寻求使用资源的机会，这样资源所有权的不合理配置导致创新资源具有独享性和低效性，大大降低了创新效率。随着共享经济时代的产生与发展，在创新方面也逐渐形成了以"分享即拥有""使用而不占有""不用即浪费""利他主义"为核心的创新氛围。人们对创新资源的占有欲不再强烈，而是只要在需要的时间段有使用权即可。

使用权对于创新活动参与方越来越重要，但值得注意的是，重用主义在强调使用权的同时并没有否定资源的所有权。相反，恰恰是对所有权的维护才使得创新活动得以更加有效运行，资源所有者也正是借助于其对资产的拥有才能得到共享获得的收益，产权明晰是共享创新正常运行的基础；此外，以资源的使用权代替必须获得资源来满足个体需求的所有权，使用而不拥有可以极大降低个体的创新成本。

2. 共享平台提供技术支撑

共享创新平台借助移动互联网、智能大数据、人工智能等技术和与其他第三方的配合，通过仅对资源的使用权进行交易，实现创新资源的搜寻、整合与重新利用，促使供需双方即时、精准匹配，保证了创新参与方的需求都可以得到快速满足，极大程度地缓解了资源私人占有导致的创新资源难以与创新需求精准对接的问题。这种平台交易的即时性、安全性和便捷性促使人们放宽了对于资源所有权的保护。另外，从成本-收益的角度来说，仅仅拥有创新资源的使用权就能进行创新活动，因此就没有必要付出更高的成本去占有资源的完整产权，从而淡化了人们对资源私人占有的意识。

10.3.3 非占有性提升资源利用效率

传统经济下的资源私人占有往往导致资源的闲置浪费，而共享创新强调创新资源的非占有性，认为一切创新资源都可以共享，不仅包括闲置资源，还包括高效、特有资源的共享，从而提高创新资源的利用效率，最大限度地挖掘创新资源的使用价值。

1. 挖掘低效与闲置资源价值

创新资源的低效与闲置都是指暂时性地被闲置或者低效,而不是说资源本身就具有低效或者无法利用的特性。如果某种资源本身就是无价值或者难以利用的,那共享创新也无法通过共享来提升其利用效率。因此,创新资源的低效与闲置往往与资源所处的平台的低效与缺乏有关。在共享创新模式中,共享平台拥有海量的供需双方,通过全球化网络实现供需即时匹配。另外,共享创新分享使用权的理念也使创新需求者可以按需获得创新资源的使用权,不至于产生资源闲置浪费的问题。

例如,运用在海尔冰箱干湿分储技术中的 HSC 生态膜,原是中国纸浆研究院生产的闲置产品,由于其用途很少,每年生产的产量不多,也没有为纸浆研究院创造多大的价值。但将这种生态膜应用在干湿分储技术中,既解决了改进冰箱保鲜功能的创新需求,又充分挖掘了闲置、低效的创新资源的使用价值,将闲置资源重新应用于创新研发活动中,极大地提升了现有资源的使用频率,减少了资源的浪费。

2. 充分共享高效资源与特有资源

高效资源与特有资源是两种不同类型的资源。高效资源包括企业生产的优质高回报产品与服务、高效生产设备、先进的知识理念等,这些都是被资源持有者充分利用与挖掘价值的资源,且正处在利用效率较高的状态。特有资源大多数是依附于特定人格的独一无二的资源,如人的想法、聪明的头脑、特有的工作技能等,它们都是唯一的或者稀缺的,也存在着难以复制的特性,将这些资源的价值充分共享对于创新活动非常重要。在传统创新模式下,创新主体就已经有效地挖掘了高效资源的使用价值,而特有资源由于其自身对于所依附人格的独一无二的绑定,也会为特定的人格带来巨大的价值。虽然高效资源与特有资源可以在任何创新模式中发挥其价值,但共享创新中"一切皆可共享"的理念也使得高效资源与特有资源的利用效率得到显著提升。下面以知识技能资源为例,说明共享创新对高效与特有资源利用效率与效果的提升作用。

根据《中国共享经济发展年度报告(2018)》中的数据,2017 年共享经济市场中的知识技能领域市场交易额达到 1382 亿元,同比增长 126.6%,使用者人数约为 7 亿,自共享经济出现以来,知识技能共享规模一直保持快速发展的态势。在传统经济中,知识技能大多都被拥有者私人占有,作为获取利益的重要资源,占有者不愿与其他人分享,再加上通信技术不发达,供需匹配不完善,这类资源更难以作为交易对象出现在市场上。随着共享时代的到来,这种状况才得以好转。共享平台借助全球化的网络聚集了海量知识技能的供给方与需求方,实现了众多供需双方的瞬时高效匹配，知识与技能这种非实体资源以更有效的方式被更多的人利用，从而体现了共享创新对于知识技能这类高效和特有资源的充分利用。

10.4　即时匹配提升配置效率

共享创新的"人人参与"极大地降低了参与创新活动的门槛，任何个人、企业或组织只要具有一定的创新能力或拥有创新资源就可以成为供给端主体；同样地，任何个人、企业和组织只要有创新需求，都可以成为需求端主体，获得所需的创新资源。共享创新平台上数量庞大的创新参与者极大地拓展了创新交易的规模，进而形成"一对多""多对多"的复合交易模式，借助于全球化网络实现供需双方的即时匹配。优化资源配置、提升创新效率是共享创新模式的重要目标，实现这一目标的关键方法就是提高供需匹配过程的即时性。

10.4.1　共享资源的即时匹配

在传统创新模式中，供需双方之间的匹配是一个缓慢的过程。在不借助互联网平台的前提下，供需双方必须首先在现实世界中进行面对面交流，此后还需要较长时间的考察才可以真正建立交易，这就形成了较高的交易成本和创新成本，并延长了创新的周期。但在共享创新中，供需双方的信息及信用口碑等都在共享平台中展示出来，信息的对称性使供需双方能够迅速匹配到满足自身需要的交易对象，解决了实地考察成本高、周期长的弊端，实现了供需的高效匹配。

共享创新模式下，创新资源能够即时匹配依赖于共享创新平台的复合交易模式，这种交易模式是指在共享创新平台上不仅可以选择"一对一""一对多"的交易模式，也可以采用"多对多"的交易模式，三种交易模式并存，提升了交易的效率。共享创新能够形成复合交易模式的基础就是共享平台上不计其数的创新参与者和海量的创新资源。在共享创新模式中，创新参与者既包括各行各业、不同规模的企业，也包括创客、科技发烧友、学生、教师、学者、用户、顾客、科研人员、设计师、各领域专家、自由职业者、家庭主妇、工人、军人及退伍人员等不同年龄、学历、地域、背景的个人，还包括政府与非营利组织等。用户越多，匹配的可能性就越大（卢现祥，2016）。只有供需双方规模足够大，共享平台才能有效地将供给方提供的资源信息与需求方进行对比撮合。再者，共享平台上供需双方的身份具有可转化性，一个主体既可以作为供给方共享创新资源，也可以作为需求方寻求创新方案。因此，一个主体可同时享有资源的高效使用及获得低成本消费带来的收益,使得创新资源在供给端和需求端之间双向流动。另外,共享创新平台将一群有共同兴趣、认知、价值观的用户聚集在一起形成创新社群,人们在社群内交流、互动、协作、感染,思维碰撞产生群蜂效应,极大地激发了创新灵感。

共享创新拓宽了资源交易的范围和空间。在创新平台上不仅可以分享对自己来说闲置、低效的创新资源,也可以分享高效、特有的资源,而且共享创新模式打破了创新资源产权性质的边界性,使得创新资源所有权、使用权、收益权和处分权都可以在共享平台上实现转移。以互联网技术、通信技术、交通运输及物流技术为基础建立起来的全球化网络拓宽了创新资源的交易空间,能够瞬时整合全球范围内的创新资源,为供需双方的即时匹配、高效配置提供了有利条件。

10.4.2 即时匹配的实现机理

共享创新平台依托大数据、移动互联网技术、计算机技术及人工智能等使得创新资源的供求双方可以大规模地即时交易,实现了创新资源的高效匹配,优化了创新资源的配置。其主要原因是以下几点。

1. 智能大数据驱动

共享创新拓展资源交易的范围和空间,将创新资源进行跨时空的再分配,离不开大数据的技术支持。对共享创新而言,大数据的作用不在"大",而在于"有用",关键是如何高效地过滤出最有价值的数据并加以利用。不同于传统数据的测量,大数据更加注重的是对共享创新中各主体信息的记录。大数据将用户在共享平台上的行为进行数据分析整理,记录创新参与者的技术专长、信用评价等,形成巨大的数据信息网,从而使创新参与者一旦发布创新需求,就能自动匹配满足需求的创新资源,克服了传统创新模式中匹配过程的缓慢冗杂的弊端,真正实现供需双方之间精准高效的即时匹配,大大缩短了创新搜寻时间,降低了创新过程的前期考察成本,对供需匹配过程产生了直接的促进作用。

2. 其他方技术逐渐成熟

移动终端的普及为共享创新提供了硬件支持,因为许多创新资源的交易都是在移动终端上完成的。随着"互联网+"时代的到来,移动终端可以随时随地地接入互联网,需求方可以在共享创新平台上实时发布需求,供给方也可以及时地响应需求,这种供需匹配的即时性使得供需双方能够更加便捷地完成交易。另外,移动终端的普及降低了共享创新的参与门槛,随着接入移动终端的人越来越多,创新主体的范围不断扩大,创新主体间随时随地的联系也会擦出更多的创新火花。

在中国，手机微信用户基数庞大，月活跃用户已超过 10 亿人，因此许多共享创新平台看重微信庞大的用户群体，纷纷创建了公众号、小程序。比如海尔创建的公众号——HOPE 创新合伙人，凡是在公众号上发布的创新技术需求，关注了这一公众号的用户都可以随时随地地浏览、回复，迅速、便捷地提供创新方案。

动态定价机制是指通过调整价格来改变供需关系，在需求大于供给时提升价格，从而吸引更多的供给方提供创新方案，或者用较高价格过滤掉部分需求方，最终实现供需双方的平衡。比如，任务众包平台猪八戒网，就是在考虑了团队经验、专业能力等方面后采用了动态定价，使高质量的创新资源能够得到合理的报酬，激发创新活力。

电子支付平台作为独立的第三方，与供需双方无利益关联，在保障交易安全方面发挥了重要作用：消除因供需双方的信息不对称带来的交易风险，保证交易过程的透明和公正；交易完成后提供退货机制和评价机制，还可以对供需双方进行持续监督，减少了风险厌恶型创新主体的疑虑心理，保障了创新交易的匹配过程安全合理。

10.4.3　即时匹配优化资源配置

这一部分将以海尔开放创新平台为例，通过介绍 MSA 控氧保鲜技术的研发过程，分析共享创新的即时匹配机制是如何优化资源配置的。

MSA 控氧保鲜技术的研发过程如下：通过海尔开放创新平台的"微洞察"工具发现用户"痛点"，将改进冰箱的保鲜效果作为创新点。第一，企业内部技术人员与海尔开放创新平台用户进行广泛的探讨，发现食材保鲜的关键环境条件：温度、湿度、洁净度和气体氛围。第二，通过数据库查询、与海尔开放创新平台中相关领域专家进行交互咨询，确定以气体氛围调节为技术研究方向。第三，对这一技术进行拆解，与海尔开放创新平台匹配出的气调行业内的专家和技术方案提供商进行了深度交流，并没有得出可行的技术解决方案，于是向平台中的跨界专家寻求帮助，发现至少有 10 种以上方法可以达到去除氧气增加氮气的目的，经过筛选确定了 1~2 个可以应用于冰箱的技术方向。第四，资源寻源阶段，根据技术拆解出来的寻源方向，利用专利平台及海尔开放创新平台，进行全球资源整合和匹配，仅用两周时间匹配到至少 50 个潜在的技术方案提供方。第五，方案的筛选和验证，潜在的资源提供方通过海尔开放创新平台专家团队的初步评估，筛选出 3 家资源方进行企业内部的方案验证和技术评估，确定最终的方案提供商。

由此可见，在这整个研发过程中，每一个环节都需要共享创新平台的供需匹配机制发挥作用，只有加快每一环节的供需匹配速度，才能尽量缩短创新周期，使创新产品占据市场先机。另外，即时匹配可解决高校、研究院这类科研机构的普遍"痛点"——空有许多研发成果却不知企业进行产品研发时真实的技术需求，在创新资源的供需匹配上存在脱节。共享创新平台的即时匹配机制既可以帮助研究机构的技术成果落地，还可以为科研机构寻找新的研究方向，有效地将供需双方连接起来。同时，交易对象的选择空间不断扩大、外延，可供使用的创新资源日益丰富，使得创新主体可在众多可供选择的方案中选出最适合自己的方案，加快资源配置速度，降低创新实现的难度。据统计，在海尔开放创新平台上发布需求后，基本上 3～5 小时内就可以初步匹配到满足需求的资源，这极大地加快了创新效率，比之前与高校、研究院定向地签订战略合作协议的效率要快得多了。例如，海尔开放创新平台曾发布了冷柜去霜的技术需求，结果不到两个小时就收到了某高校专家提出的可靠方案，双方组成研发团队后用仅六个月的时间，就设计出十多套方案，并经过数百次的试验、测试，最终创造出了引领行业的颠覆性产品——卧式风冷无霜冷柜。

10.5 平台公地性汇聚海量资源

共享创新平台利用互联网、大数据、云计算、人工智能等技术手段把供给方、需求方和其他参与方联系在一起，整合海量创新资源，优化供需匹配，实现高效率创新，是构成共享创新模式的核心要素。共享平台上的创新活动人人都可参与，创新资源人人都可使用，并且平台接口完全开放，允许众多的其他第三方接入。因此，可将共享平台看作一处公地，迅速地汇集了各种各样的、海量的创新资源，可以满足各类创新主体的需求。共享平台上的创新资源虽具有公共物品的非排他性，但因其产权明晰保证了资源的合理使用，从而避免了"公地悲剧"的发生。

10.5.1 共享平台的公地性

西方经济学中对公地的定义是：公地作为一项公用的资源或财产，有许多拥有者，他们每个人都具有对公地资源的使用权。在公地中，如果每个人都没有权力阻止其他人使用，就会造成资源过度攫取，最终会导致资源枯竭，形成"公地悲剧"；相反地，如果每个当事人都有权阻止其他人使用该资源，使得所有人都无法拥有有效的使用权，就会造成资源的闲置和使用不足，导致资源浪费，发生"反公地悲剧"。

共享创新模式运作所依赖的共享创新平台也可以理解为是一处公地。平台上聚集了品种丰富的创新资源，人人都有拥有使用这些资源的权利，并且平台允许众多其他参与方接入，从而维持创新交易的秩序、保护资源所有者的权利和保证交易的公平公正。因此，平台上的供需双方、创新资源和其他第三方共同构成了共享创新的公地。公地具有公用性，共享创新平台的公地性主要体现在创新资源的公用性、共享平台的公用性和资源使用权的公用性这三个方面。传统创新模式下，创新资源只能进行完整产权的交易，而共享创新模式下对创新资源的产权性质无边界性要求，创新资源所有权、使用权、收益权和处置权都可以在共享平台上实现交易，而且随着共享时代的来临，资源共享的观念越来越深入人心，可在共享平台上进行交易的资源品种也越来越丰富，实现了创新资源的公用性。此外，共享创新所构建的平台公地，极大地降低了创新门槛，形成"大众创新、人人创新"的创新局面；除创新主体外，众多第三方平台也可接入公地，为整个创新过程保驾护航，实现了共享平台的公用性。除此之外，基于创新资源产权的可分割性，将创新资源的使用权从产权中分离出来，由资源所有者保留其产权的其他权利项，仅在共享创新平台上分享创新资源的使用权，实现了资源使用权的公用性。

10.5.2 平台公地性的实现机理

平台公地上的创新参与者众多，人人都愿意将自有的创新资源拿来共享，从而实现了海量创新资源的归集与重新利用。同时，共享创新平台又为其他参与方提供了接入平台的机会，使其为平台提供支付、征信、评估、监督等服务并获得相应的收益。

1. 公地资源产权明晰，人人皆可享有

在现实生活中，无论是普遍存在的"公地悲剧"还是"反公地悲剧"，最根本的原因都是资源产权的模糊不清。然而共享创新平台能够有效持续运作，关键的一点就是保证了创新资源产权的明晰。

基于产权的可切割性，分享在平台公地上的创新资源实现了所有权与使用权的分离，这就使得人人都可以获得创新产品或技术的使用权，低成本甚至免费使用创新资源，而资源所有者又可以凭借其对资源的所有权而获利。例如，在海尔开放创新平台上，就创新需求方而言，如果某一供给方提供的创新方案符合自身的创新需求，只要付给对方很少的奖励金就可以获得该创新资源的使用权，以满足自身创新活动的需要，而该资源的所有权仍属于供给方，并且平台上的众多第三方参与机构对使用权的交易进行的辅助、配合和监督，保证了创新资源能够合理利用不被破坏或侵占。

2. 公地平台开放，人人皆可参与

平台公地的开放性，使得全球所有社区用户都能突破学历、身份、地域的限制进入平台，自由地参与创新的技术、知识、智力、思维等创新资源的共享交易，有效降低了创新参与门槛。就创新资源供给方而言，只要在平台上完成注册，就可以将自有资源在平台上共享，供他人使用，且其资源的所有权受到合法保护；而资源需求者则可以在平台上寻找需要的资源，由于公地资源的海量性和开放性，依靠平台的数据整合功能，几乎所有的供需条件都能实现高效精准匹配。因此，对供需双方来说，共享创新平台是大家公用的领地。

3. 公地接口开放，多方平台皆可接入

共享创新的平台公地不仅拥有品类丰富的创新资源、数量庞大的供需双方，而且由于平台公地具有开放性的接口，除平台提供者自身搭建共享创新平台之外，还允许第三方机构进入公地形成多边平台结构，达成了多边式合作。共享创新构建的平台公地最大限度地实现了各类创新主体对平台上各类型创新资源的高效利用，个人、企业、组织等创新主体，知识、技术、思维、产品等创新资源及众多其他参与方都在这块平台公地上各取所需，真正实现了创新效率最大化。

10.5.3 摆脱"公地悲剧"，汇集海量资源

在现实生活中，人们一提到"公地"首先联想到的就是"公地悲剧"和"反公地悲剧"。其根源是公共资源的产权界定模糊必然会导致资源的不合理利用，进而产生"公地悲剧"。然而共享创新的公地平台，不仅不会造成资源的枯竭与浪费，反而能够实现创新资源重复利用与创新平台的可持续发展，主要有以下两点原因。

1. 产权明晰保障资源合理利用

共享创新下的公地与传统经济学下的"公地悲剧"最根本的不同点，是共享平台上的创新资源都是所有权明晰的，资源所有者仅靠分享使用权而获利，共享创新的本质是通过资源利用效率最大化来挖掘创新潜力，并获得一定收益，这既是对资源供给方的回报，也是保证共享创新模式可持续发展的动力。另外，由于内外部监督评价机制的存在，平台公地能够最大限度地保护资源不被破坏、实现多次高效利用。

2. 人本利他理念保障公地健康运作

随着现代社会的迅速发展和人类文明的不断进步，具有人本、利他精神的社会人逐渐取代了传统经济学中自利、理性的经济人。共享创新的人本理念指的是以人为本，平台上的创新主体可以自由进退，没有合同约束，没有业绩压力，每个人都可以在平台中实现自己的价值，获得参与感、荣誉感、成就感。利他主义是指共享平台上的各个主体自由、自愿地分享其拥有的创新资源以供他人使用，通过满足他人需求获得物质回报或精神满足感，最终在互惠共赢之中推动整个社会的进步。基于人本精神和利他主义，平台公地得以在各方博弈之中达到动态平衡并获得长久的发展。

总之，传统意义上的公地产权不明晰，从而导致资源配置不合理，形成悲剧的结果。然而共享创新模式在分割资源使用权的同时，又十分强调对所有权的保护；且由于现代文化的进步，人的社会化属性也更加凸显，在这两者的共同作用下，创新资源在平台公地上，真正实现了物尽其用，从而摆脱了公地的悲剧命运。

第 11 章　共享创新的盈利模式

盈利模式是企业在市场竞争中逐步形成的企业特有的获取盈利的商务结构及相应的业务结构，是企业获取利润的重要手段，也是企业创造价值的核心内容。在共享创新下，盈利模式就是在满足供给方、需求方和平台方的需求后，利用所拥有的资源进行价值再创造，并通过提供信息、服务及平台合作等方式获取回报的模式。共享创新模式的收入来源广泛，不仅仅来自商品和服务的需求者，还来自供给者及平台资源的使用者，甚至还有来自第三方服务的。平台企业不仅可以对供给方和需求方进行比例抽成，还可以利用沉淀资金投资、大数据分析等增值服务带来收入；而其成本则主要来自平台的运营维护、信息技术的投入和研发费用等（张玉明等，2017）。这比传统盈利模式的主要来自面向顾客的销售行为获取利润的方式更加多样化。共享创新下盈利模式共十四种，分为共享创新平台的盈利模式与平台和各参与方共有的盈利模式两部分。其中，将共享创新平台的盈利模式分为抽成、收取服务费、第三方收费、产品增值、数据及挖掘、流量、接口、延伸服务、广告、竞价排名等十种，将平台和各参与方共有的盈利模式分为创新资源、产品收益、技术服务和产权收益四种。

11.1　抽　成　模　式

抽成模式是共享创新平台最常用的盈利模式之一。例如，2011 年创立于美国的在线社区创新平台 Science Exchange，该创新平台每促成一笔交易都会从中抽取一定比例的佣金。

11.1.1　抽成模式的内涵

抽成模式是共享创新平台的一种盈利模式，共享创新平台通过对供需双方提供服务进行抽成从而直接获取收益,抽成也是最为常见的一种方式。具体就是需求方在共享创新平台发布创新需求消息,供给方在共享创新平台发布供给信息,双方通过共享创新平台进行信息匹配,实现供需对接,共享创新平台对双方的盈利进行抽成。

平台可以通过每单向需求方收取佣金,同时,可以向供给方提供补贴增加用户黏性;还可以通过从供给方抽取收入获得收益。共享创新为供需双方提供直接沟通的平台,去中介化满足双方需求,大大降低交易成本,从而使供给方、需求方和共享创新平台在交易过程中均获得收益。此外,共享创新的盈利模式还实现了环保化的资源配置,潜在地降低了环境治理等成本,这同样是共享经济企业体现社会责任的一方面。抽成盈利模式在共享创新发展中是比较传统的盈利模式,也是参与各方都比较认可的盈利模式。

11.1.2 抽成模式的运作方式

在抽成模式下,需求方和供给方在共享创新平台上进行信息匹配,实现各自需求。如图 11-1 所示,共享创新平台提供平台,需求方在平台上发布需求,供给方在平台上提供相关创新资源,共享创新平台根据资源匹配度进行匹配,需求方根据自身需求,与共享创新平台提供的供给方进行对接,对接成功后,需求方和供给方进行直接沟通,交易完成后供给方或者需求方或者双方都会有一定收益。共享创新平台通过提供平台,连接供需双方,进而实现资源共享,除去社交、环境等方面的考虑,各方都可以从共享创新中获得收益,供给方是为了给闲置的资产增值,需求方是为了更低的价格,平台方则是为了对供需双方的获利进行抽成。

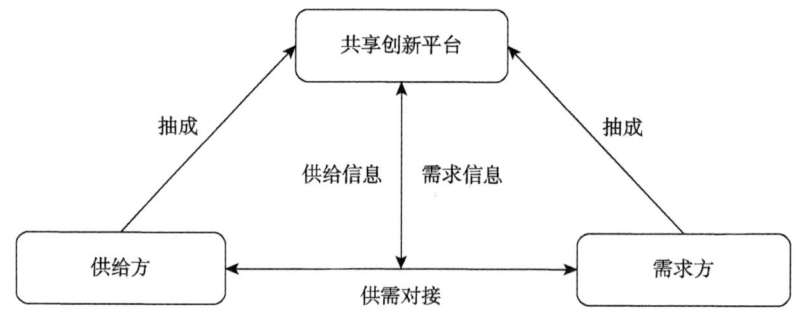

图 11-1 抽成模式解析图

11.1.3 抽成模式的实现

在抽成盈利模式里，创新平台发布供给方提供的创新资源，需求方通过创新平台获得所需的创新资源。上述过程运用了多种信息技术，最大限度地为需求方和供给方提供精准的供需匹配，避免资源浪费。同时，创新平台对于不同需求方的各种创新需求，基于现代大数据技术对其进行深入分析，在供给方和需求方之间形成良好的黏性。对于平台而言，在一次次的交易中逐步建立起客户黏性，使得平台获得持续发展。

在抽成盈利模式下，无论是提供资源的供给方还是索要服务的需求方，所获得的报酬都会被共享平台本身以一定的抽成比例抽成，这是该种盈利模式盈利的主要手段，也是对资源价值的最大限度发挥。

以 Science Exchange 为例，Science Exchange 是一个在线社区，2001 年在美国成立，全球各地的科学家都可以利用该在线社区进行科研活动，该社区将创新需求外包给高校实验室或者商业研究机构等科研机构。有科研需求的主体或者个人利用 Science Exchange 发出创新需求，社区提供供给方的服务和报价，进而可以挑选出最合适的合作者。需求方把需要外包的实验项目发布在 Science Exchange 社区，供给方可以利用社区进行竞拍。Science Exchange 促进供需双方进行交流，同时提供项目管理和支付平台服务。达成交易后，Science Exchange 将根据项目金额抽取一定比例的佣金。由于在社区发布科研需求的用户涉及比较昂贵的设备或高级专业人员，双方的交易金额也相对较高。用户每达成一个交易，社区都会从中抽不等比例的佣金（大约 3%~9%），从而使得该在线社区可以持续运营。

11.2 收取服务费模式

收取服务费模式是共享创新平台运用的比较广泛的一种盈利模式，也是一种直接收费的模式。在全球最大的数据科学家社区 Kaggle[①] 上，用户可以发起数据难题竞赛，获胜者获取奖励，平台对所有竞赛参与者免费开放，而对竞赛发起方收取一定服务费，从而维持运营。

---

① Kaggle 是一个主要是为开发商和数据科学家提供举办机器学习竞赛、托管数据库、编写和分享代码的平台。

11.2.1 收取服务费模式的内涵

共享创新平台可以通过直接收取使用费用来获得盈利，这也是创新平台很重要的一种盈利模式。平台根据供需双方的特点、资源的对象等，通过向参与方收取一定运营服务费的方式获得收益（罗双，2018）。

共享创新平台可根据参与方的供需进行资源和信息匹配，交易成功后，共享创新平台直接收取服务费。在平台运营初期，或许会实行供给方和需求方免费使用平台的策略，但从长远的角度来看，全免费往往并不利于共享创新平台的健康发展，共享创新模式的运营和持续发展需要资金的支持。因此，合理收取部分服务费，维持平台正常运营才是最合理的模式，共享创新平台会在每次交易时向供给方和需求方收取一定服务费，以保证创新平台的正常运营（徐敬红等，2018）。该模式的使用将会形成共享创新平台持续顺利运行的机制。

11.2.2 收取服务费模式的运作方式

服务费是共享创新平台所获得的抽成。通过共享创新平台为用户提供服务以后，作为资源的需求方需要向供给方支付一定费用，共享创新平台对交易额进行抽成，将其作为服务费。这部分资金通常作为共享创新平台运营、管理、维护的主要费用，保证其正常运转，见图 11-2。

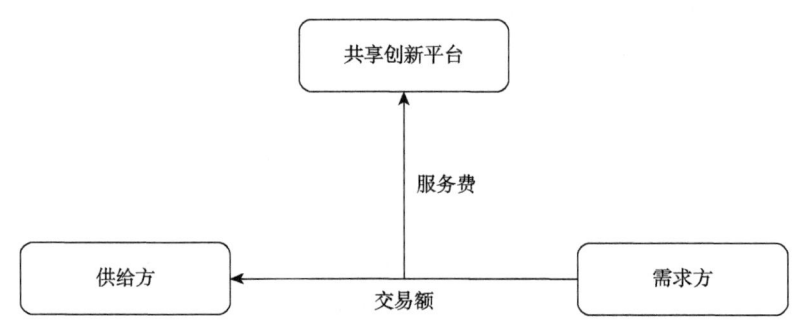

图 11-2　收取服务费模式流程图

11.2.3 收取服务费模式的实现

共享创新平台本身具有一定盈利性，就供给者而言，共享创新平台为其提供了资源发布场所；对于需求者而言，平台则为其准备了资源获取途径。创新平台作为供给方和需求方进行交易的中介枢纽,其本身并不拥有交易标的物,要先对线下供给方的创新资源进行整合,并将创新资源信息汇聚至共享创新平台。创新平台的用户可以根据自身实际,成为让渡创新资源使用权的供给方,也可以为了满足自身需求成为产品和服务的需求方,两种角色可随时进行转换。

例如,Kaggle 是全球最大的数据科学家社区,同时是一个数据挖掘与预测模型竞赛平台。社区平台用户可以在平台上发起数据难题竞赛,世界各地的数据科学家都可以参与竞赛并从中决出优胜者,优胜者可以获得一定奖励。Kaggle 平台对所有数据科学家免费开放,而对竞赛发起方收取一定服务费用以维持平台运营。Kaggle 平台服务的行业很广,包括生命科学、金融服务、能源、IT 和零售等。

11.3 第三方收费模式

第三方收费模式是在共享模式下应运而生的一种盈利模式,创新平台的特性使得它掌握了很多信息资源,而通过第三方为平台所提供的服务进行收费,使得共享平台的顺利运营成为现实。

11.3.1 第三方收费模式的内涵

共享创新平台为供需双方提供服务,随着业务的扩大发展,平台将与第三方机构合作,并为其提供增值业务。该种模式的产生依托于供需双方的用户资源,所以该种盈利模式需要创新平台扩大发展后才能运用。该种第三方收费盈利模式中独立的第三方是指商业银行、会计师事务所和律师事务所等中介机构,第三方机构通过为共享创新主体提供资源或服务收取费用,然后再与共享创新平台进行利润分成。

11.3.2 第三方收费模式的运作方式

在该种盈利模式中,需求方把自身的创新需求信息传递给共享创新平台,共享创新平台将创新需求信息进行发布,平台将获取到的资源进行有效整合,并在现代化信息技术的帮助下快速匹配供给方和需求方。同时,独立的第三方机构为该交易的实现提供服务,并收取一定费用。该种盈利模式下,共享创新平台并不直接向供需双方收费,而是和同样利用平台获利的第三方机构按一定比例进行利润分成,见图 11-3。

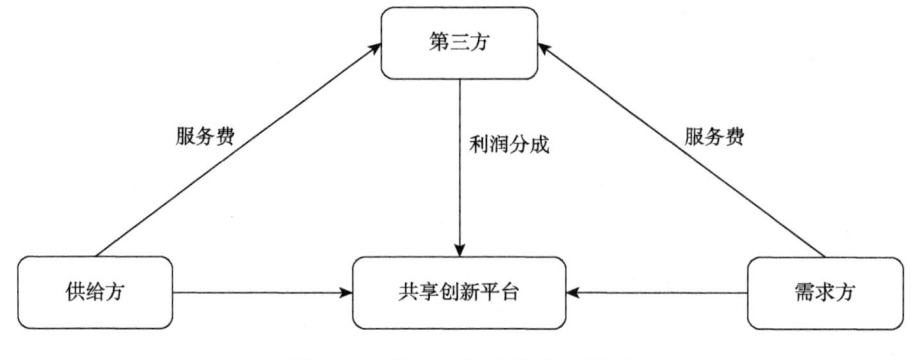

图 11-3　第三方收费模式流程图

11.3.3　第三方收费模式的实现

共享创新平台通过分析供给方和需求方的诉求，利用模型构建用户画像，从而能够进行有效的资源匹配，然后根据双方的匹配程度建立互动模型，进而建立长期用户关系。这样共享创新平台让创新资源的拥有者和使用者之间实现低成本、高效率的价值流动和价值创造。

该盈利模式下的第三方指的是会计师事务所、律师事务所等中介机构。第三方收费是以健全的支持系统为基础的，如像是亲戚与朋友之间的关系等，其信任度很高，共享发展的有效性也会很高。随着共享创新的大范围推广，共享创新平台需要通过第三方利润分成的方式来支持其运营。互联网大数据技术的发展促成了该种盈利模式下高效率交易市场的出现。

11.4　产品增值模式

产品增值模式是共享模式下创新平台发展中产生的一种盈利模式。例如，美国开放式创新平台 NineSigma 将各行业有创新需求的公司与外部创新资源相联系，在达成合作的同时通过提供创新相关的增值服务来盈利以维持平台运营。该模式比较适用于有具体的产品和服务产出的行业。

11.4.1　产品增值模式的内涵

产品增值模式是指创新需求方和供给方免费使用共享创新平台，在使用的过程中产生了产品增值，对于增值的这部分，需求方和供给方需要付费使用，共享创新平台对产品增值的利润进行分成。

在供需双方利用共享创新平台交易的过程中,会产生增值产品,如创新过程产生的成果,该成果包括专利权、著作权、使用权等。这样,在整个创新过程中,可以减少不必要的中间商环节,实现供给方和需求方的直接对接。此外,平台的免费使用和使用过程中充分的法律保障使得资金和经营的风险降低,有助于节约企业资源,提升创新运营效率。在保护供给方所有权的情况下,供需双方可能会依靠产生的增值产品来获得利润,共享创新平台对增值产品产生的这部分利润进行分成。

11.4.2 产品增值模式的运作方式

在产品增值盈利模式中,供给方和需求方使用共享创新平台进行发布创新需求或者提供创新资源都是免费的,在供给方和需求方使用共享创新平台完成交易时,会产生一些产品增值,而这些增值势必会为供给方或者需求方或者供需双方带来经济利益。共享创新平台就从增值产品带来的利润中进行分成,从而获得维持平台运营的资金,见图11-4。

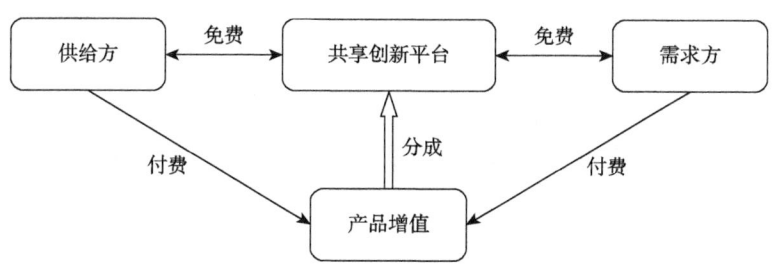

图 11-4 产品增值模式流程图

11.4.3 产品增值模式的实现

在产品增值分成模式中,共享创新平台是一个线上平台,需求方需要根据自己的需求把信息发布到共享创新平台上,然后共享创新平台根据需求方的要求匹配合适的供给方;也可以由供给方发布自己可以提供的产品资源在平台上,平台根据双方的特点进行匹配,然后对接,供需双方对接成功后在线下进行交易。在该种模式下,以上的交易过程平台不收取费用。借助互联网的作用通过共享创新平台,供给方在保留所有权的同时将闲置资源转移给需求方,有效提升了资源的使用效率。

由于平台免费使用,供给方和需求方更有意愿去使用这个平台进行资源对接,有助于供给双方建立稳定持续性的沟通关系。对于平台而言，也产生了一定的客户黏性，供需双方使用平台进行创新的过程可以不断实现产品增值。在该种盈利模式下，产品增值可能会引发新的产业链，产生新的服务方案，实现更多增值，进一步实现良性循环，即在满足用户需求过程中形成平台的增值效应。

例如，NineSigma 为需求方和供给方提供端到端的解决方案，将各行各业有创新需求的公司与外部的创新资源建立联系。在此基础上，公司通过提供创新相关的增值服务，如关于开放创新方面的培训和必要工具，与业内最优同行合作提供创新资源以满足客户需求。

11.5 数据及挖掘模式

数据挖掘（datamining）是共享创新平台适应大数据时代发展的盈利模式，其在一定程度上代表着未来的发展方向。该种模式下，数据是创新平台的一种资产，通过数据挖掘盈利体现了当代信息技术的生产力。

11.5.1 数据及挖掘模式的内涵

数据挖掘是指通过特定的计算机算法对大量的数据进行自动分析，从而揭示数据之间隐藏的关系、模式和趋势，为决策者提供新的知识。数据及挖掘模式是利用共享创新平台在供给方和需求方使用平台发布需求，对接资源的同时积累大量的数据，构建用户数据中心，探索用户数据变现的一种盈利模式。

在该种盈利模式下，数据是共享创新平台的资产，特别是平台通过大数据技术的应用，找到了除了传统的人力、财力、物力等资源外的新型资源和资本。平台可以通过有效地管理供应方和需求方，利用大数据技术手段，采集现实社会海量数据并进行处理，可以实现信息互通、资源共享，整合相关社会需求并提供服务（邓悦，2018）。

11.5.2 数据及挖掘模式的运作方式

在数据及挖掘盈利模式下，供给方和需求方使用共享创新平台都是不收费的。在共享创新平台使用的过程中会产生大量的数据，这些信息都有很大的潜在经济价值。共享创新平台的运营会积累大量数据资源，进而演变为供需双方的数据中心，而这些数据会成为科研机构做研究需要的一手资料。这时，共享创新平台就不仅仅是平台，而是转变成了用户数据中心。在保障用户权益的前提下，需要数据的机构可以有偿获得平台的数据，成为使用数据资源的用户，这样平台就获得了收入。需要数据资源的用户，付费后可以从共享创新平台，也就是用户数据中心获得想要的信息，见图 11-5。

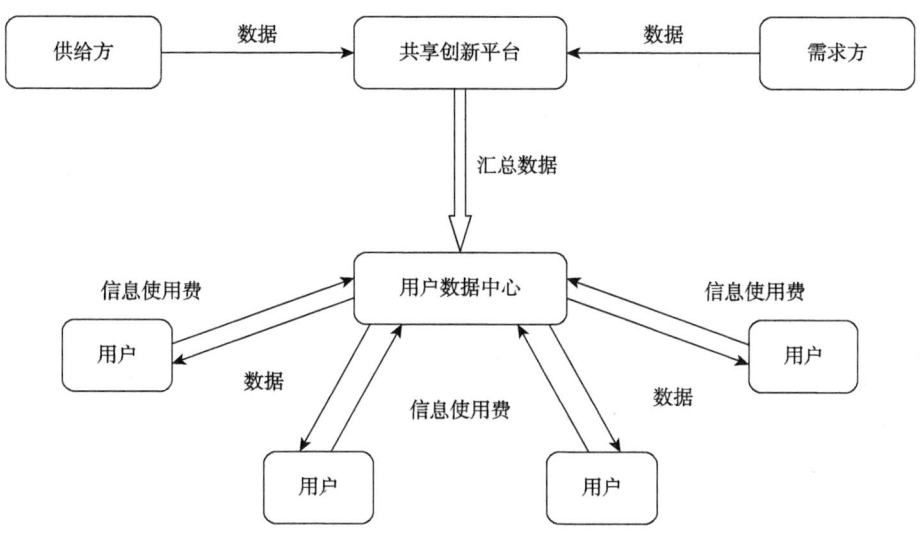

图 11-5　数据及挖掘模式流程图

11.5.3　数据及挖掘模式的实现

大数据挖掘分析与信息共享是数据及挖掘盈利模式的核心内容。大数据是一种新型的数据资产，共享创新的发展依托于大数据挖掘分析与信息共享。供给方和需求方在使用平台时，都有着很强的目的性，使用过程中供需双方的喜好都在共享创新平台上，这样平台就掌握了海量的供需双方使用资源，也为数据挖掘提供了基础。通过数据挖掘，对用户在平台中产生的数据通过算法分析与预测，能够对各种交易信息进行快速的处理，提供高效精准的数据服务，为用户带来个性化的服务与体验。

例如，有些企业或科研机构进行某类社会热点问题的调研分析时，会与第三方合作，让第三方辅助自身的商业行为决策等。他们在建立运营的基础上，寻找商业价值增值点，通过平台之间的互联互通，数据共享，建立共享创新生态圈。例如，一个科研机构可以通过购买平台数据，获取企业在研发上的倾向，有利于企业决策、科研成果迅速转化及进行更有针对性的人才培养。

11.6 流量模式

流量模式是共享创新平台的一种新兴的盈利模式,该盈利模式依托于平台掌握的海量数据资源。例如,易科学[①]作为一个互联网平台会给仪器设备方带来客户和收益,在运营后期获得了有效流量后便可以通过流量来获取收益。

11.6.1 流量模式的内涵

流量模式是共享创新平台的盈利模式。通常,流量狭义上讲的是与移动运营商合作获得流量费用分成,广义上是指网站的用户数量、浏览量。在流量模式下,供给方和需求方免费使用共享创新平台发布需求信息,获得创新资源对接。共享创新平台获取大量点击率,从而获得较大流量,客户数量、点击次数可以在资本市场获得较高估值。平台通过流量产生直接或潜在价值,流量通过资本介入变现,从而获得资金支持。

11.6.2 流量模式的运作方式

在流量模式下,共享创新平台在推出之初就以免费使用的口号进行宣传,从而获得供给方和需求方的大量流量。当平台使用者数量迅速上涨、建立了一定的客户黏性后,平台在资本市场的估值就会迅速上涨。这时,通过共享创新平台在资本市场估值的升高,就能够在资本市场获得利益。随着平台的流量增长,增值的途径越来越多,如当我们每天比较频繁登录一个共享平台网址时,说明这个平台站点有我们需要的东西,我们获取这个东西主要有三个途径:免费获得、付费获得及用自由资源交换。在获取所需资源的这个过程中,我们增加了网站的流量,实现了网站的增值。更进一步,网站通过用户的使用数据,利用关键词与浏览历史精准识别需求,并与用户的消费习惯等特征形成匹配,从而进行精准推送,见图 11-6。

[①] 易科学是一个科研仪器共享服务平台,科技资源包括科学仪器、专家学者、科技成果等,主要为科研团队及研发企业提供仪器共享、实验外包、检验检测及科技众包等服务,网址:https://www.yikexue.com/。

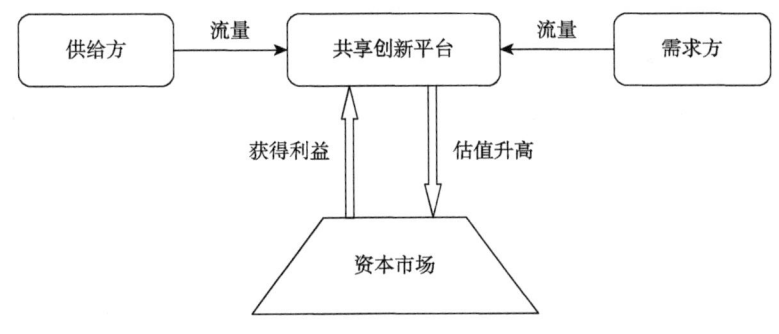

图 11-6　流量模式流程图

想要通过流量模式盈利，共享创新平台就要注重科学运营，切实提升共享创新的共享效率。该种模式下，平台不仅要关注参与方的需求与体验，更要在参与方使用产品的过程中收集、深度挖掘信息流；要加强与民生服务、社会治理、商业服务等多领域的融合，获取更多有效的流量（林青，2018）。

11.6.3　流量模式的实现

共享创新平台想要通过流量模式盈利，首先要保证流量数据的可行性。其次要考虑如何推广，这在整个环节中相当重要，必要的吆喝是获取流量的保证。在获得资本市场的认可之前，平台需要考虑用户流量与黏性优势及技术优势。

平台可通过免费开放使用的口号进行流量扩张、储备客户群，以此吸引更多的供需双方使用平台来进行创新资源的对接和交易。共享平台具有显著的双边市场网络效应，即平台一边的供需双方流量越多，平台另一边对应的潜在客户越多，他们越愿意与平台合作，而平台也能因此获得更多流量，为迅速占领市场、形成庞大客户群提供基础。进而提高平台估值，吸引资本投资，实现流量数据变现。

例如，易科学是中国的科技研发与科研仪器共享的互联网平台。易科学作为一个共享创新资源和科研仪器的平台，在带给用户收益时收取一定比例的服务费作为佣金。同时，易科学在提供科研创新需求和科研仪器的过程中，带来的一定网络流量，在适当时候转换成广告等其他收益；易科学也会开辟一个"科学实验交易平台"，为科研实验的供给方寻找客户，也会收取一定比例佣金。易科学目前已同多家生物医药服务提供商建立了合作关系，在运营后期获得大量有效流量后便可以通过流量来获取收益。

11.7 接 口 模 式

接口模式是大数据时代互联网催生的一种新型盈利模式,创新平台通过接口接入其产品或服务业务,收取接口接入方的费用,以获取收入。例如,大疆创新科技有限公司(简称大疆)构建了创新共享体系,通过向用户开放接口获得盈利。

11.7.1 接口模式的内涵

接口模式是共享创新平台的盈利模式中不太被关注的模式之一。接口是一种把自己提供给外界的抽象化物,是一种能够修改内部而不影响外部实体与其相交互的形式。共享创新平台在获得大量供需双方的数据后可以开辟自己的生态系统,构建一种开放式、扁平化的平台为社会全体提供平等参与的接口,形成一定的准入门槛或者壁垒,将一部分无效用户排除在外,提高了选择效率。接口盈利模式通过开放平台第三方接口,释放共享中的巨大价值,在共享平台热度消退之后,凭借流量接口的价值仍能保持强势增长。

11.7.2 接口模式的运作方式

如图 11-7 所示,在接口盈利模式下,共享创新平台可以通过联合参与方构建自己的生态系统,在共享创新平台内接入其他业务,收取合作方的费用,以获取收入。在生态系统形成初期,平台不收费;在建立起客户黏性以后,以对平台的合作方进行收取接口费的形式获利。以应用程序接口(application programming interface,API)为例,这是一种应用程序编程接口,其目的是提供一种能力——通过某软件或硬件访问例程,既无须访问源码也不需要理解内部工作机制的细节。伴随着互联网应用普及度的提高,更多站点开放自身的资源,增强彼此之间的关联性,丰富内容的多样性,增加用户群和服务访问量。站点通过开源 API,不仅降低了其市场推广费用,也激发了更多创意和创新思想、智慧的产生。

11.7.3 接口模式的实现

共享创新平台的使用具有开放性。运营初期,平台对于所有的参与方免费开放,通过大量汇聚参与方来实现规模效应和供求匹配。如果初期运营达成了大量

第 11 章 共享创新的盈利模式

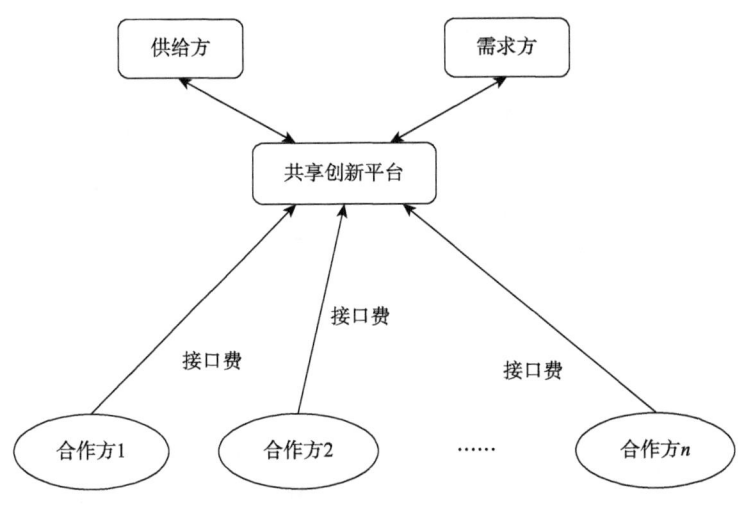

图 11-7 接口模式流程图

匹配性高的交易，那么通过自我强化功能不断地吸引更多的参与方，使双边匹配平台功能不断强化成为一个要素集聚中心。在技术层面上，平台的接口大多数是可以开发的，根据情况连接其他需要的用户，本身具有的开放性使得共享创新形成一个自我完善的生态体系，演变成一个多边市场平台（郑联盛，2017）。

共享创新平台运营一段时间后可以建立客户黏性，平台可以利用接口技术建立自己的生态系统。由于平台使用期间积累了大量数据，建立了数据集市。这些数据作为内部管理与决策分析的基础数据，提供了应用服务接口系统和开放数据资源接口标准，实现共享创新的数据信息交换和共享，逐步实现各个系统的对接，并汇集用户对标准的需求、咨询等信息，逐步实现用户行为大数据的分析，进而提供精准的内容推送服务。同时，将标准的需求反馈到供需双方使用环节，为共享创新平台的优化迭代提供正反馈支撑。平台完善了生态系统以后，就会有合作方寻求和平台合作，平台为其提供数据接口和服务接口，通过共享方式，为合作方提供他们需要的数据。

以大疆为例，大疆在接口模式下结合资本形成共享创新下的技术创新模式。在充分利用内外部创新资源的基础上，大疆利用接口等实现创新技术资本化，并借助创新成果的转化（周红根和鹿瑶，2017），通过构建企业内外部共享创新平台，构建了创新共享体系（图 11-8）。

如图 11-8 所示，大疆通过共享创新平台开放接口实现技术创新产出效率与技术资本化分析。开放接口的具体操作方式是大疆通过提供软件开发套装，向开发者提供硬件共享平台，开放软件接口。在创新上有想法和会编程的外部人员都可以通过接口来将自己的想法由理论变为现实，大疆提供了一个可供交流的技术共享平台，自身也通过这种模式获得盈利。

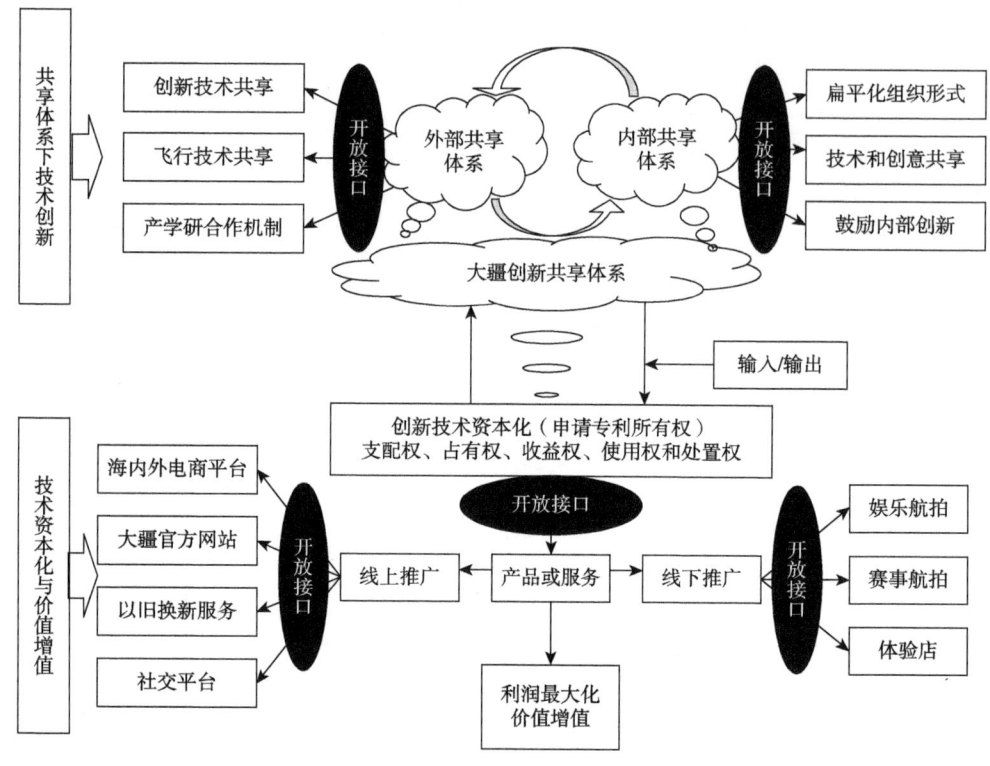

图 11-8 大疆共享创新体系

11.8 延伸服务模式

延伸服务模式是创新平台以获得的用户资源为依托，提供资源延伸服务。例如，创新平台网站设客网[①]，在工程投资、项目管理、技术服务、施工、建筑材料等相关领域衍生出更多延伸服务，通过延伸服务来获利以维持设客网的运行。

11.8.1 延伸服务模式的内涵

在共享创新运营中，供给方和需求方将自身的需求数据和供给资料上传到平台，平台以海量的用户资源为依托，对用户的大数据进行分析，拓展商业边界，

---

① 设客网是一个建筑设计行业平台网站，建立了设计师、设计院、开发商之间的信息沟通、业务交互、协调设计平台，为设计师创业提供项目、技术、人员及服务支持。

提供资源延伸服务价值（郝路露，2018）。同时，基于平台产生的海量数据可以解读创新领域的变化趋势，为科研机构提供决策依据。共享创新将进一步扩展维度并延伸服务链，开展延伸服务，促进更多的跨界合作与创新，并将会逐步推广到各个行业领域（陈晓红，2018）。与此同时，共享经济会逐渐走向全过程发展，从消费领域和生产领域逐步扩展到分配领域和流通领域。从用户体验角度出发，通过资源共享、数据库建设、新科技应用与社交功能完善构建新共享创新产业链，从而延伸服务内容，进而获取收益。

11.8.2 延伸服务模式的运作方式

如图 11-9 所示，在该种盈利模式下，供给方和需求方在共享创新平台上发布信息进行创新资源对接是不收费的，供给方和需求方都通过共享创新平台发布信息、提供资源，那么平台就会获得大量一手数据。平台获得大量数据以后便可掌握供需双方的需求、资源、偏好等信息，为其提供延伸服务做基础。延伸服务又可以销售给供给方、需求方和其他用户，进而获利。

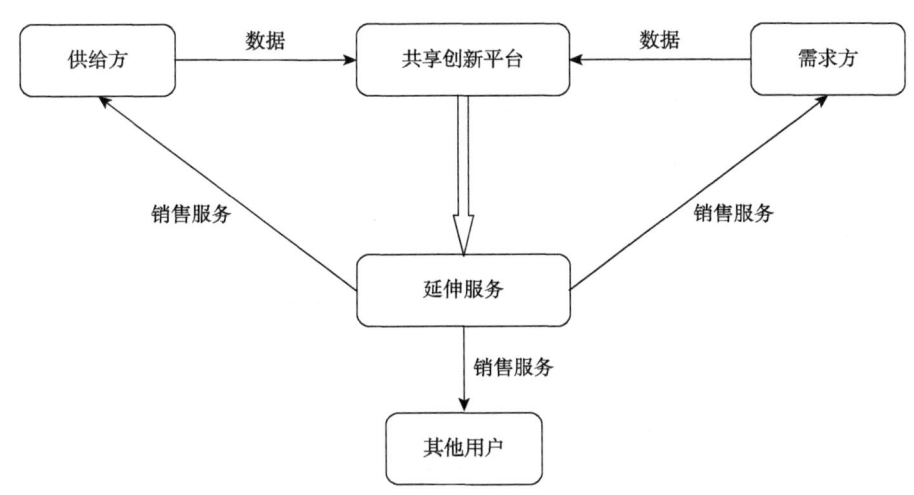

图 11-9　延伸服务模式流程图

11.8.3 延伸服务模式的实现

在共享创新平台初始运营时，免费的服务和技术投入、社交关系延伸拓展与维系等满足共享的举措大大提高了用户黏性。基于创新平台使用产生的海量数据及大数据的应用在一定程度上改变了信用评估的方法。共享创新平台的延伸服务整合效应巨大。共享创新平台作为独立的第三方,除了可以为供需双方提供服务之外,还可以利用自身优势,借助资源整合,通过开发创新平台周边产品或服务的方式获取利润。

供需双方初始业务带来的现金流量非常少,但是初始业务后续带来的延伸服务和周边产品引发了销售合同本质的结构性变化,延伸服务模式下的消费主体不再是以往简单纯粹的供应方和需求方。除了直接地使用平台发布创新需求外,更有延伸服务为平台带来需要的资金流。创新平台以海量的用户资源作为依托,对用户大数据进行分析,拓展商业边界,实现延伸服务的价值。

以设客网为例,设客网是建筑设计行业的共享创新平台网站,通过共享创新平台向设计师创业提供项目、技术及向设计院提供项目分包,同时利用自身掌握的资料提供延伸服务。目前设客网构建了云端一体化的产业生态圈(胡海波等,2017),如图11-10所示,设客网的盈利模式是在提供基本服务的基础上充分利用了延伸服务。通过平台接收科技创新任务,任务需要分解,实现简单化和模块化。在网站页面上有两个入口,分别为"我是设计师"(供给方)和"我是设计院"(需求方),可以发布供给信息和需求信息,平台可以通过自动匹配来实现项目流程招标。未来,设客网将在与建筑相关的更多领域衍生更多延伸服务,通过延伸服务来获利以维持设客网的运行。

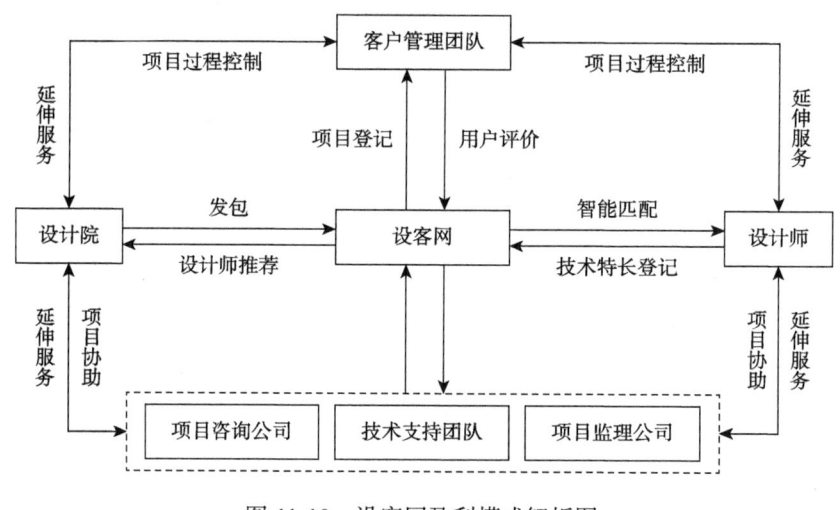

图11-10 设客网盈利模式解析图

11.9 广告模式

激烈的市场竞争和日益变化的市场需求促使供应商、销售商等不同经济实体走向追求高效益低成本的广告宣传方式。广告模式是共享创新中广泛应用的、比较常见的盈利模式，同时是一种短平快的盈利方式。其广告价值来源于日常运营过程中积累的足够用户和流量。

11.9.1　广告模式的内涵

在共享创新中利用广告创造价值，是一种最常见的盈利模式。随着用户规模的不断扩大，共享创新平台的使用量不断提升，通过运营手段增加用户对共享创新平台的黏性，在共享创新平台中进行广告代理将是一个实现盈利的途径。同时，可对其他共享创新平台进行广告服务，互相代理扩大影响力。共享创新平台通过对客户的特征进行分析，然后对他们进行精准的广告投放和营销匹配，这时共享平台就演变成一家精准广告分发的大数据平台，实现了真正的广告收入。

11.9.2　广告模式的运作方式

广告模式下，平台可以在为供需双方提供信息对接服务的基础上，通过售卖平台广告的形式为自身谋取适当的商业报酬。平台一边的用户流量越多，平台另一边对应的广告用户的潜在客户越多，他们越愿意与平台合作，而平台也能因此获得更多收益。广告需求方可以是供给方也可以是需求方，或是除此之外的第三方，见图11-11。

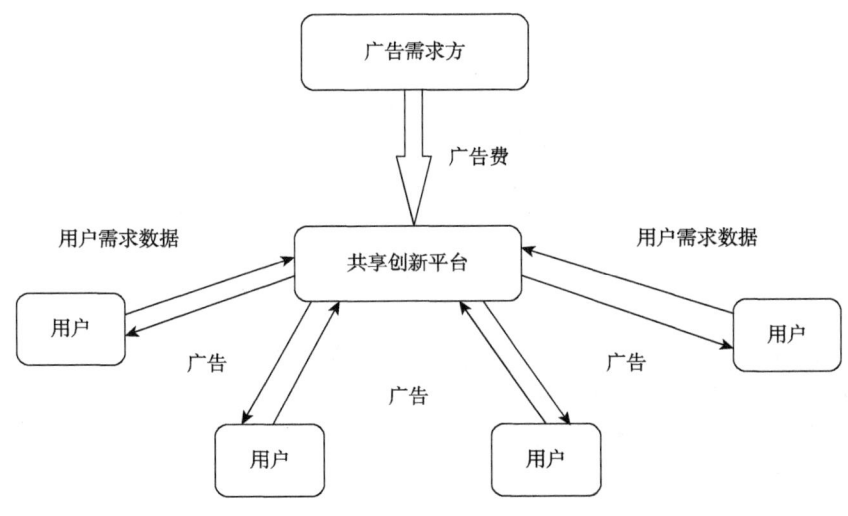

图11-11　广告模式流程图

11.9.3　广告模式的实现

对于共享创新平台而言，广告是一种变现方式。平台只有在用户数量足够多时方能实现规模经济，扩大平台广告收益和溢出效应，实现平台可持续发展（张萌等，2018）。

平台通过掌握的海量用户数据，能做到精准匹配目标受众。腾讯官方2017年发布的《朋友圈广告用户研究报告》显示，有23.8%的受访者认为，只要广告和自己有相关性，他们对任何类型的广告都能接受，并且这种观点在其中所占比例最高。这些数据表明：其实用户讨厌的并不是广告，而是与自己无关的广告。如果平台推送的广告与用户有关，甚至可以满足用户某方面的需求，就可以成功吸引用户，实现精准营销[①]。共享创新平台根据参与方特性进行分类，通过对不同参与方的特点进行分析，快速得出参与方需求，提升推送广告的精准度。创新平台上不断积累的海量的参与方数据，借助已获取的参与方数据提供优质资源或服务，在以上交易中找到利润的增长点。同时利用专业的互联网分析技术，对媒体投放渠道进行再分析、再评估，根据不同的推广需求，进行渠道联动整合优化。广告模式下的精准营销，并不是传统意义上的广告，而是以共享共赢的心态寻求合作伙伴，运用大数据将共享创新平台打造成新数据平台。

11.10　竞价排名模式

竞价排名是大数据经济发展下的盈利模式，与传统的广告推广方式相比，竞价排名有着准度高、门槛低、效果透明等特点，相对而言该种盈利模式更受平台方偏好，同时，供需双方比较容易获得所需的产品和服务。

11.10.1　竞价排名模式的内涵

在竞价排名模式下，创新平台掌握搜索引擎并对供给方和需求方分别排名，排名靠前的将获得更多交易机会。创新平台基于搜索引擎的推广，通过向商家拍卖优先显示成功竞价的商家信息，从而显著提高该信息的被浏览量。为了获得更多交易，平台用户也就是供给方和需求方可能需要交费才能排在前面，平台通过

---

① 《微信用户数据营销快速变现的商业模式》http://www.sohu.com/a/200124456_99981421[2017-10-25]。

竞价排名机制获利。

11.10.2 竞价排名模式的运作方式

竞价排名模式下，供给方和需求方都是共享创新平台的用户，用户通过平台发布创新需求信息和提供创新资源的信息，平台对供给方和需求方分别排名，排名靠前的会首先被搜索到，所以用户为了获得更多搜索和交易会向平台交费以获得靠前的排名。这样，平台就可以通过竞价排名获利，见图 11-12。

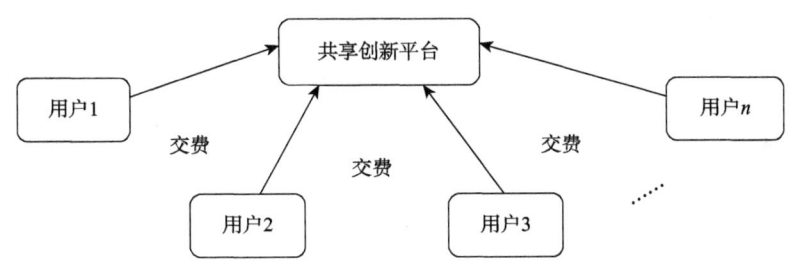

图 11-12 竞价模式流程图

11.10.3 竞价排名模式的实现

在共享创新平台投入初期，平台借助免费使用吸引用户流量与关注度；利用各种信息技术，加强平台与用户之间的相互联结，强化嵌入行业的渗透功能，当平台的用户积累到一定程度时，平台就可以对用户推出竞价排名机制。

在这种盈利模式下，平台相当于一个整合资源的媒介。充分利用自身优势使得拥有各种优质资源的参与方进行对接，为产品与服务的供应商提供全面专业的渠道和营销服务，并且提高创新资源的使用率，进而平台自身也能够获得一定收益。

虽然平台竞价排名服务对用户收取一定的服务费，但仍为供需双方提供了信息匹配和搜索服务。并且平台还提供信息搜索引擎服务，属于大数据经济发展的产物，并非一般意义上的广告商。其发展符合信息共享经济的发展趋势，可以持续运营。

以上共讲述了十种共享创新平台的盈利模式，以下是共享创新平台和参与方（供给方和需求方）共有的盈利模式，供给方和需求方作为共享创新发展不可缺少的部分，必须要有一定的盈利模式来支撑其的持续参与。

11.11 创新资源模式

创新资源模式是共享创新平台特有的，也是比较常用的盈利模式。在共享创新模式下，供需双方达成合作后会产生创新资源这一产物，创新资源由于其创新性、唯一性的特点，其所有权便可以成为盈利的来源。

11.11.1 创新资源模式的内涵

创新资源模式是共享创新平台和参与主体都有的盈利模式。创新资源狭义上是指创新技术资源，广义上包括创新技术资源、创新知识资源、创新人力资源、创新物力资源、创新财力资源（毕克新等，2014）。共享创新活动结束后，平台或者参与方能够获得创新资源作为回报，参与方获得的创新资源一般是狭义上的创新资源，共享创新平台获得的创新资源一般是广义上的创新资源。

一般分为三种情况：第一种情况是创新资源是参与双方参与共享创新获得的回报；第二种情况是共享创新平台拥有创新资源的所有权，而提供给参与方别的收益；第三种情况是共享创新平台和参与主体共同拥有创新资源和由创新资源带来的收益。具体哪种方式要视具体情况而定。

11.11.2 创新资源模式的运作方式

在共享创新活动初始阶段，充足的创新财力资源能够激发供给方提供创新人力资源、物力资源和知识资源，使得创新技术资源产生；在后期的市场化阶段，平台成为联结供给方和需求方的"创新集市"，创新技术资源和市场资源等在平台内部大量集聚并自由组合，为参与主体之间的价值共创与共享创新活动提供了现实载体（吕一博等，2015）。共享创新的供需双方和共享创新平台在实施创新活动的过程中会产生创新资源，进而给参与方或者平台带来利益，见图11-13。

11.11.3 创新资源模式的实现

创新资源模式的实现得益于在共享创新模式实施时，会出现创新资源，而该种资源是可以通过运作而获利的，获利方既包括共享创新平台，也包括供需双方。

第 11 章 共享创新的盈利模式

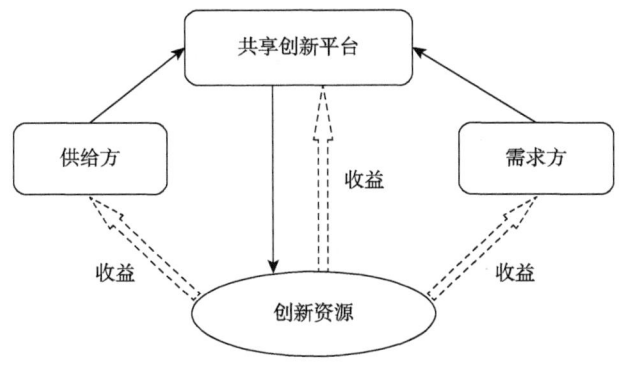

图 11-13 创新资源盈利模式

以美国 Quirky[①]公司为例，该公司利用共享创新平台通过众包供应链（crowdsourcing supply chain，CSC）模式运作。具体运作方式是平台 40.5 万名全球在线社区成员提出创新创意，然后每周通过平台的投票系统从 30 000 个入选方案中选择 15 个创意。企业拥有产品供应链，并配有 3D 打印和原型设计设备。在产品创意生产确定后，企业将产品供应链上下游合作企业进行整合，由公司在中国香港的员工监督在内地投入生产。平台目前已经出售超过 230 万件商品，销售额高达 5000 万美元。这种共享创新资源的方式有效降低了创新成本，打破了企业创新设计来源的边界，在全球范围内寻找创意支持，充分开发大众智慧，增加公众参与度，减少供应链风险。

11.12 产品收益模式

产品收益一般是共享创新平台和参与主体共有的盈利模式，也是比较常见的盈利模式。在创新平台、供需双方达成合作后，会有部分产品流入市场，该部分产品带来的收益可以成为盈利的来源。

11.12.1 产品收益模式的内涵

这里的产品收益是指在共享创新模式下，最终得以生产出来的产品及周边产品带来的收益。共享创新平台发布创新需求后，参与方参与到创新项目中，该项

---

① Quirky 是一个创意产品社区与电子商务网站，利用众包方式，让社区参与产品开发的整个过程，包括提交创意、评审团审核、估值、开发、预售、生产、销售等多个流程，网址：https://quirky.com。

目完成后,会有产品被生产出来,通过投放产品进入市场带来产品收益。平台和参与主体最后能够得到产品收益,产生参与共享创新的动力来源之一。

11.12.2 产品收益模式的运作方式

共享创新平台为供给方和需求方提供平台,需求方在平台发布创新项目的需求信息,供给方根据自身条件选择可以跟进的创新项目提供创新服务。参与方参与共享创新项目,有获利才能维持共享创新的持续进行,而在该种模式下,参与方的获利即为产品收益,见图 11-14。

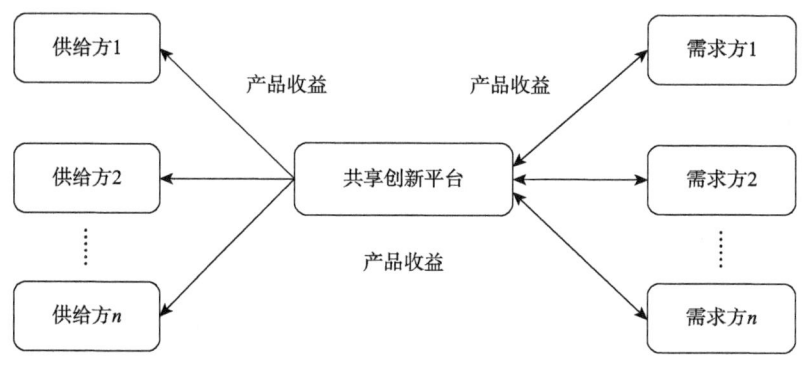

图 11-14 产品收益模式运作方式

事实上,不论是共享创新模式还是传统创新模式,很多创新项目结束后的成果就是产品生产并被投放市场,最终带来市场收益。不同的是,在共享创新模式下,产品收益的最终获利方可能是共享创新平台也可能是参与主体。

11.12.3 产品收益模式的实现

产品收益模式下,获得产品收益的可能是主要参与方,也可能是平台,或者二者皆有。例如,2000 年由美国芝加哥的尼克尔和德哈特共同创办的在线 T 恤公司,不仅是一个在线 T 恤衫厂商的网站,而且具有 T 恤衫共享创意设计平台。其运作模式如下:公司把 T 恤创新设计任务发布到平台,全球任何人都可以把自己设计的作品上传到该平台;大众通过平台网站进行打分和评选,得分最高的几名设计者将获得相应的报酬;平台将外包生产最受欢迎的 T 恤设计。T 恤创意设计者被平台安排身穿自己设计的 T 恤。由于产品的设计来源于公众,符合大部分公众的审美品味,产品一经推出即获得市场的欢迎,获得的产品收益最后归于共享平台,参与方获得的是穿着自己设计的 T 恤衫产品和部分报酬。

运作模式如图 11-15 所示。

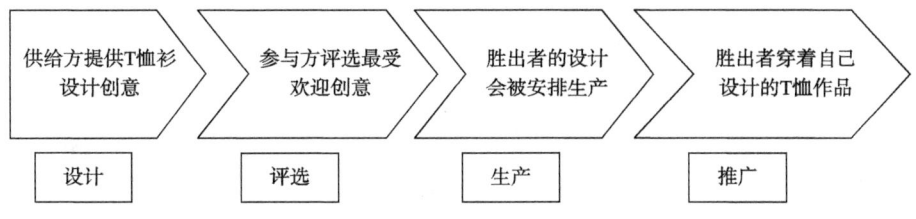

图 11-15　在线 T 恤公司运作模式

又如，中国 2008 年创立的 SWS 创意社①为设计师专业人员和业余爱好者提供了一个创意的共享创新平台。创新业务涉及 T 恤、卫衣、布包、雨伞等的产品设计与开发。SWS 创意社每两周评选一次获奖作品，创意产品均由平台用户设计，由平台用户评审，获奖设计师将会获得 SWS 的创意大礼包外加若干金币及 SWS 专用获奖证书（肖岚和陈晨，2010）。被选中的创意会被生产成产品，这部分产品收益归平台创意社所有。再如，一品威客作为一个以创意产品和服务为商品的共享创新平台，主要涉及的项目包括标志设计、应用设计、网站建设与推广、创意祝福等，平台和参与方通过产品收益来获得盈利。

11.13　技术服务模式

技术服务模式是共享创新常用的盈利模式。例如，在中国创新产品苏宁众包平台上，众多中小厂商完成从创意到设计、生产再到销售最后到售后服务的全套技术服务，并从中获益。

11.13.1　技术服务模式的内涵

技术服务模式是共享创新平台和参与方在共享创新中的盈利模式。共享创新平台、供给方和需求方三方在进行创新活动时，利用衍生出的技术服务来使得平台和参与方获利。

---

① SWS 创意社是一个集创意产品设计、创意商品制造、创意设计师交流为一体的创意社区，网址：http://www.swser.com/。

11.13.2 技术服务模式的运作方式

如图 11-16 所示,技术服务作为附加产品产生,会为平台和参与方带来收益。共享创新平台、供给方和需求方在进行共享创新活动时,会衍生出技术服务,一项共享创新活动结束,会有相应的创新成果投放市场,而技术服务便会为参与方或者平台带来收益。

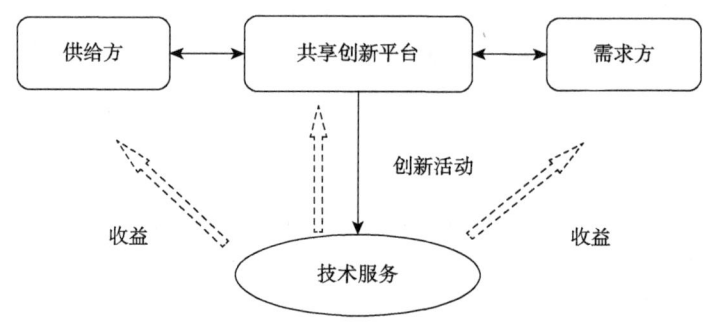

图 11-16　技术服务模式流程图

11.13.3 技术服务模式的实现

技术服务盈利模式实现的前提是在共享创新活动中产生能够带来收益的技术服务,该种技术服务产生于创新活动,由于其在创新活动产生的特性,一旦衍生出来该种技术服务,说明其具有一定的市场需求,一般会为参与方或者平台带来收益,从而支撑该种盈利模式的持续发展。

例如,苏宁众包平台就是一个共享创新平台,它针对中国海量的创新设计,整合供给双方需求,提出从创意、作品、产品、商品到用品各个转化阶段所需的服务解决方案,实现创新转化、产品孵化、品牌放大及市场加速扩张,参与方一般是众多中小厂商。在参与方完成创新项目后可以获得技术服务,苏宁众包平台的参与方的盈利模式就是技术服务模式。苏宁众包平台提供一个反应快速的敏捷型众包供应链,其快速性要求其产品本身不应是复杂产品,而且产品的更新速度快(黎继子等,2016)。苏宁众包平台实现盈利的模式如图 11-17 所示。

在苏宁众包平台上,众多中小厂商能获得其所需要的全方位的支持和服务,最终众多中小厂商通过苏宁的众包平台完成从创意到售后服务的全套技术服务。

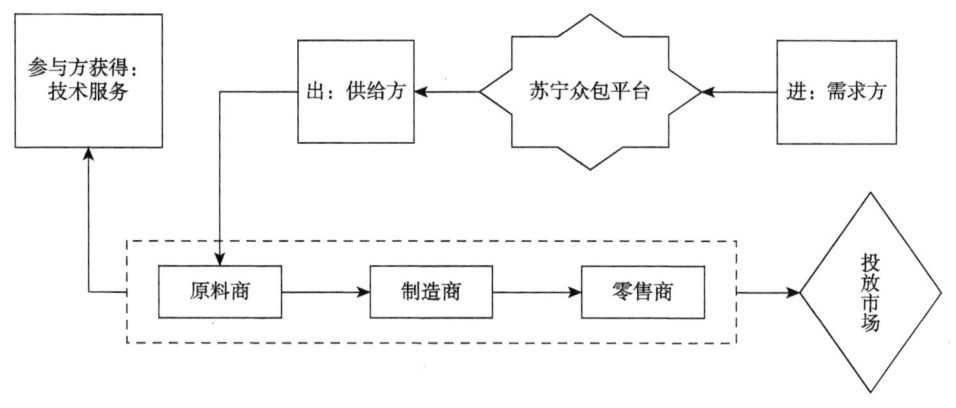

图 11-17 苏宁众包平台盈利模式

11.14 产权收益模式

在产权盈利模式下,通过共享创新平台将创新技术资本化,进行产权确认。例如,猪八戒网的"八戒知识产权"板块通过知识产权进行盈利。

11.14.1 产权收益模式的内涵

产权收益是共享创新平台和参与方共有的盈利模式,共享创新平台通过发布需求方的创新项目需求,来获得供给方有偿的创新帮助,当共享创新项目结束后,势必会产生创新成果,而这些创新成果是可以转化为产权的。

在产权收益模式下,通过共享创新平台,创意、想法、经验等转化为创新技术,并进一步将技术通过一系列机制予以资本化,这样就实现了创新技术的积累进而资本增值,最后实现产权确认。产权确认是创新技术资本化中尤为关键的一环,而对创新技术的所有权确认又是技术资本化产权确认的重要组成部分。所有权确认最直接的表现形式是专利的申请。

11.14.2 产权收益模式的运作方式

如图 11-18 所示,参与方通过共享创新平台进行创新需求的发布和创新项目的承接,项目结束后的部分创新成果或者在创新过程中产生的数据可以转化为产权,该部分产权可以归平台所有也可以为参与方所有。共享创新平台的运营依靠科学技术创新，技术创新对共享创新的重要推动作用和及时确认产权归属带来了资本增值和长期经济利益，平台可以通过登记确认产权形成平台自有的专利技术。

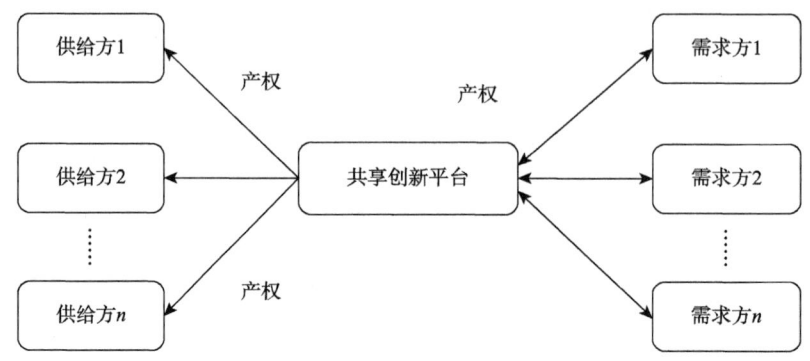

图 11-18　产权收益模式流程图

共享创新模式的出现，使得企业对产权的态度也发生了转变。传统的创新模式下，企业应当牢牢控制自身的知识产权，从而使竞争对手无法从其发明中获利。然而在共享创新模式下，企业应当从别人对其知识产权的使用中获利，同时，只要是能提升或改进企业绩效的模式，同样应该购买别人的知识产权（高良谋和马文甲，2014）。这样的转变使得产权收益模式得以实现。

11.14.3　产权收益模式的实现

参与方使用共享创新平台，会产生海量社会科学数据、交易数据、图片视频等数据资源，这些资源从权益方面看，归属于每一个数据生产者。但数据资源由于其数量庞大的特性，在平台和用户之间达成了保密协定，从而产生了合法的具有价值的海量数据资源。这里需要强调的是：任何数据只有集中起来才具价值，而集中这些数据并使之价值化的只能是各个平台，为了保障这些平台的合法权益，需要对各自的数据明确产权，有了合法产权，形成资产也就顺理成章了。

例如，猪八戒网于2015年末成功收购知识产权界的互联网平台——一块智慧平台，并将这块业务命名为"八戒知识产权"，成为现在网站上独立的一个板块，吸引了大量政商界的关注和诸多第三方知识产权交易公司的入驻。猪八戒网通过产权盈利模式获利，一经运营就收到大量订单。

以上是共享创新平台和参与方的十四种盈利模式，而事实上，共享创新的盈利模式是丰富多样的，拥有多种表现形式，在共享创新活动中盈利模式也不是单一出现的，呈现出多种盈利模式相互交叉，为共享创新平台和参与方提供收益。

这是因为共享带来的资源是丰富的，远超过产消者所带来的基础产品和服务。共享创新正是通过提供多样的消费形式为客户带来便利、降低成本，实现了盈余价值的创造。通过多种形式获利，正是基于资源的叠加和共享的再次共享，其衍生出多样的盈利途径，优于传统商业下简单固化的盈利模式。另外，这种一个平台多种盈利途径的模式都是基于平台用户的积累。因此，在追求盈利的前提下，实现用户的价值才是重中之重，才能形成真正的双赢，甚至是多方共赢。

第 12 章　共享创新的实现方式

共享创新是移动互联时代对传统创新模式的一次重大变革,已经在许多行业获得应用,并在不断拓展实践范围。李克强总理提出,推动大众创业、万众创新,需要打造支撑平台。要利用"互联网+",积极发展众创、众包、众筹、众扶等新模式,"以众智促创新""以众包促变革""以众扶促创业""以众筹促融资"。①这"四众"体现出中国在寻找新的经济增长点,在从过去依赖出口、投资等宏观层面向微观层面转化,也将使得大众创业、万众创新得以更精准地延伸,对新兴行业和传统行业都有波及。共享创新实现方式多种多样,"四众"概括了其中较为典型、应用较多的方式。本章通过对共享创新在各行各业中实现过程的梳理总结,将实现方式概括为众创、众包、众设、众筹、众扶、租借、共享产能七种,代表了从创新创意产生、筹资到落地的一系列方式。

12.1　众　　创

"众"是主体,"创"是内容,"众创"是适应互联网时代的大众创新、用户创新、开放创新、协同创新发展趋势的低成本、便利化、全要素、全时空的创新模式。众创是共享创新的基础和基本条件,要充分发挥互联网作用,以激发社会创新热情,并让国家创新创业政策落到实处,为想要创新创业的个人和团体提供系统的创业服务,将创新与创业相结合、线上与线下相结合、孵化与投资相结合。众创主要借助众创共享平台这一形式实现,通过为创业者提供网络上的社交和资源共享空间,促进创新过程中的交流,克服创新过程中遇到的门槛、加速创新。

---

① 《国务院打造双创支撑平台 提出积极发展众智和众包等新模式》http://www.gov.cn/zhengce/2015-09/17/content_2933406.htm[2019-04-08]。

12.1.1 众创的内涵

众创是指汇众智搞创新，通过创业创新服务平台聚集全社会各类创新资源，大幅降低创业创新成本，使每一个具有科学思维和创新能力的人都可参与创新，形成大众创造、释放众智的新局面。这一创新实现方式适用于多种情境下的创新，尤其是不需要大量设备机器重资产投入的创新。该模式可以使人们在网络社区集思广益，思维碰撞，从而产生创意新思路。

众创依赖于各类众创共享平台的搭建，尤其是对于众多的中小企业来讲更为适用。对于中小企业而言，阻碍其开展创新的障碍主要是资金少、人才缺、技术水平低。众创可以为其突破技术上的"瓶颈"提供可能：一方面，大量的外部资源为企业创新提供了新的路径；另一方面，小规模企业还可以从中获取到大量的知识、经验等，提升企业的创新能力。此外，虽然第三方众创平台的出现让中小企业收益更多，但构建一个互联网平台是一项非常复杂的过程，需要得到技术和市场营销等多方面的支持。通过借助其他主体搭建的第三方平台，中小企业可以提出创新需求，由平台方协助完成创意、思想和设计的征集工作，这将成为未来小规模企业获取创意方案的重要方式，进一步降低创新活动开展的成本。对于某些规模较大的企业，也可以通过自建平台，或者通过自身转型为平台型企业共享移动互联网上海量的创新资源实现低成本、高效率的创新。

众创是共享创新模式中应用很广的一种实现方式，并且在各类企业、组织的创新创业中发挥了巨大作用。这一方式得到了世界各国的重视，各国都在采取应对措施包容并帮助共享创新的发展。中国政府也推出一系列政策促进众创空间向专业化发展，使其以更低廉的成本、更全面的服务，促使科技创新更好地服务于实体经济转型升级[1]。

12.1.2 众创促进创新的机理

众创有着许多不同的形式，其中共同的思想是集聚群体智慧，人人皆可参与。众创主要包括两层含义，第一层是万众创新，第二层是大众创业。基于此，其包含两个核心过程，一是创新活动大众化，指大众基于兴趣在平台进行创新活动，二是使创业活动大众化，当今孵化器、众创空间的出现更是使得人人能创业（吕力等，2015）。众创为创新创业提供了更多便利的条件，既提供了创新所需要的硬

---

[1] 《国务院政策吹风会：大力发展众创空间推动科技创新服务于实体经济转型升级的有关情况》http://www.china.com.cn/zhibo/2016-02/05/content_37737967.htm[2016-02-05]。

件设施，也聚集了创新思维，形成大众创新创业的氛围。

在传统创新模式下，企业创新能力取决于企业的资金实力与内部有限的科研力量，这容易导致闭门造车等问题。随着创新边界的不断扩展，企业创意来源经历了从专业科研人员到普通员工，再借由互联网波及大众，形成"大众创业、万众创新"的景象。在众创模式下，面向企业外部的创新平台搭建起了创新需求者与供给者之间的桥梁，企业鼓励外部人员提出改进建议、参与改进方案的设计，如海尔开放创新平台、InnoCentive 等，借此增加了企业每年的创新成果数量。更重要的是，通过平台方的规模化，企业得以在更加广阔的范围内征集智慧，从而有更多的机会获取创新创意，确定最佳的问题解决方案。

众创是通过创新群体范围的扩大来寻求更高的创新效率。群体的参与可以在创新的各个环节，从创新需求的提出到创新需求的解决，大众参与让创新更好地聚焦在有需求的方面，避免了创新资源的浪费。此外，群体智慧在交流过程中得以更快被激发，提高了创新的效率。最后，众创打破了创新的企业边界，帮助小企业克服了创新资源不足的约束条件，从而使得创新更加易于实现。

12.1.3 众创的运行与实践

众创平台的搭建，是众创实现过程中的重要一环，平台将创新供需双方联系在一起，使他们可以更快更高效地匹配到对方，从而提高创新的效率。以 InnoCentive 为例，它为企业提供了一个获得开放性创意的平台。作为创新需求方的企业注册后成为求解者，可以将内部无法解决的问题发布在网站上，InnoCentive 将问题的摘要、解答的截止时间等公开，供网站解答者浏览。若解答者对项目感兴趣，平台将在保障求解者隐私的前提下向其提供更加详细的信息，并搭建进一步沟通的通道。这一网站主要在学术圈内传播，解答者集中了世界各地的科研人员，为创新的质量提供了保障。

以 InnoCentive 为代表的众创和内部创新是互补的，二者各有其适用的领域。当创新需要大量的资金及设备投入时，需要企业内部力量配合进行内部研发。外部创新适合解决的问题是当企业内部思维遇到瓶颈，难以突破时，外部人员灵活的切入点或其他领域的视角，会为问题的解决带来新的思路。

12.2 众 包

众包概念起源于中国的"威客"。于 2005 年 7 月在中国科学院研究生院管理学院 BBS（bulletin board system，网络论坛）上首次提出，同年 12 月出现在刘锋的新浪博客。2006 年 6 月，美国《连线》杂志的记者 Jeff Howe 首次推出了众包的概念。众包是互联网时代产生的新的组织形式，企业或组织可以利用互联网将原本需要内部完成的工作分配出去，从而更快地实现创意、解决技术难题。通过这种方式，企业不仅可以在花费较低的情况下获得有价值的创意、思想或设计，而且也节省了实践、人力等各方面的成本。众包节省了创意落地过程中所需要耗费的企业内部资源，帮助创新者以更高效的途径实现创新。

12.2.1 众包的内涵

传统的创新创业，是一个由特定企业和机构完成的任务，而众包则是将这一任务开放化，向所有有兴趣、有能力的机构、个人分配，充分发挥大众和互联网的优势，从而提高创新创业的效率，降低其成本。其核心思想是人的创意、知识、智慧、经验、技能等能通过互联网转换成实际收益的互联网新模式，可主要应用于解决创业、创新、技术、创意、学习、科学、工作等领域的问题。

尤为重要的是，企业或组织可以整合企业内外的各种智力资源，通过集合众多人的智慧（包括用户、合作伙伴等）来创新自身的产品或服务。众包模式的产生，使得企业可以将内部创新过程中人力、物力难以解决的问题发包出去，低成本、高效率地解决问题，很大程度上助推了企业创新活动的开展，对提高企业自主创新能力起到了非常重要的作用。

众创减轻了企业创新过程中研发部门的压力，而众包则减轻了其他参与创新活动部门的压力。通过众包，企业可以获得商标设计、营销策划、工商财税等方面的外部支持，这让人手紧张的中小企业从中受益不小，并且平台聚集的大量服务供给方，也给了需求方比价、择优的机会。从供给方的角度来看，提供类似服务的中小企业可以通过平台参与众包，使其有机会更快地获得更多业务。众创让企业产生了创新的思路和灵感，而众包则是实现创意的重要推手，让众多创新活动都从中受益。

12.2.2 众包促进创新的机理

众包象征着人类的知识、思想和智慧将因互联网而被无限放大和传播，并改变了传统的创新模式和创造出巨大的社会财富。共享创新下的众包通过互联网聚集众多人的知识、智慧、技能，以解决各个领域遇到的问题，并转换成实际收益，实现了真正的大众创业、万众创新。这一众包模式，是一种多维度的概念结构，是由众多参与者共同组成的集合。创新过程中，创意需求者通常提出一个问题或技术难题，借助于网络平台在互联网上发布或传播该问题，并通过设置一定的激励来激发个人、企业等主体参与到这一过程中，由参与者给出解决方案并由需求者对方案进行审查，最终从提交的大量解决方案中决定最优方案。

众包要借助互联网众包平台得以实现，它将需求方和供给方对接起来，需求方是指有创新任务的个人、企业或组织，他们提出了多样化的众包需求；而供给方是有相应技能资质的个人、企业或组织，他们根据需求形成方案，供需求方挑选。众包的出现，满足了企业对人力资源的需求，各种人力需求都可以便捷地从众包平台上得到满足，缓解了人力这一重要资源对企业创新的制约，降低了企业创新成本。人才也不再锁定在单一公司，通过众包可以为多家公司服务，根据兴趣参与众包项目。

12.2.3 众包的运行与实践

众包模式多针对各种企业服务，以中国最大的服务众包平台猪八戒网[①]为例，它创建于 2006 年，有千万服务商提供解决方案，重点涵盖设计、开发、策划等品类。服务的众包需要卖方根据买方需求进行个性化定制，从而有针对性地提供服务。猪八戒网不仅吸引了大量中小微企业成为其用户，许多大企业也在猪八戒网上寻求服务，《狼图腾》《叶问》等影视海报都是通过猪八戒网完成的。

该平台专注向企业服务领域纵深挖掘。最初平台发展的方向是服务众包，涵盖创意设计、网站建设、营销推广、文案策划等十多类。为公司设计标志，搭建简单的网站是最初的主要众包服务。随着平台积攒的流量越来越多，猪八戒网发展成了独特的"数据海洋与钻井平台的商业模式"。从最初的商标设计、知识产权服务进一步延伸，满足企业在这一产业链上的进一步需求，如印刷服务、制造服务、财税服务等，从而彻底把这一个链条上的各个产业连接起来。借助于最初积累的海量用户和作品数据，完善各个服务产业，形成了以中小微企业为服务对象的全方位全面覆盖的服务体系。通过将线上服务拓展到线下孵化器，把线上成功的创业服务者汇聚到线下，以更好地支持其发展。猪八戒网在交易方式设计上很用心，设计了比稿、计件、先抢标等交易模式，从而激励服务供给方提供更优质、更低价的服务。它提供了一个公平竞争、开放实践的平台，为很多设计师、服务业的创业者提供了机会。

从猪八戒网的发展可以看出，一个企业各个发展阶段所需要的服务，都可以通过众包得以满足，这减轻了创新创业的压力。创业者无法做到是各方面的全才，

---

① 《刚宣布获得 26 亿元融资的猪八戒网，走是什么商业模式》https://www.huxiu.com/article/117836.html[2015-06-15]。

但众包可以帮助其克服其中的障碍，实现共享创业。

12.3 众 设

众设是大众设计的含义，设计也是一个需要发挥创新创意的领域，不论是产品设计还是包装、品牌名称、品牌标志的设计，都可以求助于大众，让大众参与进来，从不同的人中获得不同的创意，择优选择最适合的产品，这大大提高了创新的效率。很多世界著名公司都将大众纳入自己的产品设计过程中来，鼓励人们提供自己的设计作品。例如，标致汽车举办设计大赛，帮助人们实现自己设计汽车的理想；宝马汽车开设客户创新实验室，用户可以在线上参与汽车设计；乐高也鼓励用户为公司发起的各项任务出谋划策，并给予资金支持，设计出的机器人操作系统及积木套装都深受用户喜爱（刘文华和阮值华，2009）。

12.3.1 众设的内涵

在共享创新下，众设指共同设计，旨在让有共同兴趣爱好的一群人聚在一起交流、创作、互动，让每个人在创作过程中都可以发挥贡献，让自己的创意实现。广义上讲，它也可以包括生产协作、技术协作、资源协作等。通过众设，创新变得更为高效，也成为一件人人都可以参与的事情。

全球范围内的共同设计超越了组织边界，集合了全球范围内的创新力量和群体智慧，为新产品或新服务提供创意来源，从而提升了组织创新能力和创新绩效。例如，阿迪达斯的用户和粉丝不仅加工了他们自己的跑鞋，而且还可将其作品放到 eBay 上出售。维基百科、百度百科等知识资源网站是由众多互联网用户通过网络创建的知识创建与共享的平台。InnoCentive、海尔、星巴克等公司向全球范围内的开发者、使用者发起在线头脑风暴活动，征集新产品或新设计，以此来推动创新。

12.3.2 众设促进创新的机理

一个众设项目有多方参与，包括项目发起方、设计参与方与平台，项目发起方出于集思广益、降低研发成本等目的，将产品的创作权放给大众，以求低成本高收益地进行产品设计研发。设计参与方参与项目则是出于以下几种动机：一是创新乐趣，二是利他主义，三是从协作中可以获得向他人学习的机会及赢得同行声誉。在众设过程中，参与者利用自己掌握的知识进行创新，不论贡献的大小，重在参与。众设平台是一个将发起方和参与者汇聚在一起的地方，项目发起方将项目公开在平台上，参与者便可以在平台上进行交流、设计。有些众设项目会提供参与者交流思想、共享资料的社区，这样即使参与者并未有过现实中的接触，社区上的交流也可以让他们实现更好的协作。而且，社区中信息的交流共享也是参与众设的一大收获。

众设可以是大众参与到同一项目中，如开源软件，企业开放专利技术共享，鼓励有兴趣的人共同参与软件的设计，跨越了时空的距离，对此有兴趣的人都可以对编码进行改进，可以促进行业快速发展，起到行业带动作用，也可以激励行业内其他企业新技术的研发与公开，从而加快整个行业的创新步伐。除此之外，众设还可以是个体在平台上寻找合适的设计方进行合作，如猪八戒网的运行也体现了众设的思想，由企业发起设计需求，其他人由此进行创意设计，满足发起者的需求。

通过众设，可以加快创新主体和全社会的创新，形成更多的创新成果。另外，通过平台进行供需精准匹配，也避免了创新资源的浪费，借助平台的影响力降低了创新成本。

12.3.3 众设的运行与实践

众设可以是同一领域中的相互协作，在软件领域，开源思想让软件的编写与更新迭代更为高效。开源中国成立于 2008 年 8 月，是目前国内最大的开源技术社区，拥有超过 200 万会员，形成了开源软件库、代码分享、资讯、协作翻译、码云、众包、招聘等几大频道内容，为 IT 开发者提供了一个发现、使用并交流开源技术的平台。相对于国外的开源代码库，开源中国汇集了一批本土的程序员，开发的程序也更具有中国特色，如微信小程序。开源中国目前主要拥有四大板块，社区、码云、招聘、众包。在社区，IT 人员可以全面、快捷地检索开源软件并交流使用开源经验；码云将开发过程放上云端，解放开发者，避免开发环境的限制，从而最大化个人价值；依托开源中国建立起 IT 人员垂直领域招聘平台，基于开源中国社区的数据自动推荐人才给人力资源；旗下众包平台可以提供软件发布、项目发包接包、悬赏开发、雇佣开发者等服务。

众设也可以发挥各方所长，通过调动不同领域专家和研发团队进行协作与共同设计，对创新需求实现了快速反应。海尔开放创新平台上线之后，已经为其提供了许多产品的更新设计方案。例如，海尔防干烧燃气灶，其全球协同组织共由二百多名博士、硕士及高级工程师等高级人才组成，可以在一个周内对全球各地遇到的家电研发课题进行快速专业化响应。每个研发中心可以说既独立又协同，因所在地资源和用户需求的不同，研发中心之间也存在技术优势偏差。以冰箱为例，目前海尔建立了五个核心模块，其中亚洲研发中心负责保鲜模块，美洲研发中心负责冰水模块，全球研发中心各自突破共同实现海尔冰箱的不断迭代引领。在公司内部，海尔数万名员工自发组成上千个创新小组，人数多少各异，术业有专攻，但众设实现了其中的高效配合。

12.4 众　　筹

众筹最开始产生的目的是为贫苦的艺术家筹措创作资金，而现在为更多行业借鉴，成为创新创业者筹措启动资金的重要渠道。并且借助互联网的优势，众筹扩大了资金来源，降低了融资门槛，避免了像银行、机构投资等传统融资渠道的众多障碍，从而拓宽了融资渠道，提高了融资效率，满足了创新创业融资灵活性的需求。它为创新提供了资金支持，满足了创新创业对资金这一大创新资源的需求。

12.4.1　众筹的内涵

众筹是指创新创业者或企业等项目发起人（筹资人）在众筹平台上建立自己的页面，向公众（出资人）介绍项目情况，并向公众募集小额资金或寻求其他物质支持的行为（范家琛，2013）。它由筹资人、中介平台和出资人三方参与，在平台上实现货币资金使用权的调度，将使用权由占有方转移至需求方，促进货币的高效率流动。

众筹融资最初在艺术领域应用较为常见，如歌手或乐队为了举办演唱会而面向支持者募集资金、艺术家为完成作品创作而面向支持者募集资金等。随着时间的推移，项目的成果扩大了众筹融资模式的影响力，众筹模式也慢慢地从最初的偏公益性质和慈善性质的募捐向更加商业化的领域扩展。众筹通过公开平台向大众筹资，让创新创意有了付诸实践的支持资金，也让提供资金的人可以获得回报。借鉴这一商业模式，"点名时间"在2010年成立，这是中国第一个回报众筹网站。但该平台在经过4年的经营后仍处于亏损状态，在2014年8月宣布退出众筹市场。但在此之后，众筹进行了越来越多的尝试，在发展过程中逐渐完善。

对于筹资人来说，相比其他资金获取方式，众筹模式有以下几点好处：降低了创业门槛、提前了解市场需求以较低成本进行市场推广（肖强，2014）；而对于出资人来说，众筹金额小，风险低，可以为大众接受，也满足了他们参与创新创业的热情。

12.4.2 众筹促进创新的机理

众筹一般按如下的流程进行：筹资方将公司材料及项目材料提交给众筹平台，随后平台对筹资方的真实性、项目可靠性等进行审查；通过审查后筹资方可在平台上公开资料及融资需求，有投资意向的公众可以自行选择投资。根据对出资方回报方式的不同，将众筹分为回报众筹、股权众筹、债权众筹及捐赠众筹（吕芹，2014）。

回报众筹是项目发起人承诺项目成功后会向支持者发放产品或者服务，也就是我给你钱，你给我提供产品或者服务，属于有偿服务的一种，是目前最为广泛的一种众筹形式。股权众筹这种模式一直备受关注，相对于其他众筹方式而言，需要投资者对投资领域进行专业研究、详细了解，投资者通过购买该公司的股份来进行投资，可享受该公司的未来权益。债权众筹与股权众筹类似，只不过获取的回报是以利息和本金形式呈现。捐赠众筹中，投资者对项目进行无偿捐赠，这一行为出于投资人的兴趣与热情。

众筹形式虽各不相同，但对创新的推动作用是一致的，它为创新创意提供了切实可行的融资渠道，降低了创业者在资本市场上的搜寻成本。

众筹可以帮助提高创新创业的成功率。当前我国处于消费转型阶段，回报众筹打造出一个让产品更适应消费需求的商业模式，降低了生产的盲目性，满足了消费者个性化定制的需求。同时，通过在众筹平台展示创意、获得反馈、完善产品，将人、资金、资源和销售融合在一起，达到产品宣传推介前置的效果，也让最终产品更适应市场需求。因此，众筹在满足产品资金需求的同时，提高了创业项目的成功率。

另外，众筹激发了民众的创新智慧。一方面，众筹融资门槛低，让每个人都可以成为创业项目的出资人；另一方面，有创新创业梦想的人不再受制于资金问题，其想法可以通过众筹得以实现。这有助于激发全社会的创新活力，营造"大众创业、万众创新"的社会氛围（吕晓岚，2017）。

12.4.3 众筹的运行与实践

中国的回报众筹主要有两大类别，一类依靠电商的大流量入口，众筹业务数量日益攀升；另一类众筹平台体量相对较小，专注于某一特定领域，做成小而精的类别，也获得了不错的发展。中国众筹发展的领军平台是京东众筹[①]、淘宝众筹和苏宁众筹，它们虽然成立的时间不长，但依靠电商入口保障了流量，众筹额日渐攀升，拉大了中小众筹平台与它们之间的差距，其中最为成功的是京东众筹。相较于其他平台，京东众筹的独特之处在于其创业生态圈，这也成了独特的"京东众筹模式"。很多创业项目选择在京东众筹上线不仅是因为京东庞大的顾客流量，更是因为这种独特的模式。2016 年小牛电动 M1 系列创下的 8176 万的筹资总额的记录，放在其他众筹平台都是很难实现的，京东完善的物流服务保障了出资人的体验。京东通过众创生态圈能够为筹资人提供京东资源、投资、服务、培训四大体系支持，从而为创业者解决了后顾之忧。

股权众筹采用"领投人+跟投人"的模式，由于股权投资高风险的特点与专业性的要求，为降低投资风险，让更多大众参与到众筹过程，由一位经验丰富的专业投资人进行领投，负责项目调研与尽职调查，对项目全程风险进行监控，普通民众可以选择跟投。天使汇平台要求领投人对项目的投资额度最低不得低于 5%，最高不得高于 50%，领投人协助项目完成融资，可以额外获得 1%的股权奖励。领投人必须对项目进行尽职调查，同时要对项目的投资判断、风险揭示、竞争利益冲突做出充分的信息披露，对跟投人投后管理进行信息披露。对跟投人的审核条件十分宽松，只要在天使汇网站上填写个人资料便可以申请成为跟投人，所以人人都可以参与众筹。这一模式解决了大众缺少项目研究经验的问题，通过有经验的领投人背书也可以为项目撬动众多跟投人的资金。

12.5 众　　扶

"众"是大众、万众，"扶"就是扶持、帮助，众扶即大家互相帮助、互相扶持，是大众互帮互助搞创新。这种思想其实在共享创新的事件中多有体现，尤其强调注重对于小微企业的帮扶。众扶所带来的便利性和高效率让创新创业离人们生活更近，使之成为每个人都可以做成的事情。众扶的根本目的就是扶持"大众创业、万众创新"，扶持对象是创业创新活动及创业主体，可以为"双创"带来乘数效应。

[①] 京东众筹是中国的互联网众筹平台，提供智能科技产品众筹、生活美食众筹、智能家居众筹、3C（computer、communication、consumer electronics）科技众筹、娱乐旅游众筹、创意文化众筹、公益众筹等服务。网址：https://www.jd.com/pinpai/235031.html。

12.5.1 众扶的内涵

众扶是指汇集大家的力量来助推创新创业（刘铁志，2015），小微企业和创业者的发展，受到资金、资源多方面的制约，但它们又是经济健康运行不可忽视的组成部分。因此，要借助社会多方面的帮助，如政府和公益机构、其他企业及社会个人，解发展之困。众扶搭建起了资源和需求之间的对接平台，让多方可以进行方便协调，优化了对于人、财、物等创新资源的配置，提供了更为高效的创新创业组织形态，让更广泛的人群可以参与创新创业，平等分享经济发展的成果。

众扶体现在创新资源的相互分享、互帮互助之中，它伴随着共享思想而产生。一方面，它指创新资源拥有方积极主动将资源进行分享，如开源软件将其源代码开放，让后来者在此基础上进行完善加工，软件的迭代更加省时省力；空间、设备的拥有者愿意分享其使用权，让他人能够根据需求灵活地享用，创新创业的成本更加低廉。另一方面，需求方在遇到瓶颈时，可以方便地寻求到帮助，市场更加透明，如在海尔开放创新平台上发布创新需求，可以得到各领域专家研究人员的通力支持；小企业在商标、财税领域遇到问题，可以到猪八戒网上寻求创意。众扶会带来创新环境的全面改善，尤其可以帮助中小企业摆脱在创新创业中的劣势。

12.5.2 众扶促进创新的机理

众扶使闲置的创新资源得以充分利用，同时给予了需求者快速寻找资源的平台，降低了交易成本，提高了创新活力。它促进了创新资源的优化配置，解决了资源分布的不均衡性。企业的发展不再受制于手中拥有的资源，而是可以按需从社会上借用。例如，众研网旨在解决科技资源的不均衡性，国内大型企业科技资源相对富裕，而使用量不足；而国内中小企业因为体量等原因，养不起技术人员，买不起设备，创新想法难以落地。这种创新资源的不均衡性，导致国内现有的科技资源无法真正助推产业升级，进而造成重复投资与浪费。建立平台有助于将二者对接起来进行协调匹配，帮扶中小企业满足对科技资源的需求，同时提高大型企业科技资源的使用效率。

平台的搭建让众扶模式的实现更加容易。其中有政府主导的、多地政府推行的创新券政策，如在北京、上海、广东，小微企业可以使用创新券免费兑换对科研场地和设施平台的试用权。许多大型企业也搭建了平台，共享手中资源，表现出了对于行业发展的责任感，如联想之星已为数万名有意向创业的科研人员提供了相关的免费培训,内容涉及创业能力各个方面、从理论到实践,有力扶持了创新创业者,带来正面示范效应。第三方搭建的平台也发挥了作用,如在 InnoCentive 上,供需双方都可以自由地进行分享和寻求帮助。

12.5.3 众扶的运行与实践

众扶有来自政府、产业、公众多方面力量的参与。例如,多地政府为使财政扶持创新创业更为精准,推出了创新券政策,惠及多地中小企业。创新券是针对中小企业经济实力不足、创新资源缺乏、大学和研发机构没有为中小企业服务的动力机制这些问题而设计发行的一种"创新货币"。创新券类似于政府财政补贴,由政府发放给小微企业及创新团队,它们往往由于缺乏资金而限制创新投入。利用创新券,它们可以向研发机构及人员购买科技成果及设备、服务,用于设计、检测等,而收取创新券的单位可以到政府财政部门进行兑换。创新券这一资助方式具有较好的灵活性,其一,使用创新券的企业可以根据自身的需要、研发计划的进展,选择所兑换的内容,不论是硬件、服务还是成果都可以得到满足,这提高了政府财政资金的使用效率;其二,购买方购买力的提高也使得创新成果有更高的概率进行成果转化,而不仅仅是停留在是实验室层面,借助市场对科研成果进行选择,提高了对资源的配置效率(江书军,2017)。创新券不同于一般的财政补助,其具有规定的使用期限,其持有者只有按规定,在进行科研活动时登记,创新券才发挥效力,这让政府资金投放更加精准,更有力地促进双创。

企业和公众也在众扶模式中贡献了一份力量,如开源中国网传播开源理念、汇集开源资源、推广开源项目,提供了一个公众共享和交流的良好示范。众扶让创新创业者在遇到任何困难时都可以更容易地寻求到帮助,这是整个创新环境的改善,在共享创新过程中,将不只有残酷的行业竞争,好的想法创意终究会得到扶持并落地实现。

12.6 租　　借

租借是共享经济时代人人都很熟悉的交易方式,具体到创新创业领域,特指对和创新有关设备设施的租借,如产品生产需要的厂房、机床,产品研发所需要的实验设备,以及办公场所等。通过租借,中小企业解决了创新过程中有形资产成本高的问题,摆脱了这一制约,硬件设施得到了充分的利用,使创新过程更加高效。

12.6.1 租借的内涵

租借是当今社会中常见的一种经济行为，它体现了物品使用权和所有权的分离，物品所有者在保有所有权的前提下，将自己的物品使用权进行让渡，同时获取一定的租金等收益，承租人可以享有该物品在一定时期内的使用权（张立坤和徐野，2012）。

进入互联网时代，租借也变得更为便捷，同时，这一行为也方便了创新的进行。在共享创新中，企业并不需要占据所有创新资源的所有权。众包可以帮助创新者获得外部人才资源的支持，众筹可以帮助创新者避免资金匮乏的限制，而租借就是帮助创新者以低成本使用创新设备，支持研发的进行和创意的落实，从而使创新创业者克服了创新资源方面的约束。

租借这一实现方式适用于共享创新的全过程中，不仅重资产的创新过程需要租借外部的设备设施，每个初创企业所需要的办公空间也可以通过租借实现。并且，众创空间的办公设施配备齐全，节省了创新创业者的精力，甚至可以提供更多的路演、学习的机会。

12.6.2 租借促进创新的机理

共享创新下的租借，通常采用分时租赁的模式，主要有以下几个方面。

第一，指生产设备与工具的共享。这与生活中更为常见的房屋短租、滴滴打车类似，是按小时计算随取随用的租赁服务，只是租赁的对象变为了创新设备，如研发仪器，机床厂房等。通过对这种设备的以租代买、按时计费、按件计费、增值服务等管理方式，一方面满足了中小企业的使用需求，降低了创新成本；另一方面减少了设备的闲置时间，提高了使用效率（蔡丹旦，2018）。借助共享创新下的租借方式，中小企业可以低成本地使用其他企业的优质制造资源，对于全社会而言，这意味着创新创业门槛的降低，组织规模日渐小型化、分散化。

第二，以众创空间为代表的办公空间租借。众创空间为创业者提供了办公空间及投资、咨询等服务，甚至提供网上众创社区，让创业者一起交流思想，实现大众创业。在中国许多一二线城市，如北京、上海、深圳、杭州、青岛等地，已经出现了很多具有不同侧重点的众创空间，有咖啡店、创新工场等不同形式，它们采用线上交流社区加线下孵化器的模式，为新创企业提供了生存空间。许多知名企业也提供了类似孵化平台，如深圳市腾讯计算机系统有限公司（简称腾讯）的开放平台为500万人提供了创业机会，海尔的内部创业平台——海创汇支持了

2000多个小微企业创业,成功孵化了400多个项目①,借助共享创新的力量,中国的创新创业能力不断增强。

租借帮助创业者克服了有形资产的约束,这一资源的取得成本太高,对于小规模创新群体或者新创企业而言,是一笔不小的开支。然而这一成本可以通过租借的方式降低,同时提高对设备和空间的利用效率,也降低了全社会的创新成本投入。

12.6.3 租借的运行与实践

制造业的租借集中于大型制造设备,它们的购买成本高,维护成本耗费也大。一些租借平台同时提供金融服务,进一步降低了设备购买的压力,从而为中小企业提供了更多的机会。以享租设备平台为例,这是中国首家工程设备租赁 B2B（business to business,企业对企业）互联网金融平台。享租设备专注于工程设备租赁领域,通过自主研发的垂直互联网专业平台,结合"互联网+实体+供应链金融"的创新模式,为承租方、出租方、金融机构和设备制造商等产业链上下游企业创造了一种借助平台高效交易的方法,并利用人工智能、大数据、区块链、物联网等先进技术,提升了租借的效率。该平台利用以下几点优势支持其提供用户体验良好的租借服务:一是通过垫付租金、供应链金融和融资租赁等方式,为租金支付提供保障,为交易双方缓解资金压力。二是通过线下专业服务团队和线上物联网技术,对设备、人员及服务过程进行智能管控,从而降低成本、保证工程进度、降低安全隐患。三是通过对租赁交易、结算支付、设备运行、服务评价等数据的采集、挖掘、分析并融合第三方实时征信数据,独家打造对设备、设备操作人员、租赁公司、施工企业及管理人员的行业大数据实时征信风控服务平台。

租借思想的另一种重要实践是众创空间。以众创空间的标杆企业 WeWork 为例,目前 WeWork 已覆盖全球 120 个城市。自 2016 年进入中国以来,WeWork 在北京、上海、香港、杭州、成都、深圳等 12 个城市开有 116 个办公地点,会员总数逾 85 000 个,其中大企业会员的整体占比超过三分之一。众创空间在交通便利的城市繁华地区以低价承租写字楼,进行专业设计装修之后以略高于周围办公区的租赁费对外出租,从中获取价格差收益。企业只要注册成为其会员,便可享受 WeWork 提供的办公空间、线上平台资源、各种优惠福利及参加社区活动。网上社区平台的运营是 WeWork 的核心价值所在,通过社区平台,将各行各业的企业从线上到线下聚集起来,会员可以与上下游企业建立联系、方便沟通。在 WeWork 中,有 75% 的会员之间进行有效互动,50%的会员企业与其他会员建立了商业合作关

---

① 《"四众"平台助力"双创"便捷创业》http://www.sohu.com/a/198180668_106270[2017-10-15]。

系。同时，线上平台可以为企业提供多种服务，如财务、广告、品牌策略、设计、保险、法律服务、室内设计、拍照和摄像、公共关系、招聘、社会化营销等，并且这些服务是由 WeWork 会员所提供的。这不但为会员们创造了工作的机会，也为需要这些服务的企业提供了便利，WeWork 也以众创空间为基础不断推出新的业务线，不断方便创新者的工作。

由以上租借的运行与实践也可以看出，共享创新下的租借已不是单纯的租赁，其与现代技术、创新有机地结合在一起，如大数据、供应链金融等，依托有形资产租赁为创新创业提供多种服务，提高了资产利用效率，又能更好地满足创新的需求，提升创新的效率。

12.7 共享产能

近几年，共享经济在各个领域快速发展，在互联网浪潮的带动下，智能制造、云制造、网络化制造正在渐渐改变传统的制造模式。各种类型的生产制造型企业也纷纷开启共享模式，低成本、高效率共享各类创新资源为创新、转型升级和高质量发展服务，产能共享逐渐成为制造领域的新趋势，也成为共享经济发展最快的领域。产能共享降低了对于生产要素的使用成本，提高了利用效率并优化了对人力、技术、知识、资金等的配置，让供给与需求实现更好地匹配，有力地提高了创新的效率。

12.7.1 共享产能的内涵

共享产能以共享经济为背景，以互联网平台为基础，围绕制造过程各个环节，深度整合产业链上的制造资源及制造能力，通过共享设备使用权实现资源的重新配置，从而最大化地提升生产效率（蔡丹旦，2018）。

制造业的共享与生活服务的共享相比发展较晚、渗透率较低，其原因主要有以下几点：一是参与意识弱，大部分制造企业思想传统；二是大部分中小企业信息化水平较弱，生产终端的智能化水平低，难以适应共享平台新模式的需要；三是相对于服务业，制造业的产业链条更长、价值分配更复杂，共享模式还更多地处于探索阶段。

然而共享产能为此带来了变化，共享产能相对其他实现方式来说发展时间较短，但它对于传统行业的创新变革意义重大，用创新创业为传统产业激发新引擎。制造业通过对生产能力及制造资源的共享，将其创新发展蕴藏的无穷潜力与移动智能时代创新效率提升相结合,大大加快了共享经济与实体经济的融合进程。通过制造业共享逐步推广柔性化生产、智能制造、按需生产等新模式,从而满足消费者个性化、定制化的新需求,推进制造业领域需求结构升级,促进生产与需求对接、传统产业与新兴产业融合。

12.7.2 共享产能促进创新的机理

与租借这一实现方式相比,在共享产能的实现过程中,平台的作用不仅仅是进行硬件设施的租赁,更重要的是对产能进行统筹协调、调度使用,在这一过程中提供相关技术服务,如进行设备使用数据统计共享、对生产全过程实时控制及对硬件设施的维护管理等。互联网在数据的统筹整合方面具有独有的优势,能够帮助企业根据统计调整所提供的产品服务类型,从而使得全产业提高质量效率,加速转型升级。这种共享产能平台的搭建对技术有着较高的要求,要从系统的搭建、管理能力提升及专业人才聘用几方面着手努力。共享产能平台比较典型的案例有沈阳机床厂i5、上海明匠等(蔡丹旦,2018)。

在实际中,这些平台可能是由实力较强的制造业企业自行搭建,也可能是由第三方互联网企业牵头完成。鉴于产能共享主要涉及大型设备,成本较高,其参与主体主要是制造企业和生产性服务业企业,如研发设计、物流仓储、金融、信息技术服务等行业的企业。但这一平台又不仅仅是制造企业,它要有互联网技术的支撑,如大数据、云计算、物联网等的应用,让产能共享成为可能。

当今,中国制造业处在由中国制造向中国智造转变的阶段,而共享产能对此具有巨大的推动作用。通过产能共享,需求方可以根据需要寻找适合自己的内容及方式,多样化的选择及海量资源提高了产能配置的效率,推进了产业结构调整,适应了需求结构变化趋势。

12.7.3 共享产能的运行与实践

共享产能智能制造的典型代表就是沈阳机床厂,作为传统制造代表的沈阳机床厂另辟蹊径,制定了i5战略,这一名称首先代表数控机床的核心技术——数控系统,其次是具有智能诊断、特征编程、实时监控的智能机床终端产品,最后是基于互联网基础上的工厂和网络数字化管理功能的平台。由此,平台延伸就可实现金融、租赁、再制造、系统解决方案等服务,从而实现对现有工业产品商业模式的创新。

沈阳机床厂在推出智能机床的同时构建了智能工厂新模式,传统的一台设备需要一名工人操作的场景将不复存在，工人不需要站在机器边就可以下达生产指令，仅需要手机或电脑就能随时指挥云端上的机床，对机床全生命周期进行监控，轻松生产出产品。这些智能机床让生产智能化及个人订制成为可能。这种智能化不仅体现在车间，更体现在全产业链，可以对上下游生产制造活动进行指导，采购、租赁、投融资等都出现了新型的商业模式。像沈阳机床这样的制造业企业，将会成为产业链上的智慧大脑，提供、维护并不断创新系统解决方案。

共享产能这一模式让传统制造业企业在产业链上的作用更加强大，通过智能制造的实现，它们将自己从传统的设备制造企业跃升为创新共享的平台，沿产业链上下游的设备、材料、服务，都将成为共享产能新的盈利点。实际上，通过共享产能的模式，创新优化产能配置，为制造业的创新创业提供了机会，使其焕发活力。

第 13 章 共享创新的运作流程

流程意为工艺程序，在传统经济模式下是从原料到制成品的各项工序安排的程序，是为达到既定目标而设计的一系列活动步骤。Hammer 和 Champy（1993）把流程定义为企业中一系列创造价值的活动。流程的意义在于它体现了对资源配置的优化、对组织结构和制度等的改变，通过流程设计或再造可以实现价值增值。共享创新是在以平台经济、共享经济为代表的新经济时代下，通过各类共享创新平台（自建平台、第三方平台），充分与顾客、用户、科技专家、各参与方等进行交互，低成本高效率地获取创新资源，提供从创意到产品再到市场的全过程创新服务，是在全方位、全时空、全要素地利用外部资源进行的开放式创新的基础上的开放式创新模式。本章结合共享创新的特点，对传统创新模式的运作流程进行了再创新，形成了一套从产生创新需求到实施创新方案的一系列的运作流程。

13.1 整体流程设计

流程是决定绩效的关键要素之一，是任何企业正常运作的基础。企业所有的业务都需要顺畅的流程来驱动。共享创新是在开放式创新等已有创新模式的基础上发展而来的，尤其是随着现代通信、网络技术、计算机技术、互联网的发展和应用，共享创新得到了有力的技术支持，获得了迅速的发展。在此，结合自主创新和开放创新的运作流程，以及对共享创新特征解析的基础上，提出共享创新的运作流程。

共享创新的流程是通过共享创新平台在全球范围内召集众多创新主体参与、集合众人智慧，分享创新所需的各种技术、知识、信息、人才、智力、技能、思维、创意、资金、设备、装置、设施、生产能力等创新资源，使这些资源在互动、共享过程中创造价值的步骤或一系列活动的序列。也就是说，共享创新的流程是一系列关于创新活动的步骤，该流程可以低成本高效率地通过共享平台将分散在企业内外部的、自发的创意、思想、设计、技术、体验等创新资源在这些步骤中合理地组织与运行，实现更高的商业价值和企业创新的目标。

共享创新是在传统创新模式基础上进行的再创新，共享创新流程由传统创新流程演变形成，却具有区别于其他创新模式的特征。根据前面章节所述，共享创新具有海量资源、多主体性、分布式协作、全球网络、按需服务等特征，是由众多不同类型主体参与、集合众人智慧、群策群力的集智性创新活动。参与共享创新的主体既可能是创客、科技发烧友、自由职业者、顾客、学生、学者、科技人员、各领域专家、用户、退休专家、家庭主妇、工人、军人及退伍人员、在职人员等个人，也可能是各种营利性及非营利性组织，如企业、研究机构、高等院校、政府机构等，甚至可能是网络社区、社群、兴趣小组甚至客户群、粉丝群等非正式组织，这种自由自愿的参与属性，更加凸显了共享创新的大众参与的民主性特征。

共享创新坚持以用户为中心，全方位、全时空地共享创新资源，为企业创造出独具价值的甚至是颠覆性创新的成果。以海尔开放创新平台为例，在产品创新与开发流程中，全程随时并联全球一流创新资源，持续产生革命性的创新产品，见图13-1。

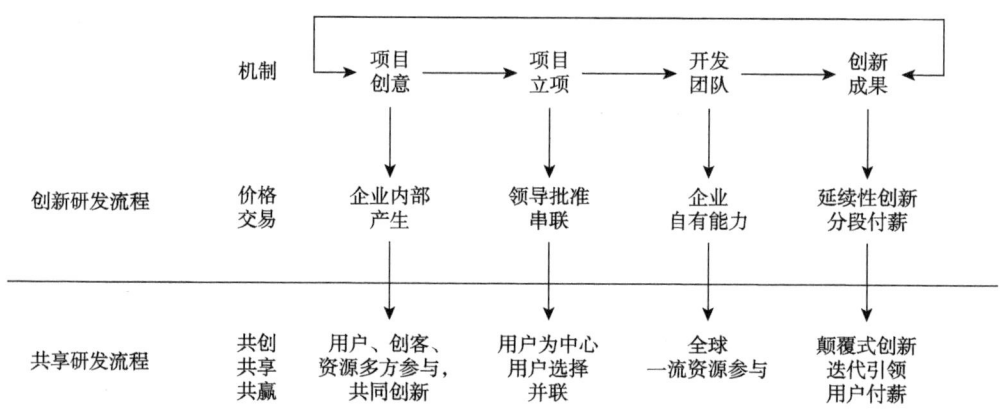

图13-1 海尔开放创新平台共享研发流程

共享创新是在新经济时代背景下诞生的新型创新模式，它借助互联网技术突破了以往那种"一对一""一对多"的创新模式，形成了一种"多对多"的模式，颠覆了过去的资源配置方式，为创新资源要素的产生、聚集、交易、高效率使用等提供了便利与可能。作为一种非常新的创新模式，其对共享创新的研究还处于初期阶段，尚未形成被一致认可的运作流程。在共享创新的流程设计方面，由于组织类别、企业性质的不同，具体的流程可能会存在差异，但从其本质来说基本运作流程具有一般性。根据共享创新流程的含义及特征，结合已有的相关研究，把共享创新运作流程分解为以下九个阶段,称为"共享创新九步法",运作流程如图 13-2 所示。

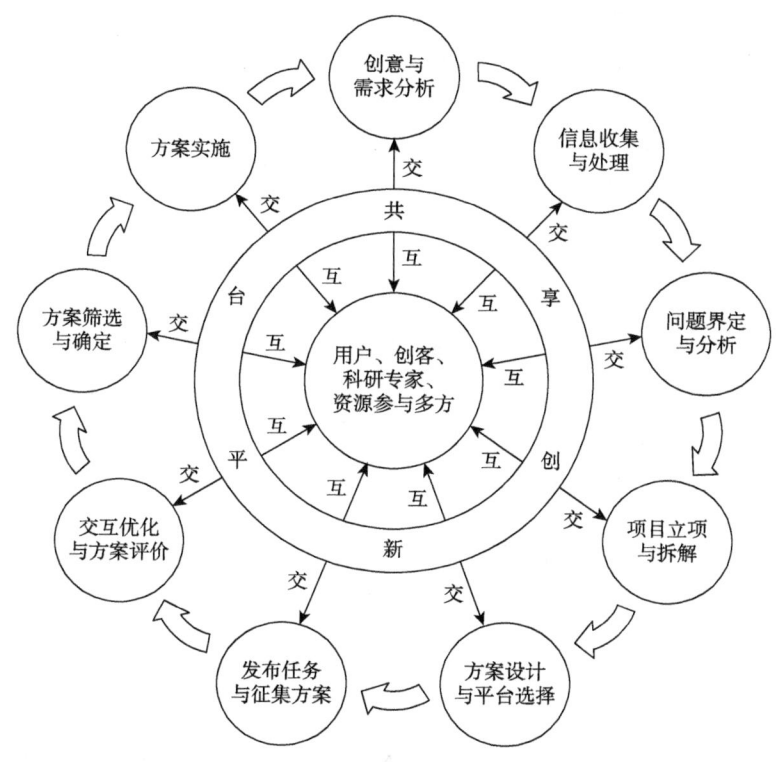

图 13-2 共享创新整体流程图

第一阶段:创意与需求分析阶段。在此阶段,主要工作是通过共享平台(自建平台或第三方平台)与创客、专家、粉丝、科技发烧友等平台用户充分交互,精准锁定用户"痛点",抓住用户最关心的问题,产生创新需求并进行需求分析。

第二阶段:信息收集与处理阶段。这一阶段是指通过与创客、专家、粉丝、科技发烧友等进行交互,将他们提供的与创新需求相关的信息采集出来并采用相关科学手段加以筛选和处理。

第三阶段:问题界定与分析阶段。这一阶段的任务是将上一阶段收集到的有价值的信息进行初步提炼出,找需要解决的问题并在与平台用户交互的过程中进一步界定出亟待解决的核心问题。能否正确界定问题是共享创新活动成功与否的重要前提。

第四阶段:项目立项与拆解阶段。当确定了核心问题后,企业内部组织会与平台上的行业专家进行深度交互,从而对核心问题进行多次拆解,将核心问题细化为多个具体的技术方向,为下一阶段制订招标方案提供便利。

第五阶段：方案设计与平台选择阶段。这一阶段的任务是根据上一阶段寻找到的技术方向，由科研专家、设计师和企业科研管理部门共同设计招标方案并选择合适的共享创新平台发布方案。制订招标方案时应尽可能详细地描述创新需求，发布方案的共享平台可能来自企业内部，也可能是第三方共享平台，创新需求者可根据自身的能力、需求特点来选择在何种共享平台发布招标方案。

第六阶段：发布任务与征集方案阶段。在做好共享创新平台选择的基础上，紧接着就进入任务发布和方案的征集阶段。该阶段主要是通过共享平台发布任务，共享平台利用互联网和大数据等技术集合全球创新主体、利用全球创新资源，从而提供创新问题的解决方案。因此，在该阶段如何有效地引导参与主体实现双向互动是非常重要作用。

第七阶段：交互优化与方案评价阶段。在这一阶段，共享平台中的科研专家、创新主体、其他参与方将针对解决方案进行持续的深度交互和不断地反馈，从而初步筛选出相对好的方案，并对这些方案进行进一步的优化，使方案更加完善和更具有可操作性。待反馈的时间过后，所有的反馈结果将被汇总到共享平台的专家小组，由专家小组对这些方案进行可行性评估。

第八阶段：方案筛选与确定阶段。通过共享创新平台，通常会征集到数量较多的方案，这些方案通常都是基于方案提供者的思想而形成的，它们不可能都会满足企业的需要。能够实际满足企业需要的方案往往只有一项或几项，因此这一阶段就需要科研专家、招标主体和平台方组成专家团队，按照一定的标准对方案进行筛选，确定最终方案。

第九阶段：方案实施阶段。在上一阶段优选出方案的基础上，需要共享创新发起者投入必要的资源，如人力、物力、财力等，进入到方案的执行环节。实施所优选出的方案或思想的过程，也是将方案进行产业化的输出过程，在这一环节要注重方案细化、组织人员及目标任务分解的科学性和严谨性，以保障方案能够被有效地执行。

13.2　创意与需求分析阶段

随着数字经济的发展和人们价值取向的多元化，消费者在选择产品时的标准也越来越多样化，产品性能早已不再是其选择产品的唯一标准。产品的设计、对于特殊需求的满足成了影响客户消费决策的重要因素。互联网的作用加快了用户需求碎片化，只有准确把握社群交互趋势，才能最大程度地从社群经济中受益。

在一个大型创新项目的开发初期,消费者往往只能提出一个模糊的概念需求,开发者无法准确地获取具体的功能与性能等要求,只有经过多次沟通才逐步明确,这无疑给创新活动带来困难。因此,创意与需求分析阶段的目的在于消除需求者与解答者之间的知识结构的差异,弥补初期需求的不完备性与不一致性,并在需求的内涵与外延方面达成共识。

在共享创新平台中,产品创新的主体不再局限于企业内部开发部门,企业的供应商、经销商、客户、外部的技术专家及竞争对手都会对产品开发起到重大的推动作用。顾客在创新创意活动中的角色已经远远不只是被动的"检验者",其已经成了企业产品创意贡献的"主力军"。例如,作为防干烧燃气灶的技术迭代升级品,海尔红外防干烧燃气灶摒弃物理感温探头,创新采用更精准、更快的红外测温,在油温过高等情况下智能关火,从根源上杜绝干烧引发火灾事件的发生。这项颠覆性技术的背后是20万用户的社群反馈和用户微洞察。海尔在与20万用户的交互中了解了用户对于烧干锅的抱怨,进而创新出这一关键技术。因此,在竞争日益激烈的市场上,如何进行创意与需求的搜集和分析已经成了创新活动中不可忽视的一个环节。

在共享创新的创意与需求分析阶段(图 13-3),用户、技术专家等群体将自己对产品的改进建议与需求发布在共享平台上,同时创新需求方从共享创新平台获取需求信息。在这一阶段需要完成的任务包括:理解用户需求、分析用户需求及描述用户需求。通过共享平台,完成创新需求方与需求提出者的信息对接。

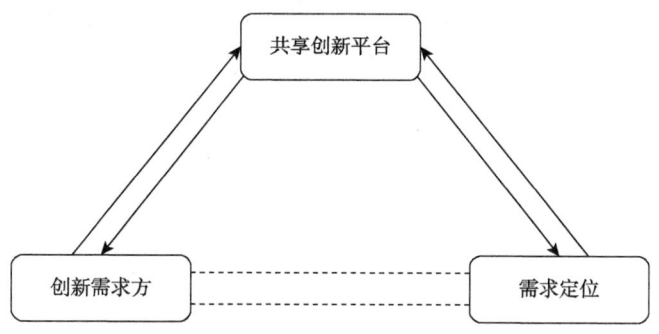

图 13-3　创意与需求信息收集

需求分析的主要内容包括产品项目的功能性需求、性能需求、可靠性需求、安全性需求、成本需求、进度需求等。同时,在共享创新平台的跨社群发酵创新过程中,应重点关注优先属性的需求描述。当用户的期望很高、开发时间较短时,企业必须尽早确定出创新产品应具备哪些最重要的功能,当有很多选择可以完成一个成功的产品时,应尽早设定其优先级。在共享创新的平台社区当中,用户会根据自己的兴趣、专长和自身需求自发地加入到特定的社群当中,随后在社群中提出问题、分享经验或提供问题解决思路。例如，海尔的母乳储藏项目初期，就是通过一些孕婴论坛上新手妈妈分享的母乳保存经验，确定了用户对母乳保存的营养性和安全性的优先级，进而了解到由于母乳营养成分的复杂性和特殊性，它对存储的器皿、环境、温度等有着较高的要求，而目前市面上，并没有专门针对母乳储藏进行设计的产品。如何确定母乳里哪些参数是关系到母乳的营养与安全，与储存环境又有怎样的关系，就成了海尔冷柜通过共享创新平台发掘的创新项目。

在上述案例中，消费者在一个创新项目中更多的是贡献了其对产品理想性能和形态的关注点和要求，提供了市场需求的新动向。然而在共享创新社群平台上，蕴含的产品创意和需求信息则更加丰富。在共享创新的平台社群中，不仅包括了产品和服务的使用者，还汇集了专家、技术人员、监管方等多方主体的参与，通过不同主体之间的信息交互，能够展现创新需求最准确最直观的商业价值，从而大大提升新项目的成功概率。在这种"客户—开发者"的合作关系中，客户需要向开发者明确各种需求的优先级，同时，开发者需要在此期间对客户进行适当的引导，如为需求的开发费用、难度与技术风险等提供信息，在客户的自身需求与开发难度、开发费用等因素的权衡下，进一步确定需求的体系结构。

另外，在产品开发中，不止在创意收集方面需要引入创意社群的力量，在需求的整理和分析过程中，也需要与共享创新平台进行充分的交互，从而在最大程度上避免因信息不对称造成的产品开发失败。在海尔开放创新平台中，企业甚至可以向用户发放任务包，将部分产品的开发任务交付给顾客完成，从而创新并制造出更受市场欢迎的产品。对德国机械工具行业的调查结果显示，德国机械工具企业与顾客在产品创意、创意筛选及原型测试阶段进行密切的交流和反馈，虽然顾客参与的强度和方式有一定的差异，但是通过顾客的信息反馈，企业能够降低获取市场动向的成本，从而更早、更快、更准确地定位到未满足的需求，让企业在日后的产品活动开发中抢占先机。

13.3　信息收集与处理阶段

共享经济下的创新是通过互联网整合多主体、全时空的知识、经验和技术，以满足新的产品服务需求并转化为稳健收益的创新模式。共享创新过程中的信息收集与处理环节是创新主体企业在完成创意与需求分析阶段对需求优先属性的描述与界定后，利用互联网等渠道对来自用户、技术专家、科研院所的相关信息资源进行整合，进而按照一定的程序和方法，遵循特定的标准和原则，将广泛存在于创新社群中的相关信息采集出来并加以处理的过程。

传统的信息收集方法分为直接法和间接法。直接法主要包括观察法、调查法和实验法，间接法则主要是资料研究法。随着各种基于云计算信息平台的涌现，共享创新模式中的信息收集方法将主要依赖线上用户资料研究、专利平台检索及创新社区深度访谈等高效率、低成本的方法。具体而言包括：①线上用户资料研究方法，其是指企业通过内部的用户全息画像及外部数据研究中心的用户资料进行关键信息收集的一种方法。这种方法重点在于把握市场的趋势与动态，不仅可以用来收集消费者的信息，还可以深入了解行业动向和竞争对手的信息。②专利平台检索方法，这种方法是通过针对创意需求的概念界定在共享创新平台上进行相关技术和专利信息的收集，从而找出问题的关键所在，避免因二次开发所带来的资源浪费。③创新社区深度访谈方法，该种方式是通过信息收集人员与用户群体等调查对象进行线上或线下交流来获取信息。访谈调查主要用于收集需要深入沟通的重要信息，调查对象一般是业内的权威人物、资深技术人员或用户、业内退休职工等。例如，海尔空调在 2013 年 10 月推出的一款创新空调——天樽空调就是起源于 673 372 名网友和海尔研发平台的交互，通过网友在社交媒体平台上的用户反馈，海尔收集了用户对现有产品的"痛点"和需求，包括空调病、风太冷、自然风、远程控制等，进而颠覆了传统空调简单的制冷制热功能，开发了一款能够根据外界环境变化自动调节运行状态的"智能空气管家"。

共享创新的信息收集方法主要有客观性、直观性和及时性等优点，具体来说如下：①客观性。大数据时代下用户的每一次选择，每一次点击，每一次发言都会被如实记录下来，他们的操作是其偏好的真实反映。相较于调查法和实验法而言，线上用户的行为几乎完全不加掩饰，不会出于礼貌而做出不真实的回答。②直观性。通过社区平台、专利数据库及用户数据中心获取的信息往往可以直接利用，并且由于大数据时代信息本身的海量性，数据之间可以实现交叉验证，从而确保信息的准确性。③及时性。创新社区即问即答的调查方式，可以缩短调查周期，而随时更新的平台数据更能保障信息的及时性。

共享创新平台的存在不仅使得项目的信息收集成本大幅下降，而且有效地扩大了信息收集的样本，信息来源越广，最终的信息成果便越可靠，这使得企业能够对市场需求等信息有更加直观的把握。共享创新平台上的信息是海量的，对于不同的组织，需要根据自身的需求进行定向选择。对于企业的产品服务创新项目来说，顾客的反馈意见、国际国内市场形势及技术发展动向等信息是非常重要的；对于政府的政策创新项目而言，消费者物价指数（consumer price index，CPI）数据的变化、国内生产总值的增长速度及就业的变化等就是关键、重要的信息。

在信息处理阶段要坚持实事求是与界定核心问题的原则，通常需要经过对照比较、需求分析、确定核心问题等步骤。①对照比较。创新方案的需求者对收集到的信息与历史数据、同行业数据等进行对照比较，找出存在的差距或制约因素。②需求分析。创新需求者需要把重点聚焦在对问题本质的探寻上，分析需求的本质，从而提炼出价值性高的信息。③确定核心问题。创新需求者需要采用一定的标准对问题进行筛查，界定出关键问题，这些标准包括问题的解决是否有助于实现组织目标、问题是否是关键核心问题等。

13.4 问题界定与分析阶段

共享创新平台利用互联网等渠道，经过与客户、粉丝、外部专家团队等充分交互信息及信息收集与处理阶段，创新需求者已从各种各样的信息中筛选出那些有价值的部分。问题界定与分析阶段的任务就是从这些有价值的信息中初步提炼出需要解决的问题，并在与用户交互的过程中进一步界定出亟待解决的核心问题。此阶段是共享创新活动成功与否的重要前提，如图13-4所示。

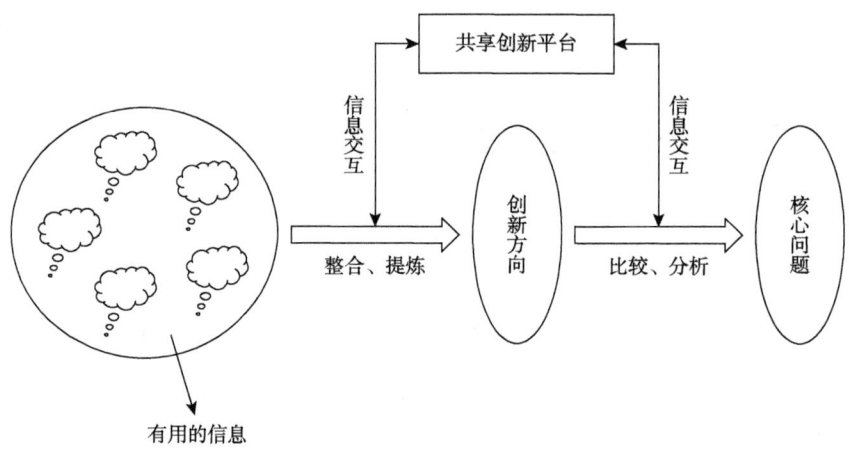

图 13-4　问题界定与分析

界定与分析创新需求者期望解决的问题是共享创新过程最为关键的环节，因为只有科学、正确地界定问题，才能发现主要矛盾或最薄弱环节，从而对症下药，制订出价值性高的创新方案，帮助企业实现收益最大化。在界定问题的过程中，需重视共享创新平台的交互机制。首先，应与平台中的创新产品使用者进行交互，挖掘用户的真实"痛点"，通过对这些用户提供的信息进行整合、提炼，发现一系列真正迎合市场需求的初步问题或创新方向；其次，应与平台中的创新合伙人进行交互，通过与相关领域专家进行交流和咨询可以评估各创新方向的技术难度，明确该方向的技术可实现性。

以海尔开放创新平台为例,如图 13-5 所示。首先,该平台通过"微洞察"工具收集用户行为信息,挖掘"痛点",为产品创新提供用户数据支持,从而挖掘出创新机会点和创新方向,形成一系列初步问题。"微洞察"的所有流程全部通过线上完成,包括以下步骤:由用户提供目标素材,平台对用户及相应素材进行筛选,同时基于每个用户所展现出来的不同表象,针对性地进行"一对一"在线深访,避免同质化问题的低质量答复,从而更精准地洞察用户核心"痛点",明确创新方向。在用户甄选环节,海尔开放创新平台会借助顾客能力识别模型,找到领先用户和专业用户并将其作为第一优选。领先用户通常深入了解行业现状,能提出目标市场的超前需求,具有洞察行业未来趋势的能力;专业用户主要来源于平台合作积累的行业专家和技术人才,他们在某领域内拥有非常专业的技能或知识,具备一定的自主创新能力。与普通用户相比,领先、专业用户更具研究价值,更易洞察需求"痛点",并且能够结合行业现状及各自经验,定义创新方向。在素材分析环节,研究人员基于用户上传的真实生活场景素材,应用专业理论模型及核心经验进行分析提炼,可将用户语言准确转化为开发人员能够理解的技术语言。

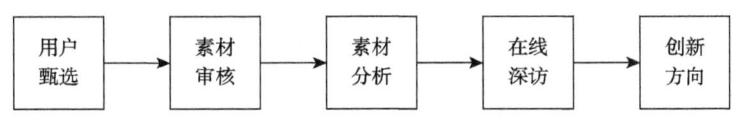

图 13-5 "微洞察"的运作流程

其次,海尔开放创新平台采用创新社群的运营形式,聚集了大量跨领域的科研专家、科技发烧友组建了创新合伙人社群。海尔开放创新平台引导事业部项目负责人和社群内专家共同参与交互并及时根据专家的建议修正相关创新方向,使得产品创新的技术方向逐渐清晰明确,从而确定创新方案需要解决的核心问题。

不同于传统创新模式下问题界定普遍存在的时间长、成本大、与市场需求脱节等硬伤,海尔开放创新平台所提供的"微洞察"服务保证所有流程线上完成、用户自发参与,因而具有快速、低成本、客观真实等显著优势,确保创新活动高效高质进行下去。

13.5 项目立项与拆解阶段

当确定需要解决的核心问题后,企业内部组织和平台上的行业专家会继续进行深度交互,结合数据库信息和专家经验对核心问题进行多次拆解,从不同角度挖掘解决创新问题的技术方向。核心问题的多次拆解不仅可以为下一阶段制订招标方案提供明确、具体的寻源方向,还可以避免企业在寻源过程中暴露战略规划,如图 13-6 所示。

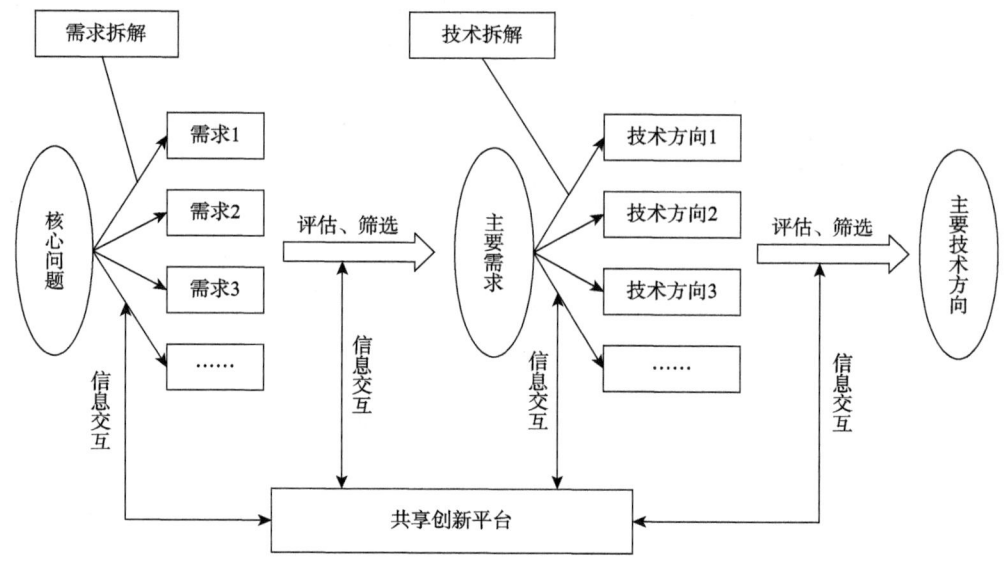

图 13-6　项目立项与拆解

以 MSA 控氧保鲜技术为例,前期通过洞察用户"痛点"界定出核心问题是改进冰箱的保鲜效果。对核心问题的第一次拆解为需求拆解,即确定从哪些维度可以满足食品保鲜的需求。在此次拆解中,海尔开放创新平台对创新合伙人按照标签分类进行筛选,筛选出食品科学等相关领域内的行业专家与企业事业部负责人、技术人员共同交流探讨,从食品保鲜的核心机理进行深度分析和研究。同时,结合文献、专利数据库(如知网、Incopat 等)的信息,发现影响食材保鲜的四个关键因素:温度、湿度、洁净度和气体氛围。随后通过大量的文献查询、专利查询和专家咨询对这四个因素进行分析、评估和筛选:前三个因素是冰箱厂家都在开发的技术方向,而气体氛围还是空白点,气体氛围调节(去除氧气增加氮气)目前主要应用于商用冷藏食品保鲜,保鲜效果极佳,而且大部分的果蔬保鲜均需要存储在低氧的环境中,因此将气体氛围调节确定为解决食品保鲜的主要需求方向,这就是核心问题的第一次拆解。第二次拆解为技术拆解,即确定通过哪些技术可以达到去除氧气增加氮气的效果。此次拆解同样需要与共享创新平台内的专家进行交互,首先与气调行业内的专家进行了多轮的深度交流,得出结论:由于冰箱的成本、体积、寿命等限制,基本不可能在冰箱内实现气调。因此,海尔开放创新平台跳过行业限制,利用跨界专家和企业积攒的创新方法,从科学原理角度,对氧气去除手段进行了详细的技术拆解,发现至少有十种以上技术方法可以达到气调目的，之后结合冰箱产品的特点和成本限制，又经过与行业内各资源方和专家进行探讨、咨询，基本上锁定了1~2个技术方向，有可能满足冰箱的环境、成本、体积、寿命、使用体验等多方面要求。

在问题拆解的过程中，海尔开放创新平台持续不断地为企业提供全流程服务，包括向企业推荐行业专家、组织专家研讨会、供需对接会等，在企业的创新活动中起到了至关重要的作用。经过对核心问题的两次拆解，用户"痛点"问题已基本上转化为产品开发人员所熟悉的技术语言，同时为后续招标方案的制订提供了可靠的依据。

13.6 方案设计与平台选择阶段

这一阶段的任务是根据上一阶段寻找到的技术方向设计招标方案并选择合适的共享创新平台发布方案。制订招标方案时应尽可能详细地描述创新需求，以便参与者提供符合要求的创新方案。发布方案的共享平台可能来自企业内部，也可能是第三方共享平台，创新需求者可根据自身的能力、需求特点来选择何种共享平台发布招标方案，见图13-7。

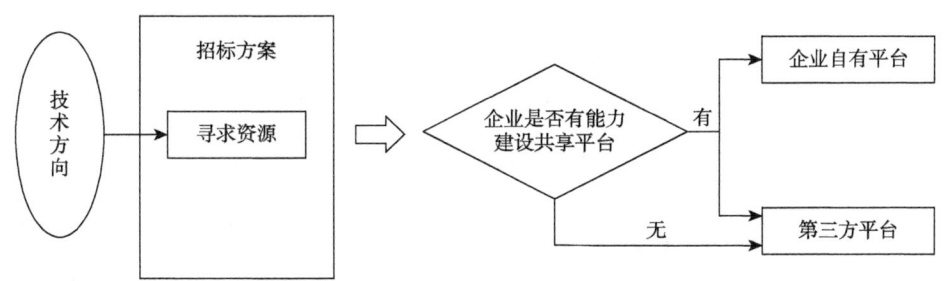

图 13-7 方案设计与平台选择

1. 招标方案设计

发布任务主要是把在前一阶段确定的技术方向及对需求有关的说明材料通过共享创新平台发布出去，以便创新参与者及时共享有关的信息。由于这一阶段的任务是使发布出去的需求在共享平台上获得尽可能多的解决方案，因此需要制定相应的激励机制，以吸引更多人员参与到招标过程中。具体而言，招标方案的制订应坚持以下原则。

第一，需求清晰。在制订招标方案时必须对其核心需求进行明确界定并给出具体说明，要有针对性，不可含糊不清，避免产生理解上的偏差，这样创新参与者提供解决方案时才能做到有的放矢。例如，以下是海尔开放创新平台中发布的一份招标方案（表13-1，平台称之为需求说明书），一份招标方案通常包括项目背景、需求参数、参与方式这三个基本模块，在需求参数这一部分会对企业所需的创新资源的各项参数都进行清晰明确的规定，以期最大程度地表达出企业的创新需求。

表13-1 共享创新平台的招标方案

寻找高能效燃气灶设计方案	
项目背景	基于海尔现有燃烧器进行优化的方案提高能效的空间有限，目前需要寻找全新的设计方案或设计思路来实现能效提升
需求参数	1. 核心需求：燃烧器热效率达到75%以上 2. 其他需求： 1）天然气为主要气源，热负荷4.0~5.2kW 2）CO排放<500PPM，NO_x排放<500PPM 3）直接与火焰接触的部件，耐温700℃以上 4）安全性及可靠性高，没有安全方面的风险或隐患 5）燃烧器尺寸不能过大，符合现有传统的家用燃气灶规格尺寸 6）其他参数要求，符合GB164102007《家用燃气灶具》国家标准 3. 输出物：新型高能效燃烧器设计方案
参与方式	请在需求下方评论区发表留言，需包含如下信息： 1. 公司名称（如有官网请提供网址） 2. 公司联系人信息（包含姓名、联系方式） 3. 简要说明公司技术的工作原理和技术成熟度

注：PPM，part per million，百万分之一

第二，激励到位。为吸引更多参与者加入到创新方案的提出、交互和共享过程中，激励机制的设计就显得尤为重要。对于方案提供者应实行物质激励与精神激励相结合的做法，奖励要及时、公开，真正做到尊重知识、尊重人才（储节旺和李善圆，2015）。另外，还应明确对于最终接纳方案的利益分配方式。例如，在海尔开放创新平台的创新社群中聚集了大量跨领域的科研专家、科技发烧友、资源合作方，组建了创新合伙人社群。加入创新合伙人社群后，有两种方式可以参与创新活动：第一种是以技术专家的身份，可以针对技术需求定义技术方向，也可以全流程参与产品研发；第二种是作为渠道专家，推荐相关技术专家参与海尔的技术咨询项目、研发项目。不管是哪一种参与方式，参与者都可享受到相应的奖励。

第三，注重时效。在技术高速发展、产品加速迭代的今天，新创意层出不穷，行业内竞争加剧。张瑞敏曾说过，外国大企业用三个月满足客户需求，海尔只需要七天，他们半年创造出一个新产品，我们可以两个月创造出来，信息化时代最重要的就是速度（河斋，2002）。创新说到底就是时间与速度的赛跑。因此，在征集解决方案时要有一定的时间限制，合理制定征集方案的截止时间，既要注重创

新的时效性，又要保证创新参与者有充足的时间查阅相关资料、深入研究问题，从而产生具有颠覆性的创意、思想等。

此外，制订好的招标方案还要经过企业内部及平台方专业人员的审核，审核无误才可发布到共享平台上。

2. 共享平台选择

共享平台分为自建平台和第三方平台两类。自建平台是企业自建的（也可以是企业转型为平台）或由第三方托管的，是企业利用自有的数据中心，自主经营的平台。该平台通常位于企业自身的门户网站上。自建平台能让企业对共享创新流程中的各个环节有严格的把控，而且可以按照自己的需求对设计或部件进行非标准化的灵活配置，但是建设费用成本非常高，对企业自身的要求高，需要经验丰富和技术娴熟的管理和技术人才。第三方共享平台由多家企业或组织共享，并由第三方托管。第三方平台可以让多个企业共享硬件和软件资源，能够提高资源的利用率，节约前期费用投入，但是安全性能相对自建共享平台稍显薄弱。

发布招标方案时应根据企业自身的实力、企业战略目标、身处行业的特征、各类共享平台的优缺点和涉及领域等因素，选择创建属于自己的共享平台，或者利用第三方开发的共享平台，还可以将二者相结合。

13.7 发布任务与征集方案阶段

在选择了合适的共享平台后，接下来的工作就是如何利用共享平台进行任务发布，进而寻求解决方案。共享创新体现的是众人的智慧，是一种自愿参与、信息共享、平等展示的新型民主化创新模式。共享创新利用现代信息技术工具搭建共享创新平台，在全球范围内整合和利用创新资源，征集问题的解决方案，帮助企业自身实现创新。共享创新方案的征集过程，实际上就是参与主体通过共享平台提供方案的过程，如图 13-8 所示。

第一，参与者进行身份认证。共享平台中的用户来自各行各业，身份背景复杂多样，进行身份认证有助于共享平台对其进行分类，实现创新需求的精准匹配和定向推送。例如，海尔开放创新平台的创新合伙人在注册时除了要提供姓名、联系方式外，还要求录入个人标签，海尔开放创新平台建立的"行业"（如玻璃行业、能源行业、机器人行业等）、"功能"（如包装、除臭、保鲜等）、"学科"（如化工、电子、物理等）等多维度标签体系，可以将合伙人进行快速分类，发布的创新需求可及时推送给相应领域的用户。

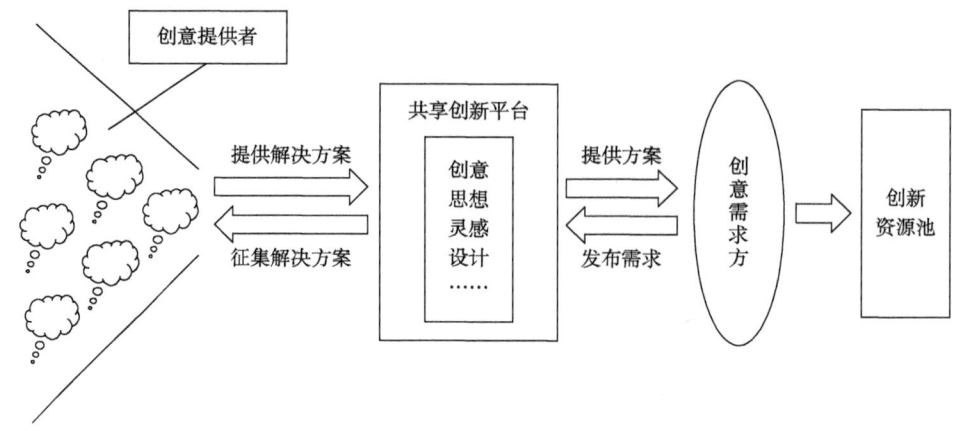

图13-8 需求发布与征集方案

第二，参与者介入创新过程。共享平台用户的年龄、职业、教育背景多种多样，愿意参与到方案征集的用户通常对发布的创新需求有专业或独特的见解，这有助于创新需求者获取来自不同角度、不同领域的建议，共享平台中汇聚的创新资源越丰富，越能缓解企业自有资源不足的约束。因此，应当鼓励参与者全面介入方案的创新过程中，以期更高效地解决需求者的问题。例如，为研发空气魔方，海尔开放创新平台整合了来自8个国家的128位内外部专家及学者团队的建议，与全球超过980万不同类型的用户进行交互，利用大数据分析技术捕捉了81万粉丝的122个"痛点"需求。

第三，参与者之间的交互。共享创新体现的是民主、开放、交互和共享的思想，平台可采用头脑风暴法、戈登法、德尔菲法（刘国新和闫俊周，2009）等创新方法调动平台用户的积极性，使其提供的灵感、创意、设计等创新资源在创新参与者的深入交互讨论中不断优化，产生更具操作性的解决方案。例如，海尔开放创新平台用户发布的创新需求均可以在"合伙人社群—看项目"专栏查看，创新参与者可在自己感兴趣的创新需求下方留言，其提出的创意、方案在海尔开放创新平台上是公开的。因此，也可对其他人的留言进行回复，企业内部开发团队、创新合伙人、顾客粉丝等平台用户同时参与到创新的交互讨论中，共同完成创新方案，这样的创新集合了平台用户的智慧，为后期的商业化提供了更加广阔的市场空间。尽管在参与者提供的方案中，有些目前可能无法实现，但可将其暂时归入企业的创新资源池中，为企业日后创新活动提供充足的素材。

第四，参与者提供创新方案。共享创新的最终目的是尽快获得有效的解决方案。在共享平台上，创新参与者提供的创意、思想、设计等往往都是共享的，在设计自己的方案时，也可以从平台获取其他参与者提供的相关信息，在与平台用户的交互过程中，进一步梳理、优化自己的创新方案，最终通过相应程序递交解决方案。在这一环节,对于知识产权的保护显得尤为重要。首先,方案提供者要注意保护自己的知识产权,尽量避免知识溢出风险;其次,平台方应注重保护用户的隐私,营造安全、可靠的网络环境,谨防重要信息的泄露。

13.8 交互优化与方案评价阶段

通过共享平台的方案征集,创新企业能够收获各行各业、不同角度、不同维度的海量创新方案,然而这些方案的完整度和可操作性还有待考量。这些方案会被再次反馈到共享平台中,邀请参与者对这些方案做进一步的延伸,以使得这些相对好的点子能够进一步被优化。待反馈的时间过后,所有的反馈结果将再次被汇总到共享平台的专家小组手中,由专家小组最终挑选出可以进入执行环节的方案。具体而言,交互优化阶段主要依靠内外交互和虚实交互两大交互方式。

1. 内外交互

管理学家格鲁斯(2008)认为,企业不能仅着眼于现有的商品或服务,而应该去理解用户的日常活动和价值的生成过程。内外交互主要是为了促进参与者与需求者之间的沟通与交流,从而实现更优的设计方案。在方案遴选初期,将方案的选择权交给用户,从而能够最大程度上发挥用户在共享创新过程中的解答者功能。例如,海尔早在2012年就开始建设的数字化互联网工厂——沈阳冰箱、郑州空调、佛山洗衣机和青岛热水器。海尔互联工厂的目标是互联出用户的最佳体验,用户全流程参与产品的个性化定制,针对用户体验与评价对产品进行不断的迭代改进,从而将自动化生产与用户个性化相结合,由为库存生产转变为用户创造价值。

2. 虚实交互

虚实交互主要实现两个方面的目标:一方面,基于不同用户的定制需求,实现线上的快速响应、快速交互,提高交互效率;另一方面,可以使得方案能够接受更多专业人士或潜在用户群体的检验,从而使得方案具有更强的可操作性。例如,海尔曾举办过"三无"透明工厂发布会,无发布会现场、无发布地点、无发布产品和战略。但是由于在所有互联工厂中安装了摄像头,全球的消费者可以通过分布在每个互联工厂的摄像头远程观看海尔工厂的实时生产过程。当天海尔的后台数据显示有近万人参与观看了海尔互联工厂的生产画面,在线上30分钟的时间里引发了4万人的高度关注与讨论,由此极大地提高了用户的参与感和产品的组织的并联化。

经过用户社群、专家学者优化后的方案将会被反馈到由主导企业内部、专家智库、资深技术专家和资深用户组成的方案评价组,方案评价的主要目的是从反馈的方案中,采用科学的方法和严格的筛选标准,最终筛选和确定那些可以被企业利用的方案。进入方案评价阶段,所有的方案都是在共享创新平台上被多次讨论、反复优化过的方案,创新项目的方案评价小组将进一步从这些被经过优化的方案中剔除掉那些技术上目前很难实现、商业价值不高的方案,并把其中一些企业目前不能实现但很有价值的方案纳入到备选方案库中。在此基础上,重点对挑选出的方案进行可行性分析,综合考虑经济效益、承担风险等因素,用科学的方法,如模糊综合评价、内部投资收益率的估算等进行综合评价,进而确定多项备选方案。

简言之,共享创新方案的优化过程集合了线上与线下、多种参与主体的智慧,包括创新方案的提供者、用户群体、需求者组建的研发团队与专家智库用户群体等。IBM 公司的即兴创新讨论(innovation jam)活动结束后,专家小组会挑选出讨论数最多的创新方案进入第二讨论阶段,这一阶段重点聚焦于可行性分析、反馈和优化创新方案,最后会有 10 个最优想法脱颖而出。在这种反馈交流过程中,创新项目的设计思路得到了进一步的升华,最终的共享创新方案也得到了优化。

13.9 方案筛选与确定阶段

经过初步的方案优化与专家技术小组的方案评价之后,需要对收到的创新方案进行最终筛选并确定最终的实施方案。共享创新流程中,方案筛选就是利用可行性分析原理及各种科学决策方法,对诸多开发方案进行技术经济论证,从中选出最具备开发条件、最易开发成功、经济效益和社会效益最佳的开发方案。鉴于共享创新是在全球范围内整合创新资源和方案,其方案的最终筛选除具有传统企业内部创新方案评价的目的性、科学性、相关性外,还需考虑方案的目标导向性、时效性、阶段性及预测性和反馈性等特性。

1. 目标导向性

企业通过共享平台发布任务、征集任务的解决方案,都是基于一定的目的。例如,通过解决问题来提高企业竞争力,获得创新型的产品或服务等。因此,在选择参与者所提供的创意、思想或设计等方案时,需要结合最初设立的目标,以便能够更好地服务于企业发展的实际需要。

2. 时效性

随着互联网技术的发展，技术更新换代、产品升级的速度越来越快，人们可以借助网络在任何时间获取到最新的信息。在这样的背景下，新产品的创新周期缩短，对企业的创新要求越来越高。因此，在选择问题解决方案时，需要把握好时效性原则。

3. 阶段性

共享创新过程中的每一个阶段都必须对其有关因素和结果做出相应的分析、判断，并且以此作为对开发活动的协调、控制及最终决策的依据。共享创新的阶段评价与随之而来的评价结果反馈及对创新工作的协调，形成了一个有机的循环优化过程。这就需要主导企业必须同时对多个不同的评价对象，采用不同的评价方法，进行不同内容、不同角度的评价。例如，针对初期方案来源不同，提出的技术背景不同的情况，方案评价的专家小组就需要本着全面性、互补性强的原则来组建，专家技术小组成员应当专业互补，能力与素质互补，对发布问题具有丰富经验。

4. 预测性和反馈性

对影响产品开发的不确定性因素及其变化趋势进行科学预测是进行方案评价的前提条件。没有科学的预测，就没有准确的评价。评价信息的及时反馈又是不断修正、调节、实施开发规划，使之顺利进行的保证。共享创新的多主体性为创新过程中大量、优质的用户和市场反馈提供了可能。选择方案的关键目标就是该方案的执行能够解决企业发展中的问题，为企业创造实际价值，这也是方案选用的先决条件之一。因此，在综合平衡资源池中的方案时，需要权衡和判断方案的执行能否符合企业价值的需要，能否通过推行该方案达到创造价值或新增长点的实际需要。

经过方案的最终筛选评估，在方案的最终确定环节要确保所提供的方案符合总目标。在符合总目标的方案中，进一步根据实际需求设立科学的评估指标体系，以便能够保证不同方案评估采用相同的评价标准进行。在设计方案的评估指标体系上，主要应围绕风险指标、效益指标、技术性指标、价值性指标几个方面展开。基于共享创新平台的海量资源方案属性，在对方案进行筛选时，可采用多轮次结合的方式，如可采取初选和复选两轮次相结合的方法。其中，初选可以针对方案的原创新、价值性、技术可行性等指标做定向筛选。在此基础上做进一步的复选，复选主要是通过专家小组成员对相对认可的方案进行反复讨论，直至遴选出在效益性、技术性、风险性等方面综合性评价高的创新方案。

13.10 方案实施阶段

方案实施阶段即共享创新过程的最后一环,该环节把最终确定的创新方案转化为可为企业创造价值的产品或服务。在这一环节,每一步创新实施工作都应纳入企业工作的检查范围并加以经常性的监督和检查,只有这样,才能保证分布式协作的共享创新活动有序进行。

如图 13-9 所示,在方案实施阶段,需要针对方案制订详细的实施计划,同时在方案的具体实施过程中不断进行反馈与优化,从而进一步推进方案的完善。可以看出,共享创新方案的实施是整个运作过程中思想、设计、创新方案实现的过程,也是整个项目中共享创新参与主体的创新活动实现价值的过程。方案实施阶段需要需求者按照计划全面实施最终的共享创新方案,包含实施方案的具体计划、方案的落实及方案反馈优化等过程。

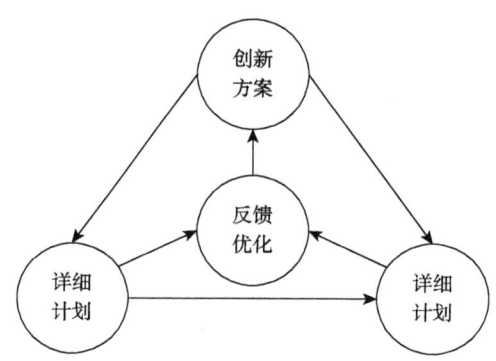

图 13-9 共享创新实施阶段的步骤

首先,制订详细计划。制订详细计划主要包括进一步明确创新目标,明确创新方案所需的技术、资源和管理方法,以及进行资源与任务的具体分配,人员组织和任务分解可以运用目标管理法层层分解,让所有的人员参与到目标制定与目标分解过程,将任务分配到具体的执行单位与个人。同时,要制定详细的考核规则,以便对整个方案的完成情况进行考核,并明确奖惩机制,激励实施人员更好地完成任务。

其次,方案的实施。方案实施是指从要求、内容、方法、步骤等各方面落实具体的方案,它是正式开始为达成某项目标或完成某项任务而形成的操作计划。在方案的实施过程中,为了保障方案得到有效的落实,需要加强领导与内部控制,定期对方案的执行情况进行监督和反馈,保障执行能够沿着既定目标前进并对执行过程偏离目标的行动进行及时的调整。因此，在共享创新方案的实施过程中需要注意创新实施过程的评价体系构建。由于创新方案的细化工作往往是分布式进行的，并且每个人对创新总体构想和创新方案的理解会有一定差异，各实施主体的创新思维也会受到经验、职业背景和已有知识的限制，在最初的方案实施阶段可能会在各部分的接口和总体协调性方面出现问题。此时，需要重视内部评价，请专家技术小组和行业资深专家从各自角度对创新阶段成果进行评估与修正，特别是对实施过程中可能产生的新问题做出预计，在实施中不断完善方案，尽可能减少创新成果的不确定性和不可预见性。在完成阶段性评价后，方案实施者要综合考虑各方面提出的意见，进行方案的修订与完善。

最后，方案的反馈与优化。在方案的实施过程中需要通过交互与反馈保证实施效果。为了保证在创新方案的实施过程中不在关键概念和技术上出现失误或产生误差，主导企业应当保证各主体之间高度的交互性与参与度，使得各实施主体能够在分布式协作中、在各自的专长领域中依然有一定的原则和概念可以遵循；同时，技术专家等评价小组在考核与评价时依然有一定的标准可以参照。在实施过程中，通过建立报告反馈制度，及时了解方案执行情况并对不合理和不具操作性的部分进行调整研究，使得研发实施团队与创新方案提供者及专家小组之间保持密切的沟通，对不合理的具体执行计划或人员组织和任务进行修正和完善，使创新效果得到进一步保证。

企业的创新是永无止境的，只有不断地、持续地进行创新才能在激烈的市场竞争中得以持续、健康地发展。因此，在共享创新实施过程中，要不断地发现新的问题，不断通过共享创新的流程优化，解决新的问题，做到周而复始，持续创新。

第 14 章　共享创新的产权属性

在传统的私有制经济体制下，创新资源产权所具有的独占性、排他性等基本属性与共享创新所具有的资源共享、协同合作等特点存在一定的冲突，往往会导致创新资源配置效率低下，这就涉及共享经济时代背景下创新资源的产权属性问题。实际上，共享创新的发展过程也是一场创新资源产权革命的过程。本章从共享创新的产权属性出发，探讨在共享时代如何实现创新资源从传统的私有化体制向共用体制的过渡。现代产权理论奠基者科斯提出了产权理论的基本框架并指出"产权的界定是市场交易的基本前提"。产权是指经济所有制关系的法律表现形式，主要包括财产的所有权、占有权、使用权、支配权、收益权和处置权等。在本书中，共享创新可以分为两个阶段，主要是聚集使用创新资源和使用并形成创新成果。结合共享创新的阶段和实质，本书将共享创新过程中所聚集使用创新资源的产权属性总结为私有公用、使用权交易、产权碎片化和产权瞬时化；而对于创新成果而言，其产权属性可总结为多主体性、多阶段性、多元属性、非完全性、产权模糊化。这些新型产权属性充分符合了共享时代背景和创新要求，在共享创新过程中发挥着不可或缺的作用。

14.1　私　有　公　用

所谓私有公用，即创新资源不再仅为私人占有，还可为公众使用。"共享创新"中的"共享"是其最突出的产权属性之一。传统意义上，产权具有一定的排他性，这意味着"所有即使用"，资源的私有化使得使用权成为把除资源所有者之外的他人排除在外的一种权利。例如，在工业时代，人们更重视创新资源的所有权，资源的私有化逐渐成为资本主义的主要特征。但是"私有私用"无法使得资源得到充分利用，导致创新资源闲置、低效，提高创新成本。随着互联网的迅速发展，排他性的观念逐渐淡出人们的视野，所有权和使用权出现了分离趋势。由于共享创新模式下使用权与所有权的分离，技术、智慧、人才、信息、知识、数据、资金、平台、设备设施、生产能力等创新资源不再仅由私人占有，而是可为公众使用，这就是产权的私有公用属性。

从资源配置角度看，尽管私有产权解决了激励问题，能使外部性内在化，但私有产权并没有有效地进行资源配置。随着互联网技术的发展而出现的共享公用产权，既保留了"私有"特性，又通过"公用"使更多的人共享资源（卢现祥，2016），在降低资源成本的同时实现了资源的有效配置（张玉明，2017），达到"物尽其用"的效果。共享创新产权的私有公用属性具体表现在以下两个方面。

第一，共享创新平台的公用性。在共享创新模式中，共享创新平台可供所有人使用，这种平台可以存在于现实生活中，也可以存在于虚拟网络中。共享创新平台为创新方案的寻求者和解答者搭建桥梁，使得供需双方达到高效匹配。对于双方参与者来说，共享创新平台是大家公用的区域。众研网作为橡胶行业的第三方服务平台，整合国内外 136 所高校和中国科学院等 60 多家科研机构的科研成果，为平台参与者提供"任务众包""管理咨询""人才众筹"等多项服务，充分体现了共享创新平台的公用性。

第二，创新资源使用权的公用性。这里的创新资源主要是指技术、智慧、信息、数据等。在共享创新模式里，创新资源对外开放可为公众使用。以 IBM 公司为例，2019 年 IBM 公司共获得了 9262 项专利，连续 27 年排名美国专利榜榜首。尽管拥有大量专利，IBM 公司并不完全坚持专利使用许可收费的知识产权保护模式，而是积极提倡一种更为开放的知识产权保护模式（秦远建等，2008）。早在 2004 年，IBM 公司中国研发中心推出一项名为实验室服务的全新服务模式，将其开发中心的知识、经验与合作伙伴及企业用户进行分享。此外，IBM 公司宣布向开放源代码社区开放它拥有的 500 余项专利，积极倡导建立专利共享模式，并认为专利共享有利于充分激发信息科技开发者和使用者的创新能力，促进整个行业的发展。由此可见，IBM 公司在尊重私有创新知识产权及其收益回报的同时，在私有创新和开放合作创新之间取得"平衡"，部分创新资源得以"私有公用"。

此外，开放计算项目（open computer project，OCP）联盟也是创新资源公用的典型。该联盟于 2011 年由 Facebook 建立，核心是对外开放硬件系统，目的是让普通的 IT 企业共享服务器和数据中心设计，以提高能源效率，降低硬件成本并加快部署速度。以最低的成本打造最具效益的运算架构。目前，Google 公司、Microsoft、腾讯等超过 170 家互联网行业都加入了该组织。在这种共享创新资源的模式下，OCP 联盟诞生了很多创新产品，如存储空间上升到 G 量级的 Gmail。

从以上案例可以看出，共享创新的过程实质上是对创新资源的优化分配过程，强调了创新资源从私人占有向公共使用的转变，让闲置的私有创新资源被需求方公用，从而提高创新的效率，加快创新的进程。但是，资源寻求者通过共享创新平台获得的资源使用权是暂时的。虽然共享创新模式下资源的使用权重于所有权，但资源的实际归属权仍归资源供给者所有。因此，共享创新模式下的私有公用产权，是在保留了所有权的基础上，使更多的人共享资源使用权的新产权。

14.2 使用权交易

资源所有权是指所有权人依法对自己的财产享有占有、使用、收益和处分的权利；资源的使用权是指人们依法享有的使用资源的权利。使用权交易可以理解为创新资源的所有权和使用权相分离，创新参与者更看重和希望交易的是创新资源的使用权而非所有权。

使用权交易建立在产权具有可分割性、可交易性的基础上。产权的可分割性是指广义上的某项资源的各项产权可以分属于不同主体的性质。例如，房屋的所有权、使用权、收益权和处置权等可以分割属于不同的主体。产权的可交易性是指产权可以在不同主体之间流转，双方直接或间接地给付、收获财产权益，包括金钱、投资、租借、留置或负债。由于资源产权的拥有者不一定是资源的需求者，初始的产权安排无法保证资源在供需双方间实现最优匹配。但是产权具有可交易性，产权通过市场上不同主体之间的转让可以得到优化配置（李全宏，2014）。在此基础上，产权的可分割性拓宽了产权可交易的范围，既可以进行完整的产权交易，也可以仅对部分产权进行交易。

前已提及，在工业时代，资源的私有化成为其主要特征，创新资源也是如此。资源的所有权和使用权连接在一起，所有权占主导作用，即强调所有，使用或不使用没那么重要。当看重所有权而淡化使用权的资源拥有者拥有某项资源但没有高频次使用时，拥有者对使用权的利用能力与资源的可使用性就无法配比，这会导致创新资源的过度闲置或低效使用。例如，某项技术的所有者并没有找到合适的应用方向，只能将该项技术搁置。

随着创新观念的不断转变，在创新过程中，重用主义被越来越多的创新参与者所接受。他们认为使用比所有更具有价值，即创新资源的使用价值大于占有价值、共享价值大于独占价值。这是因为使用权虽然不是最基本的权利，但却是产权中最能创造价值的权利。共享模式促使了一种双层产权结构的产生：财产的占有权、支配权、收益权在下层，财产的使用权在上层（沈秋彤，2016）。为了最大限度地降低成本和提高效率，供需双方仅就使用权进行交易。在共享创新模式下，解答者提供的往往是创新资源的使用权而非所有权，寻求者可以通过得到使用权进行创新和创造商业价值。共享创新模式实现创新资源所有权与使用权的分离，使创新资源使用权在供需双方中进行交易。例如，某项技术的所有者可以仅将技术使用权出售给需求者，需求者便可将该技术应用到自己正在进行的创新研究中去，使得该项技术资源的价值得到最大程度的发挥。

特别是在许多大型跨国企业或者科研机构中，大约有70%~90%的创意和发明未被利用（李利凯，2016）。其原因可能是跨国企业的创意和发明与企业现有业务、品牌和发展战略冲突，产业化成本高，也可能是科学研究院没有找到市场化的合适渠道。因此，要解决这些问题，企业或科研机构只能通过共享创新模式将使用权暂时给予能够加以利用的企业和个人，从而获得收益。在十多年以前，波音、杜邦、霍尼韦尔等公司都遇到了类似的难题：本身拥有大量的知识产权，但企业却无法有效地将其全部加以利用。这些企业可以通过网络出售其未被利用的资产，将其特许给其他企业。所谓特许使用权，是指使用其他经济单位所有的专利权、商标权、版权或类似的专有权利。同时，使用专有权是受到限制的，被授权企业要在专有权人允许的范围内来使用这些经济权利，超过范围和期限，使用者都要受到惩罚。也就是说，拥有大量无法被充分利用技术的企业或科研机构将通过授权许可模式与被授权企业进行使用权的交易，被授权企业可以借助技术来进一步发展自己的业务和实现战略目标，授权企业也可以获得专利许可收益。但是，授权企业或科研机构仍拥有该技术的所有权。

和完整产权交易不同，使用权交易利于寻求者高效率搜寻和获取创新资源，简化了产权交易的流程，便利了解答者与寻求者之间创新资源的流动。

14.3 产权碎片化

在共享创新模式下，创新资源的所有权和使用权可以进行分离，并且可以仅进行使用权的交易，这正体现了共享创新的另一个产权属性——碎片化。碎片化的本意是将完整的东西分割成不同的组成部分，与可分割性有着密切联系。正如前面所提到的，产权的可分割性是产权的内在属性之一，是指广义上某种资源的产权可以分属于不同的主体。在创新过程中，产权碎片化的实现还可以满足创新参与者的灵活、特殊需求。因为在共享创新模式下，不同寻求者有着不同的技术需求，碎片化使得供需匹配成功的可能性更大，有效提升了资源利用效率，降低了交易成本。

实际上，共享创新中的产权碎片化主要体现在以下两个方面。

首先，创新资源完整产权可碎片化。在传统的经济体制下，由于手续冗杂，与创新资源拥有者签订一个完整的产权契约所需的人力、物力、财力和时间成本都比较高。但如果将创新资源进行碎片化，将所有权、使用权、支配权、处置权等进行分割，便可以根据创新资源寻求者的需求进行有针对性的快速交易，提高资源匹配的效率。在上述部分中，共享创新的私有公用和使用权交易能够实现的基础便是资源完整产权的碎片化。资源完整产权的可分割性和碎片化拓宽了产权可交易的范围，丰富了交易资源的供给，使用权交易又为资源私有公用提供了途径。创新参与者通过共享平台实现资源使用权的流转，降低了签订完整的产权契约所需要的交易成本，显著地改善了传统经济模式下交易周期长、成本高、风险大等问题。例如，在 NineSigma 平台上，技术寻求者只需要支付专家咨询费或者技术使用费，即供需双方仅进行使用权的交易。但是如果技术寻求者与提供各项技术的专家签订完整协议，则花费时间长、成本高昂。

其次，创新资源使用权可碎片化。使用权碎片化意味着可以对单独的使用权进行分割，实现使用权的分散使用，使得资源可以实现"一对多"甚至"多对多"的匹配，显著提升交易效率。例如，对于知识、技术等创新资源，其使用权不具有排他性，可以同时被多人使用。将此类创新资源的使用权进行碎片化处理，其使用权可以分散、匹配给每一位寻求者，同时满足多人的使用需求，把创新资源各部分放在最合理的位置。例如，2015 年 11 月，Google 公司宣布将机器学习系统 TensorFlow 开源，TensorFlow 是 Google 公司的第二代人工智能系统，通过将学习系统资源的使用权进行分割，社区中的技术爱好者都可以参与学习和使用资源，有利于加快人工智能领域创新发展的进程。

产权碎片化是所有权与使用权分离的必然结果，真正实现了创新资源从私有到公用的转变，创新资源完整产权与使用权的碎片化使闲置的创新资源得到高速循环使用，提高了交易效率。

14.4 产权瞬时化

共享创新的产权瞬时化是指其所有权交易的瞬时化、使用时间可瞬时化，促进研发活动可以在较短的时间内完成，这大大提高了创新活动的效率。与传统内部创新活动的产权交易时间长、使用期限固定及研发周期长、成本高、风险大相比，共享创新缩短了交易和研发周期，可随取随用，降低了研发成本，分散了研发风险。

正如科斯认为企业的存在是为了节省交易成本一样，共享创新的本质是降低创新成本。所谓创新成本，是指从聚集创新资源到形成创新成果的全部直接成本、间接成本、潜在成本和沉淀成本，包括信息搜集、获取创新资源、研究、开发等一系列过程中所花费的所有成本。在传统创新模式下，在获取创新资源的过程中存在信息不对称，这大大增加了交易的时间、创新的周期和成本，也伴随着较大风险。特别是在如今技术更新极快的时代，资源匹配时间和研发周期长短极为重要。因此，面对激烈的竞争环境，对于提高创新效率、降低创新成本的迫切性不断增强。

除所有权交易的瞬时化、使用时间可瞬时化外，共享创新的产权瞬时化还主要体现在以下三个方面。

第一，创新需求展示的瞬时化。依托互联网的共享创新平台是一个创新需求聚集地，任何有创新需求的企业或者个人，都可以第一时间发布他们的需求，从而寻找合适的资源提供方。根据长城战略咨询的数据，NineSigma 公司拥有 500 多家成功客户，其中包括宝洁、欧莱雅、联合利华、飞利浦等著名品牌。也就是说，在该平台上，全球范围内的所有注册用户都可以将目前遇到的创新研发需求迅速展示给其他注册用户，其他用户可以第一时间看到并予以匹配，这大大提高了创新效率。例如，由美国国会设立的专门针对石油泄漏防治的研究所近 20 年内一直在探索如何防治北极圈附近的石油泄漏问题，最终联合 NineSigma 在全球 120 个国家范围内发布挑战。通过该平台，其最终收到 27 份创新方案，顺利解决了 20 年都没有解决的北极圈石油泄漏问题。由此可见，互联网技术加速了创新需求的展示，缩短了搜索合适匹配技术的时间。

第二，创新资源更新的瞬时化。共享创新的平台运营团队根据大数据技术将前沿的创新资源，如技术要素、人才要素、数据信息等都及时地展示在平台上，让平台注册用户第一时间了解最新的创新导向。例如，yet2.com 起初由宝洁、霍尼韦尔、卡特彼勒、拜耳和西门子等公司共同投资 2400 万美元创立，该平台除了承担专利交易和创意匹配业务外，还为客户提供战略目标搜索服务和战略交易流服务，并且在全球举办专题巡讲活动，讲解技术趋势和机遇。

第三，匹配创新资源的瞬时化。这里所提到的共享创新可极大缩短创新过程周期是相对于传统创新活动动辄几年甚至几十年的周期而言的。在共享创新模式下，创新资源寻求者可以在平台上发布需求或者悬赏，平台注册用户可以进行挑战或者回答问题。这种悬赏求解方式使公司在遇到创新问题时，能在正确的时间找到正确的人，从而加快创新发展速度。海尔开放创新平台借助大数据智能匹配系统，能够保证在六周内完成对用户需求的技术方案匹配（陈劲等，2017）。此外，InnoCentive 总监格艾瑞迪克斯曾说道，"一些公司花了 15 年都没解决的问题，在我们这个平台上，60 天里就破解了"。上面也提及过，美国国会设立的专门针对石油泄漏防治的研究所通过 NineSigma 平台顺利解决了 20 年都没有解决的北极圈石油泄漏问题。

共享创新的产权瞬时化有助于高效快速的创新扩散，同时有利于把企业产品推向更广阔的市场，为企业带来更高的创新成功率和更多的创新收益。宝洁前高级副总裁休斯敦和萨卡卜曾经在《哈佛商业评论》中提到，通过与宝洁 C&D 平台和 NineSigma 等平台的合作，研发生产率增长了近 60%，研发投资占销售的比例降至 3.4%，创新成功率上升而创新成本下降（李利凯，2016）。由此看来，共享创新对企业研发具有重大意义，是一种"最具性价比"的企业成长方式。

14.5 多主体性

正如前面所述，共享创新的参与双方是多样的，包括学生、学者、退休专家、科技工作者、企业等。然而此处所说的多主体性指的是共享创新模式下创新成果的产权可能是属于多个主体的。

共享创新的多主体性主要体现在以下两个方面。

第一，创新过程中由于有多个主体都参与了创新，创新成果属于多个主体。这种情况类似于共有产权房，可按个人与政府的出资比例，共同拥有房屋产权。因此，在共享创新模式下，创新成果的产权也是可以属于参与的多个主体的。博学者网站上的数学疑难问题研究项目充分体现了这一属性。2009 年 1 月底，英国剑桥大学数学家高尔斯为了寻找新的证明思路，在网上发布了一条深奥难懂的定理，希望借助大家的力量一起完成证明。两个月内他收到了将近 1000 条评论，最终该定理被成功证明。高尔斯在发表论文时，将文章署名为 D.H.J. 博学者，即这一集体的笔名。由此可以看出，这次数学讨论中所有参与证明的读者都拥有了这个论文成果，这正是共享创新多主体性的显著体现。

此外，美国西雅图华盛顿大学的生物化学教授和计算机科学家曾联手打造了一款科研游戏 Foldit，目的是让参与玩家通过游戏帮助生物化学家们解决蛋白质折叠问题。蛋白质结构预测是生物学中最困难的问题之一，就算运用计算机也要花费大量的金钱和时间。Foldit 试图通过利用人类解决难题的直觉，让人们竞争性地折叠最佳蛋白质来预测蛋白质的结构。2010 年，该游戏研发团队将研究结果发表在 *Nature* 期刊上，并在作者中注明 Foldit Players（Cooper et al., 2010），这些游戏玩家也被称为公民科学家。在这个游戏中，多名玩家共同努力参与了研发，因而拥有研究成果的产权。论文的作者署名，充分体现了共享创新的多主体性。

第二，创新资源和成果的使用权具有多主体性。在共享创新模式下，创新资源和成果可以由多人使用，多个主体同时拥有使用权。例如，2017 年 2 月，开放网络基金会（Open Networking Foundation，ONF）发布了新的创新渠道，该渠道在公开平台上为用户提供了大量的网络可应用框架等技术资源，降低了用户进入软件开发领域的成本和障碍，为运营商、集成商、供应商带来了多种问题解决方案。

共享创新的多主体性充分体现了创新的共享。无论是退休工人、科学家还是在校大学生，创新的资源、过程、成果皆可被多个主体共享。正是多个主体的共同努力，加快了创新研发的速度，散播了最新的科学技术，推动了科技的进一步发展。

14.6 多阶段性

共享创新的多阶段性是指创新的过程是分步式的，不同的创新阶段由不同的创新主体完成，与共享创新的多主体性有一定联系。共享创新的多阶段性的体现类似于维基百科不断完善的编纂过程，不同的阶段、不同的志愿者根据自己了解的内容进行填充，使得这部百科全书变得更加充实和准确。

把这种模式应用到创新中，创新资源始终对外共享，创新主体在创新的不同阶段都可以使用上一个阶段及之前的创新资源和成果，使得创新过程不断完善、精进，最终得出颠覆性的创新成果。例如，Linux 的开源软件对外免费开放源代码，用户获得后可以任意修改其源代码，也就是说，程序员可以根据自己的兴趣和灵感对其进行改变，注入自己的智慧。因此，全球范围内数量众多的程序员参与了 Linux 的修改和优化工作，使 Linux 聚集了来自不同时间、不同空间的程序员的智慧。在修改源代码的不同阶段，都有不同的程序员在前一位程序员修改的源代码基础上进行再创新，多位编程者共同参与软件研发过程，从而低成本、高效率地获得理想的软件产品的结果。

此外，众包式科研网站——博学者在解决数学难题的过程也充分体现了共享创新的多阶段性。孪生素数猜想"是否存在无穷多对相差为 2 的素数对"是数论中一个悬而未决的重要问题。孪生素数项目正式启动后，多名数学家分别在前一位数学家的研究成果上进一步降低素数差，加拿大数学家梅纳德成功将素数差缩减至 600。由此可以看出，在这次共享创新的实践中，在经历了多个阶段后，素数差被从数千万降至数百。如果数学家按照常规方法进行研究可能要花上好几年时间才能得到类似的结果。这些科研成果是分阶段的，不同的阶段有不同的主体参与，正是所有主体在所有阶段的共同努力，才在极短时间内得到了突破性的科研成果。

共享创新的多阶段性与多主体性密切相关，正是由于全过程中的创新资源和成果共享，才使得多个主体在多个阶段发挥自己在创新领域的智慧，共同实现了一个人短时间内无法达成的创新成果。

14.7 多元属性

共享创新产权的多元属性是指区别于传统产权的独占和排他属性的,具有可分离性、流动性、多主体性、非排他性等多元化的属性。共享创新的多元属性主要表现在以下六个方面。

14.7.1 可分离性

产权的可分离性是指在共享创新模式下,创新资源的所有权和使用权是可以分离的。将使用权与所有权分开管理,更注重资源的使用权而非所有权,成为共享经济的特点之一。产权的可分离性来源于产权的可分割性假设。由于共享创新的寻求者与解答者之间签订的是不完全契约,各方参与者之间重视的是使用创新资源带来的收益而非所有权的归属,因此在当今现实生活中,产权可以被分割,所有权和使用权可以分别归属于不同的主体。

14.7.2 独立性

共享创新中产权独立性的含义是指创新资源的使用权是独立于所有权等其他权利之外的,可以独立交易的。产权的独立性与产权的可分离性有密不可分的联系。在共享时代,共享经济呈现出一种新型的产权交易制度安排,即在确保所有权的情况下,对占有、使用、处置和收益四种权利进行更加科学合理的界定与分割,进而实现使用权的交换与共享(李麟,2016)。例如,在InnoCentive网站上,解答者与寻求者之间可以仅进行所有权的交易,即授予寻求者免版税、非独占许可的权利,而非完全转让专有知识产权(Lakhani,2008)。

14.7.3 流动性

产权的流动性是指由于使用权可以单独交易,增大了创新资源的流动性和便利性,加快了创新资源的自由有序流动,实现了资源的快速有效配置。在传统创新过程中,企业或个人为了破解技术难题往往受到信息不对称的阻碍,无法寻找到可匹配的创新资源,或者需要付出高成本获得创新资源的所有权才能用于研究开发。这种旧模式严重影响了创新资源的流动性,使得资源滞留在不需要的人手中。随着互联网的发展，信息不对称的状况有所缓解；同时，伴随着共享经济的浪潮，人们对产权的认识逐渐由所有权、占有权至上转变为重视使用权，人们愿意通过共享平台得到资源的使用权而非所有权。因此，在共享创新模式下，创新资源可以源源不断地从解答者手中流向需要的寻求者手中，充分实现"按需分配"，便利了创新人员的研发工作，推动了"大众创业、万众创新"的进程。

14.7.4 主体多样性

产权的主体多样性是指实体性主体和虚拟性主体兼而有之，实体性主体即实体物品等；虚拟性主体即使用权等权利。在共享创新模式下，产权交易更多的是交易虚拟性主体，即进行使用权等权利的交易。在这样的共享过程中所涉及的主要是知识、创意、技术的共享。大数据的发展使得创新资源更加丰富，社交网络的兴起推动了创新的交流，这都推动了知识、创意的分享、集聚和连接。

14.7.5 非排他性

共享创新中产权的非排他性是指创新资源不是仅由一人独占、其他人不能使用的，而是人人可以低价或免费使用、共享该创新资源，类似于公共物品的非排他性与非竞争性。传统的产权属性中，产权是具有一定的排他性的，即如果某人拥有了该资源的产权，就可以把其他消费者排斥在获得该资源的利益之外。排他性导致资源仅能被私人拥有并控制，而不能公用、共享。这种排他性意味着在认识资源时，我们应明确所有者的主体，资源的所有权与使用权是同时拥有的两种权利，拥有即使用。但是，由于过分强调所有权和专属权，资源浪费和低效使用的情况十分常见。为提高资源的使用效率，推动"大众创新"，共享时代下产权的变革——非排他性就开始了。当创新资源的所有者仅私有、私用获得的收益较低时，所有者就可以通过与他人共享使用权获取额外收益，此时资源产权在一定程度上被置于公共领域，具有公共物品的性质——非排他性和非竞争性，即该资源并非仅由一人独占专用，且多增加一个消费者所带来的边际成本为零或几乎没有。例如，Linux 开源软件完全对外免费公开，这使源代码不会局限在某种被专利保护的产品中，也打破了生产者与使用者的界限，真正实现了非排他性。

14.7.6 收益多样化

共享创新模式下，收益多样化是指解答者既可以获得奖金等货币性收益，又可以收获愉悦、声誉、排名、体验、意义、社交、绿色、生态等非货币性收益。需要强调的是，有些创新参与者相对于产权归属来说，更注重精神收益。例如，其中一些企业更注重的是共享创新所带来的潜在、间接的可转化利益，如品牌价值、商誉；而年轻学生等其他个人参与者可以了解到来自不同地域、不同职业参与者对特定创新项目所提出的创意或技术方案，以及自己在解决问题时的探索思路，这正是他们更渴望获取的经验和经历。例如，在 InnoCentive 网站上，在 Our Solvers 栏目中，Top Solvers 里面的第一名是一位匿名者，并没有公开自己的私人信息。从解答者不公开信息的做法中可以看出，在共享创新的过程中，解答者同样注重在挑战难题过程中获得的成就感。哈佛商学院在对于 InnoCentive 网站的案例分析中提到，除了金钱动机外，解答者也受到内在动机的驱使，如渴望充分利用自己的时间和才能，享受纯粹的智力挑战，或者满足好奇心和兴趣等。InnoCentive 的官方网站也提到，"寻求者需要持续、集中地利用综合知识、创造力和批判性思维进行研究，开发解决方案会让你得到有益的回报和无与伦比的心理锻炼"。

正是因为在共享创新模式下，创新资源供给方和需求方可以是任何个人或组织，全时空、全要素、全过程地参与创新活动；共享创新用户体验、感受、经验也是丰富多样的，所以创新成果的产权归属形式也是多样的，这种多元化也体现了共享创新的包容性和灵活性。

14.8 非完全性

共享创新产权的非完全性是指在创新活动中其资源产权的使用和产出的产权并非完全或独占，可以理解为创新资源的使用和成果的产权可以是不完整和非完全的。产权的非完全性是相对于完整产权而言的，是指产权人拥有有限的占有权、使用权、收益权、处置权等。

巴泽尔（1997）在《产权的经济分析》中指出，产权无法被完全界定，只能是相对的、不完全的。同时，由于在传统经济体制下，完整的产权交易需要付出高昂的交易成本，包括为履行契约付出的时间、努力，以及财力成本等，降低了交易效率和创新效率。若将创新资源的所有权、使用权、支配权、处置权等进行分割，便可以有针对性且高效快速地实现部分产权的交易。因此，产权的非完全性属性被应用到共享创新中，有利于创新资源迅速扩散、突破创新资源的约束、优化创新资源配置、降低创新资源的交易成本。

共享创新中产权的非完全性主要体现为以下三种。

第一种，非完全产权形式强调全部主权，即技术提供者在倡导"主权在我"

的同时关注"合作互惠"。因为在共享创新模式里,"共享"是重要的理念,专有、独占的产权形式显然不再适合共享创新的发展要求。这种形式比专有、独占的产权形式更利于保护与激励个人、组织间的合作创新行为,实现群体利益的最大化,同时提高自己的创新收益。因此,这种产权形式在保护企业自身产权归属的同时,更关注创新参与者之间的合作与分享,从而保障创新资源在企业、个人之间顺利流动,在流动中创造价值。

第二种,非完全产权形式是指解答者和寻求者各自拥有部分产权,即共有产权。共有制度作为一种财产分割与认定体系,最早出现在罗马法中,被表述为"多人对同一物拥有着留置权、占有权与处分权"(陈之荣等,2013),并将有体物与无体物区分开来,由此出现知识共有物理论。我国《物权法》已明确规定了共有制度,"共有是指两个或两个以上的民事主体对同一标的物共同享有所有权"(马俊驹和余延满,2009)。中国学界常用共有物权理论解释专利权共有现象。共有产权主要有以下法律特征:多主体性,即产权的主体是由两个或两个以上单位、个人或单位与个人组成;客体单一性,即共有的产权是同一发明创造,而且这一标的具有不可分割性;权利处分上的协同性,即在处分该产权时一般需要全体共有人协商一致;可以是共同共有,也可以是按份共有。"共有产权房"正是根据产权的非完全性而产生,即政府和市民可以按照各自出资比例,共同拥有房屋产权。华为也提出了"部分知识产权"的思想,员工和公司按照一定的比例共同拥有创新科研成果的产权。

第三种,非完全产权形式是指解答者仅将使用权让渡给寻求者。共享创新模式下,创新资源产权的所有权与使用权分离,更注重分享的是创新资源的使用价值,并且可以只进行使用权交易,如特许权使用费、专利交叉许可等。例如,在海尔实行的创新合伙人计划中,手握创新资源的合伙人无须向企业转让专有知识产权,可以仅授予非独占许可的权利,帮助企业解决研发难题。这种产权形式既满足需求者对资源需求,又节省了签订完整的产权契约所需要的时间和物质成本,进而有效地改善了传统经济模式下进行资源交易存在的弊端。

非完全性的产权属性满足了不同寻求者对创新资源的需求,有效缓解了资源错配的困境,促进了创新资源在全社会范围内的有效配置,减少了创新活动的约束,提高了创新活动的效率。

14.9 产权模糊化

基于互联网平台的包容性和开放性,共享创新的产权呈现出模糊化的特征。

产权模糊化主要有两层含义：一方面，在共享创新模式下，由于创新的边界和创新主体的身份是模糊的，产权关系也是模糊的；另一方面，创新资源或成果的所有权属性变得模糊，使用权属性得到重视。

第一，在共享创新模式下，资源共享的边界、创新的边界和参与主体的身份均是模糊的。传统企业创新局限于内部或者特定的外部合作组织，边界较为清晰和局限。然而共享创新基于网络平台将创新主体聚集起来，创新资源的需求者和供给者在进入或退出共享创新平台时受到的专业领域、时间和空间的限制较少，创新边界的模糊意味着共享创新打破了人才垄断，推进了创新资源的民主化进程。此外，参与共享创新模式的主体身份是模糊且动态变化的。共享创新参与主体的背景身份可以是设计师、外部科研人员，也可以是普通消费者、供应商等，而在共享创新模式中这些主体既可以是寻求者，也可以是解答者。例如，消费者在传统创新模式下，仅仅被定义为企业的目标客户，但在共享创新模式下，消费者的需求和创意可能会为企业创新提供新思路，则消费者从目标客户的身份转变成创新合作者。这种例子在现实中不胜枚举，乐高公司积极重视用户体验，与客户共同开发游戏产品并开拓了其成人市场业务；海尔通过海尔开放创新平台历时6个月与全球超过980万不同类型的用户交互意见，得到消费者最关注的"痛点"需求，研发出了空气魔方。

第二，在共享创新模式下，所有权变得模糊化。具体表现为创新资源的所有权属性变得模糊、淡化，使用权属性得到重视，人们可仅就使用权签订部分契约。在这种方式下，创新活动的效率得以大大提升，也促进了创新资源的广泛传播，产品或服务在任何创新参与主体中的交易成为可能。随着互联网第三方平台等媒介的迅速发展，移动互联等媒介的出现，创新资源可以打破时间、空间、信息的分割，减少信息不对称的程度，实现直接的创新闲置资源使用权的交易，且资源匹配速度快，获得信息、资源等时效快，在这种情况下对资源的使用权足以替代对产品占有的便利性。因此，在共享创新模式下，使用权变得更加清晰，所有权属性的重视程度在不断降低。

需要注意的是，共享创新模式倡导"多对多"开放的创新边界，用户交易边界、创新资源及产权边界均模糊不清（张玉明等，2016），这也为创新资源产权的管理提出了更高要求。正是由于产权关系变得模糊、所有权的重要性不断淡化，才为创新资源的快速、大范围交易提供了基础。寻求者对创新资源"不求所有，但求所用"，降低了创新资源交易的门槛，促进了技术创新的进步。

本章主要讨论了共享创新的产权属性。在共享经济和互联网快速发展的新时代下，产权革命的发展与共享经济的发展是相互促进、相辅相成的（图14-1）。一方面，共享经济主张你的就是我的，打破了原有的独占专用，将所有权和使用权分离，双方可以签订碎片化的、非完全的产权契约仅交换使用权，同时节省了交易的时间和成本。由此,共享创新的产权呈现出私有公用、使用权交易、产权碎片化、产权瞬时化、非完全性的属性。同时,由于产权的可分割性,共享创新模式下有多个主体参与多个阶段的创新,产权属性也变得多元和模糊。因此,共享经济的发展促成了产权属性的变革。另一方面,新的产权属性又充分促进了创新资源的有效配置和快速交易,使得更多人参与到更大范围的、更高效的技术创新活动中来,推动了"大众创业、万众创新"的进程。

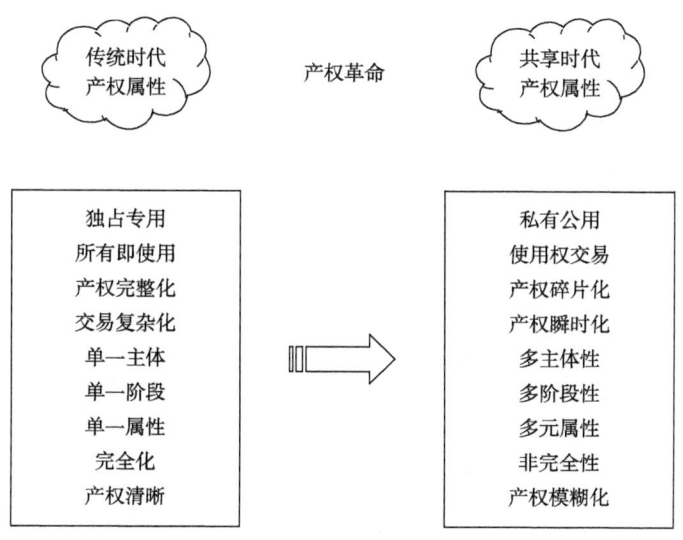

图 14-1 共享时代的产权革命

第 15 章　共享创新的收益与分配

在过去的数十年中，中国的企业以提高利润率为目标，以自主研发和创新作为构建核心竞争力的主要手段，其收益仅仅是自产自销所取得的。以互联网为代表的信息技术整合了创新要素和创新资源，推动了创新模式由原先的单向线式的传统创新向交叉并行式的共享创新模式继续深入推进。共享创新也对传统的收益和分配方式进行了补充与优化，衍生出了如数据收益、情感收益、声誉收益等更为多样化的收益种类及按价值分配和按需求分配等多种非唯一的分配方式。共享创新模式下的收益与分配方式多种多样，此处以如下几种代表性的方式进行重点论述。

15.1　货　币　收　益

斯密将收益视为财富的增加，定义为"那部分不侵蚀资本的可予消费的数额"，而美国著名经济学家 Fisher（1906）在 *The Nature of Capital and Income*（《资本与收益的性质》）一书中提出了收益三种不同的形态，分别是精神收益、实际收益和货币收益。其中，货币收益是指资产增加的货币价值，也是在上述三种收益形态中最易计量和最基础的收益方式，其也是各个创新主体参与共享创新最直接的动机，其他收益方式是间接的方式。

15.1.1　货币收益的内涵

货币有多种表现形式，具体而言包含一般等价物、贵金属货币、纸币、电子货币等；同样，货币收益也可以有不同的表现形式，如产品收益、服务收益等。货币收益是不同于非货币收益的一种有形收益，是看得见、摸得着的，是企业、组织等主体周转和经营的基础。

共享创新的货币收益主要是以共享创新平台的平台抽成、价值挖掘、延伸服务、使用费收取、广告费、流量、数据分析等多种盈利模式实现的。货币收益主要来自绩效收益。绩效是指个人（群体）等在一定的环境下完成任务的出色程度，其是对目标实现程度和达成效率的衡量与反馈。货币收益一方面体现于企业的业绩，另一方面反映企业的管理成熟度。其中，业绩是企业的利润目标，包括目标管理和职责两部分，奖金、提成等是根据目标管理来衡量的，而工资一般情况下是根据职责完成度来体现的。组织的管理成熟度是企业、组织行为效率、方式和方法的体现，最终会以货币收益的方式反映在企业的利润目标中。因此，货币收益直接与结果挂钩，能够促进更高质量的工作执行并能有效控制成本。

15.1.2 货币收益的运行机理

货币收益主要是通过共享创新作用于"绩"和"效"两个方面来实现的，具体反映在提高收入、节约成本、提升效率等方面。

在提高收入方面，共享创新模式与传统创新模式的不同之处在于共享创新采用的是轻资产的运营模式。轻资产的运营模式是指企业将非核心业务外包出去，紧紧地抓住核心业务，是一种以价值为驱动、"使用而不占有"的资本战略。与重资产相比，轻资产更偏向于无形资产，如企业经验、品牌、个人知识、技能、服务等的应用，是一种"低"资金投入、"小"资产规模、"轻"资产形态、"重"知识运用、"高"投资效益的商业模式（蔡余杰，2017）。对于共享创新而言，共享创新的各个主体享有使用权而非所有权，以低成本、低门槛的方式参与共享创新，在创新平台上各取所需，通过杠杆原理充分整合外界资源、自由选择分割资源、合理利用闲置资源，以最低的投入实现价值最大化。这种经营模式主要借助新型的创新方式、品牌效应、个人知识、技能等无形资产，把有限的资源聚焦到产业链上利润空间最大的阶段以提升整体的经营效益。START 共享有车生活平台[①]作为共享汽车领域的引领者，采用的便是 C2C（个人对个人）的轻资产运营模式，通过共享模式盘活闲置资源以解决供需矛盾，汽车共享出行市场的直接需求由 2015 年的 816 万次/天快速增长至 2018 年的 3700 万次/天，这种爆炸式的市场需求是传统重资产模式很难实现的。通过共享的轻资产经营模式能够最大限度地挖掘存量资源的价值，满足供需双方的需求。共享创新的经营模式也与之类似，与传统创新模式相比，能获得更为稳定且持续的收入与回报。

在降低成本方面，共享创新模式成本的下降引发了从"以买为主"向"以租为主"的转变，增加了消费者福利；创新的供给者和需求者通过在共享平台的相

---

① START 共享有车生活平台，是一个基于互联网技术便捷的汽车共享平台的品牌，已成为爱车及酷爱有车生活人群汇聚的共享有车生活平台和汽车文化分享社区，2019 年 4 月已更名为瓜子租车。

互赋能，将固定的高成本变成变动的低成本，利用闲置资源，交换自己不具备的资源和能力，获得自己所需要的创新需求。借助互联网、云计算和大数据的强大信息收集、数据分析及资源整合功能，很多企业以"多对多"的共享创新为商业模式，将众多顾客的个性需求提炼为共性需求、提供零星订单集中生产。尚品宅配[①]通过上述方式其板材利用率达到 93% 左右，消费者节省购买成本 20% 左右，在利用闲置资源的同时真正做到降本增效。

在提升效率方面，共享创新更多是借助以互联网代表的信息技术实现的，基于互联网的共享创新成为创新的一个重要趋势，也已经渗透到创新的各个环节。互联网使全社会的"连接"更加密切，创新不再是企业自上而下的推进，而是各个创新爱好者、专业人士、社区成员全方位的开拓，创新门槛得以降低，"大众创业、万众创新"真正成为现实。例如，维基百科"人人可编辑的自由百科全书"；宝洁的"技术型企业家"计划等均依靠互联网促进了创新要素和创新资源的整合。对于企业而言，通过以互联网为载体的共享创新提升了企业的创新效率，进一步提高了其作业的效率，提高其管理成熟度，进而实现效益最大化，实现其货币收益。对于其他主体而言，"效"也体现在参与创新的过程中。以开源软件为例，当个人参与创新时，可以在分享成果、开展合作的过程中与各种各样的人交流，结交新朋友，提升参与过程中的愉悦感和满足感。此外，当其创新点被采纳时，个人价值得到实现与满足，而这种满足感及愉悦感对于工作效率的提高是有一定帮助的。

15.1.3　对共享创新的促进作用

共享创新模式的出现极大地提升了创新资源的流动性和可用性，激发了多种多样个性化的需求。通过全民参与式的创新，个人主体、企业主体、非正式组织和正式组织等几大主体均可在参与过程中，通过不同的追求获得其所需的货币收益。

个人在参与共享创新的过程中通过提高绩效获得货币收益进而满足其基本的物质需求，货币收益不仅仅是其劳动所得，它在一定程度上还代表着自身的价值和社会对其工作的认可，甚至还代表着他们的个人能力和发展前景。企业是共享创新中最活跃、最重要的群体，企业通过参与共享创新寻求创新资源以降低创新成本、提高创新效率，进而实现利润目标，获得所需的货币收益；非正式组织和正式组织在共享创新中得到自己的创新需求，扩大组织范围，提高组织影响力。各大主体都可以通过参与共享创新获得一定的货币收益，这是对其实现的绩效、

---

① 尚品宅配是一家提供小批量、个性化产品和服务的企业，网址：http://www.homekoo.com/。

付出的时间、学识、技能、经验和创意的相应回报和答谢,是对其做出贡献的最直接、最简单的回馈,也是各个创新主体积极参与共享创新最直接的动机。

15.2 产品与服务收益

共享创新的产品与服务收益是指参与主体通过共享创新创造的核心产品与服务、增值产品和新的服务模式所带来的收益。创新与否及创新所带来价值大小的最终检验标准在于:消费者是否愿意并实际地为创新主体的创新所带来的产品和服务支付溢价。由此,参与共享创新获得的产品与服务收益也是货币收益的另外一种表现方式。

15.2.1 产品与服务收益的内涵

产品是市场上任何可以让人注意、获取并且使用的,或能够满足某种消费需求和欲望的东西(余俊,2011);而服务是具有无形特征、可给人带来某种利益或满足感的可供有偿转让的一种或一系列活动(崇为嘉,2011),具体而言可以涉及为提供有形产品、无形产品所需要完成的活动、无形产品的交付、为顾客创造氛围等方面。互联网信息化时代使得搁置的多样化需求被激发,而传统创新模式下企业标准化设计、批量化生产及以产定销的创新生产方式已难以满足用户个性化的需求。企业由单向线性创新转向交叉并行的共享创新模式,将顾客集成到创新过程中,根据用户需求重新设计生产线和产品,用户由被动地位转为主动地位,创新成本降低、效率提升。

15.2.2 产品与服务收益的运行机理

创新不仅体现在具体的产品和服务及其体验上,而且表现在全新的业务开发与新颖的商业模式采用上(马浩,2019)。共享创新的产品与服务收益主要是依靠如下几种方式实现的。

在产品和服务本身,各种新产品及服务不断在市场上涌现,对创新的速度和质量的要求越来越高。共享创新依靠"多对多"形成的巨大网络,在产品创新过程中有助于找准市场和消费者"痛点",真正挖掘顾客需要的"多快好省"、个性化的新产品及服务;在缩短创新周期的同时降低创新成本、提升创新效率。此外,传统创新模式下被搁置的成果直到被替代也无法实现其市场价值;但在共享创新模式下，没有产生经济效益的成果可能会被出售给第三方或者吸引风投机构成立新的公司，沉没成本不再"沉没"，为企业带来了额外的产品与服务收益。

在产品和服务的品牌效应方面，由于从"点对点"到"网对网"、从"一对一"到"多对多"的创新模式的推动，创新网络的密集性带来了更加频繁的交易活动与更广泛的市场规模，再加之客户由一个纯粹的消费者角色转变为合作生产者，产品和服务的品牌推广更为便利，由此给参与主体带来的收益更多。

在消费者需求的满足方面，共享创新模式下产品和服务与顾客需求更加接近，其私人定制性更强，在降低边际成本的同时实现大规模的商品和服务定制化。例如，乐高的设计平台便是一种简单的定制化，顾客在该平台上发布自己的创意，再经过顾客的投票选出胜出的创意，参与到新产品开发中并实现商品落地。又例如，电子商务企业——埃沃定制，通过大数据和互联网的作用将顾客的个性需求提炼为共性需求并且集中生产，在得到消费者创意资源的同时在产品和服务上满足消费者的定制需求。

15.2.3 对共享创新的促进作用

共享创新在产品和服务方面解决了很多问题。在需求侧，共享创新最大限度地解决了消费服务中信息不对称的问题，有利于增加服务透明度、减少消费者疑虑、提振其消费意愿；在供给侧，共享创新最大限度地提高供给，增加了可交易的对象。利用共享创新，企业可以根据需求的变化不断地研发出迎合市场需求和解决用户"痛点"的产品，提高其产品市场占有率以获得更多的收益。例如，小米公司利用新型的创新模式实现了公司员工从产品策划到发布全过程与客户的对接，更好地掌握市场需求，为其带来了更多的收益。

15.3 非货币收益

非货币收益是和货币收益相对的一种收益形式。共享创新是各种创新要素互动、整合、协同的动态过程，要求企业与所有的利益相关者之间建立比以往更加紧密的联系，从而实现创新要素在不同企业、个体之间的共享，进而建立具有整合、共享和创新能力的网络体系。因此，在这个网络体系中，由于人的社会属性，货币收益不再是唯一的追求，声誉收益、数据收益、情感收益等非货币收益会成为各参与主体参与共享创新更为深层次的动机，后续将分别展开介绍。

15.3.1 非货币收益的内涵

共享创新中的非货币收益是指除了货币性收益之外其他的收益,如体验收益、数据收益、情感收益、声誉收益等。以共享创新的各参与主体为例,个人主体在参与创新的过程中除了可以获得现金、现金等价物等货币性收益之外,还可以在参与的过程中得到个人价值的实现与满足,获得机会与入口等;正式组织与非正式组织在参与创新的过程中通过创新需求的满足扩大组织影响力,获得组织品牌效应,维持组织稳定;国家通过构建创新平台从情感、机会、体验等多个方面提升人们的幸福感;企业通过参与共享创新获得潜在的数据收益、巨大的流量、潜在的市场收益。

15.3.2 非货币收益的运行机理

与货币收益不同,非货币收益难以用金钱直接衡量,也无法在短时间内起到立竿见影的效果,但是却更易对企业、个人、组织等产生潜移默化的深刻影响。在共享创新中,共享创新的需求者和供给者在共享创新平台这一载体上形成了供给方市场和需求方市场,与传统"一对一""一对多""多对一"的创新模式不同,"多对多"的共享创新借助互联网的作用,在更大范围内利用知识和技术资源,面向全社会征集问题解决方案,在运行的同时存在着不计其数的供给方和需求方,无数种排列组合的方法带来了巨大的流量和巨额的资本,形成了蕴含巨大潜力的市场,为参与共享创新的各方带来了巨大的非货币收益。

非货币收益的作用更多的是通过战略收益体现出来的。战略收益指的是巨大的市场收益,是对于企业未来发展前景与方向及其在行业中的战略地位产生影响的收益。这种收益与传统的收益不同,并不是以会计利润的形式体现在财务报表中,它类似于一种经济商誉。传统的会计利润以数字的形式反映在财务报表中,利润的增长可以通过收入的提高及成本的压缩来实现,利润的多少在一定程度上可以代表企业的经营情况,但若企业只注重利润而不注重企业品牌、产品与服务的提升,是难以持续发展的。战略收益恰恰可以体现货币收益之外的潜在的收益,这种收益虽然不直接在财务报表中反映,但其对企业的影响是深远的。可口可乐前董事长伍德鲁夫曾经讲到,若可口可乐一夜之间所有的工厂均被大火烧毁,第二天,就可以通过"可口可乐"这个金字招牌重新恢复生产与经营。这背后充分展现了可口可乐卓越的品牌信誉,这其实也是一种战略收益。

15.3.3 对共享创新的促进作用

从营利性的角度来看,对于企业而言,企业的非货币收益体现在竞争战略、营销战略、发展战略、品牌战略、融资战略、开发战略等各个方面。在共享创新的背景下,企业仅依靠内部创新资源进行高成本的创新活动已难以适应快速发展的市场需求及日益激烈的企业竞争。仔细分析海尔近期的智能家居产品海尔星盒、空气魔方、无压缩机酒柜等,均是共享创新的产品,共享创新的运营模式带给海尔的不是直接的货币收益,而是产品核心功能研发的解决方案,为企业在竞争战略、品牌战略等方面带来了不可估量的收益。除了海尔,三星将开放源码作为软件经营的主要战略,通过在硅谷设立开放创新中心并通过其将"天使投资"与"收购"作为主要业务,在取得大量的外部创新资源的同时达到直接吸纳人才的目的,打破了传统的招聘制度,对于企业的运营提供了人才支持。在共享创新带给企业竞争战略、品牌战略的成功时,其市场份额不断扩大,行业影响力增强,逐渐成为同行业其他竞争者模仿和学习的对象,对于行业标准的建立起到了推动作用。

从非营利性的角度来看,如果说货币收益满足的是各参与主体的生理需求,那么共享创新的非货币收益满足的是各参与主体如安全需求、社交需求、尊重需求和自我实现需求等在内的更高层次需求的追求,这对于各参与主体而言更有价值。

15.4 数据收益

数据收益是非货币收益的重要表现之一。共享创新模式带来的一个比较明显和重要的收益就是海量的数据收益及在大数据收集、分析、存储等方面带来的不可比拟的优势,这些数据收益是重要的创新资源和衍生收益基础之一。

15.4.1 数据收益的内涵

信息化时代,网络信息呈现爆炸式的增长态势,数据渗透到各行各业,越来越多的企业、组织开始重视数据的收集和分析,海量的数据正成为其制定战略决策的重要参照。以阿里、腾讯、华为等为代表的高新技术企业纷纷为客户建立起专业的大数据服务平台,对客户需要的数据进行收集与分析,提供基于大数据的运营指导。在 2018 年，大数据市场总体价值已达到 420 亿美元，大数据正在成为引领性的先进技术、信息技术领域的制高点。

大数据是指无法在可承受的时间范围内用常规软件工具进行捕捉、管理和处理的数据集合（聂元铭，2013），它需要具有更强的决策力、洞察发现力和流程优化能力的新处理模式来适应海量、高增长率和多样化的信息资产。传统的创新模式会制约数据的开放度，不开放的大数据是死数据，容易形成"信息孤岛"，进而阻碍数据资源的开发利用，影响整个社会的创新效率。数据的开放需要共享创新平台的支持，从开放共享到数据交易、从基础处理到价值提取能力，在整个过程中产生着不同创新思维的碰撞。

15.4.2 数据收益的运行机理

如今，大型数据集与十年前相比更易存储，借助云技术和普通的服务器，企业可以在几分钟内有效地收集和分析超过一百万条数据。共享创新在存储数据的数量和质量、数据的收集和分析等方面存在着传统创新模式所没有的巨大优势。

在数据存储的数量和质量方面，共享创新采用"多对多"的创新模式，拥有庞大的供给方和需求方，大批量的数据随着供需双方的位置互换、组合方式的多种多样、交易活动的方向性而爆炸式增长。创新平台的供给、需求双方及与其有相关的其他主体共同构成了一个庞大的创新网络，在这个网络中潜藏着各行各业的海量数据，利用大数据的乘法效应和外部效应，让不同领域的数据真正流动起来、融合起来，形成"多对多"的数据市场、数据交易所。在数据的收集和分析方面，"多对多"的数据交易所为收集和分析提供了数据基础，共享创新的无边界性和瞬时性提高了数据收集的广度和速度，使得收集数据的范围不再局限于行业内部、产品内部，全球性的创新数据在共享创新平台上被收集。再通过数据分析了解客户需求，得到各行各业的产品和服务的信息，用于对未来进行预测以发现更多潜在的客户资源。

赫芬顿邮报[①]是一家新闻与分析网站，在美国报业不景气时，它在 2010 年以 3000 万美元的营业额成为美国报业的一枝独秀，这主要得益于其建立在社区基础上的内容生产模式，即"一个在生产者和消费者之间共享的事业"。虽然只有 150 名带薪工作人员，但其拥有来自各行各业的 3000 名投稿者，12 000 名"公民记者"作为其话题提供者，通过与博客作者、公民记者、读者的共享与互动，形成一种

---

① 赫芬顿邮报（The Huffington Post）是美国的新闻博客网站，始创于 2005 年，提供原创报道和新闻聚合服务，着重于国内外时政新闻，网址：http://www.huffingtonpost.com/。

来自各行各业的、开放的、"众包"的新闻模式，这其实就是一种共享创新。赫芬顿邮报作为各行各业数据收集与分析的平台，颠覆了固有媒体的采编形式，真正地将数据转化成收益，为企业带来了巨大可观的收益。在全球拥有庞大的人口、潜力巨大的数据市场，开源社区、众包等模式是发展大数据技术和产业的重要途径。

15.4.3 对共享创新的促进作用

数据收益对共享创新的促进作用主要是通过以企业为代表的参与主体体现出来的。大数据为企业带来的一系列好处是企业参与共享创新的动机。企业可以深度挖掘与分析海量的大数据来准确把握用户多样化的需求或精准锁定所需创新资源，发现潜在目标资源及关联产品以抢占市场先机。例如，Amazon 网站会根据用户的购买记录与浏览记录推荐相关书籍；淘宝网会根据用户的浏览记录了解用户偏好、推荐同类商品；Farecast 票价预测工具通过预测机票的价格走势及增降幅度来帮助消费者抓住购票的最好时机。此外，企业可以根据不同的市场数据量身定制企业方案，帮助企业更高效地运营。

大数据为企业带来的一系列好处，加之共享创新本身在大数据收集、存储、分析等方面的巨大优势使得企业等主体产生了参与共享创新的动机，进一步促进了共享创新的发展。数据收益对于共享创新的参与者来说甚至重于经济收益，钱好挣而数据积累难，因此，大数据收益成为共享创新的重要独特收益之一。

15.5 声誉收益

在信息化时代，互联网带来的信息透明化极大地减少了以往的信息不对称现象，本可以在一定范围内控制的"商业秘密"在无孔不入的互联网面前无所遁形，产品和服务背后的企业迅速从幕后走向台前，声誉作为一种资源显得尤为重要。共享创新形成的网状结构使参与主体之间的联系更加密切，声誉收益的获得也更为容易，这也是许多参与者参与共享创新的动力之一。

15.5.1 声誉收益的内涵

由于企业声誉和产品品牌受到传统媒体和互联网的双重挤压，声誉逐步成为一种稀缺的资源。声誉能帮助消费者形成差异化的产品认知，引发较强的消费动机，促进消费者正向评价产品（Morgan，2012）。建立良好稳定的声誉对于个人、企业和组织而言显得更加重要。

声誉融合了我们平时所说的四个词：名誉，信誉，名声，美誉。声誉是一个综合印象，它是在长期的接触和了解中逐渐形成高度信任和高度好感。声誉收益就是企业或个人在共享创新的模式下获得的个人声望荣誉或者企业名誉赞赏。对于个人而言，体现在个人知名度或者受欢迎程度的提高，能给其带来更大的隐性杠杆；对于企业而言，是指企业在公众认知方面获得人民群众、组织及社会的认可，从而取得资源、机会和支持以完成价值创造的能力的总和。声誉收益是共享创新各参与方的特殊收益之一。

15.5.2 声誉收益的运行机理

传统创新模式下，企业通过"自建、自研、自有"获得创新成果，迅速抢占市场份额、实现利润目标。在共享创新模式下，声誉收益通过创新资源的共享获得。共享创新模式下声誉收益的特殊性主要体现在声誉的获得及由共享创新带来的巨大收益等方面。

一方面，企业或个人通过共享闲置、低效的资源提高资源利用率，做到降本增效，进而提高企业的运营水平和竞争力；此外还可以为资源的需求者提供其所需要的资源，从而赢得良好的社会认同。另一方面，各主体通过共享优质的资源来展示其积极的共享态度、良好的运营状态和前景，在展现自身潜在价值的同时提升了个人的声誉。此外，由于共享创新是一种新的模式，若企业能率先占领先机，对于行业标准在共享创新领域方面的建立起到带头作用，便容易成为同行业其他竞争者学习和模仿的榜样，甚至可能成为独角兽、瞪羚企业，获得良好的声誉，吸引更多资本的进入，这便形成了声誉收益。

从供给方和需求方的角度来看，当企业或个人成为共享创新平台的供给方时，在开放的社区展示其专业性，为不计其数的需求者提供创新支持，获得更多的创新贡献度或积分，赢得声誉收益；当个人或企业成为需求方时，通过寻求多方支持得到解决方案，提高自身的运营效率和竞争力，类似于波音公司通过在线交互和协同方式组织全球 30 多个国家、135 个地区的 180 个供应商开展波音 787 生产，波音 787 成为波音史上完工最快、造价最低的机型。特斯拉通过开源所有专利，建立了一个以特斯拉技术为支持的产业联盟，带动了一个产业生态圈的发展，带动整个电动汽车行业的创新，在赢得良好声誉的同时成为核心资源的掌控者。

15.5.3 对共享创新的促进作用

对于个人而言，在共享创新模式中，个人声誉收益体现在个人可能由于创新的贡献度、积分排名等获得的知名度或受欢迎程度的提高。对于组织而言，组织的声誉收益可以帮助组织扩大组织影响力。对于企业而言，声誉指企业在公众认知方面获得人民群众、社会与其他企业的认可，它影响着企业的营运业绩，进一步影响利润率及其股票需求和市值；这便由声誉转化为声誉收益，其是企业所拥有的包含在企业品牌中的、独特的无形资产，在各个方面影响企业的经营活动和企业竞争力。

15.6 体验收益

现如今，消费者不仅重视产品或服务给他们带来的功能利益，更重视在购买和消费产品或服务过程中所获得的符合自己心理需要或情趣偏好的特定体验（范秀成和陈英毅，2002）。共享创新恰能赋予各参与主体不同的体验收益。

15.6.1 体验收益的内涵

20世纪80年代，Holbrook和Hirschman（1982）提出了著名的体验价值观，消费体验会引起体验消费价值，这种体验价值是消费模式转换背景下催生的新型顾客价值判断，体验价值其实也是一种体验收益。体验收益是指个人或企业等共享创新参与主体通过创新资源的共享获得资源的使用权，在知觉、思维、行为、情感等多个方面得到刺激和提升。这种收益来源于共享创新的"不求所有，但求所用"的特性，资源的需求方可以在不变更所有权及更少成本的前提下获得对于资源的使用体验，这种体验收益是共享创新模式所特有的。

15.6.2 体验收益的运行机理

共享创新在依靠互联网所形成的创新网络中有很多可以让各参与主体对接的体验接触点，体验者通过浏览体验、感官体验、交互体验、信任体验等多个方面产生体验价值，实现体验收益。

从供给方和需求方的角度而言，共享创新的供给方多为创客、科技发烧友、科研人员、设计师、自由职业者等对某一领域非常感兴趣的人员,除了简单的货币收益之外,他们更在乎的是自身从参与过程中得到的体验收益。这种体验来源于为需求方提供解决方案、提升学习能力的自我价值实现和在参与过程中的感官体验、浏览体验、交互体验等方面。以开源代码为例,这些程序员愿意花时间去分享免费的源代码供需求方使用,这对于程序员而言是一种体验,受到其爱好与兴趣、技能学习、乐于奉献等多个方面因素的驱动。程序员可以在创造、分享源代码的同时提升对于编程、代码等工作的热爱,提升学习能力,通过志愿行为获得自我认同感,赢得自我尊重。这是在其作为开放性创新平台的供给方的体验中得到的知觉、思维、情感等多个方面的体验收益,是无法用货币性收益来衡量的。参与共享创新的需求方在不变更所有权的前提下,以极低的成本获得创新资源的使用体验,在带来经济效益的同时得到了体验收益。例如,乐高 "design by me" 的设计平台,将志趣相投的拥有好的创意的人们聚集起来,消费者与产品之间的双向互动使得顾客获得了更多的参与性,也在身体体验和心理感受方面得到了体验收益。

15.6.3 对共享创新的促进作用

人类经济发展从农业经济时代到工业经济时代,再发展到服务经济时代、体验经济时代,对于创新平台而言,良好的顾客体验比货币收益更具吸引力。需要通过创造独特的体验来实现顾客对感官、精神、情感方面的满足,而共享创新模式的出现与这种新型的生活方式相契合。在共享创新的模式下,人们花费较少的成本获得使用权,通过参与创新体验更多的新鲜事物,获得体验收益,成为共享创新独特的收益方式之一,也是共享创新模式得以推广扩大的原因之一。

15.7 机会与入口

企业的生存环境由平面市场进入到一个立体交叉、网状结构的复杂网络环境中。共享创新模式的出现为参与主体提供了更为多样化的参与方式与姿态,获得不同于传统创新模式的机会与入口收益,这种收益可以为个人或企业等创新主体带来一定机会、数据、学习等收益,这也是其参与共享创新的动力之一。

15.7.1 机会与入口收益的内涵

信息化时代的创新更多的是一种叠加和革新，叠加是某一行业加上一种新的思维、新的技术及新的商业模式，是一种物理变化；而革新产生的是一种化学反应。互联网的出现给很多传统行业带来了自我颠覆，互联网作用下的创新成果通过与社会经济的各个领域进行深度融合来推动技术进步、效率提升及组织变革。

共享创新模式本身就是对传统创新模式的颠覆，是一种用高效率来整合低效率的创新模式。入口是网民检索信息、获取应用服务的首道关卡、咽喉要冲，占领入口就意味着持续获得用户、流量和收益（梁智勇，2014）。机会和入口在共享创新中指的是一种机遇、一种路径、一种对于参与主体来说获得价值与收益提升的方法。

15.7.2 机会与入口收益的运行机理

共享经济的出现使传统的商业环境和经济规则发生变化，同样依靠共享经济发展起来的共享创新使大量的商业实践成为可能，制造业、农业、工业等传统产业有机会与共享创新结合焕发活力与生命力，在更新与增强传统行业、传统市场的同时，为行业与市场带来新的类别与发展方向。例如，生物制药行业与共享创新的结合，建立了 InnoCentive 这个完全开放与独立的平台。正是共享创新的出现为生物制药行业提供了新的发展机遇，为传统的医药行业注入了新鲜的血液。

共享创新改变了传统的链条式的创新模式，有机会在算法经济与智能经济、技术创新与模式创新、创新人力资源与人才管理等方向出现下一个风口，带动了传统企业的转型与重塑，这便是共享创新带来的机会与入口收益。

15.7.3 对共享创新的促进作用

互联网改变了企业并开始对传统产业进行改造升级，当多数企业还对共享创新的理解不够明朗时，行业的领头羊们便早早在这风云变幻的商场中感受到了暴风雨的前奏。共享创新改变了人们对传统创新模式旧有思维方式的认识，为企业提供了更多的机会与入口，很多企业纷纷实现了跨越式发展，在技术创新、产品创新和模式创新中找到了适合自身发展的创新方法。这是企业参与共享创新的动机之一，反过来也推动了共享创新的发展。

15.8 情感收益

在共享创新的模式中，人们除了追求基本的货币收益外，更注重作为一个社会人在情感、社交、信任、尊重等个人情感上得到的情感收益，这是非货币收益的重要形式之一。

15.8.1 情感收益的内涵

人是社会性的动物，在马斯洛的需求层次理论中，人除了生理需求、安全需求等相对基础的需求之外，还有情感和归属的需求、尊重需求和自我实现的需求。可以说在生理需求得到满足之后，作为"社会人"更注重人与人之间的情感纽带，情感需要比生理需要的来源更为广泛，其广泛联系于一个人的经历、教育及宗教信仰等。在共享创新模式中，产品定制性和私人性更强，消费者愿意因为情感上获得满足而为产品的溢价买单（Aziziha et al., 2014），这种情感能满足人们身份、地位、心理等个性化要求（刘丹，2010），成为表达自我价值的工具（Shachar et al., 2011），这便是参与主体参与共享创新得到的情感收益。

15.8.2 情感收益的运行机理

在共享创新编织的大型社交网络中，互联网全天候、全时空的交流方式为创新者之间的分工与合作提供了更为便利的渠道，打破了传统创新"一对一"的链状交易模式，建立了多方参与的网状互动联系，使创新活动具有更广阔的空间性和更灵活的方向性。"人人参与"的特点使得基于共享创新的创业人数呈几何级数增长，社交范围也是传统创新模式不可比拟的，因而满足了人与人之间广泛交流的需求。除此之外，在参与的过程中个人、群体、组织在网络关系中有共同的目标、共同的语言、共同的文化背景，这些都有利于成员间情感的交流。赫芬顿邮报"把读者变为记者"，数以万计的读者在该大型社交网络中获得的更多的是情感的寄托和精神的充实；乐高的顾客们对乐高作品的设计和投票，一定程度上反映了现实生活，是一种情感的反映，这均是共享创新这种运行模式带来的情感收益。

15.8.3 对共享创新的促进作用

共享创新的参与者体验到的情感收益越多,其情感黏性越强,对于创新平台的社交依赖性越强。在大量的同质化产品面前,共享创新平台有足够的魅力激发参与者的热情,吸引参与者的关注,并且驱动参与者改变之前的行为方式,引发移动互联网特有的传播。可以说,魅力和情感是一切产品、行为、模式的灵魂,这也是各参与主体心中一个无法取代的图腾。

15.9 其他收益

除了以上的收益,共享创新还存在着在职业晋升、技能学习、爱好和兴趣等多个方面的非货币性收益。

在职业晋升方面,共享创新的职业晋升收益是指各参与主体通过参与共享创新,证明自己的工作价值和能力,进而有利于其职业发展。以宝洁公司为例,它有着近万名的研发团队,在全球设有多个研发中心,除此之外,它在全球拥有着超过150万的研发人员。在近几年,宝洁公司创新的外部比例由15%提升至50%,共享创新平台为专业人士成为大公司的研发人员提供了更为方便的路径,而能成为大公司研发中心的一员对于他们的职业晋升道路是非常有益的。除此之外,当共享创新平台发展到一定水平时,若各参与主体在平台上的创新贡献度或积分增长到一定水平时,个人能力、专业素质会得到可量化的证明。供需双方在共享创新平台上得到的浏览体验、交互体验、感官体验等均有助于个人素养及文化水平的提高,进一步有利于职业晋升道路的发展。

在技能学习方面,共享创新的技能学习收益是指参与者通过同行观察和用户反馈,建立合乎法则的活动方式,在心智技能学习与操作技能学习方面得到提升。共享创新的资源供给者在提供解决方案的同时也是对自身掌握知识进行分享并整合的过程,有效的知识转移和共享是决定解决方案是否有效的关键。资源的需求者在得到解决方案的同时可以学习新知识,提升自身技能。

在爱好与兴趣方面,强调参与者对于相关专业项目的热爱,能够从中体会到快乐。兴趣是人类的感情状态,是一种"自主性功能",并且处于动机的最深水平,它可以驱策人去行动。以开源社区为例,参与共享创新的主体对编码的热爱是推动其分享的内在动机。共享创新带来的其他收益也反作用于参与者的爱好与兴趣。

15.10 按需求分配

在传统创新模式中,企业遵循"扑克规则"展开竞争——每个企业都对外保持高度的神秘感,其中研发信息作为高度的机密是绝不会被竞争对手知晓的,收益分配基本采用按劳分配的原则来进行。在共享创新的模式下,互联网信息技术使得信息突破了时间和空间的阻隔,分配也不再是单一的按劳分配,包括多种分配方式,如按需分配、按价值分配及其他分配方式。

对于共产主义制度中按需分配的理想,马克思和恩格斯在他们的著作中进行了大量的论述,最为典型的是在他们共同起草的《共产党宣言》和由恩格斯撰写的《反杜林论》中,对他们认为的未来社会形态——共产主义社会进行了比较详尽的描述。按需分配作为共产主义社会的分配方式,在传统的链状创新模式下只能是一种理想状态。随着科技的进步和新技术的普及,人类逐渐从物质生产劳动中解放出来,体力劳动减少,脑力劳动逐渐增加,按需分配在共享创新中成为最基本的分配方式之一。

15.10.1 按需分配的内涵

按需分配是"各尽所能、各取所需"的一种分配方式,每个人尽责任地劳作,然后索取自己的需求,其最早于 1875 年由马克思在《哥达纲领批判》中提出(郑耀东,1992),是指按照生产力发展水平跟人们的需要对生产资料、产品、服务与收益进行的有序分配,同时"各尽所能、各取所需"也从此成了共产主义高级阶段的原则。在按需分配的社会里,按不同的个性化需要进行生产来满足人们的需要,物质利益的矛盾将由社会矛盾的主要方面转化成次要方面。物质财富的所有权或者说所有制的问题不再具有意义,分配方式与所有制无关,只与需求有联系。这恰与共享创新"不求所有,但求所用"的理念相契合。

在共享创新的模式下,按需分配更多地反映在创新资源层面。供给方、需求方和创新平台紧密地联系在一起,供需双方依靠创新平台的连接与对于使用权的分配功能,按照需求方的创新需求,在不改变所有权的前提下高效地对创新资源进行分配。例如,成立于 2010 年的 Kaggle,资源需求方与 Kaggle 合作之后提出需求,Kaggle 网站上的数据科学家可组队参与竞赛,提供解决方案并展开竞争,最终满足需求方的需求。

15.10.2 按需分配的运行机理

在范围上，与传统创新模式相比，共享创新按需分配的范围更广。在传统创新模式中，企业使用自有研发设备独立开发其所需的技术或解决方案，拥有创新成果的完整产权，"一切答案，尽出于我"。分配内容仅局限于工资、奖金等；分配的范围也仅局限于企业内部员工。在共享创新的模式下，用户不再处于被动地位，多样的个性化需求被激发，按需分配不仅仅包括创新资源、产品、服务、收益的分配，还包括了情感、信息、知识、体验的共享与分配。各主体在参与共享创新的过程中，不仅作为需求方的创新资源需求可以得到满足，情感的交流、知识的共享、信息的传递甚至是互动的体验都可以在共享创新平台中按照需求得到满足。比如，有的人不善言辞，擅长用文字表达感情，那么他可以选择加入赫芬顿邮报作为一个"公民记者"，与志同道合的人一起交流想法、得到精神寄托，表达感情的需求也可以得到满足。

在空间上，共享创新编织的巨大网络使按需分配的空间更广。由于互联网信息传播功能大幅度地提升了创新资源的流动性和可用性，信息突破时间和空间的阻隔，共享创新参与主体之间的距离差异越来越小，互动的深度、广度和频度不断加强，可在更大的范围内应用知识、创意等创新要素和资源，也可以在更广的范围内按需分配资源。此外，按需分配的速度在互联网的推动作用下也得到了大幅度的提高，如波音飞机利用互联网在全球同步开展全天候的设计，设计时间缩短、创新进程加快，也加快了按需分配的速度。在共享创新平台上，即使互不相识的供需双方也可以跨越地域、种族进行瞬时性的交流，按需分配不受传统创新模式下地域、时间、空间的限制，变得高效且广泛。

在分配方式方面，共享创新的按需分配变得更为灵活与多样化。解决消费者"痛点"、迎合市场需求是企业创新的方向，也是决定企业创新能力的重要因素。在共享创新模式下，互联网的迅速信息交互能力为企业及时方便地获取市场需求提供了有力技术支撑，大众化和社会观念更加开放化发展，以共享平台为核心的按需分配在处理供需联系、完成分配连接上更加高效，找到契合需求的资源供给更加容易。共享创新平台一端连接供给方，一端面向需求方，将需求方的创新资源需求与供给方的分享需求精准匹配，高效率地实现在线预约、交流及用户评价反馈等流程。此外，还有一些更为灵活而且非正式化的方式，超越了传统的技术合作或者创新联盟的概念。就像云计算提供了无限量的存储容量并按需处理资源一样，一个"多对多"共享创新的网络包含了上百万人，可以按照参与者的需求解决从简单到复杂的难题。

在共享创新中,"不求所有,但求所用"的理念使得产品与服务的使用权在更广的范围内得到共享,而通过使用权的让渡,不同个人、组织、企业对于产品和服务的想法也会随着使用权转移与汇集。在共享创新下,企业不再对知识产权进行控制,而更多地关注知识产权的权益配置、知识产权的利用和增值,这就形成了一种"共享智慧",共享智慧和共享实物的关系更像"授人以渔"和"授人以鱼"的关系。共享创新下的按需分配正是利用"共享智慧"的模式,在使用权的转移中不断攫取基于大数据分析的有价值的信息,使其更加贴近使用者自身的使用偏好与使用需求,使按需分配更具个性化和精准性。

共享创新的按需分配与传统创新模式相比更加精准与高效。以开源社区为例,开源软件的源代码公开、自由使用、自由处置和自由分配的特点决定了它的公有制性质。其使用权可以被使用者分享,使用与修改也不受许可的限制,人们可以按照意愿与需要取用软件源码,并且根据工作的要求对软件源码进行使用、复制、散发及修改,这种按照需求自己对源码进行操作以获取应用的方式甚至比一些直接购买应用的方式所得到的软件更加可靠、更加满足需求者的需要。对于供给方而言,众多企业在研发新产品时通过互联网征求用户创意、吸引用户参与、根据用户的意见完善产品,不断地开发出迎合市场需求的产品,也体现了按需分配的精准性与高效性。

15.10.3 对共享创新的促进作用

共享创新的按需分配不仅在分配范围上更加全面与广泛、在分配方式上更加高效与便捷、在分配过程中更加精准、在分配结果上更加体现可持续发展与环境友好,而且在根本上是对传统按需分配方式的一种提高,在实践中更加接近"各尽所能,各取所需"。按需分配不再停留在人们的幻想中,人们的主要追求转向自由、幸福、快乐、健康,转向知识的增长、生命时间的延长、情感上的满足及荣誉的获得等。每个人都可以在共享创新平台上想自己所想,精神生活资料的交流也将变得自由,创新资源取之不尽,用之不竭。

15.11 按价值分配

共享创新中除了货币收益外还存在着诸如情感收益、数据收益、声誉收益等多种非货币性收益,因此除了按需分配基本的分配方式之外,按价值分配等其他分配方式也成为共享创新中必不可少的分配方式。

15.11.1 按价值分配的内涵

价值创造与价值分配是商品经济条件下人类社会基本的经济活动，是社会生产和再生产的主要环节。价值创造研究的是价值的源泉；价值分配研究的是价值创造出来之后在各要素所有者之间的分配原则，是社会产品分配的前提和基础（李绪蔼，2002）。同样地，共享创新的价值分配是指在价值创造和评价的基础上，通过设计多元的价值分配形式来回报各参与主体的贡献以满足其需要。在传统创新模式中，价值分配主要是人力资源凭借参与主体在价值创造过程中起到的决定性作用进行分配，主要指的是货币性收益的分配。但在共享创新中，由于收益的多样性，价值创造主要依靠各参与方的创新互动实现，而价值分配则主要依靠创新的价值评价体系进行分配。

以飞利浦自建的平台——Simply Innovate 网站为例，任何人都可以通过这个网站提交方案以参与公司研发的产品或发起的挑战项目，小到零件设计、产品改进，大到新的创新和新的技术均可以参与，在经过创新团队评估之后决定采用与否。在这个模式下，价值创造来源于共享平台，创新资源的需求方提供需求方案，创新资源提供者提交方案，在多方的努力下进行创新资源的价值创造。创新资源的价值分配除了依靠资源需求方的需求外，其他收益如数据收益、机会和入口等收益依靠共享创新平台的价值评价体系进行分配。比如，对于声誉收益，第三方网站可以公布创新贡献度或积分排名，排名靠前的主体自然声誉收益更多。

15.11.2 按价值分配的运行机理

共享创新的发展大大降低了企业寻求外部资源的成本。在尝试开放式创新的过程中，无论是加入 B2B[①]企业，还是加入 B2C[②]企业都开始发现蕴藏在大众身上的无限创造力。与企业和专业机构相比，大众的知识虽然较为分散，缺乏系统性和连贯性，但由于数量庞大，并且不受固有研发思维的束缚，往往能够产生足够的创意火花。也正是由于"多对多"的创新模式，参与者众多，价值追求多种多样。如此一来，价值分配的空间范围也更加广泛。此外，与传统的创新模式相比，共享创新的分配不再局限于货币收益，不再仅依靠人力资源对参与者考核，单纯以工资、奖金作为考核结果；价值评价体系更为多元，价值评价结果根据非货币收益的多样性也呈现多元化。

---

① B2B 指企业与企业之间通过互联网进行产品、服务及信息的交换。
② B2C 为 business-to-consumer，指直接面向消费者销售产品和服务的一种商业零售模式。

在按价值分配的方式方面，创新就其性质而言是一种非常规的、有创造力并且不可预测的任务，而评价指标从某种角度来说更像是管理者的工具，过多的衡量指标可能会扼杀创新，对创新形成一定的束缚。但一定的衡量指标仍然是价值评价体系中的关键。传统制造企业创新的模式采用的是企业"发现消费者需求—进行创新—设计图纸—制作原型—设计工艺装备—大规模生产—推向市场"的流程。价值评价体系更多地依靠"工资+绩效"的模式，采用岗位价值导向、业绩导向、阶段能力导向等多个方式，绩效主要是从降低成本和提升业务效率的角度来考虑的。平衡计分卡是目前企业从整体角度应用最广泛的方法之一，很多公司都采用平衡计分卡或者类似的工具控制和评估内部的创新活动。

然而，随着开放式创新、共享创新的兴起，过去单一的考核方式已经无法与多种收益分配相匹配，企业等参与主体有必要针对新的概念和共享创新所面临的挑战改善价值评价体系，完善价值分配方式。共享创新下参与主体爆炸式增长，地域、种族、文化背景的繁杂使得考核标准的制定更具挑战性。共享创新平台需要为创新活动找出相应的指标，从而使评估作为标准化流程中的一部分在创新管理中得到优先考虑。由于创新的成果包含了与他人共同创新的过程，这就不可避免地需要对参与者的能力和特点进行衡量，体现一定程度的透明度，让每个参与个体的贡献和他们的创新工具在共享创新平台的绩效考核系统下被明确地体现出来，进而相应地评估他们提供信息的数量和质量。这方面的考核需要从参与者的专业度、创意度、贡献率、完成度等多个维度来制定价值评价标准。这类评价标准的发展到目前为止还属于新兴的学科，没有绝对清晰的理论来指明该如何运用一定的方法来衡量各参与主体在共享创新活动中的价值，为很多企业、组织提供了一定机遇和挑战。

在制定好适当的评价工具和指标之后，就可以按照评价标准进行价值分配。参与者根据评价标准可以相应地得到数据收益、声誉收益、战略收益、情感收益等一系列非货币性收益及现金、现金等价物等货币性收益。良好的价值分配体系反过来也可以促进最佳创意和解决方案的实施，促进新知识成功地转化成商业化产品或者服务。

15.11.3 对共享创新的促进作用

"人以其需要的无限性和广泛性区别于其他一切动物。"人的需要永无止境，而人为满足自身需要进行的价值创造也永远不会停止。参与主体通过参与共享创新获得的货币性收益及非货币性收益均可以按照其价值进行分配，人的自我价值是人的生命存在的价值和人的生命发展的价值的统一，而共享创新模式正是为各个参与者提供了一个自我价值实现的创新环境。

　　共享经济的按价值分配可以大大降低创新主体参与创新的门槛,并且有效激发其参与创新的积极性。其价值分配内容不仅包括工资、奖金、红利、股权,还包括学习、体验、信息、机会等。只要你有想法、有积极性、能为对方创造价值,你就可以参与到创新活动中来,并且根据你对其共享价值的大小进行分配,这必将极大地促进创新活动的发展。

第 16 章　共享创新的应用案例

前面已经介绍了共享创新的理论部分。实际上，关于共享创新的实践应用远远早于其理论研究，并且正是在这些实践的引领下，共享创新所影响的范围以人们始料未及的速度迅速扩展，从资金、设备、技术共享迅速渗透到软件开发、科学研究、创意设计、知识技能、制造业、大众创业等多个领域，从点线式创新扩展到平台式全参与、全流程、全嵌入、全开放、全价值链的创新生态系统。研究共享创新的典型案例对于共享创新理论的发展具有指导作用，更对新时代背景下企业的转型具有模式示范作用。本章将结合 Linux、美的、乐高、Kaggle、一品威客、硬蛋科技等在创新领域的成功实践，揭示共享创新对不同行业、不同领域的价值，揭秘互联网时代驱动企业发展的关键动力和共享创新模式的本质。

16.1　全流程、全参与开源创新：Linux 软件开发

开源（open source）一般在程序界被理解为"开放源代码"，而开源软件则是指源代码可以被任意获取的计算机软件。开源软件具有免费使用和公布源代码两个主要特征，用户具有自由使用、修改、分享及再发行的权利。由于源代码的免费开放可以大大节省软件的开发时间、降低开发成本，并且保证用户使用的安全性、稳定性和隐私性，获得了用户的广泛认同，人们开始自主参与到开源软件的维护和改良中去，这又会进一步促进技术的推广和发展。Linux、HTTP、Sever 等开源软件一直在全球信息技术创新与应用中发挥着重要的作用，开源也作为一种创新模式开始被应用在各个行业领域。

16.1.1　Linux 软件开发

Linux 是一个在基于 Unix 操作系统的同时可支持多个任务、多个线程、多名

用户和多个 CPU（central processing unit，中央处理器）的操作系统，它能运行绝大部分的 Unix 软件、应用程序和各种网络协议。作为开源模式的典型代表，Linux 最初由芬兰人 Linus Torvalds 于 1991 年 10 月开发，并且因其开放性和共享性，已经形成了自己独特的自组织模式，目前被来自世界各地的具有开源精神和相关能力的人共同开发和维护，是全球被使用最多的类 Unix 操作系统之一，并且用户数量还在不断增加。

16.1.2　Linux 开源创新运行模式

Linux 的开发建立在一种松散的人员组织形式上，开源社区发布源代码，不分地域、不分行业、不分人群，世界各地的人都可以在遵守 GNU 通用公共许可证（general public license，GPL）的条件下从开源社区免费下载 Linux 的底层代码，根据自身需求对其加以改变和完善，再传播出去。各商业机构也可以对开源软件进行再次开发，并且按照相应的开源协议进行发布。这一过程不断地循环，使得 Linux 不断更新、发展，甚至动摇了微软对操作系统的垄断地位。Linux 开源创新运行模式如图 16-1 所示。

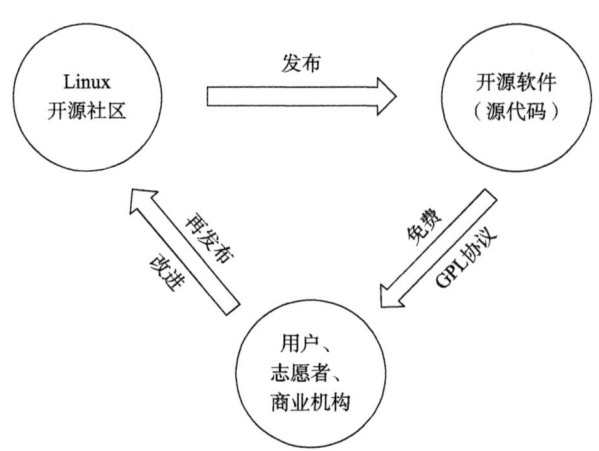

图 16-1　Linux 开源创新运行模式

首先，Linux 共享核心技术，即源代码。开源社区又称为开放源代码社区，往往由一群编程爱好者组成，根据相对应的开源软件许可证协议发布软件源代码，同时为社区成员提供一个交流学习的空间。在各开源社区中，共享源代码是一个必要前提，"没有源代码，不成软件"。其他使用者只有通过共享的源代码及程序说明、使用指南等资料，才可以不断地进行学习和吸收，并且对原有开源软件进行改进、再发行。来自世界各地的编程人员都可以在 Linux 开源社区或者 Linux 官网自由下载源代码并免费使用。

其次，Linux 开放知识产权。开源软件虽然通常是免费的，但这些软件的开发者并没有完全放弃自己对软件的知识产权和控制权，区别在于：一般意义上的专有软件保留的是全部权利，其版权声明通常采取"未经许可，不得进行任何操作"的样式；而开源软件解除了知识产权对使用者的大部分使用限制，使用者完全可以对开源软件进行复制、共享、升级、再发行（王东宾和崔之元，2015）。所以开源软件知识产权的意义其实并非为了保护开发者的权利，而是防止其他人限制使用者的权利，真正保护全部使用者的权益，如不得对开源者和第三方使用者发起恶意专利诉讼。开源的知识产权被称为版责（copyleft）。Linux 源代码被自由使用的条件是遵守 GPL，GPL 允许用户销售、拷贝和改变具有版权（copyright）的应用程序，但要求用户必须允许进一步的销售、拷贝和修改，同时必须使他人可以免费得到修改后的源代码，这一条款促进了 Linux 的发展。

Linux 因为免费开放核心技术，不能直接通过销售获取利润，软件供应商一般通过"资源免费，服务收费"的商业化原则获得低成本开发的优势，实现盈利。以 Linux 系统供应商——红帽公司为例，用户虽然是免费获得开源软件的源代码，但在使用过程中难免会遇到一些技术上的难题，或者需要技术培训，红帽公司的工程师就会针对该开源软件提供技术支持、相关培训认证及安装等配套服务，并且收取一定的服务费。

16.1.3 案例发现与启示

软件开发是一种智力密集型活动，并且随着软件的不断更新换代，其规模和复杂性日益增加。互联网的出现和发展，使得不同软件系统间相互联结，更是将软件的规模和复杂性提升到了一个新的层次，传统个人作战的方法或者基于企业的小团体合作进行软件开发的方法变得低效，并且成本高、风险大，显然不再适用。

共享创新具有全参与、全流程的特点。共享创新强调参与主体的无界化，即"人人参与"模式，无论是政府、企业、社会群体，还是普通个人，其都可以成为共享创新模式下的创新主体。共享创新不仅强调知识、技术、智慧等创新资源的共享，其更深一层次的价值理念是协同，即在创新的过程中，每一个主体都是一个创新源，大量创新人员协作努力，构造一个循环的创新流，最终实现技术的进步，并且使创新资源的利用效率达到极致。在当今这样一个以创新、变革和不确定性为规则的世界中，共享创新是提高灵活性、创造力和降低自主创新风险的必要条件。

以 Linux 为代表的开源创新模式就是一种典型的共享创新模式，它通过全参与、全流程实现了新型技术的创新演进。首先，开源通过共享核心技术和开放知识产权形成了一种大规模自愿参与机制，互联网企业、软硬件厂商、应用方案提供商、芯片厂商、学校和科研机构、编程爱好者等都可以聚集在一起，共同作为贡献者开发一个开源软件，集思广益并聚集各种优势资源进行高效创新，极大地延伸了软件的生命力和竞争力（齐爽，2013）。其次，开源为用户提供了解决剩下 20%需求的途径，因为源代码的开放，用户可以对系统进行人为的修改和设计，新的代码也可以得到更多人的使用和检验，从而保证了质量的高水准，每个阶段都有不同的人参与创新，后人在前人的基础上继续创新，这种模式使人们自觉自愿地改进工作，实现了资源利用最大化和效率最大化，保证了 Linux 的先进性和创新性。开源创新是一种多参与主体共同受益的创新模式，尤其是在诸多专有软件厂商将源代码作为其重要知识产权的时代，开源模式或共享创新模式对于软件开发领域来说无疑是一种颠覆性的变革（王玲等，2018）。

16.2　全开放共享全球创新资源：美的美创平台

互联网时代，传统的大规模、低要素成本的发展模式已经不能适应家电制造行业的新变化，加之市场需求结构从低端普及型向高端个性化转变，如果企业不能聚焦用户需求，以科技化导向对产品和技术精益求精，就有被时代淘汰的风险。然而，通过单一的自身力量来快速满足用户的多样化需求是很难做到的，搭建平台式企业、汇聚全球资源、激发群体创新力量成为传统制造业企业求变转型的重要路径之一。目前已有包括海尔开放创新平台、美的美创平台在内的一系列成功案例，这些企业搭建共享创新平台，整合内外部资源，打破企业与用户之间的壁垒，通过平台聚集大量的创新创业者，既为企业增加了创新驱动力量，也助力了"大众创业、万众创新"。

16.2.1　美的美创平台

美的美创平台上线于 2015 年 9 月，是美的集团投资 11 亿元资金与浙江大学联合开发的一个面向全球企业和个人的共享创新平台。平台依托美的集团资源及开放的社会资源，开放创新创意库、提供优质供应商、联合顶级科研机构及汇聚众多孵化器资源，吸引了众多优秀的创意和创客加盟。普通用户可以在平台上发布新创意，参与产品众创，创客可以在平台上获得投资、供应链、渠道、空间、技术等一站式孵化服务,最终呈现出线上融合线下、创新配合创业、孵化结合投资的系统发展模式。

16.2.2 美的美创平台运行模式

美的美创平台汇集全球优势创新资源,通过"众创平台""需求与解决方案""项目孵化"三大板块实现内外部资源的优化整合,并且允许全球用户共享资源进行创新创业,通过精益创新提高现有产品的竞争力,通过新颖化产品打开全球化新市场,通过孵化新生态新产业进入新兴市场。美的美创平台运行模式如图16-2所示。

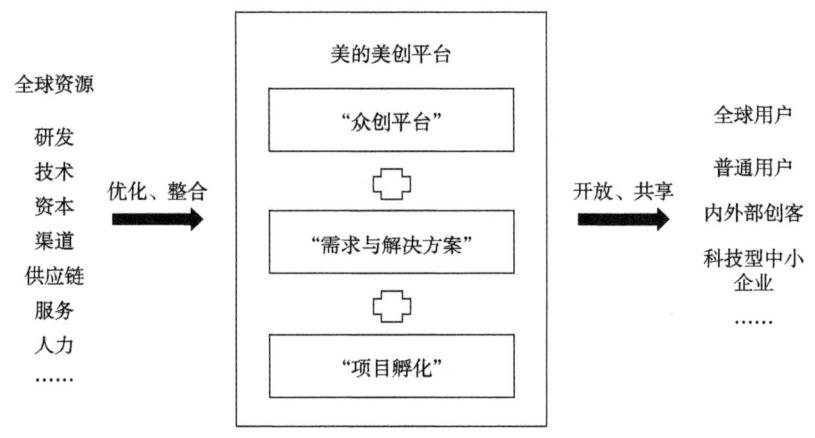

图 16-2 美的美创平台运行模式图

1. 优化整合全球创新资源

首先,美的美创平台整合了全球研发、技术资源,实现全球融智。通过开放式创新体系,美的美创平台目前已经与95家高校、科技公司、政府机构等建立了联系,并且加入了 MIT ILP(MIT Industrial Liaison Program,MIT 全球产业联盟)、Sky Deck 等6家科技机构会员单位,与谢菲尔德大学、浙江大学等多所高校及中国科学院等科研机构建立了联合实验室。目前,除了美的自有的研发资源,美的美创平台已经聚集了8000名创新研发团队进行共享,有超过300家技术供应商为创业者提供技术支持,还对接了100名专家提供专业技术支持,针对性解决技术需求,创意方面也有创意辅导帮助创意者快速成长。其次,美的美创平台全面开放了集团供应链资源,主要包括以下几个方面。开放生产资源,全球20个生产基地和全球物联网提供生产制造支持;开放销售资源,3万家销售商,2000家旗舰店、顶级电商平台,1万家售后服务网点提供线上、线下销售渠道;开放物流资源，利用分布广泛的服务网点及其全国物流网络系统，为创业者提供快速、精确的物流服务。此外，美的美创平台也提供创业孵化资源。平台为创客们提供"10亿创投基金+1亿创业基金"的资金支持、线下创新工作坊及25万平方米的创业孵化工厂。

2. 开放共享全球创新资源

一是共享供应链资源，通过"众创平台"板块，促进用户创意的转换。如图16-3所示，用户在美的美创平台注册之后可以在这一板块发布创意，其他用户可以在下方评价、讨论来促进创意的完善，之后平台共享供应链资源，与创意发布者共同完成产品孵化制作、研发、测评、销售全流程，共享收益。此外，平台还设有竞赛专区，举办"美的全球杯创新大赛"等活动，进一步激发用户的创造活力。

图16-3 "众创平台"板块运行模式图

二是共享技术资源，通过"需求与解决方案"板块，运用全球技术资源解决技术难题。如图16-4所示，用户可以线上发布技术需求，也可以线上提供解决方案。在精准匹配后，用户之间可在线下进行资源交易，实现多维度技术共享和合作，助力创业团队攻克技术难关，平台共享技术转让收益。

图16-4 "需求与解决方案"板块运行模式图

三是共享创业孵化资源，通过"项目孵化"板块，助力大众创业。如图16-5所示，用户可以线上申请项目，线下进行项目对接，美的美创平台为创业团队提供资金、样品制作、研发、生产、销售、售后服务等资源，实现资源共享，互利共赢。

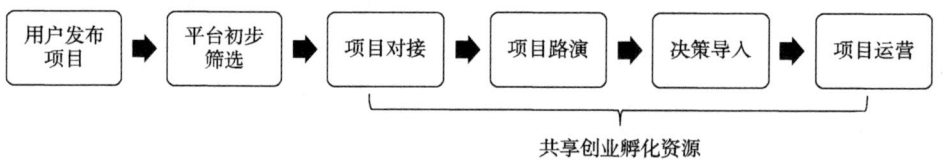

图16-5 "项目孵化"板块运行模式图

与此同时，美的美创平台的盈利模式主要表现为由平台和用户共同分享通过创新项目获得的收益。目前平台上的用户主要分为内部用户（即美的集团内部员工）和外部用户。内部用户整个项目团队可以持有 15%~40%的股份（项目组不出资则占总股份的 15%，享受净利润的 15%；项目组出资 20%则占总股份的 40%，享受净利润的 40%），外部用户则根据具体项目情况确定合作方式。

16.2.3 案例发现与启示

全开放是共享创新的另一个重要特征，这一特征具体体现在创新资源的全开放、资源提供者的全开放、创新主体的全开放和创新过程的全开放上。从企业对资源的态度这一角度出发，与过去企业通过积累并控制竞争性资源以获取竞争优势不同，共享创新平台整合并开放创新资源，这意味着创新资源能第一时间分享给全球的需求者，企业和个人可以在平台上加以利用以往难以触及的或价格高昂的资源。创新资源的全开放是资源提供者全开放得以实现的有利条件。共享创新的去中介化使得创新资源提供者不再受制于"雇佣"的状态，只要能够提供"创新资源商品"，即可自成"企业"，资源提供者的范围趋向于无边界。创新资源的全开放同样带动了创新主体的全开放。创新资源获得的低门槛性激发了创新主体的创新欲望，从个人到企业、从科技发烧友到专家都能从美的美创平台这个共享创新平台低成本获取创新资源。创新主体的全开放又使创新过程具有全开放特征，平台用户从创意到孵化到产品，每一个过程都可以共享平台的创新资源，创新主体也可以参加创新过程的各个阶段。

美的美创平台基于全开放的共享理念，在开放自身优势资源的基础上汇聚并开放了全球优势资源，尤其是珍稀的研发资源，节省了各创新主体不必要的搜寻和实验研究费用投入。在这一共享平台上，资源提供方和资源需求者之间不需要形成雇佣关系。国内外高等院校、研发机构、政府等都可以提供技术研发资源支持，从个人到企业、从企业内部员工到企业外部创客都能够从美的美创平台低成本获取创新资源。平台的资源不仅向某一个环节开放，从创意形成、孵化、研发、测评到销售，每一个阶段都可以共享全球创新资源。

移动互联网时代背景下，碎片化的信息集散特征和个性化消费需求的大规模涌现给制造业企业适应用户需求带来了更高的挑战。企业只有对产品和技术精益求精，才能真正体现消费者利益，免于淘汰风险。海尔、美的等大型制造业企业建立的全开放共享创新平台聚集了来自全球的各种优势资源，不仅驱动了企业内部的创新活力，也使得企业的运营模式、管理模式和组织模式日趋平台化，符合当下制造业企业转型升级的发展需求（蔡丹旦，2018）。此外，这些大型制造业企业利用共享平台将自身的优势资源向社会大众开放，从传统产品生产制造模式转变为激发社会群体的创新力量，甚至建立起了"人人创客"的创新生态系统，在增加企业创新驱动力量的同时帮助缺乏优质资源的中小微企业和个人创客进行创新创业，降低了整个社会的创新创业成本，提高了创新效率，是一种双赢模式。

16.3 分布式共享创新生态系统：乐高产品开发

随着现代信息通信技术和网络技术的发展，分布式共同创造逐渐成为一种新型创新形态，受到越来越多企业家和学者的广泛关注。分布式创新是指创新所需的技术及其他相关的能力在多个组织之间分布，由一家起主导作用的公司发起，确定创新任务，在合作机构或内部各分支机构之间进行任务分配，最后对各机构的创新成果进行集成的创新模式（李子明，2010）。共同创造则是指产品的价值是企业和用户共同创造的结果，价值创造逐渐从企业中心转移到个性化的消费者体验（Prahalad and Ramaswamy，2004）。分布式共同创造简单来说就是把用户、供应商、制造商、科研机构、合作伙伴等价值链上的若干参与者汇聚起来，一起进行创新。多种力量在彼此的沟通与交流中发挥各自的优势，成功地减少产品研发的时间，节省研发成本。

16.3.1 乐高产品开发

乐高是一家总部设在丹麦的玩具制造公司，截至 2020 年已有 88 年的历史，其玩具产品基于著名的乐高积木，是最受欢迎的玩具品牌之一。最初，乐高的产品开发政策是完全依靠企业的内部设计师，在组织内部严格按照要求进行，不接受由粉丝提交的设计理念。20 世纪初，一场创新危机使乐高内部管理层逐渐意识到拥有一种有动力、有创意、忠于品牌的粉丝资源的重要性。于是，乐高打破以往的封闭式创新模式，借助互联网的手段，汇集粉丝、内部员工、专家、外部合作伙伴、供应商、外围制造商等多种力量进行分布式共同创造，打造了机器人瓦力、生活大爆炸、火星探测器等成功的乐高 Ideas 系列模型。

16.3.2 乐高分布式共同创造运行模式

乐高通过分布式共同创造，把具有相同兴趣的多方力量聚集起来进行创新。一方面，用户和外部研发人员可以加入进来，产生更好的产品创意；另一方面，企业将创新管理更多地委托给供应商网络和专家,让他们通过互动共同设计产品,从而实现新产品创意更快速、更经济地变成现实。乐高分布式共同创造运行模式如图16-6所示。

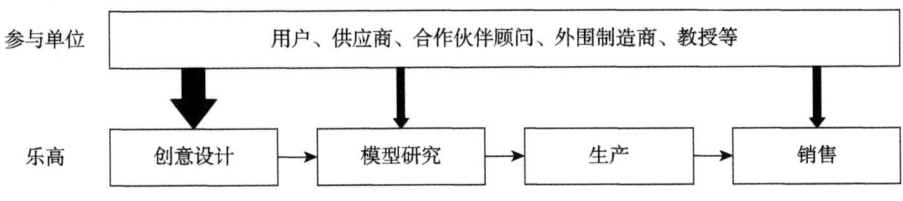

图 16-6 乐高分布式共同创造运行模式图

1. 搭建乐高创意平台,收集全球粉丝创意

2008年,乐高创意平台(Lego Ideas)在日本率先推出,是乐高集团为了让世界各地的乐高粉丝分享创作,汇集创意而搭建的共享创新平台,2011年开始推出全球版。在这个平台上,年满13岁的乐高粉丝们都可以凭借自己天马行空的创意和想象力将自己的兴趣、生活、工作等通过乐高积木呈现出来。

用户在Ideas官方网站注册后便可以提交自己的设计方案,包括对这个想法的书面描述和一个用于论证其概念的乐高模型样品,在平台一旦发布,就可以被其他用户看到。乐高对于提交的项目也会做出一定的限制,如不能使用新的零件、不能模拟真实尺寸的武器、不能涉及竞争对手所拥有的禁止性知识产权、不能提交已被乐高Ideas作为产品套装的知识产权的项目等。用户也可以对其他粉丝发布的创意作品进行投票,获得10 000张选票的创意会进入乐高官方审核阶段。同时,为了快速从大量的创意项目中选择出更优质的创意,乐高平台建立了多阶段筛选机制。每个创意项目在进入乐高官方审核之前需依次在规定时间内集满100张(60天)、1000张(425天)、5000张选票(607天)及10 000张选票(790天)。每一用户都可给自己认为优秀的作品投票,但每个项目只能投一次,未在规定时间内达到相应支持者数目的项目将被淘汰(陈佳丽等,2019)。这一阶段的创意项目征集实际是新产品上市前的市场调研、产品预热工作,是乐高产品开发的第一步。

审核阶段是第二步的开发过程,共享创新对于企业来说,至关重要的是产生了外部想法后系统地引导给专业的内部人员(Whelan et al.,2013),大众可能识别出与其环境相关的各种新组合,而乐高专家则更有可能开发出复杂的新产品线。在这一阶段,乐高专家评审小组负责审核和执行用户的设计想法,根据不同市场的定位、财务预算等因素,决定哪些创意是最佳候选项目。某些情况下,乐高内部的设计师会改进用户的设计,用户有机会和乐高的专业团队一起花两年的时间精心优化打磨。

最终被选中的模型会被投入量产并上架销售,成为一款全球限量发售的乐高Ideas系列玩具套装。套装的原作者则可以获得十份最终的产品,以及产品净销售额1%的版税,为了确保这种利润共享模式的实现,乐高还配有知识产权保护、智财保护等保障措施。乐高给予粉丝的高价的物质回报和强烈的成就感、满足感、体验感等精神回报,会吸引更多的乐高粉丝加入乐高创意平台,发布自己的创意作品。也就是说,乐高的目标是让用户在产品发布后参与营销,直接从众包产品设计转向病毒式营销,这也是企业与用户共同创造产品的体现。

2. 进行外部合作,联合社群构建创新生态系统

除了乐高创意平台,乐高还积极和外部,如美国麻省理工学院媒体实验室、交流社群及其他企业合作进行创意设计,借助外部的力量缩短研发时间。乐高也重视学生们的创造力,如乐高与教师们一起开发的 Mindstorm 已经成为许多学校老师的教学教材,以激发学生们更多的创意。由乐高主导,MIT 和粉丝社群共同构成了一个包含供应商、合作伙伴、制造商、高校研发机构等在内的完整创新生态系统[①]。

16.3.3 案例发现与启示

知识具有路径依赖性,同时,受区域文化的影响,知识具有分布式特征,即知识并不仅仅富集于对应领域的企业研究部门和科研机构,来自全世界范围内不同区域的不同个体专精于不同的特定知识。知识的这一特性使得过去企业依赖自身内部资源开展创新活动或者与科研机构、大学实验室进行合作创新的模式受到了挑战,没有一个企业可以在所涉及的所有领域跟上技术变革的步伐,也无法满足所有用户的多样化需求(李珮璘和黄国群,2008)。

为了解决知识的分布式特性问题,共享创新模式提倡分布式协作。分布式协作创新是指基于分布式结构配置和分布式认知提升,跨越时空边界、组织边界的团队和个人,通过分布式协作进行知识共享,为完成既定创新目标而展开的顺序或并行的各种创新活动(陈劲等,2012)。这一创新模式涉及调研、研发、试生产、生产、商业化等创新的不同阶段,具有分布式研发、分布式生产及分布式营销等多种形式,主导公司仅专注于各项目成员的协同配合和控制系统结构本身,而其他参与单位的创新范围则被限定在各自的模块化任务上,参与各方以不同的方式分享创新成果(李珮璘和黄国群,2008)。

乐高基于其拥有的有动力、有创意、忠于品牌的粉丝资源,将产品设计部分

---

① 《关于开放式创新,不得不看的八个案例》http://jiaju.sina.com.cn/news/q/20150203/402733_2.shtml[2015-02-03]。

分离出来，成立乐高创意平台，与交流社群、MIT 等科研机构、战略合作伙伴共同参与产品设计环节。粉丝们来自全球各行各业，具有不同的经历与背景，能够形成更多的免费创意供企业与其他粉丝共享。以畅销的乐高 Minecraft 模型为例，这是由乐高社区和 Minecraft 社区的一个个人用户提出来的，虽然模型的想法对于这个用户而言是自然和明显的，但是乐高的内部人员却从未有过这个想法，因为他们不熟悉其他环境。Minecraft 模型在 24 小时内就获得了所需的支持票，并且获得了非常积极的反馈。粉丝参与产品设计也间接促成了分布式营销，物质回报和内在的满足感会吸引更多的粉丝发布自己的创意。在模型研究方面，专家、外围制造商和供应商网络根据市场、预算等因素评选最佳实现项目，进行创新管理。乐高的产品创意和技术都来自价值链上的若干参与者，构建了一个涵盖消费者、供应者、合作伙伴、制造商和高校教授等在内的完整生态系统。各参与主体利用自己掌握的知识进行协作创新，最大化地利用了所有参与者的创新能力，实现了更高层次的共享。乐高通过分布式共同创造进行创新的案例值得很多处于市场转型升级期的企业借鉴学习，走出仅仅依靠自身内部资源的、自给自足式的创新中心，根据企业内部优势条件分散解决问题，自我选择参与，自我组织协调与合作，对于提高创新效率、缩短创新周期、降低创新成本具有重要意义。

16.4　共享群体智慧资源创新：Kaggle 数据社区

科学研究需要交流。个人的知识和智慧是有限的，即使有保密和竞争需要，科研工作者之间仍需要跨国界、跨学科的交流、学习，以填补学术上的空白，进行思想的碰撞，激发创新活力。互联网平台的发展为全世界科研工作者更广泛的合作带来了技术上的可能性，科学研究开始走出封闭的实验室，沟通与协作上升到了一个全新的阶段，体现出"去中心化"思想。在这一阶段，出现了众多科学在线社交平台和众包平台，如学术研究分享平台 Academia.edu、ResearchGate；开放式众包科研平台 InnoCentive、IdeaConnection；针对专业学科领域的社交平台 Kaggle 数据社区；科学实验外包服务平台 Science Exchange、易科学等。在这样的平台上，科研工作者可以共享群体智慧资源，与全球的同行交流最新学术动态、科研进展，或者联合开展科研项目，共同促进科研创新。

16.4.1　Kaggle 数据社区

Kaggle 数据社区是全世界最大的数据科学家社区，也是一个数据挖掘与预测模型竞赛平台（黄敏聪，2016）。Kaggle 数据社区采取竞赛机制和赏金激励，整合了分散在每个最强大脑中的智慧，用最聪明的人解决世界上最棘手的问题。有问题需求的企业提出一个实际需要解决的问题，并且提供一定的数据，来自世界各地的科研人员组队参与项目，针对需求提供解决方案，最终由平台择出最佳方案，给予奖金。Kaggle 通过搭建跨机构、跨地域、跨领域的共享机制，革新了传统的科研分工体系，为全球企业搭建起了解决各类科研难题和方便顶尖数据科学家沟通的平台，来自多个行业、不同领域的科研工作者协同作业，共享智慧，共同攻坚企业的研究课题。Kaggle 数据社区在 2017 年被 Google 公司收购。

16.4.2 Kaggle 数据社区运行模式

Kaggle 数据社区的运行模式和 InnoCentive 类似，平台用户可分为求解者和解决者两大类。求解者主要为一些有问题需求的机构和企业，需要缴纳一定的服务费才可以使用平台；解决者的范围则比较广泛，可以是来自世界各地的全体社会公众，但主要为科学家、工程师和各类科研人才，解决者可以免费在平台进行注册。Kaggle 数据社区运行模式如图 16-7 所示。

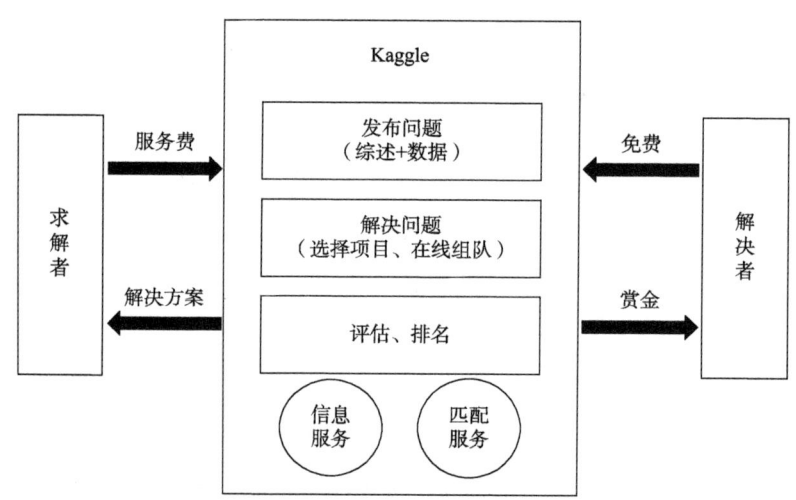

图 16-7　Kaggle 数据社区运行模式图

求解者将问题描述、期望、奖励、时间及其他相关说明发布在 Kaggle 数据社区上，并且提供一定的数据，以竞赛的方式向广大的数据科学家征集解决方案，汇聚集体智慧；而解决者在注册后可以自由选择项目，提供潜在的解决方案。求解者一般采用悬赏的方式发布问题，悬赏奖金数额从 1000 美元到 300 万美元不等。解决者受领任务后下载项目数据集，分析数据，线上组队，构造模型，解决问题并提交结果。Kaggle 数据社区的系统会从所有参赛者提交的结果中选择 25%的数据进行初步评选,根据评选的结果确定一个初步的排名和准确率,在比赛结束时,平台系统会利用剩余的 75%的数据进行最终评定,确定最终的排名和准确率[①]。成绩排名靠前的求解者可以获得奖金或者面试机会等,但难度很高,往往一个比赛的参赛人数有上千人,但只有第一名才能够拿到奖励。

　　Kaggle 数据社区竞赛页面如图 16-8 所示。Kaggle 数据社区上的竞赛有各种分类,平台上会显示正在进行的比赛项目有哪些及这些比赛的项目特点、时间与奖励等,解决者可以根据自己的能力和兴趣进行筛选。大多数竞赛的时间期限在 2~3 个月,Featured 类型的比赛通常奖金数额比较大,竞争也比较激烈;Research 类型的比赛则比较平民化,奖金金额也少一些。显示为 Playground 的是练习赛,主要适用于初学者进行练习,而显示为 Getting Started 的则是入门教程,对于零基础的人来说,可以在这一模块入门数据挖掘。除了在平台上公开显示的比赛,Kaggle 数据社区也会针对活跃度比较高的参与者提供一些私下的比赛,还会专门针对大学生群体开设 Kaggle-In-Class 项目。

Two Sigma: Using News to Predict Stock Movements
Use news analytics to predict stock price performance
Featured · Kernels Competition · 3 months to go · news agencies, time series, finance, money
$100,000
2,927 teams

Jigsaw Unintended Bias in Toxicity Classification
Detect toxicity across a diverse range of conversations
Featured · Kernels Competition · 2 months to go · biases, nlp, text data
$65,000
1,406 teams

LANL Earthquake Prediction
Can you predict upcoming laboratory earthquakes?
Research · a month to go · earth sciences, physics, signal processing
$50,000
3,290 teams

Google Landmark Recognition 2019
Label famous (and not-so-famous) landmarks in images
Research · a month to go
$25,000
94 teams

图 16-8　Kaggle 数据社区竞赛页面

　　虽然 Kaggle 数据社区上的竞赛种类有多种,但是其总体的运行模式都是相同的,即根据问题方提供的训练集搭建模型,再根据测试集计算结果参与评比。此外,每个正在进行的比赛项目都会显示剩余比赛时间、参赛队伍数量和奖金金额,还会实时进行参赛选手排位的更新。在最终截止日之前,任何人都可以自由参赛,或者对自己已提交的方案进行修改和完善,所以排名也会不断更新,不到

---

① 《Kaggle 大数据竞赛平台入门》https://blog.csdn.net/jjddss/article/details/73132182[2017-06-12]。

比赛结束，没有人可以确定最终赢家。由于求解者提出的问题通常并没有标准答案，所以可以激励解决者不断优化答案，提供更好的解决方案，乃至促整个行业的成长①。

除了采取竞赛模式共享群体智慧，Kaggle 数据社区还是一个很好的知识共享平台。很多队伍在比赛结束后都会公开自己的解法，彼此交流。Kaggle 数据社区的官方博客 NO Free Hunch 也开设了 Data Science News、Kernels、Kaggle News 等栏目供平台用户学习。Kaggle 数据社区的盈利模式主要是通过向有问题需求的企业收取服务费，服务费金额约为赏金的 10%~20%。与此同时，Kaggle 数据社区还提供数据分析后的匹配服务，运用 Kaggle Connect 咨询凭条，帮助有难题的客户找到最合适的数据科学家。

16.4.3 案例发现与启示

新时代背景下，一切资源皆可共享。共享创新所倡导的资源共享不仅仅局限于资金、设备等有形资源，个人的智慧、创意、思维等资源也同样可以共享并提升价值。其中，群体智慧资源的共享对于推动企业创新及各国科研体制的变革具有重要的促进作用。过去的科研工作主要是某个人或某几个人针对某一领域的深耕，而共享群体智慧资源的本质就是利用互联网，通过在线社交网络和众包平台，实现对群体智慧、科研资源的聚合价值。看似杂乱无章的个体智慧通过共享平台聚集汇合，相互作用，反馈互联，创造出接近完美的智力产品，实现从独智到众智，利用群体智慧进行创新。

Kaggle 数据社区的案例展示了群体智慧这种抽象的资源在共享创新背景下如何实现更高效的利用。首先，群体智慧资源的共享打破了不同学科界限。Kaggle 数据社区的服务领域包含了生命科学、金融服务、能源、IT 和零售等多个行业，来自世界各地不同领域的科研工作者协同项目，可以深入了解到其他领域的知识，拓宽视野，同时催生跨学科研究，产生"美第奇效应"。其次，Kaggle 数据社区作为一个共享创新平台颠覆了以往科研成果的传播方式。过去，除了已经获得成功的科研成果外，科研工作者只能通过各种访问学者计划、学术研讨会、联合攻关项目等去了解同行在这一领域有什么新的创见和技术进展，而在 Kaggle 平台上，同一个问题会吸引不同地域的科研人员，提供多种解决方案，而且科研成果可以在第一时间让全世界了解和共享。

此外，这一创新模式加快了科研商业化应用的速度。Kaggle 数据社区拉近了企业与实验室的距离，加入这个平台的是各个领域的顶尖专家们，企业可以根据

---

① 《Kaggle 入门，看这一篇就够了》https://blog.csdn.net/stay_foolish12/article/details/89640153[2019-04-28]。

需求直接找到解决者进行针对性的攻坚,如果愿意支付更高的金额,还可以选择排名最靠前的顶尖科学家提供服务,这使得科研成果和市场推广两项本来相距甚远的工作有效融为了一体。最后,共享群体智慧资源激活了科研人员的创造力。在开放的网络平台下,通过企业发布的一系列问题,科研人员可以迅速了解市场方向与企业实践,从而有助于调整自身研究计划。而且 Kaggle 数据社区引入了竞赛排名机制,每个人都有专属的人物简介,上面会显示自己参加过的比赛、实时排位、历史最佳成绩等信息,这样每位参与者都可以准确评估自己处于什么样的位置,对自身产生刺激和挑战,激发科研人员的创新动力。

16.5 创意与知识技能众包服务:一品威客平台

在知识社会中,知识技能是最主要的生产要素,无论是对于一个组织还是一个个体,知识都是一种重要的战略资源。同时,社会中存在着认知盈余,尽管不同领域的人们拥有不同的知识技能和独异于他人的创造性思维,受限于时间、空间,大量知识资源仍被闲置,甚至丧失了应有的价值。威客是指利用互联网用自己的创意、知识和技能换取物质收益的人。威客理论认为知识具有经济价值,可以作为商品出售,正是源于知识的价值化,人们愿意参加到与知识相关的互动问答中去,提供优质的知识产品。威客模式被提出之后涌现出了一大批威客网站,如猪八戒网、时间财富网、一品威客网等,威客们在这些平台上进行创意与知识技能共享,解决彼此在日常工作、生活、学习中遇到的问题,在实现自我需求的同时使得共享创新资源更加富足,产生更大的社会效益。

16.5.1 一品威客平台

一品威客网(简称一品威客)成立于 2010 年 7 月 1 日,是国内领先的知识、创意、技能共享平台。它通过互联网汇聚了来自世界各地的创意设计、网站开发、活动策划、文案撰写、营销推广等品类的千万级服务者,实现了创意与知识技能方面人才的汇聚[1]。平台采取众包模式,当企业或个人有需求的时候,可以在一品威客平台发布任务,寻找威客来帮助解决问题,更方便、更快捷,足不出户即可收获多个方案。这个创意与知识技能共享平台将人才的价值最大化,鼓励专业人才实现知识技能的线上、线下共享,灵活就业,创意变现,实现了价值能量。

---

[1] 《一品威客网:打造知识技能共享平台 让人才释放价值能量》https://www.sohu.com/a/280845748_115470 [2018-12-12]。

16.5.2 一品威客平台创意众包运行模式

一品威客的用户主体分为雇主和服务商（威客）。雇主即创意与知识技能的需求方，以中小微企业主为主；服务商即创意与知识技能的提供方，包括创意人、设计师、工作室、各类服务机构、公司等。雇主提出需求、发布任务，在获得满意的解决方案后向方案提供方支付报酬。服务商接受任务，当解决方案得到需求方认可后，获得约定的报酬。一品威客平台创意众包运行模式如图 16-9 所示。

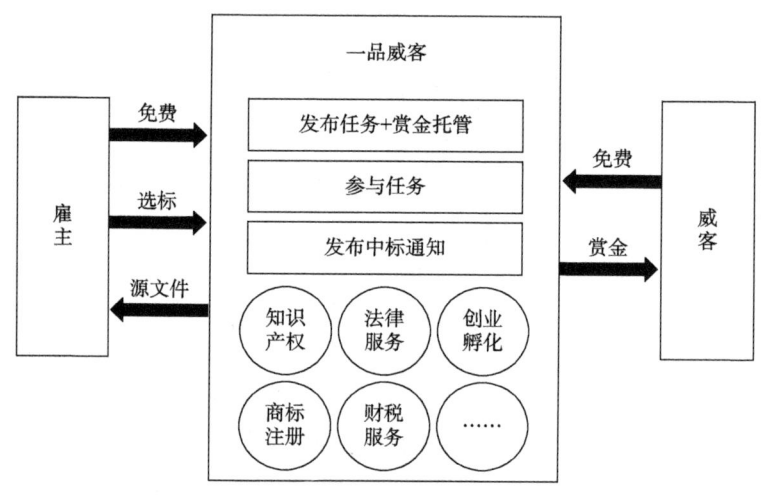

图 16-9　一品威客平台创意众包运行模式图

平台提供的创意服务与产品涉及企业标志设计、营销推广、网站开发、软件研发、文案撰写、活动策划等 20 多种品类超过 100 种项目。雇主如果想要在平台发布任务，需要先在网站注册账号成为会员，会员登录发布任务，填写任务需求。一品威客平台采取担保交易模式，雇主发布任务的同时将部分或全部任务赏金托管至一品威客平台专门开设的银行账户。在交易实现后，雇主确认付款，一品威客平台代为支付赏金。赏金金额根据威客所完成任务的困难程度有所不同。比如，设计一个标志的价格一般在 500 元到上万元，而像软件开发、网站建设等专业性较强的任务，价格会高得多。威客若想参与同样需要先注册成为会员，浏览项目，点击参与，方案完成后即可上传，等待客户选标。客户选定中标作品后，平台发出中标通知，并且与中标者取得联系，通知中标者提供作品原件给客户，提供备份交给平台。客户收到中标原件且满意后确认付款，平台在 7 个工作日内向中标者汇款。

一品威客平台采取两种交易模式：悬赏模式是威客们先工作，雇主再选中标作品,但在这一模式下威客们水平参差不齐,不能保证雇主作品的质量;目前一些专业技术要求较高、开发周期较长的任务一般采用招标模式,即先选中标威客,然后雇主托管赏金,威客再工作。这种赏金机制增加了知识技能的价值,使之成为有偿的创意与知识技能共享平台。此外,为了确保这些创意和知识技能方面的人才与雇主自由、公平地进行交易,除了平台本身的规则和认证流程,一品威客平台还提供了多重保障机制,如针对版权的"版权卫士"、针对支付的"威客信用"等,并且不断进行功能改进与完善,最大限度地保障各项交易顺利完成。

目前,一品威客平台提供的基础服务是免费的,主要依靠拓展各项增值业务获取收益。除了基础的创意产品服务,一品威客平台建立了一整套针对企业品牌建设与推广的全生命周期服务体系,包括一品智造、一品财税、一品标局、一品法务、一品众帮、一品精译、有其屋装修网、一品创客等多个品类,企业从诞生到发展的整个过程,相关的公司创建、商标注册、传播推广、法律服务甚至融资等,除了生产制造以外的环节,都可以在一品威客平台上完成,实现了这些领域创意、知识和技能的共享。

16.5.3 案例发现与启示

信息无偿共享是促进互联网迅速发展的重要因素,但是从知识管理这一方面考虑,知识的产生是需要付出一定的时间成本和经济成本的,完全无偿的知识共享并不符合经济学规律和理性人假设。而且,由于个人会保护自己核心能力,所共享的知识的质量到达了一定的高度之后就很难再有所提升。即使将知识作为商品进行出售,创意与知识技能领域的产品交易仍具有频次低、单价高、非标准化等特点,而且这类交易极易导致纠纷,还存在知识产权的保护等问题。此外,对于中小微企业来说,创意领域产品的交易难度尤其明显。当前,大部分的人才都流入一线大城市,而数量众多的中小微企业则分散在二三四线城市,人才和企业需求间存在地理分布上的不均衡。对于企业方来说,资金有限,无法花费数十万邀请顶级设计团队提供设计等相关服务,地域限制也使得它们没有太多备选方案可供选择。同样,对于创意领域的服务提供者来说,根据认知盈余理论,民间大量拥有创意和闲置时间的人员因信息不对称无法使其创意实现价值。

众包是指利用互联网把自己的创意、知识、技能、经验等放到众包平台上进行交易,进而获取实际收益的一种共享创新的重要实现方式。发包方将问题带到众包平台上寻求解决方案,追求效率提高带来的收益,平台作为中介方让发包方与接包方顺利接洽,拥有创意、知识、能力、经验的接包方则根据自己的兴趣和能力确定想要完成的任务,获得无形资源转化来的收益。创意与知识技能共享则是众包在新时代背景下的一个重要领域。众包平台利用互联网技术将分散、盈余的创意与知识技能等资源聚集起来，共享给其他个人或机构，最大限度地利用全社会的知识资源，每份工作由最能胜任的人完成，发挥其比较优势，提高了共享效率，同时降低了企业的人力资源成本。

一品威客平台以创意与知识技能众包的共享模式，打破了时间、空间、工作模式的界限，对社会知识资源进行优化配置，以服务于中国数以千万计的中小微型企业、创业者和创意工作者等。它把需求和人才进行有效对接，通过问题的提出与解决使得创意和知识技能成为商品被交易。众多的中小微企业和个人创客通过在平台上发布任务，可以获得更专业的服务，在多个解决方案中选择最满意的方案，而众多的威客可以通过平台参与任务，得到一定的经济回报。威客模式减少了雇主和供应商之间的交易环节，可以提高交易效率，既促进了传统企业的转型升级和文化创意产业的快速发展，也能助力中小微企业的迅速成长[1]和促进创新活动的进行。

16.6　智能硬件创新创业共享平台：硬蛋科技

创新和创业是当代经济社会发展的重要驱动力量，可以激发市场活力。然而经验不足、资金缺乏、技术瓶颈难以突破、创业基地稀少等问题导致绝大部分的创新创业以失败告终。共享创新作为共享经济在创新领域的延伸为"大众创业、万众创新"提供了一种新思路，即充分使用互联网技术，整合知识、人才、技术等创新创业资源，众多个人创客、中小微企业可以通过以租代买、按时付费等方式，低成本地共享这些优质创新创业资源，不断地降低创新创业门槛，唤醒人们的创新意识和创业潜能。当前国内采用共享创新创业资源模式的代表公司有硬蛋科技、HiWork、优客工场、阿里巴巴旗下的淘工厂等。在此，主要对硬蛋科技进行分析。

16.6.1　硬蛋科技

硬蛋科技是中国第一家针对中小微企业的 IC（integrated circuit，集成电路）元器件自营电商——科通芯城旗下的一个智能硬件创新创业平台。它依托母公司的供应链资源，引入共享模式，通过供应链数据，向物联网领域的创新创业企业

---

[1] 《互联网+智慧众包　一品威客助力产业转型升级》http://science.china.com.cn/2016-07/15/content_8898322.htm [2016-07-15]。

乃至个人创客提供硬件、软件、云、供应链金融、营销推广等全方位服务。目前硬蛋科技已经形成了包括智能家居领域生态、智能汽车领域生态、智慧医疗领域生态、智能机器人领域生态和新材料领域生态在内的五个完整的闭环生态系统，帮助创新主体把创意变成产品。从 2014 年平台建立到现在，硬蛋科技已经聚集了 24 000 个智能硬件项目、15 000 家供应商及 2000 万粉丝，并且粉丝的数量仍在迅速增加[①]。

16.6.2 硬蛋科技运行模式

目前硬蛋科技已经形成了为创新创业团队提供"软件+硬件+云服务"的运行模式，满足了创新创业企业的供应链服务需求、资本服务需求、营销服务需求，满足了供应商的产品订单需求，满足了用户的智能硬件产品需求，也满足了行业上下游的供应链金融服务需求，切实打通了智能硬件生态链。硬蛋科技运行模式如图 16-10 所示。

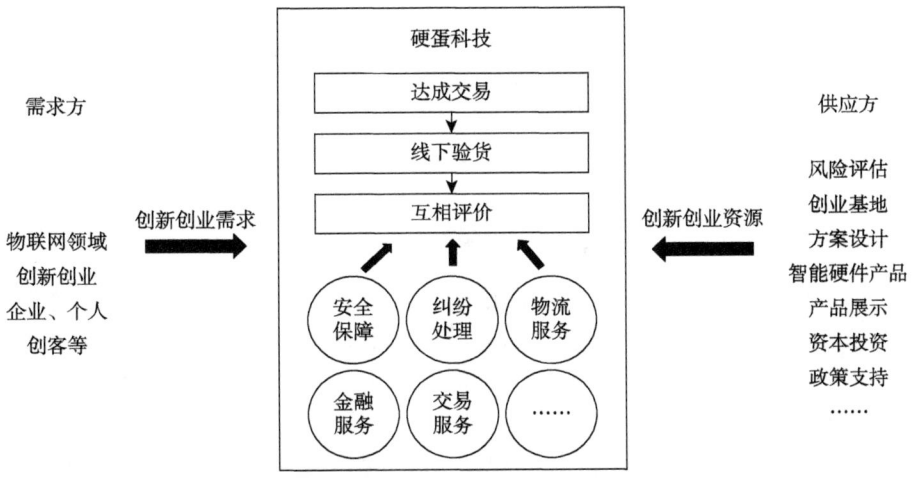

图 16-10　硬蛋科技运行模式图

第一，硬蛋科技是一个信息平台。对于很多物联网和智能硬件创业者来说，整合供应链是最困难的一步，需要对从元器件选购到 PCB[②] layout（布局），再到开模、试生产，直到最终产品量产的每一个环节都有所了解。硬蛋科技提供硬件创新资讯和供应链知识，帮助创新创业者梳理智能硬件产品从概念到量产的全流程。

---

① 《科通芯城旗下的硬蛋平台》https://www1.ingdan.com/intro/about。
② PCB 为 printed circuit board，印制电路板。

第二，硬蛋科技提供专家资源。创新者在硬蛋科技注册后可以线上向供应链专家提交项目评估需求，三天内就可以得到答复，专家会从供应链和市场角度帮助其分析项目实现的可能性、产品的可制造性、开发成本、开发周期等，还会给出报价建议。其特点是服务免费，限时解答问题，专业化需求定位和风险评估。

第三，硬蛋科技提供各种供应链资源。硬蛋 Link 对全世界的 IoT（internet of things，物联网）创新创业者提供供应链 O2O（online to offline，线上到线下）服务（图 16-11）。硬蛋 Direct 帮助创业者在产品研发生产过程中对接技术成熟的方案设计厂商，高效、高成品率的 PCB 厂商，高性价比的模具、零部件厂商等。硬蛋 IoT 超市向硬件创新创业团队推荐优质产品和相应的元器件采购方案，创业者可以在平台采购到优质低价的元器件和半成品模块。

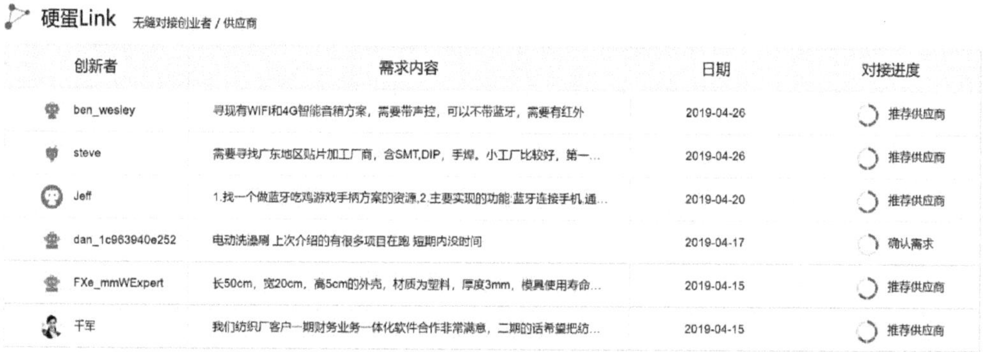
硬蛋Link　无缝对接创业者 / 供应商

创新者	需求内容	日期	对接进度
ben_wesley	寻现有WIFI和4G智能音箱方案，需要带声控，可以不带蓝牙，需要有红外	2019-04-26	推荐供应商
steve	需要寻找广东地区贴片加工厂商，含SMT,DIP，手焊。小工厂比较好，第一…	2019-04-26	推荐供应商
Jeff	1.找一个做蓝牙吃鸡游戏手柄方案的资源,2.主要实现的功能:蓝牙连接手机,通…	2019-04-20	推荐供应商
dan_1c963940e252	电动洗澡刷 上次介绍的有很多项目在跑 短期内没时间	2019-04-17	确认需求
FXe_mmWExpert	长50cm，宽20cm，高5cm的外壳，材质为塑料，厚度3mm，模具使用寿命…	2019-04-15	推荐供应商
千军	我们纺织厂客户一期财务业务一体化软件合作非常满意，二期的话希望把纺…	2019-04-15	推荐供应商

图 16-11　硬蛋 Link 页面

第四，硬蛋科技提供资金资源。硬蛋科技设有种子基金加速器，联合整体智能生态系统中的优质企业和投资机构形成战略投资联盟，扶持优秀高质项目。另外，硬蛋科技还利用其本身的地理位置资源，为各硬件创新创业团队提供办公场地支持和各种相关政策的对接服务。

第五，硬蛋科技提供品牌营销资源。在品牌打造和产品营销方面，硬蛋科技具有 2000 多万名粉丝，可以在创业前期协助创业团队进行品牌营销。硬蛋科技推出硬蛋 1 号先锋展、硬蛋粉丝节、硬蛋硬件大赛，全民硬件体验周等活动，为产品提供新品发布和展示平台。硬蛋众测提供智能硬件产品的试用、体验、评测，让更多的人接触最新、最酷的产品，分享使用感受，帮助创业者培养大量种子用户。此外，硬蛋科技开通伙伴渠道，与百度公司、京东、360、苏宁、微信等 O2O 平台进行合作，互联网巨头们为在硬蛋科技注册的创新创业企业提供 VIP 通道，硬蛋科技则将通过层层验证的智能硬件产品提供给互联网巨头们，助力其进行智能硬件领域的布局。

16.6.3 案例发现与启示

共享创新创业资源模式是指利用先进的互联网、现代通信等新兴技术对知识、技术、政策、生产能力、专业服务等一揽子创新创业资源进行整合，采取科学的方式进行管理和运作，并且对大众开放共享的一种共享创新模式。目前，共享创新创业资源模式主要有联合办公空间、创业孵化器、创业加速器三种类型，作用于大众创业和万众创新两个方面：一方面，共享平台为创业者和资源供应方交易提供了渠道，小微型创业企业和个人创客都能低价、方便、快捷、高效地获取创新创业资源，降低了初始投资成本，增加了创业成功的概率，为实现大众创业创造了条件；另一方面，共享平台将富有共享精神的不同地域、不同领域的创业者聚集起来，提供一个创意交流的空间，众多创业者聚集在一起，协同创作，能够产生集合背书效应，诞生出更伟大的创新。

制造业是创新的主要场地，是创新最集中也是最活跃的领域，随着云计算、大数据、工业互联网、人工智能等技术的发展，共享理念在制造业的渗透率不断提高，越来越多的传统制造业企业和互联网企业开始利用共享模式打造制造业的新生态。对于制造业创业企业来说，发展的最大"痛点"是供应链。硬蛋科技作为共享创新创业资源模式的代表，从需求侧出发，向供给侧动刀，整合了硬件、知识、技术、人力等制造资源，需求方和生产方可以"多对多"对接，打通了智能硬件供应链上下游的"任督二脉"，需要生产自己的智能硬件却没有上下游资源的创业者可以在硬蛋平台上找到他们需要的资源，创业者资源约束被打破，创新创业活动节奏加快。平台本身并没有创新创业所需的制造资源，只负责交易匹配、安全保证、纠纷处理及其他相关的服务性工作。

除了供应链资源，共享创新创业模式最大的特色就是加速化增值服务。硬蛋平台提供海量的资金支持、强大的专家团队、丰富的营销资源，打造了一个创业服务生态圈。基于这一模式，创业者不仅可以省去传统创业需要经历的融资、选址、装修等过程，还可以获取财务服务、创业导师服务、营销服务等专业服务。这一系列的服务将作为创新创业活动的强大推力，促进共享创新资源模式的进一步发展，为广大创业者带来共享创新的福利。对于平台来说，其最大的优势在于客户资源，越来越多创业者的涌入会带来规模经济。由此，创客会获得更低的创业成本及实现更高的匹配效率，进而提升创新的效率。

参 考 文 献

安同良，千慧雄. 2014. 中国居民收入差距变化对企业产品创新的影响机制研究[J]. 经济研究，49（9）：62-76.
巴泽尔. 1997. 产权的经济分析[M]. 费方域，段毅才，译. 上海：上海人民出版社.
毕克新，王禹涵，杨朝均. 2014. 创新资源投入对绿色创新系统绿色创新能力的影响——基于制造业FDI流入视角的实证研究[J]. 中国软科学，（3）：153-166.
蔡丹旦. 2018. 打造"制造业+共享经济"的创新融合——浅析中国制造业产能共享的运营模式[J]. 中国经贸导刊（理论版），（17）：81-83.
蔡余杰. 2017. 轻资产创业[M]. 广州：广东人民出版社.
崇为嘉. 2011. 对提升城市商业银行服务质量的思考[J]. 中国集体经济，（9）：128.
陈劲. 2013. 创新管理及未来展望[J]. 技术经济，32（6）：1-9，84.
陈劲，金鑫，张奇. 2012. 企业分布式创新知识共享机制研究[J]. 科研管理，33（6）：1-7.
陈劲，郑刚，蒋石梅. 2017. 创新管理：赢得持续竞争优势（案例集）[M]. 北京：北京大学出版社.
陈佳丽，吕玉霞，戚桂杰，等. 2019. 社会网络联系与用户创新研究——对乐高开放式创新平台的分析[J]. 科技进步与对策，36（4）：98-105.
陈加伟，王蓓蓓，张秋萍. 2017. 基于共享经济背景的智慧企业发展趋势分析[J]. 商业经济研究，（9）：119-121.
陈泠璇. 2018. 共享经济下商业模式的创新[J]. 现代商业，（20）：180-181.
陈晓红. 2018. 数字经济时代的技术融合与应用创新趋势分析[J]. 中南大学学报（社会科学版），24（5）：1-8.
陈之荣，王智源，王辉. 2013. 知识产权共有问题研究[J]. 知识产权，（12）：66-70.
储节旺，李善圆. 2015. 开放式创新的影响因素及路径选择研究[J]. 情报理论与实践，38（4）：18-22，33.
崔彩凤. 2017. "四众"平台助力"双创"便捷创业[EB/OL]. http://www.sohu.com/a/198180668_106270[2019-01-10].
邓悦. 2018. 共享经济驱动的数据共享机制研究[J]. 中国经贸导刊（理论版），（5）：66-67.
丁宏，梁洪基. 2014. 互联网平台企业的竞争发展战略——基于双边市场理论[J]. 世界经济与政治论坛，（4）：118-127.
丁元竹. 2016. 推动共享经济发展的几点思考——基于对国内外互联网"专车"的调研与反思[J].

国家行政学院学报,（2）：106-111.

董成惠. 2016. 共享经济：理论与现实[J]. 广东财经大学学报, 31（5）：4-15.

范家琛. 2013. 众筹商业模式研究[J]. 企业经济,（8）：72-75.

范莉莉, 王剑文. 2017. 共享经济发展动力机制、问题剖析及推进策略——基于协同创新网络视角[J]. 理论探讨,（6）：87-92.

范秀成, 陈英毅. 2002. 体验营销：企业赢得顾客的新思维[J]. 经济管理,（22）：62-67.

范迎春. 2017. 共享发展：马克思社会学说的当代表达[J]. 河南社会科学,（6）：58-62.

樊一阳, 周恒玉. 2016. 开放式创新下我国科技服务众包模式探索[J]. 科技进步与对策, 33（1）：22-27.

费雪 L. 2013. 完美的群体：如何掌控群体智慧的力量[M]. 邓逗逗, 译. 杭州：浙江人民出版社.

分享经济发展报告课题组. 2016. 认识分享经济：内涵特征、驱动力、影响力、认识误区与发展趋势[J]. 电子政务,（4）：2-10.

富日记. 2016. 乐高创意平台 LEGO Ideas 背后的粉丝互动秘诀与商机启示[EB/OL]. https://news.ctoy.com.cn/show-28534.html[2019-02-20].

高良谋, 马文甲. 2014. 开放式创新：内涵、框架与中国情境[J]. 管理世界,（6）：157-169.

格罗鲁斯 C. 2008. 服务管理与营销：服务竞争中的顾客管理[M]. 韦福祥, 等, 译. 北京：电子工业出版社.

郭嘉. 2018. 共享经济下使用权交易机理与发展趋势探讨[J]. 商业经济研究,（13）：165-168.

国家信息中心. 2019. 中国共享经济发展年度报告（2019）[EB/OL]. http://www.199it.com/archives/841592.html[2019-03-26].

郭琨, 周静, 王一棉, 等. 2014. 个人特征、社交网络信息分享态度和分享行为——一项基于人人网的研究[J]. 现代情报, 34（1）：159-166.

国务院. 2015. 国务院关于加快构建大众创业万众创新支撑平台的指导意见[EB/OL]. http://www.gov.cn/zhengce/content/2015-09/26/content_10183.htm[2019-04-03].

海霞. 2018. 基于互联网共享经济的理念、实践与出路[J]. 环渤海经济瞭望,（7）：27.

韩鹏, 岳园园. 2016. 企业创新行为信息披露的经济后果研究——来自创业板的经验证据[J]. 会计研究,（1）：49-55, 95.

郝路露. 2018. 试论共享经济的盈利困境与突破[J]. 商业经济研究,（6）：190-192.

河斋. 2002. 海尔的竞争战略[J]. 中国供销合作经济,（4）：48.

胡纯正. 2018. 浅析共享经济背景下的企业价值创造机理[J]. 现代经济信息,（14）：32-33.

胡海波, 管永红, 胡京波, 等. 2017. 动态能力视角下共享经济的商业生态模式演化研究——设客网研发设计众包案例[J]. 中国科技论坛,（8）：159-167.

胡悦. 2011. 政府干预的制度补充——第三部门干预[J]. 行政与法,（9）：5-7.

胡泽容. 2018. 共享经济的成因、内涵与商业模式探究[J]. 经贸实践,（19）：72

黄国群, 李珮璘. 2008. 分布式创新的机制及核心过程研究[J]. 预测,（5）：8-13.

黄敏聪. 2016. 科研众包平台的发展现状与演变趋势分析[J]. 广东科技, 25（8）：17-20.

江书军. 2017. 普惠性视阈下的科技创新券政策研究[J]. 创新科技,（10）：14-16.

里夫金 J. 2014. 零边际成本社会：一个物联网、合作共赢的新经济时代[M]. 赛迪研究院专家组, 译. 北京：中信出版社.

李成彬,庄心怡,游小珊,等.2018.基于移动互联网的共享经济商业模式创新[J].上海商学院学报,19(4):22-28.

李利凯.2016.开放式创新:大协作改变世界[M].上海:上海三联书店.

李麟.2016."互联网+金融"构建共享经济模式[J].中国银行业,(1):29-32.

李沐谦.2017.InnoCentive VS 猪八戒网:真正可贵的不仅仅是解决方案.[EB/OL]. https://www.sohu.com/a/163888920_99921473[2019-04-10].

李珮璘,黄国群.2008.跨国公司分布式创新及其影响因素分析[J].商业研究,(12):53-57.

李全宏.2014.论产权可交易性的实现[J].理论观察,(12):65-66.

李姝莛.2018.沈阳机床用"i5"定义未来智能工厂[EB/OL]. https://baijiahao.baidu.com/s?id=1612671495779709745&wfrwfr=spider&for=pc[2019-04-15].

李万,常静,王敏杰,等.2014.创新3.0与创新生态系统[J].科学学研究,32(12):1761-1770.

李绪藇.2002.论价值创造与价值分配的根据[J].经济与管理研究,(5):28-31.

李雪萌,吴然.2016.共享经济下信任机制的建立[J].新闻研究导刊,7(11):59.

李雪榕.2017.O2O共享经济商业模式及发展路径探索[J].全国流通经济,(34):54-55.

李子明.2010.分布式创新、区域创新体系与区域分工[J].科技进步与对策,27(7):25-28.

黎继子,刘春玲,张念.2016."互联网+"下众包供应链运作模式分析——以海尔和苏宁为案例[J].科技进步与对策,33(21):24-31.

梁智勇.2014.移动互联网入口竞争的市场格局及传统媒体的竞争策略[J].新闻大学,(3):127-135.

廖粲.2012.技术知识特性对企业合作创新能力的影响研究[D].杭州电子科技大学硕士学位论文.

林青.2018.浅谈共享经济发展、浮躁与回归[J].纳税,12(36):202.

刘丹.2010.品牌形象的有形要素与无形要素作用机理分析[J].华中农业大学学报(社会科学版),(4):108-111.

刘国华,吴博.2015.共享经济2.0:个人、商业与社会的颠覆性变革[M].北京:企业管理出版社.

刘国新,闫俊周.2009.国外主要技术创新方法述评[J].科学管理研究,27(4):30-34,38.

刘权.2016.分享经济的合作监管[J].财经法学,(5):46-52.

刘铁铮.2019.共享经济视角下海尔HOPE开放式创新平台创新模式的研究[D].山东大学硕士学位论文.

刘铁志.2015.立体实施众扶,集聚创业创新合力——《国务院关于加快构建大众创业万众创新支撑平台的指导意见》解读[J].电信网技术,(12):9-11.

刘文华,阮值华.2009.众包:让消费者参与创新[J].企业管理,(7):93-95.

刘毅.2016.解构"互联网+科研管理"的科研众包模式——从国内外若干案例谈起[J].广东科技,25(7):59-65.

刘云,叶选挺,杨芳娟,等.2014.中国国家创新体系国际化政策概念、分类及演进特征——基于政策文本的量化分析[J].管理世界,(12):62-69,78.

卢现祥.2016.共享经济:交易成本最小化、制度变革与制度供给[J].社会科学战线,(9):51-61.

路博宇.2018.基于O2O视野的共享经济商业模式研究[J].商场现代化,(2):6-8.

罗双.2018.共享经济背景下我国零售业商业模式创新[J].商业经济研究,(8):21-23.

罗小燕,黄欣荣.2018.从负外部性看共享经济对传统经济的挑战[J].企业经济,37(5):64-69.

吕本富，周军兰. 2016. 共享经济的商业模式和创新前景分析[J]. 人民论坛·学术前沿，（7）：88-95.
吕力，李倩，方竹青，等. 2015. 众创、众创空间与创业过程[J]. 科技创业月刊，（10）：14-15.
吕芹. 2014. 众筹 不可能的任务[J]. 互联网周刊，（9）：56-57.
吕晓岚. 2017. 众筹促进我国创新创业的作用机理与发展策略[D]. 河南大学硕士学位论文.
吕一博，蓝清，韩少杰. 2015. 开放式创新生态系统的成长基因——基于iOS、Android和Symbian的多案例研究[J]. 中国工业经济，（5）：148-160.
马尔卡希 D. 2018.《零工经济》[J]. 金融电子化，（3）：96.
马浩. 2019. 开放式创新的浪漫与虚妄[J]. 清华管理评论，（21）：38-45.
马俊驹，余延满. 2009. 民法原论[M]. 3版，北京：法律出版社.
马玉洁，许紫荆，崔洁，等. 2018. 共享经济商业模式研究——以摩拜为例[J]. 现代商业，（23）：14-15.
麦可思. 2018. 2018年中国大学生就业报告[EB/OL]. https://www.maigoo.com/news/505997.html [2019-01-11].
聂元铭. 2013. 大数据及其安全研究[J]. 信息安全与通信保密，（5）：15-16.
诺斯 D. 1995. 制度变迁理论纲要[J]. 改革，（3）：52-56.
彭罗斯. 2007. 企业成长理论[M]. 赵晓，译. 上海：上海人民出版社.
齐爽. 2013. 技术创新的一种崭新模式——从Linux的起源与发展谈起[J]. 中国集体经济，（35）：37-39.
秦远建，连鸿闯，王成昌. 2008. IBM整合全球创新资源[J]. 企业研究，（1）：49-50.
邱静，劳曼尼 M. 2015. 开放式创新：借助"外脑"提高创新效率[J]. 中国工业评论，（8）：22-28.
沈秋彤. 2016. 共享经济的产权分析[J]. 全国商情，（20）：103-104.
宋逸群，王玉海. 2016. 共享经济的缘起、界定与影响[J]. 理论参考，（9）：4-9.
苏勇，李群，王茂祥. 2019. 企业开放式创新的主要模式与支撑体系[J]. 技术经济与管理研究，（1）：35-39.
唐成. 2018. 标准文本按需印刷系统的分析与应用[J]. 标准科学，（4）：67-70.
唐丽敏. 2018. 共享经济下企业商业模式创新机理研究——基于虚拟社会资本的理论视角[D]. 首都经济贸易大学硕士学位论文.
汤吉军. 2016. 沉淀成本、风险与高校教师学术创新研究[J]. 教育与经济，（4）：3-10.
汤天波，吴晓隽. 2015. 共享经济："互联网+"下的颠覆性经济模式[J]. 科学发展，（12）：78-84.
万宝盛华. 2018. 2018全球人才短缺报告[EB/OL]. http://www.199it.com/archives/758198.html [2019-01-08].
王勃，王璐. 2016. 运营商掘金共享经济，搭建平台不可缺[J]. 通信世界，（12）：28-29.
王斌. 2017. "大数据"在"共享经济"模式中的应用[J]. 智库时代，（12）：63-64.
王春燕，张玉明. 2018. 开放式创新下互联网应用对小微企业创新绩效的影响[J]. 东北大学学报（社会科学版），（1）：27-35.
王东宾，崔之元. 2015. 开放协作与自主创新：特斯拉开源与中国电动汽车产业的战略机遇[J]. 经济社会体制比较，（3）：1-10.

王昊宸. 2018. 共享经济的本质、运行机制与风险研究[J]. 中国商论,（17）：1-2.
王洪生, 张玉明. 2014. 科技型中小企业云融资模式研究——基于云创新视角[J]. 科技管理研究,（13）：76-81.
王洪生, 张玉明. 2015. 云创新模式的动因、特征及应用研究[J]. 东南学术,（2）：166-173.
王洪生, 张玉明. 2016. 基于 CAS 理论的云创新模式[J]. 科技管理研究,（11）：184-188.
王家宝, 崔晓萱. 2018. 零工经济模式下人力资源的特点、挑战和策略[J]. 管理现代化, 38（4）：101-103.
王嘉琪. 2017. 共享经济与租赁经济的比较研究[J]. 现代商业,（32）：188-189.
王丽丽. 2018. 共享经济背景下自媒体的生存与发展[J]. 市场论坛,（11）：69-70，78.
王玲, 董振伟, 吴永清. 2018. 开源软件商业模式结构化分析[J]. 科技管理研究, 38（5）：195-204.
王鹏. 2017. 基于"I 译+"平台的众包模式研究[D]. 中国地质大学（北京）硕士学位论文.
王仕涛. 2018. 创新第四范式与科技扶贫[J]. 中国农村科技,（10）：12-15.
王水莲, 张瑶. 2016. 华为：三种模式的开放式创新[J]. 企业管理,（8）：57-59.
王鑫. 2015. 朋友圈广告首份用户研究报告[EB/OL]. https://tech.qq.com/a/20150123/009277.htm [2019-03-06].
王娅, 阎荣舟. 2019. 共享经济价值增值机理与中国经济高质量发展路径[J]. 新视野,（6）：80-85.
王云朋. 2018. 共享经济背景下自媒体运营模式的变化[J]. 视听,（2）：18-20.
王作功. 2019. 产权演进视角下共享经济治理特征研究[J]. 企业经济,（1）：5-12.
汪涛, 赵德武. 1996. 论资本保持及其对收益计量的影响[J]. 四川会计,（1）：16-18.
韦结余, 薛澜, 周源. 2017. 中国战略性新兴产业创新模式研究[J]. 科技中国,（6）：47-52.
吴陈亮. 2017. 共享经济税收规制初探[J]. 江苏商论,（11）：91-93.
武玉. 2019. 共享经济与制度变革问题——基于交易成本的角度[J]. 经济研究导刊,（10）：136-137，141.
肖岚, 陈晨. 2010. 服装设计"众包"案例分析及其启示[J]. 山东纺织经济,（3）：69-71.
肖强. 2014. 互联网金融的风险与防范浅析[J]. 知识经济,（20）：84-85.
解学梅, 刘丝雨. 2015. 协同创新模式对协同效应与创新绩效的影响机理[J]. 管理科学, 28（2）：27-39.
徐敬红, 陈曦, 韩欣妍, 等. 2018. "互联网+"时代共享经济商业模式创新研究[J]. 现代经济信息,（8）：340.
徐琪, 王碧野. 2018. 基于共享经济模式的企业财务管理研究[J]. 新会计,（10）：19-21.
许剑辉. 2019. 共享经济模式下的税收征管研究——以交通出行领域为例[J]. 现代营销（经营版）,（1）：194-195.
许颖. 2018. 共享经济的成因、内涵与商业模式研究[J]. 中国商论,（22）：170-171.
严海宁. 2015. 分享式创新：一个新的概念框架及其时代意蕴[J]. 科技进步与对策,（10）：1-4.
杨蕾, 王珏. 2015. 经济全球化下服务外包的经济学机理分析——基于现代规模经济理论视角[J]. 西安财经学院学报, 28（3）：59-62.
杨雅清. 2016-11-18. 征信服务与共享经济呈协同发展之势[N]. 人民邮电,（006）.
姚洁. 2014. 电子商务中第三方支付的安全问题研究及对策[J]. 金融与经济,（11）：81-83.
叶伟巍, 梅亮, 李文, 等. 2014. 协同创新的动态机制与激励政策——基于复杂系统理论视角[J].

管理世界，（6）：79-91.

易北辰. 2015. 独家揭秘海尔空调"自杀式研发"的内在逻辑！[EB/OL]. http://m.sohu.com/a/16723184_116262[2019-04-18].

余俊. 2011. 品牌扩张与商标制度的未来[J]. 电子知识产权，（11）：86-92.

于秀丽. 2017. 电子商务中第三方支付的安全问题研究[J]. 宏观经济管理，（S1）：134-135.

张浩斌. 2014. 试论按需分配原则在开源社区的实现[J]. 内蒙古煤炭经济，（6）：13-15.

张健. 2009. 富士施乐复印机中国业务的营销战略研究[D]. 复旦大学硕士学位论文.

张俊瑞，孙玉梅. 2003. 三种收益观：经济收益、账面收益与变现收益[J]. 财会月刊，（22）：3-4.

张立坤，徐野. 2012. 中美房屋租赁法律制度[J]. 黑龙江科技信息，（8）：178.

张萌，方问禹，杨绍功，等. 2018. 从野蛮生长走向共建共治共享经济中国模式日渐成型[J]. 中国中小企业，（2）：37-38.

张娜，张晶，段骆乐，等. 2018. 共享单车盈利模式、运营管理分析[J]. 现代商业，（10）：103-104.

张晓芹. 2016. 共享经济下的商业模式创新[J]. 安徽商贸职业技术学院学报（社会科学版），15（3）：11-14.

张新红，高太山，于凤霞，等. 2016. 中国分享经济发展报告：现状、问题与挑战、发展趋势[J]. 电子政务，（4）：11-27.

张玉明，管航. 2017. 共享创新模式：内涵、特征与模型构建[J]. 科技进步与对策，34（13）：10-16.

张玉明，刘芃，毛静言. 2018. 共享经济缘何勃发[J]. 清华管理评论，（3）：18-25.

张玉明，魏娇，叶玲. 2016. 万众云创新无边界特征及运作逻辑研究——以微信"众创"生态为例[J]. 科技进步与对策，33（18）：12-18.

张玉明，等. 2013. 云创新理论与应用[M]. 北京：经济科学出版社.

张玉明，等. 2017. 共享经济学[M]. 北京：科学出版社.

张玉明. 2017. 从私有到公用：分享经济的实质和绿色发展之路[M]. 北京：人民出版社.

张玉明. 2019. 共享经济：中国的实践、创新与经验[M]. 北京：经济科学出版社.

张震宇，陈劲. 2008. 基于开放式创新模式的企业创新资源构成、特征及其管理[J]. 科学学与科学技术管理，（11）：61-65.

郑联盛. 2017. 共享经济：本质、机制、模式与风险[J]. 国际经济评论，（6）：45-69，5.

郑耀东. 1992. 社会主义分配原则的光辉论证——重读《哥达纲领批判》[J]. 经济问题，（1）：2.

赵沛赢. 2018. 可持续视角下的产品服务化设计[D]. 北方工业大学硕士学位论文.

周红根，鹿瑶. 2017. 从共享经济和资本层面实现技术创新与价值增值——基于大疆创新科技有限公司的案例[J]. 财务与会计，（12）：31-33.

周立群，刘根节. 2012. 由封闭式创新向开放式创新的转变[J]. 经济学家，（6）：53-57.

周礼艳. 2016. O2O共享经济商业模式现状及发展策略研究[J]. 中国高新技术企业，（36）：1-2.

邹彩霞. 2016. 知识产权的十大矛盾[J]. 湖南社会科学，（5）：85-89.

朱朝庆. 2017. 互联网+商业模式创新[M]. 北京：中国商务出版社.

中国投资咨询网. 2019. 2018年全球创新研究报告：全球哪家企业花得最多？[EB/OL]. http://www.ocn.com.cn/touzi/chanjing/201901/ucben06162042.Shtml[2019-03-29].

Antonelli C，Crespi F，Scellato G. 2013. Internal and external factors in innovation persistence[J].

Economics of Innovation and New Technology, 22（3）: 256-280.

Aziziha H, Faraji A, Zakaria M I, et al. 2014. When consumers love their brands: exploring the consumers' emotional characteristics on purchasing apple mobile devices[J]. Management Science Letters, 4（3）: 475-478.

Bae Y, Chang H. 2012. Efficiency and effectiveness between open and closed innovation: empirical evidence in South Korean manufacturers[J]. Technology Analysis & Strategic Management, 24（10）: 967-980.

Belk R. 2010. Sharing[J]. Journal of Consumer Research, 36（5）: 715-734.

Botsman R, Rogers R. 2011. What's Mine is Yours: How Collaborative Consumption is Changing the Way We Live[M]. New York: Harper Collins Business.

Buckley P J, Carter M J. 2004. A formal analysis of knowledge combination in multinational enterprises[J]. Journal of International Business Studies, 35（5）: 371-384.

Chesbrough H W. 2003. Open Innovation: The New Imperative for Creating and Profiting from Technology[M]. Boston: Harvard Business School Press.

Cooper S, Khatib F, Treuille A, et al. 2010. Predicting protein structures with a multiplayer online game[J]. Nature, 466（7307）: 756-760.

Cui A, Wu F. 2016. Utilizing customer knowledge in innovation: antecedents and impact of customer involvement on new product performance[J]. Journal of the Academy of Marketing Science, 44（4）: 516-538.

Dahlander L, Gann D. 2010. How open is innovation? [J]. Research Policy, 39（6）: 699-709.

Felson M, Spaeth J L. 1978. Community structure and collaborative consumption: a routine activity approach[J]. American Behavioral Scientist, 21（4）: 614-624.

Fisher I. 1906. The Nature of Capital and Income[M]. London: Macmillan Publishers.

Hammer M, Champy J. 1993. Reengineering the Corporation[M]. New York: Harper Business.

Hagiu A, Wright J. 2015. Multi-sided platforms[J]. International Journal of Industrial Organization, 43: 162-174.

Holbrook M B, Hirschman E C. 1982. The experiential aspects of consumption: consumer fantasies, feelings, and fun[J]. Journal of Consumer Research, 9（2）: 132-140.

Horton J J, Zeckhauser R J. 2016. Owning, using and renting: some simple economics of the "sharing economy" [R]. National Bureau of Economic Research.

Knudsen L G. 2006. Determinants of "Openness" in R&D collaboration: the roles of absorptive capacity and appropriability[C]. Working paper for DRUID—DIME Academy winter.

Lakhani K R. 2008. InnoCentive. com（A）[J]. Harvard Business School Case: 1-22.

Leslie S W, Kargon R H. 1996. Selling silicon valley: Frederick Terman's model regional advantage[J]. Business History Review, 70（4）: 435-472.

Lichtenthaler U. 2011. Open innovation: past research, current debates, and future directions[J]. Academy of Management Perspectives, 25（1）: 75-93.

Mashey J R. 1997. Big Data and the next wave of infra stress[D]. Berkeley: University of California.

Morgan. 2012. Marketing and business performance[J]. Journal of the Academy of Marketing

Science, 40 (1): 102-119.

Olson M. 1971. The Logic of Collective Action: Public Goods and the Theory of Groups[M]. Cambridge: Harvard University Press.

Persaud A. 2005. Enhancing synergistic innovative capability in multinational corporations: an empirical investigation[J]. Journal of Product Innovation Management, 22 (5): 412-429.

Prahalad C K, Ramaswamy V. 2004. Co-creation experiences: the next practice in value creation[J]. Journal of Interactive Marketing, 18 (3): 5-14.

Ramirez R, Arvidsson N. 2005. Aesthetics of business innovation: experiencing 'internal process' versus 'external jolts'[J]. Innovation: Organization & Management, 7 (4): 373-388.

Rochet J C, Tirole J. 2003. Platform competition in two-sided markets[J]. Journal of the European Economic Association, (4): 990-1029.

Ryoo J. 2017. Choosing between internal and external development for innovation projects: antecedents and consequences[J]. Asia Pacific Business Review, 23 (1): 90-115.

Schumpeter J A. 1912. The Theory of Economic Development[M]. Cambridge: Harvard University Press.

Shachar R, Erdem T, Cutright K M, et al. 2011. Brands: the opiate of the nonreligious masses? [J]. Marketing Science, 30 (1): 92-110.

Shirky C. 2010. Cognitive Surplus: Creativity and Generosity in a Connected Age[M]. New York: Penguin Press.

Song J. 2016. Innovation ecosystem: impact of interactive patterns, member location and member heterogeneity on cooperative innovation performance[J]. Innovation: Organization & Management, 18 (1): 13-29.

Veblen T. 1994. The Theory of the Leisure Class[M]. New York: Dover Publications.

von Hippel E. 1988. The Sources of Innovation[M]. Oxford: Oxford University Press.

Walker R M. 2014. Internal and external antecedents of process innovation: a review and extension[J]. Public Management Review, 16 (1): 21-44.

Wernerfelt B. 1984. A resource-based view of the firm[J]. Strategic Management Journal, 5 (2): 171-180.

West J, Gallagher S. 2006. Challenges of open innovation: the paradox of firm investment in open-source software[J]. R&D Management, 36 (3): 319-331.

Whelan E, Golden W, Donnellan B. 2013. Digitising the R&D social network: revisiting the technological gatekeeper[J]. Information Systems Journal, 23 (3): 197-218.

Wu A H. 2016. The mediating roles of governance mechanisms and knowledge transfer on the relationship between specific investments and cooperative innovation performance[J]. Technology Analysis & Strategic Management, 28 (2): 217-230.

Xie X M, Zeng S X, Tam C M. 2013. How does cooperative innovation affect innovation performance? Evidence from Chinese firms[J]. Technology Analysis and Strategic Management, 25 (8): 939-956.

后　记

二十多年来，笔者一直从事科技型中小微企业成长研究，更多地聚焦于其融资、技术创新与可持续成长机制方面。近年来，互联网、移动通信、大数据、云计算和人工智能等快速发展，企业成长环境和科技创新场景发生了根本性的变化，在这种情境下，作为"大众创业、万众创新"活力源和生力军的中小微企业等创新创业主体，如何才能突破传统的创新模式的制约，降低创新成本、提升创新效率，成功跨越"融资的高山、转型的火山、市场的冰山"，以拥抱数字经济时代的需求？

2000年10月，笔者又幸运地承担了教育部关于低碳自主创新模式与资金支持模型的研究课题。研究中国低碳技术创新主体面对发达国家"专利丛林""著作权"等制度性和思想、意识、文化等非制度性及将来的"碳足迹""碳标签"等约束，如何实现自主技术的突破与创新？考虑到是否可以利用互联网的"自由、民主、平等、共享"的精神，充分利用万物互联的"云"端资源进行颠覆性创新？经过近两年的思考、文献资料收集、企业调研及团队努力，形成了系统性的思路与解决路径，并且于2013年出版了《云创新理论与应用》（经济科学出版社，2013年），这是基于"共享"的思想进行创新模式创新的一次系统性探索。

共享经济由来已久，但是数字经济将其送上高速公路。2005年"威客"概念在中国出现，2006年知识共享的猪八戒网、2007年资金共享的拍拍贷等相继注册成功，2011~2013年快的、滴滴、途家网等具有共享经济属性的企业迅速崛起，2016年网约车、共享单车进入爆发增长阶段，共享经济开始全面渗透各行各业。中国创造了发展速度、经济规模、参与人数、商业模式、技术创新等的中国奇迹。在对中国共享经济深度观察和理性分析的基础上笔者出版了《共享经济学》（科学出版社，2017年出版）等系列成果。

在对中国共享经济十余年发展经验的总结和分析中笔者深刻感受到，共享经济的海量资源，全要素、全时空、全方位、全过程、全参与、全嵌入等特征非常适合于创新创业主体的创新活动,发表了《共享创新模式:内涵、特征与模型构建》(科技进步与对策,2017年出版);2017年11月,在教育部人文社科重点研究基地——清华大学技术创新中心学术委员会会议上做了相应的学术报告,得到了清华大学技术创新研究中心主任陈劲教授、中国科学院原党委副书记方新教授、国务院发展研究中心创新发展研究部原部长吕薇研究员、吉林大学党委常务副书记蔡莉教授、清华大学经济管理学院副院长李纪珍教授等与会专家的指导。

在本书的创意、提纲编写、调研方案设计等阶段都得到了陈劲教授的悉心指导和鼓励。在草稿结束后陈劲教授又在百忙中帮助写序,在此表示深深的感谢!在写作过程中,还得到首都经贸大学副校长王永贵教授、美国宾夕法尼亚布鲁斯堡大学与浙江大学创业研究所所长斯晓夫教授和中国科学院大学经济与管理学院柳卸林教授,以及山东大学管理学院副院长王益民教授、齐鲁工业大学刘德胜副教授、段升森博士、山东管理学院张会荣、周蕊副教授的支持!在此一并表示感谢!由于个人水平有限,书中的疏漏和不足之处,由笔者个人承担!

感恩祖国!感恩时代!感恩中国企业的创新为我们提供如此鲜活的、开创性的案例,使得我们的共享创新有了发源之地!在此特别感谢海尔智家股份有限公司的海尔开放创新平台滕东晖总监、创新平台新业务张玉梅总监、高级创新经理孙永升及韩伟先生等,双方团队及个人的多次交流、沟通为本书的写作提供了非常理想的素材。尤其是滕总、韩经理的周到安排更是令人感动!同时,对中国真正的第三方行业共享创新平台——众研网的柳宏伟总经理、科技服务部长李海霞部长等表示感谢!在团队调研过程中给予了周到的安排和资料收集。正是你们开创性的创新实践形成了我们创新的动力源泉!

本书由笔者提出创意、策划、拟定提纲、组织、撰写主要内容并修改定稿,由张馨月、朱艳丽校对并撰写部分内容。各章执笔撰写人如下:第1章为朱艳丽、张玉明,第2章为朱艳丽、张馨月,第3章为刘大伟、张钰,第4章为张永红、张玉明,第5章为张永红、张明霞,第6章为张玉明、吕璐含,第7章为刘大伟、张玉明,第8章为张玉明、李甲艺、张瑶,第9章为张玉明、张瑶,第10章为马圣男、张玉明,第11章为卞坤、张玉明,第12章为张玉明、李甲艺,第13章为吕璐含、马圣男,第14章为张明霞、张玉明,第15章为张馨月、张玉明,第16章为张钰、张玉明,以上人员均来自山东大学管理学院。感谢团队成员管航、毛静言、张远远、赵瑞瑞、王越凤、邢超、王春燕、李荣、刘芃、徐凯歌、杨凡、张新等近几年对中国共享经济发展和团队所做的贡献!

"为天地立心,为生民立命"是中国学者自古就有的社会责任感和使命感。笔者和团队将立足于中国国情和企业创新实践,从中发现根植于中国土壤的、有中国特色的创新元素,揭示中国企业创新实践背后的机制与规律,凝练提升出具有原创性的思想观点和理论体系,讲好中国故事,讲明中国创新,讲透中国理论,更好地服务于中国和全球企业的创新活动。也衷心祝愿中国的创新理论得到更好的发展!

张玉明
山东大学管理学院教授/博士生导师
2020 年 3 月 18 日